中国西部农村反贫困模式研究

赵曦 著

商务印书馆
2009年·北京

图书在版编目(CIP)数据

中国西部农村反贫困模式研究/赵曦著. —北京:商务印书馆,2009
ISBN 978-7-100-06726-3

Ⅰ. 中… Ⅱ. 赵… Ⅲ. ①农村-贫困-研究-西北地区 ②农村-贫困-研究-西南地区 Ⅳ. F323.8 F327

中国版本图书馆CIP数据核字(2009)第133414号

**所有权利保留。
未经许可,不得以任何方式使用。**

中国西部农村反贫困模式研究
赵曦 著

商务印书馆出版
(北京王府井大街36号 邮政编码 100710)
商务印书馆发行
北京瑞古冠中印刷厂印刷
ISBN 978-7-100-06726-3

2009年12月第1版	开本 787×960 1/16
2009年12月北京第1次印刷	印张 23¾

定价:45.00元

目 录

导 言 ………………………………………………………………… 1
第1章 世界反贫困战略的理论内涵与实践模式 …………………… 11
   1.1 世界反贫困战略的理论检索 ………………………………… 11
   1.2 世界反贫困战略的实践模式 ………………………………… 40
   1.3 反贫困战略模式的比较与启示 ……………………………… 71
第2章 中国农村反贫困的历史背景与基本模式 …………………… 91
   2.1 反贫困的国际背景与历史背景 ……………………………… 91
   2.2 反贫困的历史进程与基本模式 ……………………………… 95
   2.3 反贫困的历史经验与国际评价 ……………………………… 130
第3章 中国农村反贫困的严峻态势与分布特点 …………………… 135
   3.1 农村反贫困的现实背景 ……………………………………… 135
   3.2 农村反贫困的严峻态势 ……………………………………… 139
   3.3 农村贫困地区的分布特点 …………………………………… 146
第4章 西部农村反贫困的难点问题与制约因素 …………………… 156
   4.1 农村反贫困的基本困难 ……………………………………… 156
   4.2 农村反贫困的主要问题 ……………………………………… 164
   4.3 农村反贫困的最大障碍 ……………………………………… 168
   4.4 农村反贫困的突出难点 ……………………………………… 174
   4.5 农村反贫困的制约因素 ……………………………………… 183
第5章 西部农村反贫困的制度障碍与制度创新 …………………… 189
   5.1 制度变迁与反贫困治理 ……………………………………… 189

5.2　农村反贫困的制度障碍 …………………………………… 196
　5.3　农村反贫困的制度创新 …………………………………… 204
第6章　西部农村反贫困的资金管理与运行模式 ………………… 215
　6.1　反贫困资金投入类型与管理绩效 ………………………… 215
　6.2　反贫困资金管理体制的主要问题 ………………………… 227
　6.3　反贫困资金管理体制的调整改革 ………………………… 236
　6.4　新型反贫困资金管理的运行模式 ………………………… 242
第7章　西部农村贫困地区功能定位与反贫困模式转型 ………… 250
　7.1　西部农村贫困地区发展功能定位 ………………………… 250
　7.2　西部农村反贫困战略的指导思想 ………………………… 264
　7.3　新时期西部农村反贫困战略转型 ………………………… 275
第8章　西部农村贫困地区反贫困总体战略模式 ………………… 284
　8.1　确立反贫困战略模式的基本理念 ………………………… 284
　8.2　西部农村反贫困模式的主要内容 ………………………… 291
　8.3　西部农村反贫困模式的实施重点 ………………………… 301
第9章　西部农村贫困地区反贫困战略实践模式 ………………… 308
　9.1　社会服务模式 ……………………………………………… 308
　9.2　教育培训模式 ……………………………………………… 318
　9.3　产业发展模式 ……………………………………………… 327
　9.4　小额信贷模式 ……………………………………………… 336
　9.5　移民搬迁模式 ……………………………………………… 350
参考文献 …………………………………………………………… 366
后　记 ……………………………………………………………… 370

导　　言

　　冷静分析与判断西部农村贫困地区的发展态势，探索有效缓解和消除贫困的基本途径，确立新型农村反贫困治理模式，是 21 世纪初西部大开发背景下中国西部区域经济社会发展面临的极具挑战性的和必须解决的重大人类课题。西部农村贫困的缓解状况如何，不仅直接关系到西部区域的资源开发与转换进程、农牧业生产结构的调整和经济社会的可持续发展，而且在很大程度上影响、制约着中国西部地区经济跨越式发展以及西部各民族的共同繁荣、共同进步和社会政治秩序的稳定。消除人类贫困既是西部大开发重中之重的战略任务，也是难中之难的长期任务。系统梳理反贫困战略理论，比较发展中国家的反贫困模式，总结成功经验与失败教训，科学审视西部农村贫困地区发展的严峻态势，重新确立西部农村贫困地区的功能定位，对于进一步推进反贫困战略理论研究的深化，全面认识西部农村反贫困制约因素，推动贫困地区基本生产生活条件的改善，促进社会公平正义和区域协调发展，努力探索建立西部农村反贫困的区域模式，扶贫制度创新的有效方式和途径，具有极为重要的理论意义和实践意义。

　　本书研究的基本任务是在对中国西部地区众多国家扶贫开发工作重点县发展状况进行重点调查的基础上，通过系统分析西部农村贫困地区自然、经济和社会发展的基本特征，贫困人口分布特点，当前面临的一系列问题、困难和障碍，运用发展经济学、区域经济学、制度经济学、文化人类学的基本理论和研究方法，以全面落实科学发展观、努力缩小贫富差距、实现全面协调与可持续发展为宗旨，着重围绕中国西部农村贫困地区反贫困战略的指导思想、开发方针、模式转型、战略内涵和实施途径进行综合性的分析和阐释。本书研究的重点是进一步推进中国西部农村贫困地区反贫困的制度安排、资金管理、人力投资、产业发展、小额信贷、移民搬迁等实施途径。本书研究的目标是力图探索建立适应西部农村自然、经济和社会发展特点的、参与式的、可推广的反贫困模式，为全面实施新的中国西部农村贫困地区反贫困战略提供理论依据和可操作的政策调整思路。

发展中国家或地区的贫困与反贫困问题是发展经济学研究的重要领域。第二次世界大战以后，西方发展经济学家不仅提出了内涵不同的反贫困理论，刘易斯（Arthur Lewis）、纳克斯（Ragnar Narkse）、莱宾斯坦（Harvey Leibenstein）、佩鲁（Francois Perroux）、赫希曼（Albert Hirschman）、罗斯托（Walt Rostow）、舒尔茨（Theodore Schultz）、缪尔达尔（Gunnar Myrdal）等人还设计出各式各样的反贫困模型，这些理论或模型主要都是按照资本主义制度和市场经济模式来研究发展中国家的贫困问题的，或强调资本积累与投资的功能，或强调人力资本投资，或强调传统农业改造，或认为应将农业资源转移到工业领域。只有少数人分析了发展中国家自然、经济和社会发展进程中的独特困难与客观障碍，考虑了反贫困进程中的制度变迁、技术进步和人口参与的重要性，也只有少数的模型研究了劳动力与人口变化对发展中国家经济发展的影响。如刘易斯、纳克斯、哈罗德（R. F. Harrod）——多马（E. D. Domar）就把注意力集中在资本积累上，赫希曼认为应采取非平衡增长方式解决贫困问题，舒尔茨强调人力资本投资和传统农业改造，缪尔达尔则指出贫穷国家的发展应更多地改革政治制度和控制人口增长。在发展中国家究竟实施何种扶贫战略模式一直是反贫困战略研究的难题，有效的经济增长和对穷人进行人力资本投资两方面兼顾的战略是世界银行着力推荐的减贫战略。国际研究普遍表明，在极端不均衡的社会结构中，单纯的经济增长对减轻贫困的作用微乎其微，因为经济增长本身不足以使大多数国家实现减贫的目标，赋予发展权力、创造经济机会、提供安全保障才是反贫困战略的核心。前世界银行行长詹姆斯·沃尔芬逊（Jams Wolfinsen）在《2005 世界发展报告》中明确指出:"制度和治理是可持续增长和减轻贫困最为关键的决定性因素。"在理论研究方面,卡恩、贾兰和拉维林(Khan、Jalan and Ravallion)进一步研究了收入不平等与贫困的关系,认为收入分配不平等程度的增加也会使减贫速度降低。速水佑次郎(Yujiro Hayami)研究了贫困与制度、技术与文化的内在联系,阿马蒂亚·森(Amartya Sen)和托尼·阿特金森(Tony Atkinson)讨论了与贫困密切相关的能力不足、能力剥夺和社会排斥问题。这些学者的研究大大提升了贫困问题研究的理论层次,拓展了反贫困战略的政策框架和运用范围。在实践上,世界反贫困实践主要形成了以印度为代表的满足基本需要模式、以巴西为代表的发展极模式、以韩国为代表的人力资本投资模式、以中国为代表的政府主导型综合反贫困模式、以孟加拉国为代表的小额信贷扶贫模式以及以英国为代表的社会保障模式。这些模式侧重不同、效果各异、影响广泛,对于深入研究和探索建立中国西部农村反贫困模式具有重要的借鉴意义。

中国农村的贫困人口主要集中在中国的西部地区。很多学者认为,在21世纪初西部地区的经济社会发展中,"西部地区面临着生态环境恶化、社会经济发展滞后等诸多挑战,但所面临的最突出、最大的挑战则是人类贫困,应把缓解人类贫困放在西部发展最优先地位,并调整西部地区的反贫困战略,由过去单纯关注收入贫困转向关注知识贫困、权利贫困和人力贫困"(胡鞍钢,2002)。由于西部贫困人口分布广泛又相对集中,"极端贫困人口多生活在自然条件非常恶劣或人力资源严重不足的地域,目前以贫困村为单位的整村推进扶贫方式难以实现反贫困总体目标"(李德水,2004)。有的学者从制度安排的层面对中国扶贫体制进行了反思,认为政府的过度主导以及扶贫贷款分配机制的缺陷是反贫困效率较低的重要原因,政府应在反贫困的对象、开发模式、公众参与方面进行统筹考虑(林毅夫,2006)。学术界普遍认为,进一步推进西部农村反贫困必须在制度安排、政策体系、机构设置、部门协调等领域进行调整和改进,建立新型扶贫制度安排以及相应的扶贫机制和扶贫模式。

笔者长期研究认为,西部农村反贫困面临的最显著困难是生存环境的严酷,最尖锐的问题是扶贫体制的缺陷,最基本的约束是扶贫投入的不足,最突出的障碍是贫困人口人力素质的低下。世界上任何成功扶贫模式在西部农村的简单移植都难以取得直接而有效的结果,必须重新考虑西部贫困地区的功能定位,探索适应新形势的、具有更强针对性的反贫困模式及配套制度政策。从改革开放以来西部农村贫困地区的发展实践考察,由于纵向行政体制的约束和政绩考核标准的错位,普遍忽视扶贫制度安排与制度创新、普遍忽视社会服务和人力投资是西部农村反贫困长期存在的主要问题,这些问题直接导致了西部农村反贫困过程缺乏可持续发展的内在动力和治理结构,也是农村反贫困质量较差和脱贫人口返贫率较高的重要原因。因此,扶贫制度的变迁与创新是西部农村反贫困模式建立的基本前提,必须探索新型的扶贫制度将扶贫从政府、部门和社会这种纵向的、行政性的扶贫方式转变为由政府、部门、社会和贫困地区政府及广大贫困人口参与的、可持续发展的反贫困行为模式。

西部贫困地区是中国自然条件最恶劣、少数民族人口最集中、贫困发生最广泛的地区,西部贫困地区的贫困问题具有强烈的、独特的区域性个性,表现为高原山区的特点、少数民族的特点、边远地带的特点。西部贫困地区的贫困是多种因素相互交织、相互制约形成的一种综合现象,是历史长期的积累。西部贫困地区与内地发达地区不仅在收入水平、经济总量、发展速度、生产效率、管理水平等方面存在极大的差距,而且在包括人的素质、思想观念、教育文化、人类发展在内的整个社会进化过程中存在着历史阶段性的差距。要缩小或消除这些差距,必须经历一个渐进的过程,需要更特殊的扶持政策、更具体的综合投入和更艰苦的工作努力。因此,在中国全面建设小康社会和社会主义和谐社会的总体背景下,西部贫困地区反贫困必须突破传统的、单纯的经济扶贫模式,使反贫困战略更多地体现以人为本、社会公正和科学发展等多方面的新理念、新思维和新视点。西部贫困地区反贫困战略的制定必须充分考虑扶贫对象所体现的民族性、区域性、边缘性、经济性和社会性特征。充分体现可持续发展的最基本的社会意义,即保证每一个社会成员的基本生存权和发展权,保证每一个社会成员都能够以平等的身份参与社会政治活动,参与市场经济竞争,分享资源配置利益和完善个人价值。充分认识在市场经济条件下和西部大开发背景下西部农村反贫困战略的长期性、艰巨性和复杂性。充分认识到西部贫困地区经济发展的核心就是缓解和逐步消除贫困、改变不发达状况、培育发展要素、健全基础设施、改善生态环境和维护社会稳定,而不是完成全面建设小康社会的现实任务,更不是实现工业化、城市化和现代化的历史任务。另一方面,西部贫困地区的反贫困必须从本地区的具体情况出发,在选择产业结构、确定主导产业、资源开发的层次、速度与范围等方面,都要根据不同区域的特点、情况与条件,合理安排地区开发的重点、规模与节奏。在反贫困实践中,始终坚持实事求是、因地制宜的工作方针,既要量力而行尽力而为,还要有所为有所不为;力戒官僚主义、形式主义的工作作风,制定切合实际的扶贫项目资金分配、实施程序和检测评估标准;尽力把扶贫资源最大限度地用在解决贫困人口温饱问题的种植业、养殖业及其他特色产业上,用在与解决贫困人口生存、生产、发展问题直接相关的基础设施建设上。同时,致力打破西部贫困地区封闭循环的发展模式,解放思想、更新观念,努力扩大对外开放的层次、范围和力度,采取积极措施引进资金、技术和适用技术人才,积极争取国际援助和国内非政府组织支持,逐步建立开放性的区域社会经济结构,尽快实现西部贫困地区传统农牧业生产、生活方式的革命性变革。

缺乏对贫困地区科学准确的功能定位使中国西部农村反贫困在理论与实践上面临着诸多困境,必须从战略的、全局的高度把西部农村贫困地区确立为中国重要的生态保障区、中国原生态文化的发源区、中国革命的贡献区及感恩区、中国重要的战略资源储备区和国防安全的前沿阵地。推进西部农村反贫困战略必须根据西部贫困地区的功能定位,依托落实以人为本、维护国家安全、促进社会公正、推进可持续发展的发展理念,依托扶贫制度变迁和扶贫制度创新实现传统反贫困战略的转型,即在扶贫模式上由开发扶贫向发展扶贫转型,在推进机制上由政策扶贫向制度扶贫转型,在传递方式上由纵向扶贫向横向扶贫转型,在扶贫范围上由局部扶贫向整体扶贫转型，在扶贫目标上由扶持贫困地区向扶持贫困人口转型，从而在明确西部贫困地区功能定位的基础上为构建新型的西部农村反贫困战略框架、进而为确立西部农村反贫困战略重点创造条件。

　　虽然西部农村的贫困发生是多种因素共同作用的结果，但是导致贫困人口致贫的主要因素却迥然有异。因此，农村反贫困的基本目标绝不能是简单的组合，而必须体现出一定的层次性和复合性，扶贫方式也理应改变单一的、分散的、以经济扶贫为主体的传统模式而实施全面的、集中的、综合性的扶贫模式，以满足不同贫困人口的不同需求，最终形成以满足贫困人口基本生存能力、基本生产能力和基本发展能力为核心的新型西部农村反贫困模式。研究表明，西部贫困地区反贫困战略模式就是西部农村贫困地区在中国全面建设小康社会和社会主义和谐社会背景下、在西部独特的自然、经济和社会发展条件下所实施的、与其他地区完全不同的反贫困的基本范式，其主要内容是在进一步加强物质救济、对口帮扶和区域发展援助的基础上，通过制度创新确立全新的扶贫管理体制和资金运作模式，通过政府主导的一系列扶贫计划和政治、经济、科技、文化各方面政策的综合投入，以建立贫困人口经济收入稳定增长机制为目标，通过人力资源开发、基础设施建设、强化科技扶贫、深化对口帮扶、加强乡村政权组织建设，全面改善贫困人口的人力资本素质和农业基本生产条件，有序推动西部贫困地区生态资源、旅游资源、矿产资源开发和劳务输出的发展，满足贫困人口的基本需要。西部农村反贫困模式的建立必须同贫困地区特色资源开发、基础设施改善、自然环境保护和生态工程建设结合起来，与移民搬迁和农村小城镇建设结合起来，同传统文化的保护和社会秩序的稳定结合起来，同民族团结和多民族共同进步结合起来，同社会主义新农村建设结合起来。从而在西部贫困地区反贫困总体战略模式的指导下形成富有区域特色的西部农村贫困地区的社会服务模式、教育培训模式、产业扶贫模式、小额信贷模式和扶贫搬迁模式。

　　西部农村反贫困总体战略模式的基础是满足贫困人口的基本生存能力。即在全面地、实事求是地判定贫困地区贫困形成的原因、贫困的运行机制和贫困人口分布特征的基础上,选择出最需要得到扶持的绝对贫困人口作为反贫困战略的实施对象,重点向以人类贫困和弱势群体贫困为主体的绝对贫困人口提供基本生存条件,包括通过政府部门、社会力量和国际机构向他们提供粮食、衣物等基本的生活必需品、人畜饮水、卫生设施、健康服务、基本住房以迅速缓解贫困状况。其中,对老、弱、病、残、鳏、寡、孤、独、呆、傻等丧失基本劳动能力、很难通过扶持手段脱贫的特困人口要建立贫困农(牧)区最低生活保障制度;对人均纯收入在 1 067 元以下的贫困户,特别是无房、无畜、无耕地(草场)的"三无户"以及贫困妇女单亲家庭户,要采取长期救济方式扶贫;对于缺乏基本生存条件,或基本生存条件严重丧失、地质灾害频发区、地方病流行区的贫困人口要以救命甚于扶贫的指导方针克服一切困难采取坚决措施移民搬迁。

西部农村反贫困总体战略模式的重点是培育贫困人口的基本生产能力。即向以收入贫困和知识贫困为主体的相对贫困人口提供基本生产条件,包括通过政府扶持、社会援助、以工代赈、个体参与的方式向贫困人口提供最基本的农业生产条件,帮助其修建基本农田、水利设施、乡村道路及基础能源、通信设施,以全面改善农(牧)业基本生产条件,使贫困人口通过种养业及与此相关的家庭手工业或农村日常服务业取得收入,为贫困人口增收致富奠定基础。满足基本生产能力要求始终把改善和发展贫困地区基本生产能力作为反贫困的基础环节,中央政府及贫困地区政府要大幅度增加对贫困地区基本农田、围栏草场建设的政策投入和资金投入,建立由国家、地方和贫困农户组成的多层次、多渠道筹集资金的新型融资机制。发动群众治山、改水、兴林、修路、建园、办电、改良土壤、完善灌排系统等,建立以基本农田为基础的农林牧综合发展的贫困地区经济结构。在稳定粮食生产的前提下,大力调整农牧业内部结构,把发展旅游业等特色产业放在重要位置,依靠科技进步促使农业向深度和广度拓展,大幅度提高贫困地区农(牧)业资源的配置效率。

西部农村反贫困总体战略模式的目标是提升贫困人口的基本发展能力。即向以能力贫困和权利贫困为主体的全体贫困人口提供基本发展能力,主要内容是通过健全的基础教育、规范的职业技术教育和各种层次、各种内容、各种形式的广泛技术培训,提高贫困人口的农业生产技能、非农产业技能、劳务转移技能以及择业技能,提高贫困人口在市场经济条件下的自我生存能力、自我选择能力和自我发展能力。另一方面,满足基本发展能力特别强调贫困人口直接参与农牧区的社会服务计划,如基本农田建设、乡村道路建设、水利设施建设、教育培训设施建设、卫生设施建设等,提高他们参与社会活动的权利和自力更生的程度,并辅之一系列区域性发展援助政策措施,如增加财政投入、加强信贷支持、推广以工代赈、发展特色产业等,提高贫困人口把握经济机会的能力,保证贫困人口在参与经济活动中实现收入增加,不断推动贫困人口进入贫困地区经济社会的发展循环,激发贫困人口产生新的需求和追求,从而逐步形成一种能够使贫困人口发展自身潜能的发展模式。

从1978~2008年30年间中国西部农村贫困地区的发展实践考察,贫困地区人口面临的最大问题是缺乏摆脱贫困的经济机会或缺乏把握经济机会的能力,大多数贫困人口缺乏多样化的谋生技能,只能从事简单劳动且劳动效率极低,并严重受制于恶劣的自然环境因素。大部分贫困人口既缺乏健康的体魄,无法胜任持久、紧张的劳动,更由于文化素质的极端低下而无法进行产业发展方式的选择。贫困人口在体力、智力上的缺陷使他们在经济机会的竞争中必然处于劣势,从而加剧了贫困的发生。同时,中国西部农村贫困地区自然、经济和社会发展状况复杂特殊,贫困地区的反贫困面临着一系列客观存在的且较难克服的问题、困难和障碍,由此成为中国西部农村地区乃至整个国民经济发展的严重制约因素。在全面建设小康社会和社会主义和谐社会的大背景下,应科学确立西部农村反贫困模式的指导思想、开发原则和基本目标,采取以制定法律制度、建设传递机制、完善政策体系、强化资金管理、建立参与机制以及加强监督约束为核心的发展战略措施。西部农村反贫困模式是一个综合性的、以满足贫困人口基本需要为主体的战略模式,其实施内容是通过一系列有针对性的扶贫计划来完成的。在反贫困计划的实施过程中,如果说社会服务计划、产业发展计划和小额信贷计划的实施重点是向贫困人口直接提供经济机会的话,那么教育发展计划、科技培训计划和移民搬迁计划的实施重点则是向贫困人口提供把握经济机会的能力。反贫困计划实施的目的是通过对贫困人口的素质提高和环境建设,把反贫困由传统的纵向传递行为转变为贫困人口自觉参与的社会行为,把贫困人口从接受援助的被动脱贫者转变为自觉参与脱贫、自觉寻找脱贫机会的主动脱贫者。同时,通过贫困地区人力资本积累水平的提高,使贫困人口重视其生存质量的改善,尽可能地保证贫困地区经济社会系统在受到外界较大干扰时,能够恢复和维持自身的生产能力,并能够认识在实施反贫困战略及各种相关的脱贫活动中不能危及贫困地区的内在发展能力,其自身的脱贫与发展应尽可能地减少对人类生存基础资源和生态环境的破坏,维持一个基本不变或有所增加的资源储量,并逐步把贫困地区资源开发的重点放在社会资源的开发上,而不是以自然资源的浪费和生态环境的破坏为代价。如果在满足基本需要战略模式的实施过程中,我们通过社会服务计划、教育发展计划、科技培训计划、小额信贷计划和移民搬迁计划的配套协作,努力做到反贫困战略的客观性、针对性和完整性,努力做到贫困地区资源开发与特色产业发展的相互协调,努力做到贫困地区人力资源状况、基础设施状况和生态环境状况的极大改善,将探索出一种在中国西部农村反贫困中物质资本投资、人力资本投资两种投资战略的有效结合方式和实践途径,从而走出 20 世纪 60 年代以来在发展中国家究竟实施以物质资本投资为主还是以人力资本投资为主的反贫困战略的理论与实践困境,真正把摆脱贫困、寻求发展纳入西部农村贫困地区的资源综合开发和经济社会可持续发展的健康轨道。

确保到 2020 年基本消除绝对贫困现象,作为中国共产党和中国政府推进农村改革发展的重要任务和战略目标,业已昭示天下。回顾过去,我们依靠全面性改革、全方位开放和跨越式进步,从沉重暗淡的贫困浓雾中走出,实现了从动荡到安定、从封闭到开放、从贫穷到小康的历史飞跃,取得了举世瞩目的伟大成就;面对现实,我们正视贫困给社会稳定、民族团结、国家安危带来的严峻挑战,充分认识反贫困的长期性、艰巨性和复杂性,始终坚持把推进扶贫开发作为构建社会主义和谐社会的战略重点;展望未来,我们应当进一步增强责任感、紧迫感和危机感,务必以科学严谨的发展理念和求真务实的工作作风创新体制机制、转换扶贫战略、完善治理结构,完成时代赋予我们的神圣使命。

第1章 世界反贫困战略的理论内涵与实践模式

和平与发展是第二次世界大战后国际政治、经济和社会发展的两大主题,而迅速摆脱贫困、寻求发展、缩小差距是全世界发展中国家普遍面临的严峻挑战。阐释贫困发生的经济社会根源、提出反贫困战略的理论框架和运用模式是当代发展经济学研究的重要领域,系统研究发展经济学反贫困战略的基本理论及实践路径,客观总结第二次世界大战以后世界反贫困斗争的主要经验,是研究选择中国西部农村反贫困战略模式的基本前提。

1.1 世界反贫困战略的理论检索

人类对贫困的认识及与贫困进行斗争的历史,与人类自身发展的历史一样久远。2000多年前中国古代的先哲就将"贫穷"和"贫困"释义为财物极为缺乏的艰难窘迫境况。春秋末年左丘明在《左传·昭公十四年》中认为:"大体贫穷相类,细言穷困于贫,贫者家少财货,穷谓全无家业。"可以说是中国古代最早的贫困论述。战国时期著名的思想家庄周在《庄子·让王》中将贫困简单界定为"无财谓之贫"。战国后期著名的思想家荀况在《荀子·大略》中进一步说:"多有之者富,少有之者为贫,至无有者为穷。"东汉许慎在《说文解字》中把贫定义为:"贫,财分少也。"三国时魏明帝太和年间博士张揖撰《广雅·释诂四》则把穷释义为:"穷,贫也。"北宋初年陈彭年等人在《大宋重修广韵》中也认为:"贫,乏也,少也。"在中国古人看来,"贫"与"穷"含义大体相同,都是指缺乏财物,但"贫"与"穷"有量或程度方面的差别,"穷"更胜于"贫"。英国古典政治经济学家亚当·

斯密(Adam Smith)对"贫"与"富"含义的阐述,也是从财物或财富多寡的角度来解释的,他在《国民财富的性质和原因研究》中指出:"一个人是贫是富,就看他在什么程度上享有人生的必需品、便利品和娱乐品。"但是贫困作为特定的社会经济现象为人们所重视,且被纳入理论研究的领域,其历史并不长,从已有的文献来看,最早对贫困这个社会问题的研究是15世纪空想社会主义者对贫困问题进行的政治经济学研究,如法国空想社会主义者查尔斯·傅立叶(Charles Fourier)对资本主义制度进行了无情的批判,揭露资产阶级平等、自由和博爱的虚伪性,指出资本主义工厂是"温和的监狱",雇佣劳动是奴隶制的复活,经济危机是生产过剩引起的"多血症的危机",贫困由富裕产生。空想社会主义者把贫困视为制度的产物,是资本主义制度反理性原则的集中表现,他们从政治变革的立场出发对早期资本主义社会的贫困现象进行归纳和较为详细的描述,并从改造人类社会、建立一个理性和永恒正义的理想社会的角度对贫困与如何摆脱贫困进行了初步探索,尖锐地抨击资本主义制度的各种弊病和祸害,认为消除贫困的根本途径在于消灭私有制。卡尔·马克思(Karl Marx)与弗里德里希·恩格斯(Friedrich Engels)曾从分析资本主义的生产过程出发,揭示了资本主义的经济运行规律,对英国工业革命之后资本主义社会存在的贫困现象进行了科学的分析和深刻的揭示,得出关于无产阶级贫困化的结论并指出了消除贫困的制度安排,认为"现今的一切贫困灾难,完全是由已不适合于时间条件的社会制度造成的;用建立新社会制度的办法来彻底铲除这一切贫困的手段已经具备"(马克思、恩格斯,1972)。马克思、恩格斯关于资本主义制度下无产阶级贫困化及其趋势的学说在马克思主义理论体系中占有非常重要的地位。

真正将贫困问题作为主题进行系统研究发端于第二次世界大战后的发展经济学研究,其理论的核心以发展中国家的经济发展为主要研究对象,而发展中国家经济发展的本质就是消除贫困。随着越来越多的经济学者、社会学者和政治学者参与贫困问题的讨论,在学术界形成了各种各样的流派与观点,构成发展经济学反贫困理论研究的基础。

1.1.1 贫困的恶性循环与低水平均衡陷阱

1.1.1.1 贫困的恶性循环

经济学领域对贫困陷阱的研究源远流长,最早可追溯到18世纪英国人口学家托马斯·马尔萨斯(Thomas Malthus)的人口陷阱理论,其理论表明人口增长总是快于生活资料增长,所以社会总会达到人口饱和状态并陷于发展停滞。西方学者一般把处于贫困状态的个人、家庭、群体、区域等主体因贫困而不断再生产出贫困、长期处于贫困的恶性循环中无法自拔的状况称之为贫困陷阱(poverty trap)。关于贫困陷阱理论的第一次大讨论,发生于20世纪40年代末到60年代中期发展经济学的第一个繁荣时期,当时发展经济学家非常关注对发展中国家贫困根源的探索和贫困现象的表述,并在此基础上逐步提出关于反贫困的系统理论。美国哥伦比亚大学教授拉格纳·纳克斯(Ragnar Narkse)在20世纪50年代提出的贫困恶性循环(vicious circle of poverty)理论,可以说是经济学家解释发展中国家贫困问题的最早尝试之一。1953年,纳克斯在《发展中国家的资本形成》一书中系统地考察了发展中国家的贫困问题,探讨了贫困的根源和摆脱贫困的途径。纳克斯认为,发展中国家长期存在的贫困,是由若干个相互联系和相互作用的恶性循环系列造成的,其中贫困的恶性循环居于支配地位,资本形成不充分是产生贫困和恶性循环的关键因素。纳克斯从资本形成的供给和需求两方面论述了恶性循环的过程,从供给方面看,发展中国家人均收入普遍过低,人们绝大部分的收入用于生活消费支出,而很少用于储蓄,导致储蓄水平低下进而引起资本形成不足,其结果生产规模和生产效率都难以提高,从而导致人均收入的低下,如此周而复始形成恶性循环。低收入在需求方面则意味着发展中国家人民生活贫困,人均收入水平低,消费能力弱,国内市场容量狭小,致使投资诱因不足,缺乏足够的资本形成,生产规模小,生产率低下以及由此而产生的恶性循环。供给和需求两个循环相互联结、相互作用,形成了发展中国家在封闭条件下长期难以突破的贫困陷阱。纳克斯将资本形成定义为一个经济落后的国家或地区如何筹集足够的、实现经济起飞和现代化的初始资本,认为发展中国家要打破贫困的恶性循环,就不能把它的全部物质资料用之于满足当前消费的需要和愿望,而是必须将其中一部分用于生产资本品,即生产工具和仪器、机器和交通设施等可以大大增加生产效能的真实资本。他认为资本形成过程的实质,就是将社会现有的部分资源抽调出来增加资本品存量,以便使将来可供消费的资本品的扩张成为可能。他进一步指出:资本形成既包括物质资本,也包括人力资本,即在技能、教育及健康等方面的投资——这是一种非常重要的投资形式。

纳克斯的研究表明:产生供给和需求两个恶性循环的原因是发展中国家人均收入过低,人均收入过低的原因是资本稀缺,而资本稀缺的根源又在于人均收入过低,低收入使一国贫穷,低收入和贫困无法创造经济发展所需要的储蓄,而没有储蓄就没有投资和资本形成,其结果又导致该国的低收入和持久贫穷,这是一个难以打破的恶性循环,由此纳克斯得出一个著名的命题:"一国穷是因为它穷"(谭崇台,1993)。贫困的恶性循环理论是一种用结构主义方法来探讨发展中国家贫困根源的理论,这一理论的核心是要说明:资本缺乏是产生贫困恶性循环的根本原因,资本形成不足是经济发展的主要障碍和约束条件。因此,必须大规模地增加储蓄、扩大投资并促进资本形成。纳克斯的理论反映了发展中国家贫困这一重要特征,并初步探讨了产生贫困的根源和摆脱贫困的途径,但是,它过分强调了储蓄作用和资本积累的重要性,而且将个人储蓄作为储蓄的唯一来源,忽略了企业储蓄和政府储蓄,低估了发展中国家的储蓄能力,认为储蓄和投资增加就能促进经济增长、打破贫困恶性循环的观点过于乐观和简单,因为即使有了足够的储蓄和资本形成,经济增长还受到其他许多因素的限制,如导致贫困的自然环境因素和政治经济制度因素等而受到了一些学者的批评。

1.1.1.2 低水平均衡陷阱

1956 年,美国经济学家理查德·R. 纳尔逊(Richard R. Nelson)在发表的"发展中国家的一种低水平均衡陷阱理论"一文中,以马尔萨斯人口陷阱理论为基础,利用数学模型分别考察了发展中国家人均资本与人均收入增长、人口增长与人均收入增长、产出的增长与人均收入增长的关系,并综合研究了在人均收入和人口按不同速率增长的情况下人均资本的增长与资本形成问题,提出了关于贫困自我维系的另一种循环过程和机制。他认为发展中国家的经济表现为人均收入处于维持生命或接近于维持生命的低水平均衡状态,即所谓低水平均衡陷阱(low-level equilibrium trap)。他明确指出只要人均收入低于人均收入增长的理论值,国民收入的增长就会被更快的人口增长所抵消,使人均收入重新回到维持生存的水平上,并且固定不变,当人均收入大于这一理论值,国民收入增长超过人口增长,从而人均收入相应增加,直到国民收入增长率下降到人口增长率之下为止,在这一点上,人口增长和国民收入达到新的均衡。因此,在一个最低人均收入水平增长到与人口增长率相等的人均收入水平之间,存在一个低水平均衡陷阱,在这个陷阱中,任何超过最低水平的人均国民收入的增长都将会被人口增长所抵消。如果其他条件不变,这种低水平均衡也是稳定的,发展中国家只有进行大规模的资本投资,使投资和产出的增长超过人口增长,才有可能冲出低水平均衡陷阱。

低水平均衡陷阱理论从多方面探讨了发展中国家贫困的原因,分析了资本稀缺、人口过快增长对经济增长的障碍,强调了资本形成对摆脱低水平均衡陷阱的决定性作用,这对于研究发展中国家的贫困问题,寻找实现经济发展的途径,具有很大的启发意义。低水平均衡陷阱理论的意义在于说明了发展中国家经济贫穷落后的主要原因,是人均收入过低,导致储蓄能力过低、投资量小和资本形成不足,而人均收入低的原因又在于资本形成不足。由此可见,资本稀缺是经济发展的主要障碍和关键所在。发展中国家必须进行全面的、大规模的投资以大幅度提高资本形成率,实现经济增长的要求。与纳克斯的贫困恶性循环理论相比,纳尔逊进一步证明了发展中国家贫困再生是一种稳定的现象,并揭示了这种稳定均衡的内在机制以及突破贫困均衡的临界条件。纳克斯、纳尔逊的理论中隐含的共同思想是:发展中国家的经济贫困在没有外力推动情况下是一种高度稳定的均衡现象,而经济发展则是经济从低水平向高水平均衡的过渡,一旦经济从低水平均衡中挣脱出来,就能进入持续稳定增长的轨道。从纳克斯和纳尔逊的理论中可以看出,他们都把持续性贫困归咎于经济的欠发展,强调贫困存在的主要原因是资本投资的缺乏,显然,这种对贫困根源的简单判断及单纯强调资本投资的观点具有相当的片面性。

1.1.1.3 循环积累因果关系

瑞典经济学家冈纳·缪尔达尔(Gunnar Myrdal)在1944年出版的《进退维谷的美国:黑人问题和现代民主》一书中,吸收了其老师克努特·维克塞尔(Knut Wicksell)的累积过程理论和古斯塔夫·卡塞尔(Gustav Cassel)的社会过程理论,建立了解释黑人贫穷与受歧视之间关系的循环的或积累的因果关系原理,即累积的增长和下降理论。他认为,经济的发展是一个动态的各种因素相互作用、互为因果、循环累积的非均衡发展过程,其中任何一个因素的变化都会引起其他因素的变动,从而导致起始变化因素的进一步变动,这种过程一直沿着初始因素的变动循环累积下去,这就是累积的增长和下降理论。在此基础上,缪尔达尔在1957年出版的《富国与穷国》和1968年出版的《亚洲的戏剧:对一些国家的贫困问题研究》等著作中考察了一些亚洲的发展中国家经济贫困、制度落后等问题,分析了产生贫困的原因,提出了他关于经济发展的理论体系。

在分析发展中国家贫困的原因时,缪尔达尔提出了循环积累因果关系理论来解释发展中国家国民收入低下而导致的愈来愈贫穷的困境。缪尔达尔批评了新古典主义经济发展理论所采用的传统的静态均衡分析方法,认为生产要素自由流动、市场机制自发调节可以使各地区经济得到均衡发展的观点并不符合发展中国家的实际,提出用循环积累因果关系来说明地理上的二元经济(geographical dual economy)产生的原因及其如何消除的问题。缪尔达尔认为,在一个动态的社会经济发展过程中,各种因素是互相联系、互相影响、互为因果的,并呈现出一种循环积累的发展态势:一个因素发生变化,就会引起另一个因素发生相应变化,产生第二级变化,强化原先的因素就会导致经济发展过程沿原先因素的发展方向发展。因此,这种发展关系不是均衡的、守恒的,而是一种积累性的循环。在发展中国家,由于人均收入水平很低,导致人民生活水平低下、营养不良、医疗卫生状况恶化、健康受损、教育水平低下,从而使人口质量下降、劳动力素质不高、就业困难;劳动力素质不高又导致劳动生产率难以提高,生产效率低下;劳动生产率低又引起产出增长停滞或下降,最终,低产出又导致低收入,低收入进一步强化了经济贫困,使发展中国家总是陷入低收入与贫穷的积累性循环困境之中。由此可见,收入水平低是导致发展中国家贫困的重要原因之一,产生低收入的原因有社会、经济、政治和制度等许多方面,其中一个重要原因是资本稀缺、资本形成不足以及收入分配制度上的不平等。为此,缪尔达尔主张通过权力关系、土地关系、教育等方面的改革,实现收入平等,增加穷人的消费,以提高投资引诱,同时增加储蓄以促进资本形成,使生产率和产出水平大幅度提高,提高发展中国家的人均收入。同时,制定相应的政策来发展自己的经济,逐渐缩小地区经济差距差别,消除地理上的二元经济。

循环积累因果关系理论是缪尔达尔运用整体性方法对经济、社会和制度现象进行综合分析及批判传统经济学的均衡论与和谐论而提出来的,该理论用制度的、动态的、演进的方法,从另一种角度研究了发展中国家贫困的原因,指出了收入水平低下、资本形成不足对经济发展的障碍;同时,它主张通过实行制度上的变革(如收入平等、土地改革等)和增加投资来改变收入与产出之间的不良循环,并且主张采用地区不平衡发展战略,通过发达地区的优先发展,再利用其扩张效应(expansion effect)来带动其他地区的发展。因此,这一理论不仅得到许多学者的认同,成为发展经济学中不平衡发展理论的主要依据之一,而且经过数理统计方法检验,大致符合发展中国家经济的实际情况,因而受到了许多发展中国家政府的重视,被许多国家在规划区域发展时自觉或不自觉地所使用。如印度的坎德拉、巴西的马瑙斯等不发达地区的开发计划以及我国在区域经济协调发展战略中提出的两个大局①指导思想和加快东部沿海地区经济发展的实践,都可以说是其理论的政策反映。

1.1.2 平衡增长与非平衡增长

1.1.2.1 平衡增长

20世纪40年代初,英国伦敦大学教授保罗·N.罗森斯坦-罗丹(Paul N. Rosensten-Rodan)受东欧工业托拉斯之托,开始研究东欧和东南欧比较落后地区在战后如何进行工业化的问题。1943年,罗森斯坦-罗丹在英国《经济学杂志》6~9月号上,发表了他的研究成果,系统地阐述了平衡增长理论,提出了著名的大推进理论。

罗森斯坦-罗丹认为像当时东欧和东南欧那样的"国际落后地区",与其缓慢地实施自给自足式的工业化(industrialization),不如适应国际分工的需要,以大量的国际投资或资本贷款为基础,借助于各个工业部门之间的互补性,迅速地、大规模地实施一步到位的工业化。如果一个经济中的若干部门同时采用收益递增的技术,则每个部门创造的收入都会为其他部门提供需求,从而扩大了相互的市场,使得工业化能够通过整体同步的大推进来实现。他明确提出:经济落后国家要从根本上解决贫困问题,关键在于实现工业化,要实现工业化,必须增加资本投资,促进资本形成。但是,由于发展中国家长期以来被贫穷所困,工业落后,基础设施不健全,而且劳动生产率低,收入水平和消费水平不高,市场容量狭小,因而少量的投资无法从根本上解决问题。只有全面地、大规模地在各个工业部门,包括基础设施部门投入资本,通过这种投资的大推动,冲破市场狭小的束缚,实现工业化,达到经济发展的目的。发展中国家的发展战略(devel-

---

① "两个大局"是邓小平在20世纪80年代提出的关于中国改革开放建设的区域发展战略思想,他说的"两个大局"是"沿海地区要加快对外开放,使这个拥有2亿人口的广大地带较快地先发展起来,从而带动内地更好地发展,这是一个事关大局的问题。内地要顾全这个大局。反过来,发展到一定的时候,又要求沿海拿出更多力量来帮助内地发展,这也是一个大局。那时沿海也要服从这个大局"。

opment strategy），就是在贫困恶性循环的锁链上打开了一个缺口，作为发展的起点，通过"大推进"实施全面增长的投资计划，对几个相互补充的产业部门同时进行投资，通过扩大市场容量和造成投资诱导机制获得外部经济效应（outside economical effect），即这种投资能够创造出互为需求的市场，这样可以克服市场狭小、在需求方面阻碍经济发展的问题。同时，这种全面投资可以通过分工协作，互相提供服务减少单个企业不必要的开支，降低生产成本，增加利润，为进一步增加储蓄、提供再投资的资本创造条件，这样有助于克服在资本供给方面阻碍经济发展的障碍，从资本的供给和需求两方面打破贫困的恶性循环，从而促进发展中国家经济的全面增长。平衡增长之所以必要，是因为各部门之间的经济活动存在着不可分性或互补性，即各部门之间的经济活动在投入与产出、供给与需求上相互依赖、不可分割，有必要以大规模的投资来克服发展过程中供给与需求方面的不可分性。那么如何实现平均增长呢？罗森斯坦-罗丹认为，通常的价格刺激不能迅速生效，一方面由于发展中国家市场的不完善，价格刺激的有限作用可能因投资不可分性和技术的不连续性的障碍，得不到发挥；另一方面，即使市场机制作用很大，要在短期内集中大量投资，并按一定比例配置于各部门，也是不可能的。所以必须实行国家干预（state interference），通过宏观经济的计划化，担负起平衡增长的重担。

罗森斯坦-罗丹的平衡增长理论强调均衡的、大规模投资和有效配置稀缺资源的重要性以及市场机制的局限性，强调实行宏观经济计划的必要性，认为宏观经济的计划化，是政府在平衡增长战略中最为有力的手段。但是，只要市场发育充分，各个行业中具有创新精神的企业家能不受干扰地创新，那么私人企业的自发活动也会促进经济的平衡增长。该理论提出以后，为发展中国家或地区的工业化和区域开发提供了一种理论模式，并在一些发展中国家或地区的区域开发中受到了一定程度的重视，对很多发展中国家的工业化发展战略产生过很大的影响。但是非常明显，平衡增长过分依赖于计划和国家干预，而忽视了政府失灵的可能性，因为一旦计划失误或干预失败，大规模投资所造成的损失往往非常严重。

更为显著的是,这种模式限制了市场体系的发育和市场机制(market mechanism)的运行,加上在工业化过程中片面强调单纯的工业化,忽视地区之间、部门之间的均衡协调发展,这样直接导致了综合经济效率的丧失。而且,资本短缺和资本形成率低是造成发展中国家或地区贫困问题的重要原因,在生产资源极其短缺的情况下推行平衡增长战略,对于发展中国家来说确实勉为其难,如果强制推行,往往事倍功半,甚至产生灾难性的后果,20世纪50年代中国"大跃进"和70年代伊朗大推进的失败充分证明了这一点。

1.1.2.2 临界最小努力

为了进一步说明发展中国家贫穷的原因,找到摆脱贫穷落后的战略途径,1957年,美国哈佛大学教授哈维·莱宾斯坦(Harvey Leibenstein)提出了经济发展的临界最小努力(the theory of cirtical minimum effect)理论,认为发展中国家之所以贫穷落后,是因为人均收入过低,资本形成不足,形成了一个低水平均衡陷阱或贫困的恶性循环,要打破这种困境,必须在经济发展的初始阶段实行大规模投资,使投资水平或投资率大到足以达到国民收入的增长超过人口增长的水平,从而产生一个临界最小努力,以巨大的投资力量大力推动经济走出低水平均衡陷阱的泥潭,实现长期、稳定的增长。

莱宾斯坦认为,发展中国家由于收入水平低,长期处于人均收入提高或下降的刺激力量并存的状态,如果经济发展的努力达不到一定水平,提高人均收入的刺激小于临界规模,那就不能克服发展障碍,冲破低水平均衡状态。这意味着发展中国家经济中内在的刺激力量过小,低下的收入水平决定了它们无论怎样增加投资,资本形成都小于经济迅速发展所需要的临界最小数量,因而最终又会落到低收入均衡的陷阱,无法打破这种稳定的均衡,那么为什么人均收入不能大幅度提高、低收入均衡陷阱难以冲破呢?莱宾斯坦还认为,这是因为经济增长过程中存在着提高收入的力量和压低收入的力量两组互相对立、互相制约的努力。提高收入的力量是由上一期的收入水平及其投资水平决定的,压低收入的力量是由上一期投资的规模以及人口增长的速度决定的。在经济增长过程中,当压低收入的力量大于提高收入的力量时,人均收入的增长被人口的过快增长等负力所抵消,并退回到原来的低水平均衡陷阱中去。只有当提高收入的力量大于压低收入的力量时,人均收入才会大幅度提高,并打破低收入的稳定均衡,实现高收入的稳定均衡。那么如何才能冲击低水平均衡陷阱呢,莱宾斯坦认为,必须在初始阶段大规模地进行投资,形成一个使提高收入的力量大于压低收入的力量。莱宾斯坦指出,要实现临界最小努力,必须具备一定的条件,如激发群众的经济增长动机,改变传统观念以鼓励人们敢冒风险、勇于追求利润,创造适宜的投资盈利环境,培育经济增长气氛,培养有创新能力的企业家群体,大力开发和运用新技术,等等。莱宾斯坦的理论探讨了发展中国家贫困、经济长期停滞不前的原因,强调了资本形成对促进经济发展的重要性,指出了摆脱贫困恶性循环的途径,这些观点,对于发展中国家认识自己的经济现状、寻找发展的突破口、制定合适的经济发展战略,具有很大的理论指导意义。

1.1.2.3 非平衡增长

针对平衡增长理论的缺陷及其运用在发展中国家经济发展中面临的一系列难以克服的困难和障碍,美国经济学家艾伯特·O.赫希曼(Albert O. Hirschman)在1958年出版的《经济发展战略》(*The Strategy of Economic Development*)一书,着重从现有资源的稀缺和企业家的缺乏等方面对平衡增长理论进行了批评。他力图要回答的问题是:假定存在有限数量的投资资源和一系列投资项目,这些项目的总成本超过可利用的资源,应该怎样挑选出相对于它们的成本来说对发展贡献最大的那些项目?他认为平衡增长理论的主要问题是,它没有抓住发展中国家经济发展的基本障碍,即各种资源的短缺。赫希曼指出:平衡增长论者实际上把一个全新的、自成体系的现代工业经济,叠置在停滞的同样自成体系的传统经济部门之上(艾伯特·赫希曼,1991)。而不懂得发展通常是指经济从一种类型向其他更先进类型转化的渐进过程。他们为强调国民经济各部门均衡发展和各种产品的广大市场的全面形成,过低估计了建设项目可能迟迟难以建成,而建成后生产又缺乏效率的情况,并且发展中国家并不具备大推进所需要的资本和其他资源,平衡增长是不可能的。实际上,发展是一种不平衡的连锁演变过程,发展中国家应集中有限的资本和资源首先发展一部分产业,其他部门通过利用这些产业部门投资所带来的外部经济效应而逐步得到发展,由此提出不平衡增长理论。

在《经济发展战略》一书中,赫希曼认为,国民经济各部门的资本——产出比率或利润率存在差异,所以就存在有创新能力极强、有较大发展前途、利润率相对较高的主导部门和比较落后、逐渐衰落、利润率较低的部门。发展战略的路程好比一条不均衡的链条,从主导部门到其他部门,从一个产业通过另一个产业,经济发展常常采取踩跷板的推进形式,从一种不均衡走向新的不均衡。因此,发展战略的任务不是取消而是维持不成比例和不均衡,使不均衡的链条保持活力,一系列脱离均衡的经济行为构成最理想的发展过程。赫希曼也承认市场狭小对经济发展的限制,但他认为,各个产业部门之间的联系效应可以克服市场狭小的束缚,促进各个产业部门的发展。从发展中国家现有资源的稀缺和企业家的缺乏等方面来看,平衡增长理论是不可行的,发展中国家不能将有限的资源同时投放到所有经济部门和所有地区,而应当集中有限的资本和资源首先发展联系效应大的产业,以此为动力逐步扩大对其他产业的投资,带动其他产业的发展。同时,地区发展也必须有一定的次序,不同的地区按不同的速度不平衡增长,某些主导部门和有创新能力的行业集中于一些地区和大城市,并以较快的速度优先得到发展,以形成一种资本与技术高度集中、具有规模经济效益、自身增长迅速并能对其他地区产生强大辐射作用的发展极。发展极地区的优先发展,最终将通过技术的创新与扩散、资本的集中与输出等方式带动其他部门和地区的发展。发展中国家取得经济增长的最有效途径是采取精心设计的不平衡增长战略,首先投资选择应放在若干战略部门投资,当这些部门的投资创造出新的投资机会时,一个部门在投入和产业上与其他部门之间相互联系、相互影响、相互依存产生的联系效应(binding effect)就会带动整个经济的发展。具体地讲,投资应放在后向联系效益较大的制造业,制造业的发展既能较快积累资本又能带动落后产业,从而最终促使经济发展,摆脱贫困状态。

在经济发展初期,某些部门和某些地区会得到优先发展,而这种优先发展在产生扩散效应的同时,又会产生回波效应(doubling effect),即当劳动力、资金、技术、资源等要素由于收益差异吸引而发生由落后地区向发达地区流动时,落后地区与发达地区的经济发展差距将不断扩大,从而两类地区的收入差距也将不断扩大,发达地区凭借自己的支配地位从边缘地区吸入要素和资源壮大自己最终引起落后地区的衰落。由于从资本形成、产业关联、要素集聚、扩散的角度阐明了发展中国家或地区经济增长的非均衡格局,不平稳增长理论以其独特的、比较合乎实际的理论构想,对发展中国家的反贫困战略产生了深远的影响。

1.1.2.4 经济起飞理论

美国经济学家沃尔特·罗斯托(Walt Rostow)从世界经济发展的角度,用历史的、动态的方法研究了各个国家,尤其是发展中国家经济发展的过程、阶段和问题,提出了经济起飞(take-off)理论。罗斯托着重研究了发展中国家如何实现经济发展,从而向发达国家过渡。为了突破发展中国家的经济停滞状态,发展中国家必然摆脱纳克斯所说的恶性循环困境,或者如哈维·莱宾斯坦所说的用最小临界努力突破落后经济的低水平均衡陷阱。莱宾斯坦认为,发展中国家即使收入有些增加,在一个经济落后的条件下,任何导致人均收入上升的刺激,都必然会促使人口增长,最后使人均收入降低到仅能糊口的水平,结果又回到类稳定均衡的状态。要打破这种均衡就必须有一种最小临界努力,罗斯托就是将用最小临界努力摆脱恶性循环或低水平均衡陷阱的过程,称之为经济起飞过程。

罗斯托认为,一个国家的经济发展要经过传统社会阶段、为起飞创造前提阶段、"起飞"阶段、向成熟推进阶段、群众性高消费阶段和追求生活质量阶段六个阶段,当今西方发达国家已经分别进入了群众性高消费阶段和追求生活质量阶段,而众多的发展中国家却还处于起飞以前的阶段。因此,怎样为起飞准备条件,怎样实现起飞,选择什么样的起飞战略是摆在发展中国家面前的重大课题。在 1960 年出版的《经济增长的阶段——非共产党宣言》一书中,罗斯托指出,在经济增长的六个阶段中,起飞阶段是关键性的,它与生产方式的急剧变革紧密联系在一起,意味着工业化和经济发展的开始,是近代社会生活中的大分水岭,这个阶段是由一定或更多的主导部门推动的,它的迅速增长,带动了辅助部门和派生部门的增长,从而促进整个经济的增长——不平衡增长。在起飞阶段中,束缚经济成长的阻力最后被突破,传统的经济停滞状态得到改变。罗斯托认为,一个国家要实现经济起飞,必须具备三个条件:一是生产性投资在国民收入中所占的比例从 5% 增加到 10% 以上。这是因为,如果一国经济资本——产量比为 3.5:1,人口年增长率为 1%～1.5%,那么,要使人均收入不变,积累率必须达到 3.5%～5.25%,而如果要使人均收入每年增长 2%,那么积累率就必须达到 10.5%～12.5%。因此,在发展中国家目前的人口增长率条件下,要使经济从停滞到持续增长,积累率至少应提高到 10% 以上。二是建立具有较高增长率的一个或多个制造业部门。这种部门必须是对经济增长起主导作用的部门,即主导部门,现代经济成长的实质是部门成长过程,经济成长先从主导部门开始,然后扩散到其他部门和地区,当这个部门的使命完成之后,就被新的主导部门代替,经济增长也就进入新的阶段。罗斯托认为,形成主导部门的条件,是这个部门必须在国民经济中占据举足轻重的地位,有技术创新和迅速应用新技术的能力,有带动其他部门增长的能力。主导部门不仅能够自身高速增长,而且能够把这种增长扩散到其他部门,对其他部门产生决定性的影响。三是建立能够使现代部门扩张,促使经济持续增长的政治、社会制度结构,政府必须保证能采取一系列措施来创造起飞所必需的条件,这类措施包括:防止消费早熟,为起飞积累资金,动员国内外资金以提高储蓄率,重视基础设施建设,防止人才和资本外流以及加强国家对经济的管理等等。

  罗斯托的经济成长阶段论是在考察了世界经济发展的历史后提出的,它正确地强调了经济起飞要素的形成、主导部门的推动和国际贸易的扩张对一国经济发展的重要性,对落后国家追赶先进国家具有重要的指导意义和较强的解释力,一些国家在现代化进程中曾经自觉地实践了罗斯托的理论并取得了巨大的成功,特别是对日本、韩国、新加坡等新型发达国家工业化过程中的具体政策、措施有积极的影响和意义,20世纪60～70年代这些亚洲国家包括中国台湾和香港地区连续20年左右的经济起飞,基本上印证了罗斯托的经济发展阶段理论,而我国自20世纪70年代末改革开放以来经济高速发展的现实轨迹也与罗斯托关于经济成长阶段的理论描述有着惊人的吻合。

1.1.2.5 发展极——增长点理论

基于不平衡经济发展规律和不发达地区资源稀缺的状况,法国经济学家弗朗索瓦·佩鲁(François Perroux)提出了发展极理论。1950年,佩鲁在《经济空间:理论与应用》中首次在抽象经济空间的基础上提出了极的概念,他认为极是经济活动的聚集地和经济增长的发动机。1955年,佩鲁在《略论"发展极"的概念》和1961年出版的《21世纪经济》一书中对发展极进行了充分的论述,进一步丰富了不平衡增长的理论内涵。

发展极理论是发展经济学和区域经济学的基础理论,是不均衡发展论中最为典型和最具影响力的流派之一。不均衡发展论主张经济的发展是不均衡的,它并非同时出现在所有地区,而是认为经济的增长首先是在某一处出现,然后带动其他地方发展,经济增长遵循的是一种不均衡的原则。佩鲁认为在地理集中的(即在同一地点中)企业之间和产业之间有机联合对工业化进程的推进具有重要的意义,所谓发展极,就是由主导部门和有创新能力的企业在某些地区或大城市的聚集发展而形成的经济活动中心,这些中心具有生产中心、贸易中心、金融中心、信息中心、交通中心、服务中心、决策中心等多种功能,恰似一个磁场极,能够产生吸引力和辐射作用,促进自身并推动其他部门和地区的经济增长。发展极理论的核心是,在经济增长过程中,由于某些主导部门或有创新能力的企业或行业在一些地区或大城市的聚集,形成一种资本与技术高度集中,具有规模经济效益、自身增长迅速并能对邻近地区产生强大辐射作用的发展极,通过具有发展极地区的优先增长,可以带动相邻地区的共同发展。佩鲁认为,经济增长并不是在每个部门、行业或地区按同一速度（或比率）平稳增长的，事实上是在不同的部门、行业或地区按不同速度不平衡增长的。作为经济空间的发展极，它不是一个空间区位，而是处于经济空间极点上的一个或一组推进型经济部门，它本身具有较强的创新和增长能力，并通过外部经济和产业之间的关联乘数效应推动其他产业增长。因此，作为经济单位的发展极是与主导产业紧密相联的，增长的势头往往集中在某些主导部门和有创新能力的产业。这些产业部门又往往聚集在大城市中心，这些中心就成为发展极，通过对发展极的重点投资就能使主导产业或城市发展起来，通过极化效应(polarizability effect)使得发展极城市中主导产业四周聚集日益增多的相关产业，并通过与周围地区的专业化协作、技术信息交流、生产要素流动等方式，对周围地区产生扩散效应(spreading effect)。这种扩散效应不仅表现在同一产业之间，而且表现在一个产业（如工业）对另一个产业（如农业）的波及影响，比如靠近工业中心的农业生产力往往较高，但是中心城市并不自然地对边沿地区产业产生扩散效应。因此，在不发达地区创建发展极，就需要有创新企业及适当的环境，如完善的基础设施，能吸收资本和人才流入的社会环境等等。

发展极理论具有十分明显的政策含义：发展中国家要实现工业化和经济发展，必须通过发展极自身的发展和对其他地区或部门的影响，带动整个经济发展。发展极的形成有三种途径：一种是由市场机制的自发调节引导企业和行业在某些大城市与发达地区聚集发展而自动产生；一种是由政府通过经济计划和重点投资主动建立；三是以上两种形式的综合形式，既有市场的成分，又有国家参与的因素，是较为理想的发展极形成方式。非常有意义的是，佩鲁指出了发展极的形成条件是必须有一批具有创新能力的企业和企业家，必须具有规模经济效益，必须具有良好的投资和生产环境，而创新则是经济发展的主要动力。从经济思想史的角度考察，发展极理论从两个方面打破了新古典经济学的经济均衡分析，为区域经济发展理论提供了新思路。一方面，它反对均衡增长的自由主义观念，主张区域经济非均衡增长；另一方面，通过引入空间变量丰富了抽象经济学分析的内容。"发展极"理论的应用十分广泛，对于第二次世界大战以后发展中国家的经济发展产生了很大影响，许多国家从城市与周围地区相互联系的角度出发，把发展极看成是加快区域发展，尤其是加快落后地区经济发展的地域组织模式。

继发展极理论之后，英美经济学家又提出了增长点的概念，对发展极理论作了一些补充。所谓增长点，是指厂商和行业之间的亲和力将产生外部经济效果。促使厂商在地理位置上集聚发展，从而有增长点出现的趋势，而增长点一旦出现，又进一步加强了外部经济效果，这样形成了一个良性循环，增长点也得以保持下去。这种外部经济效果主要有：①各企业、行业之间可以互相利用培养起来的劳动力；②各企业、行业可集中利用基础设施，维修服务、技术咨询服务，从而减少重复建设所造成的资源浪费。后一种外部经济效果尤为重要，它是增长点形成的基础，也是增长点得以维持并有新拓展的动因。发展极与增长点两个概念的侧重点略有不同，一是增长点理论偏重于外部经济效果的作用，发展极理论则偏重于具有创新能力的企业的作用；二是增长点理论偏重于作为增长点地区自身增长，而发展极理论则偏重于发展极地区对周围广大地区的带动。发展极——增长点理论的一个重要特点是强调经济的联系性，这种联系性不仅表现在地区经济之间（如发展极对边沿地区的带动作用），同时表现在一地区中先进产业与落后产业之间（如增长点的形成及对传统产业的推进）。另一方面，发展极——增长点理论强调扩散和辐射作用，有助于经济网络的发展和资源在空间上的最优配置。

1.1.3 人力资本投资与传统农业改造

1.1.3.1 人力资本投资

人力资本理论是 20 世纪 60 年代在西方经济学中迅速发展起来的一种经济理论，主要探讨人力资本的基本特征、形成过程和人力投资的成本与效益。人力资本理论的产生，不仅极大地丰富了当代西方经济发展理论的内涵，而且对于近 50 年来世界工业化国家的经济发展尤其是发展中国家反贫困战略的实践产生了广泛而深远的影响。

人力资本概念和理论,直接来自于19世纪末形成的新古典学派提出的一个重要概念即生产函数概念,该概念表明了一定的产量来自一定组合条件的生产要素的投入,以后的人力资本理论的研究者在查尔斯·柯布(Charles Cobb)——保罗·道格拉斯(Paul Douglas)生产函数概念的基础上,对生产要素的投入进行进一步区分,从而阐明人力资本在经济增长过程中的作用。新古典学派提出的资本生产率、资本边际生产率只涉及对物的投资,人力资本理论的研究者们以此为出发点,扩大了投资所包括范围,提出了关于人力资本及其经济效果的概念。1953年,美国哈佛大学教授杰里米·沃尔什(Jeremy R. Walsh)发表了"人力资本观"一文,从个人教育经费和以后收入相比较来计算教育的经济效益,用教育费用效益的分析方式来计算上高中和大学在经济上是否有利的问题。1960年,美国芝加哥大学教授西奥多·W. 舒尔茨(Theodore W. Schultz)在美国经济学会发表"人力资本投资——一个经济的观点"的著名演说,首次提出了人力资本投资(human capital investment)这一概念,并建议把通过对儿童和成年人的教育,改进他们的健康和营养从而提高劳动质量和劳动者收入的过程看成是资本积累的过程。1962年舒尔茨出版了《教育的经济价值》(The economic Value of Education)一书,系统阐述了人力投资的成本及教育经济效益的核算,从而完整地创立了人力资本理论。

舒尔茨在长期的农业经济问题研究中发现,从20世纪初到50年代,促使美国农业生产产量迅速增加和农业生产率提高的重要原因不是土地、人口数量或资本存量的增加,而是人的能力和技术水平的提高。他指出,传统的经济理论认为经济增长必须依赖于物质资本和劳动力增加的观点已无法解释今天的事实,对于现代经济来说,人的知识、能力、健康等人力资本的提高,对于经济增长的贡献远比物质资本、劳动力数量的增加更重要。他进一步指出,在传统的经济理论中,资本实际上仅仅是指处于生产过程中的厂房、机械设备、原材料和燃料等多种物质生产要素的数量和质量,这样的资本概念是不完整的;对于经济发展来说,仅仅看物质资本的形成是不够的，为了有效地利用可以得到的资本和技术，还必须充分注意对于吸收能力具有决定意义的人力资本形成。在此基础上，舒尔茨试图建立包括人力资本和物质资本的全面资本概念，他认为，物质资本是体现于物质产品上的，人力资本是体现在劳动者身上的，人力资本包括量与质两个方面，量是指社会中从事现有工作的人数及百分比，质是指技艺、知识、熟练程度与其他类似可以影响人从事生产性工作能力的东西。舒尔茨具体论述了人力资本的主要内容，包括：保健设备和服务的各种开支；在职训练；正规的初等、中等及高等教育的支出；非厂商组织成人教育训练，特别是包括农村的推广教育，也是人力投资的一项内容；用于劳动力国内流动的支出；用于移民入境的支出；提高企业能力的投资等等。在上述人力资本的投资中，舒尔茨特别强调了教育投资在人力资本形成中的作用，舒尔茨认为教育投资是一种重要的生产性投资，教育活动是隐藏在人体内部的能使人的能力得以增长的一种生产活动，教育不是一种消费活动；相反，政府和私人有意识的投资，为的是获得一种具有生产能力的潜力，它蕴藏在人体内，会在将来作出贡献。

舒尔茨在分析人力资本在经济发展过程中的作用时，从在第二次世界大战期间工厂和设备遭到严重摧毁的国家在战后迅速得到恢复中得到启示，指出只是因为这些国家具有较高的国民素质和教育水准，充分发挥了人力资本的作用，才能在比人们预料短得多的时间里，又重新创造出高度的繁荣。因此，在生产日益现代化的条件下，支撑着高生产率的乃是人力资本，处于现代经济生产活动中的人力资本其作用无疑比物质资本重要得多。当舒尔茨用这一思想来考察贫穷国家经济的时候，便得出了同传统经济理论完全不同的结论，他认为贫穷国家的经济之所以落后，其根本原因不在于物质资本的短缺，而在于人力资本的匮乏和自身对人力投资的过分轻视。他尖锐地指出："在发展中国家里，低估人力投资的情况更为严重，人力投资更加受到人们忽视，这是许多此类国家领导人和代表人物所固有的思想倾向。我们的经济增长理论教条的输出已对此起到作用，而这些教条总是把物质资本的形成置于突出的地位，以为人力资源的过剩是理所当然的事。炼钢厂成了工业化的标志。"(西奥多·W.舒尔茨,1991)人口质量的改进在很大程度上是由教育造成的,发展教育事业,对发展中国家人力资本形成、经济结构的转变和经济持续发展具有重要意义,教育事业的发展是发展中国家从根本上摆脱不发达状况的唯一出路。

舒尔茨对教育的经济效益的计算,特别是用国民收入中教育贡献所占的比例,作为衡量社会经济效益的指标具有相当广泛的意义。舒尔茨对经济学的主要贡献在于通过人力资本理论的阐述,彻底扭转了直至20世纪50年代末还流行于经济学界的以物质投资为中心的经济理论,把包括教育投资和健康投资在内的、旨在提高人口素质的投资都看成是生产性投资,并在经济发展中产生远比物质资本和劳动力数量增加更为重要的作用。他以其独特的视角对经济发展动力作出了全面解释,他非常明确地表示,在经济发展过程中,资本积累的重点应从物质资本转移到人力资本。

1.1.3.2 传统农业改造

除了在分析人力资本理论上的重要贡献,舒尔茨关于传统农业改造方面的思想在现代西方经济学中也占有重要的地位。1964年,舒尔茨在《改造传统农业》一书中,利用新古典学派的分析方法,从理论上阐明发展农业本身的积极意义,对传统农业的特征和传统农业的改造进行了系统的论述,从而与人力资本理论共同构成舒尔茨反贫困战略理论的主体。

舒尔茨认为,在特定情况下,农业在长期发展中逐渐达到均衡状态,形成这种均衡的主要条件是技术水平长期保持不变。从生产要素的供给方面看,技术水平是可再生生产要素供给的基础,传统农业中的农民世代使用祖先传下来的农业生产技术,这些生产技术源于长期的经验积累,农民对所使用的技术了解和上几代人所了解的大体一样,其结果是:持有和获得农业生产要素的偏好和动机状态继续不变,而偏好和动机状态是对作为收入来源的农业生产要素的基本需求,它长期保持不变就难以带动任何变革性的发展。以上两种状态维持长期不变将使对农业生产要素的边际偏好、边际动机和某些要素的边际生产力不断下降的水平达到均衡状态。因此,传统农业的技术是原始的、已知的、既定的、落后的。舒尔茨认为,传统农业虽然贫穷但有效率,相对来说很少发生重大缺乏效率的配置,但这只限于农民所能得到的传统生产要素的配置。也就是说,在现有的技术条件下,虽然农业生产率低,但要素配置已达到最优状态,"依靠重新配置受传统农业束缚的农民所拥有的要素不会使农业生产有显著的增加"(西奥多·W. 舒尔茨,1987)。

根据这个观点,舒尔茨断言技术停滞是传统农业落后和农民贫困的主要原因,在此基础上,舒尔茨进一步分析有效率的贫穷这一假说的含义。首先,在传统农业中,农民进行资源再配置不会增加多少产量,因而在作物栽培、种植时间、种植次数、手工工具、畜力和沟渠等配合方面,已经很好地考虑到边际成本和边际收益问题,这意味着舒尔茨的传统农业经济实际上已经是帕累托的最适度经济状况。其次,由于不会发生像配置大型机器设备所出现的不可分性,因而产品价格和要素价格都是易于变动的。再次,在技术水平一定并有其他要素进行配合时,耕种每一块土地,都能增加一定的产量,能够并愿意进行一些有用工作的工人都会受到雇佣。由于传统农业社会排除了技术引进的可能,因此,不会出现妨碍充分就业的因素。最后,舒尔茨认为,农民对产品和要素的相对价格的变动能够作出反应和调整,因此反对传统农业中农民对价格不会作出反应的说法,认为如果真是那样,就不可能想象这个社会能有效率的配置生产要素。当然他也承认,有效率的贫穷假说并不意味着劳动的真实利益不是微薄的,但收入大小维持最低生活水平的情况也不符合这个假说(西奥多·W. 舒尔茨,1987)。

舒尔茨在《改造传统农业》中精湛地分析了传统农业的基本特征、改造传统农业的必要性,以及如何将"悭吝"即生产率很低的传统农业改造成为商品率高的经济部门,使农业成为经济发展的巨大原动力。尽管舒尔茨认为传统农业是有效率的,但他认定传统农业有其局限性,即它的成长机会不大。传统农业增长缓慢的经济原因就是由于依赖于一组特定的生产要素，但它们的有利因素已经消耗殆尽。为了冲破这种依赖性，传统农业中的农民必然以某种方式获得、采用和学习有效地使用一套新的、有利可图的生产要素。舒尔茨指出，实现传统农业改造的基本途径主要包括四个方面。一是建立健全价格体系。由于农业生产活动具有分散的性质，用指令方式来组织管理农业，其效率必然低下，必须建立一个比较完善的价格体系，发挥市场机制的作用以利益导向刺激农民。二是政府必须承担起农业科学技术研究及推广的责任，为生产出适合本国条件的现代化农业生产要素，国家政府必须对现代化农业发展及有关知识、技术进行广泛的科学研究。三是大力发展教育，大幅度提高农民的文化技术水平。四是取消大农场，推广家庭农场。舒尔茨高度重视人力资本投资在传统农业改造中的作用，认为传统农业生产率低下，主要是因为特殊的要素投入如研究和教育的缺少，而不是可再生产资本的短缺，促使农业生产率大幅度提高的最实际、最经济的方法是改善投入，广泛利用知识进步和现代技术，从而提高现有农业经济的效率；对发展中国家来说，向农民进行中小学教育及文化投资是最有利的人力资本投资，只有对农民首先进行文化教育，才能使其掌握科学技术。因此，人力资本的投资增加，农民科学文化素质的提高，对于传统农业改造有着极为重要的作用。

1.1.4 贫困的社会排斥与能力剥夺

1.1.4.1 贫困的社会排斥

社会排斥（social exclusion）理论与贫困文化（culture of poverty）理论研究存在极为密切的逻辑关联，许多学者认为，贫困文化现象是导致社会贫困问题长期存在的深层次原因之一。由于贫困文化现象的存在，处于贫困之中的穷人会由于观念和行为上的原因而使自身难以摆脱贫困。1972年6月29日，曾任英国保守党政府社会服务大臣的基思·约瑟夫（Keith Joseph）在对英国学前游戏协会作的讲演中认为穷人家庭的父母行为不当、缺乏动机，以及家庭和社区的环境不良对下一代的成长产生了很大的影响，使上一代人的一些观念和行为内化到下一代人的价值体系中，从而使下一代人也容易陷入贫困。贫困文化概念的引用在政策上具有一定的积极意义，这就是要求决策者在制定反贫困政策时，应注意从文化角度帮助穷人摆脱贫困的束缚。由于贫困文化的理解具有"谴责穷人"的含义，因此许多研究者强调应该更深入地从社会的角度出发分析造成贫困文化的社会因素，在此基础上形成了社会排斥的基本概念。

所谓社会排斥，是指特定个人或群体被排斥，或者至少他们自己感受被排斥参与社会生活各个方面的现象。社会排斥有各种表现形式，其基础也多种多样，不同的人会以不同的方式、因不同的原因经受社会排斥。社会排斥会发生在劳动力市场、教育制度、公共物品的供给、对政治过程的参与等领域，其类型有性别、年龄、种族、宗教、民族、地理位置、职业和疾病（如艾滋病），或者位于社会等级和收入分配的底层等等。1974年法国学者勒内·勒努瓦（Rene Lenoir）首次提出了社会排斥概念，在界定法国的受排斥人群时，勒内认为以下群体是"受排斥的"——这些人约占法国总人口的1/10，包括精神或身体有残障者、自杀者、老年病患、受虐儿童、多问题家庭、边缘群体、叛逆者及其他一些不适应社会环境的人。到了20世纪80年代，研究者们开始用这一概念来指在社会经济和技术转型过程中出现的一些新的贫困现象，例如失业、家庭不稳、城市边缘低质量住房区的犯罪问题等，这些现象的存在及消极影响导致了社会整合的破坏。

很长时间以来，欧洲的学者们一直对社会排斥概念有不同的看法，使得这一概念成为了一个颇有争议的术语。人类学和社会学的研究者对许多生活在社会底层的人进行描述时就使用了社会排斥的概念，如法国学者最早应用社会排斥概念时，主要是指那些没有被包括在社会保险体系内的人，因此被社会排斥实际上被国家在行政管理方面排斥。从这个意义上看，欧洲学者所使用的社会排斥概念与美国学者惯用的贫民化、边缘化（marginalization）、底层阶级（underclass）等概念相类似。有些人认为，社会排斥只是对于贫困的另一种流行的称呼或者是穷人的另一个分支。而另外一些人认为，社会排斥是一个范围更广的概念，不是只注重于低收入,而是包括两极化(polarization)、社会分化(differentiation)和不平等(inequality)。一些人反对把社会排斥与阶层和不平等联系起来定义,他们认为阶层和不平等表示的是个人在社会中纵向的地位上或下,而社会排斥则是用一个圆形来描述:以是否在一个圈子里衡量。于是产生了这样一个问题:是否社会中所有的排斥都是社会排斥? 例如,在南非种族隔离下的黑人是被排斥在权力之外的,也被排斥在社会的某些领域之外,但是它是否作为一个整体完全被社会排斥呢? 也有一些学者(如 Berghman)不认为"被社会排斥的人"是一个阶层,或者是一种结果,而是一个动态的过程。而有的学者如英国伦敦经济学院院长安东尼·吉登斯(Anthony Giddens)认为:"社会排斥不是社会不平等的等级,而是一种让一部分群体从主流社会中分离出去的机制。"

古典政治经济学家认为,一个人不应该被排斥于某些社会关系之外,如果被隔离于某些社会关系之外,就会进一步限制了人们生活的机会,而机会的丧失是能力贫困的典型表现。亚当·斯密(Adam Smith)就认为对一个人就业或获取信贷等机会的排斥,会导致他在经济上的贫困,而经济上的贫困反过来又会导致其他形式的剥夺,在《国富论》中就有相当一部分涉及社会排斥的工具性(instrumental)影响,以及某些特殊排斥所产生的影响,如某人(通过立法)被排斥于市场之外或是(由于缺少私人资金与公共支持)被剥夺了受教育的机会。亚当·斯密极为关注那些造成困苦生活的关系特征(relational features),在此基础上他明确讨论了建构性(constitutive)的关系剥夺。他在界定享有体面生活所应有的必需品的性质时,把包容与排斥视为分析贫困问题的关键,认为因为某些因素(如营养不良或无家可归)无法自由地与他人交往看成是一种很严重的剥夺,把"不能体面地出入公共场所"视为社会排斥形式的能力剥夺。社会排斥论者普遍认为,人的基本能力之一是参与社会生活的能力,这种参与社会生活能力的失败,构成了贫困的基本表象,而社会排斥直接导致了参与社会生活能力的失败,因而它也是构成贫困的重要因素,从能力的视角看,社会排斥可以看作是贫困的一个方面。因此,社会排斥导致了能力失败,能力失败加剧了不平等,而不平等导致了更大的贫困。

1.1.4.2 贫困的能力剥夺

在20世纪80年代以前,学者们对贫困的认识主要是从经济学意义上来理解的,这种理解方式逐渐形成贫困的定量研究取向,它以"绝对贫困"、"相对贫困"、"贫困线"、"贫困发生率"等为主要概念,注重对贫困和反贫困的测度性、可比性、可行性和操作性研究。然而在实际上,贫困是一个过程,它随时间、空间以及人们的思想观念的变化而变化,与人类发展及人类权力有密切关系,马尔萨斯(Thomas Robert Malthus)在《人口论》中就认为穷人"没有权利得到一点食物,在自然界的宴席上,没有他们的席位,自然命令他们离开"(托马斯·马尔萨斯,1959)。美国经济学家马尔科姆·吉利斯(Malkom Gillis)认为:"贫困不完全是对绝对意义上的生活水平而言,它的真正基础在心理上。穷人指的是那些自认为是社会中的一部分,但又感到被剥夺(deprivation)了与社会中另一部分人同享欢乐权利的人(用心理学术语是他们的'参照群体')。由于教育和通讯的发展,参照群体会扩张。在早先,农民至多把自己的地位和村庄里的头面人物相比较。而现在,他们正越来越向往他们本国城市上层人物的生活标准,甚至开始注重那些富强国家现代化的生活标准。因而这种失落感会愈加强烈起来。"(马尔科姆·吉利斯,1992)

随着对贫困根源的探索和研究的深入,人们开始认识到贫困并不仅仅是一个经济问题,而应该从社会、政治、文化或历史等经济以外的角度来研究贫困问题,其中贫困导致的相对剥夺理论占有重要地位。"相对剥夺"这一概念是由英国著名学者彼德·汤森(Peter Townsend)1979年提出来的,他对贫困问题作了充分的考察后认为:"当某些个人、家庭和群体没有足够的资源去获取自己所属的那个社会公认的、一般都能享受到的饮食、生活条件、舒适和参加某些活动的机会,那么就可以说他们处于贫困状态。他们由于缺少资源而被排斥在一般生活方式、常规及活动之外。"汤森对贫困的这一看法,随后经常被人所引用,如欧共体1989年在《向贫困开战》的报告中给贫困所下的定义认为:"贫困应该被理解为个人、家庭和群体的资源（包括物质的、文化的和社会的）如此有限，以致他们被排除在他们所在成员国的可以接受的最低的生活方式之外。"（彼德·汤森，1979）不过，汤森又强调指出：贫困是一个被侵占、被剥夺的过程，在这一过程中，人们逐渐地、不知不觉地被排斥在社会生活主流之外。

印度经济学家阿马蒂亚·森（Amartya Sen）将贫困与能力剥夺分析引入到一个崭新高度，他在《作为能力剥夺的贫困》中明确指出："贫困必须被视为是一种对基本能力的剥夺，而不仅仅是收入低下。"贫困首先夺去了人们建立未来大厦——"生存机会"的工具。随后，它又悄悄地夺去了人们享受生命不受疾病侵害、有体面的教育、有安全的住宅和长时间的退休生涯的机会。人们之所以贫困是由于他们的权利被剥夺的缘故，很显然，一方面是权利被剥夺，另一方面是权利的丧失，在《贫困与饥荒》中阿马蒂亚·森直接把贫困定义为一种权利方法（entitlement approach），他所重视的是每个人在包括食物在内的商品组合方面的权利，把饥饿看作是未被赋予取得一个包含有足够食物消费组合权利的结果。他指出，一个人之所以挨饿，要么是因为他没有支配足够食物的能力，要么是他拒绝使用这种能力。权利方法重视的是前者发生的可能性，而不考察后者，他认为贫困就是产生于一个人无论因为什么理由丧失了这些权利中的一项或几项而挨饿，他进一步指出：在一个私有制的市场经济中，人们所公认的典型的权利关系包括以下内容：①以贸易为基础的权利（trade-based entitlement）；②以生产为基础的权利（production-based entitlement）；③自己劳动的权利（own-labour entitlement）；④继承和转移的权利（inheritance and transfer entitlement）（阿马蒂亚·森，2001）。所有这些都或多或少具有直接性的权利关系，而在实际生活中还存在着其他更为复杂的权利关系。交换权利就是其中一种。它是个人在交换中能够获得的各种商品所构成的集合，也就是人们具有的购买某种商品的基本能力，虽然饥荒与自然灾害有密切关系，但客观因素往往只起引发或加剧作用，权利的匮乏、丧失或权力失败（entitlement failure）才是加剧贫困和饥饿、导致大规模饥荒的主要原因。

由此可知,无论是权利剥夺还是权利丧失,都是从政治的角度对贫困的一种解释。能力剥夺的概念除了上述的意义外,更主要的意义在于它丰富了人们对贫困问题广泛性的认识。通常人们只从收入角度来界定贫困,没有考虑收入低在社会、政治、文化方面的消极影响。事实上,经济上被边缘化的人,通常在政治、社会、文化等方面也被边缘化。反过来,这些方面的边缘化又会强化经济的边缘化。因此,仅仅考虑收入贫困,而无视因经济贫困导致的能力剥夺与社会排斥,就不能深刻认识收入贫困的深层次原因,也就不能制定有效缓解贫困的制度、战略与政策。

1.1.4.3 反贫困的自由理念

从贫困的社会排斥与能力剥夺角度出发,学者们进一步深化和拓展了贫困与反贫困问题的理论内涵,从而为世界新的反贫困战略与政策的确立奠定了基础。阿马蒂亚·森综合他在经济学基础理论、经济研究以及道德——政治哲学领域多年来的卓越成果出版了《以自由看待发展》。在书中,森改变狭隘发展观的旧范式,阐述人的实质自由是发展的最终目的和重要手段,建立了全新的理论框架,认为发展是涉及经济、政治、社会、价值观念等众多方面的一个综合过程,它意味着消除贫困、人身束缚、各种歧视压迫、缺乏法制权力和社会保障的状况,从而提高人们按照自己的意愿来生活的能力。森根据大量的经验研究资料,分析了发展中国家面临的重大问题,阐明在实践中富有成效的解决途径。他在强调市场机制、全球化对提高人们生活水平作出基础性重大贡献的同时,指出还需要政府和社会在人的生存、保健、教育等领域承担责任,更需要人作为发展的主体在全面的社会交往和变革中发挥主动作用。

森深刻分析了隐藏在贫困背后的生产方式的作用,以及贫困的实质。他认为:"要理解普遍存在的贫困,频繁出现的饥饿或饥荒,我们不仅要关注所有权模式和交换权利,还要关注隐藏在它们背后的因素。这就要求我们认真思考生产方式,经济等级结构及其他们之间的相互关系。"(阿马蒂亚·森,2001)他认为贫困的实质就是能力的缺乏,他突破了传统流行的将贫困等同于低收入的狭隘界限,提出用能力和收入来衡量贫困的新思维,拓宽了对贫困理解的视野,即贫穷是基本能力的剥夺和机会的丧失,而不仅仅是收入低下;收入是获得能力的重要手段,能力的提高会使个人获得更多的收入;良好的教育和健康的身体不仅能直接地提高生活质量,而且还能提高个人获得更多收入及摆脱贫困的能力;应该用人们能够获得的生活和个人能够得到的自由来理解贫困和剥夺。在此基础上,森给发展下的定义是"扩展人们享有的真实自由的一个过程",发展不仅包括人们免受与贫困相连的各种困苦的能力,还包括教育、健康等方面的社会安排。

森所说的"自由",有其明确而独特的含义,它是指人们在所处的社会条件下拥有多大的可行能力(capabilities),即一个人免受痛苦,诸如饥饿、营养不良等,可以避免的疾病、过早死亡,以及能够识字、有尊严地生活的能力,人们在所处的社会条件下拥有多大的可行能力,去享受他们根据自身的理由而珍视的那种生活,森把它称作实质(substantive)自由。更具体地说:实质自由包括人们免受与贫困相连的各种困苦的能力,同时也包括诸如有机会接受教育、发表言论、参与社会和政治活动等等进一步的自由。实质自由一方面由法律规定的各种自由权利来保证,另一方面又涉及在发展中要实现的、一个社会为其成员提供的各种"资格"。比如说,失业者有资格得到救济,收入在最低标准线以下的人有资格得到补助,每一个孩子有资格上学受教育。在《以自由看待发展》中,森明确指出:"一个人的可行能力指的是此人有可能实现的、各种可能的功能性活动(functionings)的组合。可行能力因此是一种自由,是实现各种可能的功能性活动组合的实质自由(或者用日常语言说,就是实现各种不同生活方式的自由)。"(阿马蒂亚·森,2002)森用大部分篇幅论述了自由如何促进发展,而缺乏自由、压制自由如何阻碍发展的问题。所涉及的领域包括贫困、市场与政府的作用、民主、饥荒、妇女、人口和粮食、文化传统等等。书中还具体分析了政治自由、经济条件、社会机会、透明性担保、防护性保障五种手段性自由,它们分别为人们享有的实质自由做出贡献,又相互联系而增强其共同的作用。强调为了济贫、赈灾、救急、扶助老弱病残等目的而建立的社会安全网。森认为以人为中心的发展，迫切要求消除最严重的贫困，并改善最需要帮助的人的福利状况，因此建立防护性保障是发展过程中的一项基本建设。

在传统经济学中，比较不同社会福祉的一个最常使用的指标是收入指标，基本发展观认为发展就是国民生产总值的增长、个人收入的提高、工业化、技术进步或社会现代化等观点。与此相对比，森在继承了亚里士多德和亚当·斯密等古典思想家的遗产之上，建立起了以追求人的自由为核心并强调社会公平的新发展理论范畴，提出并深入阐述了发展的目的在于人本身，是使人更有可行能力去追求他们自己认为是有价值的生活。故发展的评估焦点在于考察能够允许每个人去追求他们自己所认为的有价值生活的可行能力是否得到扩展，这种从可行能力的视角对发展进行评价的方法重申了经济学学科的本来动机，并再次将人置于经济学分析和评价的中心位置，如同阿尔弗雷德·马歇尔（Alfred Marshall）在《经济学原理》中把经济学定义为研究财富，同时也是研究人的学问一样。对于那种流行的以物质财富增长为核心的发展观，森一再强调，财富、收入、技术进步、社会现代化等固然可以是人们追求的目标，但它们最终只具有工具性价值（instrumental value），是为人的发展、人的福祉服务的，以人为中心的最高价值标准就是自由，自由才是发展的主题和发展的最高目标。为此，森提出了关于自由的发展理念，即自由是发展的首要目的，是促进发展的不可缺少的重要手段。森以可行能力和实质自由扩展为首要目的的发展观引起了发展理念的一次意义深远的革命，在可行能力视角被系统化提出后，这一分析视角迅速引起了学术界和国际社会的高度关注和重视。1990年，在巴基斯坦经济学家马赫布卜·乌·哈克（Mahbub ul Haq）的带领下，联合国计划开发署（UNDP）发表了第一个《人类发展报告》，以可行能力视角为指导评价世界各国的发展。此后，沿袭这一重要理论思想的年度《人类发展报告》成为最受重视的全球性报告之一，并对世界各国的发展理念和发展范式产生了广泛而深远的影响。时任联合国秘书长的柯菲·安南（Kofi Annan）在评论《以自由看待发展》

时对阿马蒂亚·森进行了高度评价:"全世界贫穷的、被剥夺的人们在经济学家中找不到任何人比阿马蒂亚·森更加言理明晰地、富有远见地捍卫他们的利益。通过阐明我们的生活质量应该不是根据我们的财富而是根据我们的自由来衡量,他的著作已经对发展的理论和实践产生享受生活这种基本自由的能力。贫困不仅指低收入和低消费,还指在教育、医疗卫生、营养和人类发展的其他领域处于不利境地,而这种不利境地,又与穷人缺乏政治地位和安全保障直接联系。联合国在自己的发展工作中极大地获益于森教授观点的明智和健全。"(阿马蒂亚·森,2002)

1.2 世界反贫困战略的实践模式

西方发展经济学关于不发达国家反贫困的战略理论,对于第二次世界大战以后许多发展中国家的反贫困实践都产生过重要的指导作用,英籍印度经济学家拉尔(Lal)在《发展经济学的贫困》中几乎抨击了以往发展经济学取得的所有的重要理论和模式,如二元经济理论、无限剩余劳动供给、进口替代战略、外汇瓶颈、计划化等等,指出:经济学家应该更加现实地观察不同经济制度下如何加速增长和减轻贫困的有效途径,更加注重于研究同处依附地位的国家为什么能迅速崛起的成功经验。在世界反贫困战略理论的实践运用中,笔者认为有五种反贫困战略模式比较具有代表性:一是满足人类基本需要战略模式;二是发展极战略模式;三是人力资本投资模式;四是小额信贷扶贫模式;五是社会保障模式。

1.2.1 满足人类基本需要战略模式

满足人类基本需要(to meet basic human needs)战略模式注重对穷人尤其是对农村贫困人口提供基本商品和服务包括基本食物、水与卫生设施、健康服务、初级教育和非正规教育以及住房等。这一战略的实施包含两个因素,首先需要有足够的财力,使这些商品与服务能以穷人买得起的价格提供给穷人。其次,设立提供这些商品与服务网点,在分布上要对贫穷消费者有利,尤其是在穷人多的地区。满足人类基本需要战略理论认为,发展经济的目标是消除贫困,而消除贫困有两条道路选择。一条是直接向穷人提供保健服务、教育、卫生和供水设施以及适当的营养。另一条道路则是加速经济增长,提高穷人的劳动生产率和收入水平。就消除贫困的效果而言,前者比后者要显著得多,之所以要采取满足人类基本需要战略,基于如下理由:一是仅仅促进经济增长可能是使那些预期从增长中得益的人们(穷人)得不到好处;二是只有向穷人提供了基本保健和教育设施,他们的生产率和收入水平才能提高;三是增加穷人的收入而使他们能得到基本必需品,可能费时甚长;四是某些设施如供水和卫生设施,只能由公共部门提供;五是在基本必需品相对缺乏的情况下,只有用统一的方法提供必需品,才能使所有的穷人获益(A. P. 瑟尔瓦尔,1992)。

从满足人类基本需要战略的实践模式来看,实施基本需要战略有两难选择,一方面,提供基本需要将导致资源从投资领域向消费领域转移,这样做的结果往往会阻滞经济的增长,从而使提供基本需要的战略难以长期推行。另一方面,提供基本需要是人力资本投资的一种形式,多种教育、健康和其他社会开支,都会改善人力资源的质量,它和工业投资一样可以是生产性的,例如举办初等教育和贫困乡村的保健项目,就会提高穷人的生产率从而变成减轻贫困程度的手段。显然,满足基本需要战略可以推行的程度,要视它和促进增长战略彼此协调的程度而言,但是从实践的角度考察,满足人类基本需要战略的实施对于贫困的缓解有着直接而有效的成果。

1.2.1.1 印度的实践

印度是世界第二大发展中国家,长期面临着贫困问题的困扰,贫困人口数量庞大且贫富差距惊人。1962 年,在亚洲发展中国家中,印度政府率先提出在限定时期内使贫困者享有一个最低生活水平以满足其最低需要的政策,这就是满足人类基本需要战略的雏形。印度政府在推行基本需要战略时分为两个阶段,第一个阶段以第四个五年计划投资重点由工业转向农业,推行"绿色革命"为主要内容,通过引进、培育和推广高产农作物品种,运用一系列综合性农业技术措施来提高产量,以解决粮食供应不足引起的农村贫困问题。1965年,印度制定了推行"农业发展新战略"的具体政策,旨在引进、培育和推广高产农作物品种,运用一系列综合技术措施来增产粮食,从而增加对贫困人口的粮食供给。首先在自然条件较好的旁遮普邦、哈里亚纳邦和北方邦西部等地区开展了"绿色革命",在南部、东部及干旱地区,政府主要推广优良稻谷、豆类、油料作物及粗粮等作物品种的种植,以促进其农作物产量提高,并增加其农业收入,从而有力地促进了该地区经济发展。加上印度政府扶持干旱地区、沙漠地区、山区及部族地区发展的政策,推行农村公路建设计划、农村电气化计划和普及初等教育计划等,在一定程度上改善了落后地区的基础设施,提高了人民的文化教育水平,促进了生产效率的提高和社会经济发展。"绿色革命"在解决印度粮食供给问题上成效显著,印度粮食总产量由1966~1967年的7 423万吨增加到1983~1984年的1.53亿吨,增长106%,年均增长4.4%,到1991年开始新的经济改革,印度已实现粮食的自给自足,且有余粮出口,根据印度计划委员会公布的文件,"绿色革命"在减少农村贫困率中所做出的贡献达到55.38%。

尽管如此,"绿色革命"的结果并不符合设想和初衷,因为"绿色革命"主要在耕作、气候条件较好的地区进行,这使得地区间的不平衡状态进一步扩大;同时,"绿色革命"采取新品种和新技术都需要较多的资金为前提,这使富有的地主从中获益最多,结果贫富差距迅速扩大,广大贫困者没有得到什么好处。因此,在20世纪70年代中期以后,印度实行了"缓解农村贫困计划"进入基本需要战略的第二阶段。在第五个五年计划提出了稳定增长、消灭贫困、满足最低需要的反贫困策略,实施了多种计划来帮助、促进贫困地区的发展,通过进行初等教育、成人教育、农村医疗、农村道路、农村供水、农村电力、农村住房等社会经济基础设施建设,大力改善农村居民的基本生活、生产条件。特别是通过由国家和各邦政府拨款拨粮,在农闲季节进行农村基本建设,用粮食代替现金作为工资付给农民、解决农村劳动力就业和温饱问题的"以工代赈"计划取得很大成效。在创造农村永久性财产的同时,还建立若干培训中心给18~35岁失业青年以一定的技能培训,广泛实施了以自主谋生为核心的"青年职业培训"计划(TRYSEM)、通过向农村最贫困家庭提供信贷和投入物,使他们通过家庭手工业,或农村工业及农村日常服务性行业取得收入、把生活水平提高到贫困线以上的"农村综合发展计划"(IRDP),即中央和邦政府各提供50%资金,向贫困人口提供补助或贷款,供应种子、化肥、农药等与相关技术服务,投资兴修水利设施、开办职业培训,并成立小型农村企业,以增加就业机会,1989年实施的"贾瓦哈尔就业计划",即中央和邦政府各出资80%和20%,为贫困群体创造修建住房以及挖掘水井等就业机会。

这些针对性很强的扶贫发展计划真正做到了致力提高最贫困阶层的生活水平、改善农村基本设施建设、强调"人民参与",为使贫困人口在物质与精神两方面逐步摆脱贫创造了条件。从实践考察,满足人类基本需要战略取得了显著成果,使印度从缺粮国转变为粮食剩余国并略有出口,不仅改变了20世纪70年代某些年份22%的儿童死于饥饿的现象,而且贫困发生率也从20世纪70年代末的51%下降到90年代的30%。在满足人类基本需要战略的指导下,印度公共部门采取了一系列有助于扶贫的经济改革与发展政策措施,如土地制度改革、信贷制度改革及穷人目标计划等。公共部门制定决策,通过对农村土地所有制结构进行调整,使贫困人口获得土地与信贷等生产性资源;通过公共分配系统调整,降低贫困人口的食物支出并改善营养状况。通过瞄准贫困人口的创造就业计划以及加强社会保障等等,以提高穷人的社会经济地位与生存发展能力。此外,印度政府依靠财政投入,逐渐在印度城乡建立起面向全民的、以初级医疗中心、医院、诊疗所和社区医疗中心为主体的公共卫生系统,形成了覆盖面较广的医疗网络,这些政府医院对所有病人敞开大门,从挂号、手术到药品各项服务一律免费。

1.2.1.2 印度尼西亚的实践

印度尼西亚也是发展中国家运用满足基本需要战略减轻贫困成就最

为显著的国家之一,其反贫困战略的主要特点是通过全国发展计划和部门发展政策促进经济的发展,在发展中使穷人受益。国家发展政策中对穷人影响较大的有农业、健康卫生、教育和社会福利等,其中又以农业政策对贫困人口的影响最大。印尼政府于1960年颁布了第5号法令《土地基本法》,其目的在于限制封建地主和外国农场主对土地的占有,并保证农民拥有一定量的耕地。该法按照不同地区土地与人口的多少,规定土地占有的最高和最低限额。对超过限额的土地由政府赎买而后分配给需要土地的农民。对外籍人规定不能拥有土地所有权,但可以根据规定在一定时期内租借一定面积的土地。与此同时,为了减轻农民的负担,政府也于同年颁布了第2号法令《收成分配法》。过去,地主对农民的剥削往往很重,例如在分配收成时,地主往往要占收成的一半以上甚至占收成的2/3,根据《收成分配法》的规定,在分配收成时,土地所有者不得分配超过收成的一半,也就是说,必须保证农民所得至少是收成的一半。20世纪70年代后期,印尼政府主要实施了农业和农村发展规划,其中最主要的是"稻米增产计划"(BIMAS)和农村地区基础设施(以灌溉系统和农村道路为主)建设,制定和采取了一系列有利于促进稻米生产迅速发展的政策和措施,如逐年增加对种植稻谷的投资,不断扩大种植面积,兴修水利,选用良种,大力生产化肥和农药,实行化肥和农药补贴,规定有利于农民的大米收购价格等。通过三个五年建设计划的努力,印尼在1984年实现了大米的自给自足,当年大米的产量达到2 593.2万吨,为整个农村经济的发展奠定了基础,促进了农村贫困的大幅度减轻,为此,联合国粮农组织(FAO)特别表扬了印尼在发展粮食生产方面取得的重大成就。此外,政府还实施了"农村就业计划"等进行农村地区的基础设施建设,重点采取了通过转移支付和能源补助的方法来为贫困地区提供帮助、促进农村工业和服务业的发展、促进农业多样化的发展、提高农产品以及农村产品的市场化水平,通过多方面提高生产力例如通过土地、资本、信息以及技术等一系列促进农村发展的具体措施。

从20世纪70年代初开始,印度尼西亚政府广泛实施了人力投资计划,大幅度地增加对初等教育、医疗卫生等社会基础设施的投资,其中对农村地区的投资有力地促进了农村人力资源的开发,对长期持续地减轻贫困起到了重要作用。印尼政府认为教育事业发展的最广泛的目标应该是改善教育质量,发展基础教育增加入学率,降低失学人口数量,保证国民享受完整的教育,为此,印度尼西亚政府采取了以下举措:一是改善并放宽所有适龄儿童的入学条件,主要目标放在贫困、偏远的地区;二是加强教育基础设施的建设,积极维修破损的教育设施;三是改善教育质量,实施全国教育标准化,并进行立法规范;四是区分各种学校的教育职能,加强对教育服务设施的管理,加强社区对教育的监督、管理。此外,印尼政府不断地为学校提供支持,以减少学校对学生的收费,各级银行也为各个学校提供各种各样的贷款,在全国范围内持续提高初中教育的入学率,并在全国范围内提高小学的教育质量。在加强教育发展的同时,印尼政府把医疗问题作为政府要面对的基础问题,印尼政府认为印尼的小于5岁儿童死亡率和成年人的死亡率都要高于东盟国家,儿童死亡率较高、贫穷人口的健康状况不佳是因为他们由于贫穷无法享受到好的医疗。为此,印尼政府第一步是在全国范围内推广政府的基础医疗义诊,第二步是在全国的三个等级的医院中推广面向穷人的免费医疗,由中央政府来制定方针,由地方医院进行实施,这两个步骤主要都是为穷人负责。同时,政府还为贫困人群设立了相应的医疗保险制度,采取了增加高质量的、网络化的医疗中心的数量、增加私人医疗机构的数量与提高质量、为贫困人口提供医疗保险、从幼儿阶段开始抓健康教育、加大医疗设施的建设力度等等措施大幅度改善了贫困人口人力资本素质。1970～1990年,印度尼西亚的GDP增长速度一直超过5%。相应地,印度尼西亚的贫困人口占总人口的比例从1970年的58%下降到17%。

1.2.1.3 泰国的实践

泰国是东南亚的农业大国,是世界著名的大米生产国和出口国,泰国稻米的出口额约占世界市场交易额的1/3,是泰国外汇收入的主要来源之一。然而,农村的贫困问题仍然是困扰国民经济发展的一个重要因素,像其他大多数发展中国家一样,泰国的贫困人口几乎全部集中在农村尤其是集中在贫困山区,尤其是泰国的北部和东北部的山区,热带季风气候与热带森林的重合,造就了历史上的传统生产方式——原始农业,原始农耕技术导致单产极低,且逐年递减,直至无法维持基本生活的需要,农民生活困难,无法再生产。由于农民采取过度垦殖的方式利用资源,使他们不得不于2~3年迁移一地,基本上处在自然生态圈的原始循环中,维持着贫困的基本生活条件,同时水土流失严重,珍稀动植物品种锐减。贫困与生态恶化导致罂粟的种植在北部山区普遍存在,并很多民族的主业,由此带来的制、贩、吸毒泛滥。泰国在经济发展的过程中十分重视对贫困地区农村发展的扶持,泰国政府于1953年建立了"边境巡逻警察组织",与山区农民(hilltribes)取得联系,给他们以食物、药品等救济,以后又开始提供实质性的援助,如对山民进行农业培训,给他们种子、种猪等技术的输入,建立学校进行卫生、农业培训,以改善部分山民生活状况。1959年,山民的改造与发展工作由内务部负责,以后建立了一系列机构来组织对山民的改造与扶贫工作。20世纪60年代初,又成立了四个"山民自助组"以及一系列"发展与福利中心"和流动组,在山区农民中间进行农业技术交流,改善山区交通状况。在政府实施扶贫计划的同时,普密蓬·阿杜德(Bhumibol Adulyadej)国王亲自批准设立一个王室项目,由专门办公室负责实施,其主要目标是帮助山地民族摆脱贫困、为未来的持续发展而保护自然资源、种植为山民增加经济收入的作物等。40多年来,北部清迈府的六个农业实验站开展了蔬菜、水果、花卉、咖啡、速生林等多种作物的培育,把实验成功的品种和技术交给山民,还发展了家禽家畜的饲养,建起了小规模的农产品加工厂,产品由专人负责包装、运输和营销,收入中20%给这个项目的组织者,其余的分配给山民,使每户山民年收入达2万铢以上,山区的交通、教育、卫生状况大为改善,提高了农业整体水平,缩小了与泰国其他地区的差距。

泰国第二个经济与社会发展计划的目标区域已经覆盖了农村及偏远地区,并实施了"加速农村发展计划"。从1975年开始,泰国在全国范围内实施了类似中国以工代赈计划的"农村就业计划",主要目标是通过在干旱季节为农村居民提供就业机会来增加穷人收入。项目涉及的范围主要是农村基础设施,包括农村供水、灌溉系统、输电线路、农村道路建设等,通过农村基本生产条件的改善减轻绝对贫困现象。1970~1980年,泰国的GDP增长速度也都达到并一直超过6%,贫困人口占总人口的比例从59%下降到26%。1983年普密蓬国王发起创建的华赛皇家发展研究中心,开展职业培训,向当地农民传授农业知识和技术,形成了农业种植与渔牧养殖相结合的综合农业新模式,此举改善和提升了当地农民的生活品质。进入20世纪以后,泰国政府推出了包括"一区一品"(OTOP)在内的一系列扶贫助农政策,即在政府统一规划下,全国5 000多个乡都集中力量开发出一种充分体现自身优势的特色产品,每个乡镇发展自己的传统乡村手工艺品入手,主要包括泰国传统服饰、粮食、草药、珠宝、手工艺品等,通过给农业剩余人口提供就业的机会,改善低收入人群生活,为了帮助各乡开发和推广自身产品,政府还成立了七个工作小组,分别负责为各乡制定产品开发、营销、设备、信息、融资、出口和公关等具体计划,鼓励每个县区重点发展本地最富特色的产品,带动地方经济的发展。设立"乡村发展基金",给全国每个村庄提供100万铢的开发基金,用于改善生产条件、优化产业结构和发展多种经营等。"一区一品"计划帮助贫困地区的农民克服了"安于现状,不思进取"和"等、靠、要"的惰性,调动了当地农民的积极性,促使其想办法、动脑筋,利用富余劳动力和农闲时间,利用一技之长和施展当地传统技艺,努力开发具有本地特色的产品,创造新的财富来源,为增加人口收入和缓解农村贫困创造条件。为顺利实施这一计划,政府还动员专业设计人员和技术力量帮助当地农民开发制作有特色、上档次的土特产品,并通过办展销、建集市、促出口等帮助农民打开销路。针对贫困地区医疗卫生状况普遍落后的状况,泰国政府实施了农村医疗保险健康卡制度,对贫困农民,由政府出资发给免费健康卡,对一般农民,在农户自愿的基础上个人缴费500铢,政府补助500铢,由政府发给统一印制的健康卡,全家都可凭卡免费享受医疗保健服务,超过五人者需再购一卡,50岁以上老人和12岁以下儿童享受免费医疗。12～50岁的泰国健康卡持有者持卡到公立医院就诊,除了规定的自费项目以外,可就诊八次,每次有最高限额,由就诊单位向省管理委员会结算。如到私立医院就诊,门诊费用自理,住院费用在年限额内按月均3 000铢补助。在全国推行"30铢医疗计划",让贫困的农民也能看得起病,能得到应有的医疗服务。

为了增加农村就业机会和提高农民收入,泰国政府于2001年7月成立了专门委员会,开始推行农村基金计划,刺激农村经济增长。根据这一计划,全国近7.8万个村庄将平均每个获得2.3万美元的发展基金。这些村庄都成立了基金管理委员会,自发地确定投资项目和向市场推广农村产品,泰国政府的最终目标是把全国每个村庄的基金管理委员会都建设成为村庄发展银行。为了增强农民的偿债能力,政府还专门从财政年度中拨出4 000万美元,专门用于对农民进行专业职业技能培训,计划每年培训30万人。为了提高农业生产力,泰国政府于今年初拨款3亿美元,实施为期两年的农业改革计划,重点是在农业生产中推广信息技术和建立经济作物分区生产制度,同时还包括提高农产品质量、培育良种、改善灌溉系统、发展生物技术、增加农业附加值、开发新产品和扩大农民参与制定和管理农业发展计划等。泰国政府积极促进农村发展的努力得到了广泛好评。泰国2005年的一项民意测验显示,近90%的被调查者表示支持政府的农村发展措施。联合国粮农组织总干事雅克·迪乌夫(Jacques Diouf)曾称赞这些举措是消除贫困和饥饿的重要步骤,并邀请泰国向其他发展中国家推广有关经验。

1.2.2 发展极战略模式

发展极(devolopment pole)战略模式是根据"发展极—增长点"理论提出的反贫困战略模式,其核心内容是通过大规模的物质资本投资在贫困地区形成新的发展极或增长点,通过极化和扩散效应带动周边不发达地区的经济发展,以经济增长方式促使不发达地区的贫困人口自上而下的分享经济增长的成果,以缓解区域性贫困状况。执行这种反贫困战略模式的国家,有拉丁美洲的巴西、哥伦比亚、智利、哥斯达黎加、委内瑞拉和亚洲的巴基斯坦等。在近30年的经济发展中,采取这种战略的国家基本形成了物质相对充裕而人力资本相对短缺的资本结构,并形成了资本密集型产品生产的相对优势,但平均成人受教育率只有60%,有资格进入中等学校的人中实际入学率仅占25%~30%,对物质资本的投资20倍于人力资本投资。在优先顺序上,这类国家在达到初步的最低限度的教育水平以后,便趋向于大规模的物质资本投资,只有在已经达到了一定的工业化水平以后,才真正致力于投资教育,而且,这种教育投资主要投放于与经济增长密切相关的初等教育和中等教育。

1.2.2.1 巴西的经验

1967年,拉丁美洲国家巴西政府根据"发展极—增长点"理论比较成功地采取了"发展极战略",在贫困落后的亚马逊地区的马瑙斯建立了一个经济发展极,实行进出口自由贸易政策,规定该区内消费的商品、以加工为目的的商品、用于发展农牧渔业所需物资以及再出口为目的的物资均可免除进口税。同时还实行财政刺激政策,即凡是在自由贸易区投资设厂的企业均能得到"亚马逊开发私人投资基金"的赞助,对于国家企业和外国企业实行免缴利润税、工业产品税、商品流通税,以及免缴工业产品生产所需进口的机器设备、零配件和材料税等。结果,马瑙斯地区经济发展很快,据1989年末的情况,自由贸易区经济开发投资额估计为135亿美元,1985~1989年工业企业数量平均每年增加14%,投资增长特别大的是加工工业,1985~1989年增长了1.5倍,1989年该自由贸易区内共有577家工业企业,其产品销售额约为70亿美元。1990年农牧业区已建起170多个农场和畜牧场,从业雇员27 000多人,同时也成为巴西轻工业产品重要生产基地,有力地推动了亚马逊地区的发展,全区人口由1970年的不足100万人增加到300多万人。以"发展极战略"为契机,巴西在20世纪60~70年代实现了国家全面快速的经济增长,在长达20年的时间内,经济增长率一直保持在8%以上,国民生产总值跃居世界第十位,相应的贫困人口调查指数由50%下降到21%。

为解决农村贫困问题,巴西政府于20世纪70年代专门筹资实施了"东北部农业发展计划"和"全国一体化计划"。通过大规模的物质资本投资在贫困地区形成新的发展极,并通过发展极的扩散效应带动周边不发达地区的经济发展,并以经济增长方式促进不发达地区的贫困人口自上而下地分享经济增长的成果,以缓解区域性的贫困状况。"东北部农业发展计划"的目标是实现东北部农业现代化,主要由土地再分配计划和为购置土地、农业机械、化肥及其他农业物资而制定的信贷计划组成;"全国一体化计划"的目标则是扩大经济区域,尤其是农业区域。为此,政府投资修建了许多公路干线,以把边远地区同发达地区连成一片,从而为移民和区域经济开发创造了条件。政府还鼓励移民定居在亚马逊地区的农业带,并为定居者和原有农户提供信贷和技术帮助,大力开拓国内外农产品市场。此外,政府还启动了一系列补充计划,以创造非农就业机会,并向小农发放优惠贷款,政府提供贷款、科技、农机和化肥农药等,以鼓励农民成立各种农业合作社。1997年,巴西政府制定了"最低收入保证计划",成为90年代最有力的扶贫计划之一,该计划由联邦政府按一定比例向愿意参与计划的最贫困城市拨款,联邦政府和市政府各出资50%,对人均月收入低于政府规定的最低工资的1/2的、有7~14岁在校读书的儿童的家庭进行资助。以上计划使得巴西先后建立了许多规模不等的发展极,形成了带动整个区域经济开发的发展极网络,从而增强了边疆地区对中央政府的向心力,解决了农村剩余劳动力的就业难题,对减少贫困产生了积极的作用。

在城镇扶贫中,巴西高度重视社区在扶贫事业中的地位,拥有足够自主权的社区组织,不仅能充分调动社区居民参与的积极性,而且能极大提高扶贫效率。过去巴西通过高度集权化的政府系统实施扶贫,结果却适得其反,只有20%~40%的援助资金真正落到了援助对象手中。为了扩大扶贫面、提高扶贫效率,巴西许多地区都在社区成立一个市政委员会和技术监督机构,其中80%的市政委员会成员来自于援助对象,20%的成员来自于政府公务员队伍。市政委员会不仅可以直接拿到项目资金,而且可以自主雇人运作项目,但是委员会的运作过程必须在监督机构的严格监督之下,到2004年,巴西已在1 000多个城镇中成立了这样的委员会,受益者达750万人。巴西通过给社区逐渐放权使这一模式在全国迅速推广开来,扶贫资金的利用率高达90%。

但是基于发展极战略的固有缺陷,巴西在亚马逊热带雨林的开发不仅造成投资资金的极大浪费和二元经济结构的日益强化,毁林开荒发展耕作业和牧业,并未取得农业移民定居的目的。将人口众多、贫困的东北部与人烟稀少、经济尚处于"空白"待开发状况的亚马逊地区相联合,必然是困难重重,开发缓慢。事实证明,那些从干旱区到湿热区开发农业的移民,遇到的气候湿热、病虫害、草荒土地开荒后肥力减退和农作物产量大幅度下降等一系列难题,远比在故土解决吃饭问题更加困难。而且使亚马逊热带雨林被毁达1.6万平方千米,亚马逊热带雨林面积的减少被视为20世纪80年代世界最大的生态问题,被普遍认为是"不可逆转的世纪性过失"。

1.2.2.2 哥伦比亚的经验

哥伦比亚是拉丁美洲落后的农业国,贫困人口分布极为广泛,第二次世界大战后政府依托发展极理论和进口替代理论实施了一系列经济发展计划。20世纪40年代到50年代前期,为了改变依靠咖啡生产出口的单一经济结构,哥政府在战后实行了进口替代工业化计划,推动经济向多元化发展,鼓励非传统产品的出口。政府积极增加工业的投资,鼓励进口资本货,并建立经济发展委员会和工业财政公司,负责研究经济发展和引进外资事宜。1958年成立国家计划局,1961年宣布"1961~1970年经济和社会发展总计划",集中力量发展制成品生产。1963年又将工业发展委员会改为金融公司,执行资助私人企业的方针。同年建立货币委员会,加强对金融业的管理。1958~1967年,工业年平均增长率达7.5%,1950~1966年的16年间,制造业产值增长4.7%。1967~1974年是哥伦比亚经济迅速发展阶段,1967年颁布第444号法令(即《外汇条例》),大力鼓励非传统产品(包括制造产品)出口。1968年进行以宪法改革为中心的体制改革,加强国家对经济的干预和调节。政府把进口替代和促进出口结合起来,通过贷款和投资,大力扶持私人资本,工业生产品出口年平均增长9.2%,工业产品出口年平均增长达20%,国内生产总值年平均增长达6.3%。上述计划使哥伦比亚在20世纪60~70年代实现了当时世界上最快的经济增长速度,经济发展取得了较大成就。1965~1980年,国内生产总值年平均增长率为5.7%,农业年平均增长4.5%。1990年工业在国内生产总值中所占比重已从1965年的23%上升到39%,农业则由27%下降到17%,制造业由14%上升到26%,单一的经济结构得到改善,1990年哥伦比亚国内生产总值为411.20亿美元,人均国民生产总值1 260美元。1991年起,哥伦比亚对全国不满周岁的婴儿予以免费医疗,其他人实行医疗保险制,每人每月需缴纳占工资5.5%~7%的医疗保险金。1994年全国公、私立和社会保险医院共1 010所,医生34 862名,护士11 164名,平均每1 200人拥有1名医生,全国共有病床46 610张,但是医生和病床地区分布不均、专业不全、护士短缺的现象普遍,到1996年,国家基本建立了为500万贫困人口提供医疗补贴的卫生体系。

哥伦比亚的经验表明,只有实现全面快速的经济增长,才有可能减轻贫困,即使短期内的高速经济增长,也会使贫困现象明显减轻。但是由于社会阶层结构的畸形和发展的不平衡导致社会中的大多数人难以分享经济与社会发展的成果,引发许多社会问题。社会长期动荡不安,贩毒活动、恐怖活动猖獗,左翼游击队长期与政府分庭抗礼,贩毒集团、恐怖组织和左翼游击队都能在城市和农村的贫民中找到自己的后备军,成为影响社会稳定和国家安全的严重隐患。

1.2.3 人力资本投资模式

经济和社会发展的首要因素是人,重视通过教育设施投资,尤其是初等教育和技术培训,对贫困地区人力资源进行开发,是世界各国扶持贫困地区发展的普遍经验之一。研究表明,贫困地区与其他地区之间除了经济收入的差距以外,更显著的是人们的思想观念和教育水平的差距,以及由此而引起的文化、劳动、技术素质和创业精神的差距。要从根本上消除贫困,必须进行贫困地区的人力资源开发,从长远看这也是减轻贫困的根本性措施。人力资本投资战略模式,即侧重于人力资本投资的战略。实行这种战略的国家和地区,如亚洲的韩国、马来西亚、菲律宾、斯里兰卡和中国的台湾,其经济发展的特征是限制物质资本投资而加大人力资本的投资,普及了初等教育,有资格进入中等学校的人中实际入学率达60%。在优先顺序上,这类国家或地区都是先投资于教育,然后再进行工业化的投资。在这种国家,如果能够一方面成功地进行本国内部技术革新,另一方面成功地输入并吸收发达国家的先进技术,形成技术密集型产品生产相对优势的生产结构,那么将能较大地提高人均国民生产总值(GNP)的增长率,成为解决本国贫困问题的重要推动力。

1.2.3.1 韩国的实践

韩国通过对人力资源的开发和经济增长率的提高,在消除本国贫困状态和维持经济增长方面提供了良好的范例,考察韩国的发展过程,可以发现它遵循了一种动态的和策略上的先后次序。第一阶段,激进的资产再分配主要集中在土地上,但也对使用和进一步积聚金融资本加以最低限度的抑制,这一阶段可能出现负增长,但是为了创造经济和政治条件以保证今后的经济增长不出现高度的贫富悬殊,这一阶段是必需的。第二阶段,大规模积累人力资本,远远地超过了当时对技术的要求。在这个阶段中,人力资本得到重新分配,人力资源的基础大大扩大了,经济机会和对下一阶段的政治压力也随之产生。第三阶段,人力资源迅速地、密集地增长。人力资源的投资已经完成后,要使摆脱贫穷持续不断地发展,就需要实施重点在于加速劳动力密集增长的策略,从而达到继续提高经济增长率。从20世纪60年代起,政府在把工业化战略从内向的进口替代战略转变为外向的出口导向战略的同时,把教育体系建设视为国家优先考虑的事项,逐年增加教育经费的投入,其年均增长率都超过国民生产总值增长率,用于人力资源投资的经费仅次于国防开支。1960年,韩国实现了普及全民小学教育，这为劳动者受到良好的教育提供了基础。随着工业化的推进，这些素质较高的劳动者直接促进了经济的增长。20世纪70年代，韩国开始大力发展中等教育，到1995年中等教育入学率达到90%，在经济起飞后不久，开始大力发展高等教育，高等教育入学率迅速提高，大约每10年提高20个百分点：1975～1985年，高等教育入学率从10%提高到30%，实现了高等教育大众化；1985～1995年，高等教育入学率又从30%提高到50%。中等教育入学率从60%左右提高到90%，大约用了15年（1980～1995年）的时间。1995年韩国教育总体上有很大提高，中等教育入学率达90%，大学入学率接近55%，达到了其他OECD国家教育发展水平。通过大规模的人力资本投资战略实现了经济全面高质量的增长，整个60年代到80年代，年经济增长率保持在8%左右。1960年，韩国人均GNP为80美元，美国为2 801美元，相差35倍，到1996年，韩国已接近10 000美元，美国大约为27 000美元，差距缩小到2.7倍。1973年韩国人均GDP相当于西欧国家的24.3%，1992年为57.5%。贫困发生率在1965～1996年间从40.9%下降到1.7%，农村绝对贫困现象已基本消除，并迅速进入中等发达国家的行列，国民素质指标接近发达国家的水平。

在经济发展中，韩国高度重视人力资本在企业技术创新中的重要作用，韩国1967年就颁布实施了第一部《职业培训法》，把培训作为工作人员的权利和义务纳入法律条款之中，通过立法，推动初等教育的普及，完成了人力资本投资的第一次积累和再分配。从70年代起，实行在职技术培训制度，规定拥有200人以上的企业必须设立职业培训班，对15%的职工进行强制性职业再培训，通过对劳动力重新教育和培训，把非熟练工人培训成有一定技术熟练程度的工人，把不适应职业定位要求的失业者培训成能够满足需要的劳动者，先后颁布了《国家技术资格法》、《技能奖励法》、《职业技能开发法》和《企业法》，对技术资格获得者的奖励、优待等做出了明确规定，目的是提高技能人才的社会地位，充分发挥其在企业中的作用，增强企业的竞争力。为适应产业结构由劳动力密集型产业向资本技术密集型产业调整的需要，韩国制定了"教育立国、科技兴邦"发展战略，启动实施"产业教育振兴计划"，成立工业职业训练局，下设近百所培训学校及培训中心，培训了一大批发展资本技术密集型产业急需的技师和工程师，鼓励技能人才成长，推动产业结构由资本技术密集型升级为技术知识密集型，高新技术产业得到迅猛发展。1999年制定实施"21世纪脑力韩国计划"，2001年启动"国家战略领域人才培养综合计划"，2003年又投资775亿韩元实施"地方创新人力资源培养计划"，采取建立战略领域中长期人才需求预测和协调体制，大力发展基础学科，有选择地对核心技术领域进行集中投资，通过产学研合作建立实用型的人才培养基地，以及努力在海外培养人才并大力吸收海外人才等一系列措施，加快培养信息技术、生物工程技术、纳米技术、环境技术、宇航技术和文化产业技术六大战略领域高级人才。

必须指出的是，国际援助对韩国经济增长和减轻贫困作出了重要贡献，在20世纪60年代和70年代，大量利用国外贷款建设的基础设施为其外向型经济的发展铺平了道路，其中仅用于农业部门和农村的贷款就达13.94亿美元，集中于农田整治和开垦、农村供水、灌溉系统、农村道路等基础设施建设，为农业和农村经济的发展及整个国民经济的增长奠定了基础。利用教育和培训设施，有力地促进了国民整体素质尤其是农村人口素质的提高。二战后韩国经济发展历史表明，自然资源禀赋并不是支持经济增长的必要条件，经济发展要用物质资本、人力资本投资以及技术创新来解释。

1.2.3.2 墨西哥的实践

第二次世界大战以后，墨西哥实施了以扩大国民经济的外向性和减少政府对经济的干预为主体的经济改革，在20世纪70～80年代经济取得快速发展之后，墨西哥政府开始逐步将扶贫资金的重点转向于社会服务领域，注重解决社会问题，实行反贫困战略，把扶贫作为政府工作的一项重要内容。为此，政府重新确定了贫困线标准，调查了贫困人数，并对原有的近200项社会计划进行了评估，制定了《全国土著人民发展计划

(1991～1994年)》和《全国团结计划》,实施了一系列配套的教育、卫生、食品计划,对与人民生活密切相关的水、电、交通、药品等进行补贴,并严格控制一些基本食品的物价,以保证低收入家庭的基本生活。1989～1993年政府投入80多亿美元,在全国新建了7万多所学校,使60%需要建设的学校得以重建,新建了5万多个教育机构,为50万失学儿童发放了奖学金。新建了600多家医院,并以每天增加5 000人拥有医疗设施的速度向前发展。兴建了7 000多处自来水设施,受益人口达700多万,解决了70多万人的缺电问题,对500多万妇女进行了各种培训。墨西哥联邦政府提供多项特别助以发展劳工技能训练计划,其"劳工素质提高及现代化"是劳动部提高资金及技术帮助的训练计划之一,其目的是提供民间各种产业特别是支持中小型企发展人力资源、改善工作条件及加工作机会等。另外,墨西哥各州的职业技能校也纷纷与民间开展合作,以培学员具备劳务市场所需的技能,广泛的职业技术培训使墨西哥人力资源在拉美国家中处于一流水平,对于改善投资环境、吸引直接投资、承接产业转移产生了积极作用。

在工业化水平不断提高的基础上,高度重视社会服务在反贫困中的作用成为20世纪90年代以后墨西哥扶贫工作取得很大成就的重要原因。2000年,墨西哥出台了《农村发展法》,其间,共有农业、经济、财政、教育等九个部门参与了立法工作。此法的出台,为解决农村贫困人口就业、促进农民劳动力的转移提供了强有力的保障。2004年1月墨西哥制定了《社会发展法》,规定地主在雇用农民帮工时,要为农民买基本保险。社会发展部还制定了各种计划,将反贫困与促进就业结合起来,以帮助贫困人口通过就业来获取较为稳定的收入。社会发展每年投入的扶贫资金多达7 000万美元。具体内容就是向他们提供技能和职业培训,帮助他们创业,根据情况还可向他们提供住房和子女受教育方面的帮助,约有500多万个家庭受益于此项计划,2000～2002年,墨政府实施的扶贫政策取得了可喜的成果,极端贫困人口减少了16%,大约有300万人通过就业使生活条件得到了改善。

墨西哥政府认为政府务必兼顾社会的公平与公正,建立起全民的医疗保险体系对于缓解贫困具有重要作用,自2001年起,墨西哥政府开始在五个州试点实行"大众医疗保险"计划。该计划规定,联邦政府承担保险基金60%的资金,州政府出资35%,参保人仅需支付其余的5%。所有农民和无固定职业者都可以自愿参保,各个家庭根据各自的收入,每年缴纳65～1 000美元不等的保费,一家老小就能享受大众医疗保险提供的医疗服务。考虑到这部分人群的经济状况,参保家庭中最贫困的20%可以不缴纳保险费用。"大众医疗保险"计划的中心思想就是富人帮助穷人,健康人帮助病人。2004年,墨西哥政府在原有的社会保障体系基础上,正式建立了名为"大众医疗保险"的公共医疗保险体系,把全民医疗保险的概念推向全国,这种针对穷人的医疗保险模式无疑是一种保护贫困人群的有效方式。尽管很多学者都将墨西哥列为典型的实施"发展极战略"的拉美国家,但是综合研判墨西哥的经济发展历程,我们不难发现,墨西哥是在经济发展特别是在工业化水平不断提高的基础上高度重视人力资本投资的国家,这是墨西哥在拉美国家中经济发展质量较高的重要原因。

1.2.3.3 东南亚国家的实践

马来西亚和印度尼西亚于20世纪70～80年代在发展经济和减轻贫困方面取得了重大进展,其中高度重视教育投资起到了不可缺少的作用。从60年代中期起,马来西亚政府就开始增加教育投资,70年代初马来西亚实行新经济政策(NEP)后,1972～1977年,政府在教育方面的投资占国家财政预算总额的22%。教育投资提高了国民尤其是马来人的受教育水平,1987年全体国民平均受学校教育的时间,男子为7.5年,女子为6年。生活在贫困线以下的人口占总人口的比例从1979年的50%降至1987年的15%,教育的发展对减轻贫困产生了深远的影响。印度尼西亚70年代通过人力投资计划大幅度增加对农村地区教育设施的投资,从1977年起,对贫困家庭的子女免收学费,大大提高了初等教育入学率,1987年达到95%,其中贫困家庭儿童入学率达到87%,在经济高速发展的同时重视人力资本投资,使贫困人口尤其是农村贫困人口数量大幅度减少。20世纪50年代末,斯里兰卡实施了影响广泛的萨沃达雅母亲教育和儿童开发活动,该活动始于1958年,由一群教师和学生发起,目标是在偏远贫困的乡村通过汇集所有人力和物力,使个人和群体共享自由愿望。该活动在乡村组织各种团体,包括儿童团体、母亲团体、青年团体、农民团体和老年团体,团体的代表组成管理乡村各项活动的萨沃达雅NGO,其所开展的活动中效果最好的是母亲教育和儿童开发活动。这一活动成功地为婴儿、幼儿和学龄前儿童及其家庭提供了营养、保健、医疗和学前教育服务,为母亲提供了营养、保健和教育方面的培训,为社区建立了图书馆,为母亲团体提供创收活动等。

1.2.4 小额信贷模式

小额信贷是20世纪70年代以后在亚洲和拉美发展中国家广泛运用的一种扶贫方式,其主旨是通过小额、低息、连续的贷款服务促进贫困农户的经营活动,以帮助贫困人口摆脱贫困,这种得到国际组织重点推荐的扶贫方式的最重要的特点是扶贫资金直接无抵押地到达贫困户。奠定小额信贷国际地位的是穆罕默德·尤努斯(Muhammad Yunus)在孟加拉领导的一个研究项目,1977年10月,尤努斯创办孟加拉农业银行格莱珉试验分行,也就是后来发展壮大的著名乡村银行,即 Grameen Bank。乡村银行的运作主要基于两个原因:一是信贷是人类的基本权利,穷人也应该获得信贷服务,而不是游离于金融服务机构之外;二是穷人有能力用好贷款,政府和社会有责任与义务发挥和挖掘他们的潜力,以帮助他们通过自身的努力摆脱贫困。小额信贷运作机构属于非政府组织,其贷款对象是最为贫困的农户,特别是贫困妇女,其基本运行框架是采用无抵押、无担保、小组联保、分批贷放、分期偿还的方式。小额信贷有多种不同的运用模式,有针对穷人的小组联保型小额信贷(如孟加拉国的 Grameen Bank),又有扩大商业银行持续的金融服务(如印度尼西亚人民银行 BRI 的村信贷系统和玻利维亚的阳光银行小额信贷 Bancosoi)和国际社区资助基金会村庄银行(FINCA-VB)模式,其中孟加拉国乡村银行开创的小额信模式,以扶贫贷款的高到户率和回收率,被誉为世界上最有效率的扶贫模式。

1.2.4.1 孟加拉国的格莱珉乡村银行

格莱珉乡村银行创建于1974年,20世纪80年代在政府支持下转化为一个独立的银行,但其实质上仍为非政府组织。1979年6月,在孟加拉国中央银行的指导下,每一家国有银行都应提供三家分行启动格莱珉银行项目。1983年,孟加拉国国议会通过了《1983年特别格莱珉银行法令》,正式成立了格莱珉银行。为了集中管理国内外捐助机构和政府的扶贫资金,并推动小额信贷机构的持续发展,孟加拉国政府于1990年设立了农村就业支持基金会(PKSF),该基金会注册为非赢利性股份制公司,注册资金1.7亿美元,由国内外赠款和国际金融组织贷款组成,董事会成员由7名独立的社会知名人士组成,其中主席和2名由政府推荐,另外4名由15人组成的理事会推选(格莱珉乡村银行总裁尤努斯教授就是董事之一)。PKSF仅对符合其标准的合作机构提供能力建设和免于担保的小额信贷批发业务。截至2003年底,PKSF已接纳189家合作机构,通过他们为213万贫困农户提供了1.65亿美元的小额贷款。PKSF通过现场调查,审计和提交会计报表对合作机构实行监督,并帮助其制定长期发展规划。PKSF这一国家级小额信贷基金的设立,促进了小额信贷行业标准和最佳实践的推广,推动小额信贷机构的良性竞争和可持续发展,也大幅度减少了国际和国内用于小额信贷扶贫资金的设计成本。

正是由于存在一个有效竞争的小额信贷市场,PKSF的合作机构才能不断创新、提高效率,PKSF自身的持续发展也得到相应保证。到2007年末,格莱珉银行已经拥有2 500个营业所、1.8万名员工,覆盖了8万个乡村的720万贫困农户,自成立以来,格莱珉乡村银行已发放贷款超过64亿美元,贷款回收率高达98.4%,超过了任何一家孟加拉国银行。值得一提的是:格莱珉银行为摆脱依赖补贴的负面形象,自1998年起不再接受政府和国际机构援助资金的注入,还针对客户需求和同行竞争压力,开始发放额度较大的中小型企业贷款。格莱珉银行以小组为基础的农户组织,要求同一社区内社会经济地位相近的贫困者在自愿的基础上组成贷款小组,相互帮助选择项目,相互监督项目实施,相互承担还贷责任,在小组基础上建立中心,作为进行贷款交易和技术培训的场所,无抵押的、短期的小额信贷,但要求农户分期还款,定期参加中心活动。对于遵守银行纪律、在项目成功基础上按时还款的农户,实行连续放款政策。经营机构本身实行商业化管理,特别是实行了以工作量核定为中心的成本核算。

1.2.4.2 玻利维亚的阳光银行小额信贷

玻利维亚是南美洲最贫困的发展中国家,1987年,美国的非政府拉美行动国际(Action International)和美国国际开发署在玻利维亚进行小额信贷试点,成立了一个名为PRODEM的非政府组织,主要为城市微型企业或自我雇佣者提供小额贷款。为了自动瞄准目标对象,对新的借款人的借款规模作了限制,不超过100美元,以排除非贫困人口获得贷款,而以后只要借款人按时还贷则可以逐渐增加贷款规模。贷款要求3~8人的小组联合担保,任何成员的贷款拖欠将使整个小组丧失贷款的权利。与孟加拉不同的是,这种小组是一种正规的相互担保人制度,如果小组中任何人的贷款拖欠,其他人将联合承担偿还责任;而且其目标群体不是单纯的贫困人口,而主要是城市的微型企业或自我雇佣者,即积极进行经济活动的贫困人口。由于玻利维亚大量的城市微型企业或自我雇佣者的存在,对小额信贷业务有很大的需求,因此小额信贷业务发展迅速,而且从一开始基本上就是商业化的运作。

1992年,PRODEM进行了分化,把商业化运作的一部分单独分离出来,成立了玻利维亚阳光银行(Bancosoi),成为第一个转变为商业银行的非政府组织,而且也是玻利维亚盈利最好的一家银行。在PRODEM转变为商业银行后,几乎所有的非政府组织都想仿效,玻利维亚设立了私人融资基金(Private Financial Fund),可以吸收存款。私人融资基金包括分离后的PRODEM、阳光银行(Bancosoi)等形成了玻利维亚商业化小额信贷的部门,资金来源的渠道多元化,包括吸纳自愿存款、从资本市场借入资金、北方非政府组织(Northern NGOs)，其他的援助和捐赠以及最初的通过 PRODEM 筹集的资金，而且阳光银行(Bancosoi)成为第一家可以通过国际资本市场获得资金的小额信贷银行。阳光银行的服务对象主要是城市已经建立的各类小企业；贷款是每两周或每周进行一次；贷款的年利率为 4.6%，美元贷款的年利率为 2.7%。为了实现自我持续的发展，阳光银行内部也发生较大的调整和变化。到 1991 年底，已有 1.43 万个客户，资本金为 400 万美元，拖欠率几乎为零。但是，该组织方式面临着三方面挑战：发展速度不能满足巨大的信贷需求；不能合法地向客户提供全方位的金融服务，尤其是不能吸纳存款；不能采取以市场为导向的方式提供小额信贷服务。从 1994 年起，阳光银行取消了为防止违约的强制储蓄，个人储蓄存款的最低限额为 20 美元，第一次贷款 100 美元的限额虽然在法令上保持，但实际平均的初始贷款的金额为 500 美元，对过去的联合担保小组中有良好还款记录的个人可以发放 1 000 美元以上的个人贷款，但超过 5 000 美元的贷款则需要抵押。住房和助学贷款的期限最长可达 2 年。

1.2.4.3 国际社区资助基金会村庄银行模式

村庄银行(village banking)是国际社区资助基金会(FINCA)于 1985 年在拉丁美洲开创的一种提供小额信贷的组织形式，其援助重点是帮助妇女通过自己经营来摆脱贫困。它采用经济民主化的方式运作，提供市场利率的贷款是其主要业务。村银行与社区合作银行的区别在于村银行不是一人一票，可以一人多票。村银行小组就是由 10～50 人组成的互助小组，小组成员每周或每两周开一次会，小组会为自己提供三种基本服务：①提供小额自我就业贷款来开办或扩大自己的生意；②提供一种储蓄激励和一种积累储蓄的方法；③建立一个提供互相帮助并鼓励自立的以社区为基础的系统。村银行小组的成员相互担保彼此的贷款并在组织内部采用民主集中制的原则。

1985～1995 年，FINCA 主要在拉丁美洲的 14 个国家开展项目，最近十年扩展到非洲的一些国家。该模式的核心特征是：20～50 名妇女成员组成小组,为她们的创收活动提供小额度的贷款,村庄银行的资金由成员自我管理,借款人互相担保。标准模式包括:一是由成员项目、贷款额度、利率水平、贷款周期和还贷方式等栏目构成的外部账户;二是由贷款类型、储蓄、控制机制和放贷原则构成内部账户;三是要求存款达到贷款额的 20% 以上,且属于强制性储蓄,存款为村银行内部的资本金,由存款规模决定下轮贷款的规模;四是借贷者在借款满九轮且贷款额达到 300 美元后,即从村银行中毕业,成为自我投资,自我管理的经营者。这种模式在实际运作中有相当的灵活性,便于贫困社区成员得到金融服务,以此架起了贫困社区与正规金融相连接的桥梁,在很大程度上克服了客户地理上分散和人口密度低的弱点。

1.2.4.4 小额信贷扶贫模式的影响

自 20 世纪 70 年代中期孟加拉国首创了全新的小额信贷的制度和方法到现在,格莱珉银行数以千计的小额信贷项目致力于把微型金融服务推进到以往那些得不到此类服务的贫困者家庭,以达到改善他们的社会经济地位及福利状况的目的,格莱珉小额信贷模式开始逐步形成。这种针对贫困农户小额贷款的成功模式,得到世界各国,特别是亚洲、非洲和拉丁美洲发展中国家的广泛效仿,并根据各国的情况创造了不同的信贷模式。国际社会普遍认为这是一种成功的扶贫方式,该方式具有如下三个特点:①采取市场经济的一般运行规则如商业利率、满负荷工作量等,使为穷人服务的小额信贷机构在财务上可持续运行,而政府又不承担沉重的财政负担;②吸收民间互相组织或合作组织的特点,外化银行成本,又用社会压力(实际是信用)替代抵押担保;③小额、短期及时间成本,自动淘汰了非穷人,保证了项目的基本目标群体是穷人。在小额信贷扶贫模式的运行中,农户微观自助组织的建立是小额信贷项目成功的关键,因为它不仅是贷款传递的渠道,也是交换思想的论坛。没有在自愿基础上建立起来的组织,小额信贷活动将永远依赖外部的指导和帮助,没有持续发展能力和自我生存能力。

进入 20 世纪 90 年代,在联合国开发计划署(UNDP)、国际农业发展基金(IFAD)、世界银行(World Bank)等国际机构的推动下,小额信贷掀起的革命浪潮已波及全球。2006年,沃顿管理学院教授凯斯·魏格特(Keith Weigelt)称:全球500家小额信贷机构向约3 000万名微型企业主发放了70亿美元贷款。但能用小额贷款开始创业来获益的人群可能有3亿。迄今为止,多数小额信贷机构的资金来源都是政府补贴或是个人与基金的捐赠。由于小额信贷广泛的、针对性的对穷人提供信贷服务,国际社会普遍认为它是一种成功的扶贫方式。前世界银行行长詹姆斯·沃尔芬森(Jams Wolfinsen)对小额信贷给予了高度的评价:"小额信贷项目给全世界最贫困的村庄和人们带来了市场经济的震荡。这种缓解贫困的经营方式让千百万人有尊严地通过自己的劳动走出贫困。"(石俊志,2007)2006年10月,尤努斯因其成功创办孟加拉乡村银行格莱珉银行,荣获诺贝尔和平奖。

1.2.5 社会保障模式

实施社会保障是欧美等发达国家解决本国贫困问题的基本模式,其主要措施是提供广泛的社会保障解决发达国家社会稳定、阶层矛盾缓和、贫困现象缓解等问题。英国在1536年颁布的《亨利济贫法》是世界上第一部扶贫法,标志着英国政府开始为解决社会贫困问题承担一定的职责。1601年英国颁布了历史上有名的《伊丽莎白济贫法》,正式确立了政府对于救济穷人的责任。这是欧洲最早出现的国家济贫制度,也开辟了现代社会救济制度之先河。该法首次正式确认了政府负有对没有工作能力的贫困者提供帮助,帮助贫困的孩子去做学徒,给身体健全者提供工作,以及保障穷人的最低生活水平等方面的责任和义务。18世纪末,德国率先建立现代社会保险制度,美国在1935年颁布的《社会保障法》中第一次提出了社会保障的概念。据统计,至今全世界共有165个国家和地区建立了一种以上的社会保障制度。如果严格地加以分析,可以说没有任何两个国家的社会保障制度是完全一致的,它们各自根据自身的国情、经济发展阶段、综合经济实力、社会文化传统和风俗习惯,建立了各具特色的社会保障制度。这些制度在覆盖范围、筹资方式、支付标准、管理方法上呈现出五花八门的形态和不同的模式。

1.2.5.1 英国的社会保障

英国是世界上最早重视贫困问题的国家,也是社会保障制度实施历史最悠久、涉及面最大、条款最完整、操作最实用的国家之一。英国社会保障制度的管理部门为英国社会保障部,由津贴管理局、保费缴纳管理局、信息技术局、安置救济局、战争抚恤管理局、儿童福利管理局六个子机构构成。其资金的来源主要分四大部分:一是个人缴纳,根据社会保障法,符合该法规定的个人都必须缴纳国民保险费,英国社会保障法规定了缴纳的四个等级,对号入座;二是顾主缴纳,缴纳比例是根据雇员的收入水平而定;三是财政预算;四是国民保险基金投资收入。

英国的社会保障资金支出主要包括九大部分:一是失业保险者的社会保障支出,指失业救济金和解雇补助金;二是病患、工伤及残疾者的社会保障支出,指法定患者津贴、一般患者津贴、严重伤残津贴、职业病补偿金等;三是退休人员社会保障支出,指法定退休人员的退休金;四是寡妇的社会保障支出,指寡母金、寡母津贴和寡妇养老金;五是孕妇的社会保障支出,指法定孕妇金和孕妇津贴;六是抚育儿童者的社会保障支出,指儿童津贴、单身父母津贴和监护人津贴;七是低收入者的社会保障支出,指低收入补贴、家庭补贴、住房津贴、地方税补助、社会基金等;八是战争抚恤者的社会保障支出,指战争伤残抚恤金和战争寡妇抚恤金;九是以上社会保障者在圣诞节期间应该得到的圣诞节津贴。社会保障资金支出方向体现了"全民保障"和"全面保障",通过英国社会保障制度的覆盖范围、资金来源、资金支出及管理程序,可以明显地看出英国社会保障制度有以下特点:一是执法严厉,不留死角;二是全民保障,国家财政预算、个人缴费、雇佣缴纳、国民保险基金投资收益的资金来源明晰;三是"劫富济贫"和"多缴多得"相结合,在英国的社会保障制度下,一个人缴纳的国民保险基金与其日后的社会保障支出并不完全相等,体现了互助互利性。

从1991年4月开始,英国政府将全部有关社会福利津贴的行政工作，交由一个独立的机构处理。该机构聘有 63 000 名员工，办理约 1 200 万份不同的福利申请，每年发出大约 1 亿份付款，价值超过 70 亿英镑，占英国全国公共支出的 35%。英国全国各地约有 450 间社会保障办事处，为市民提供有关福利资料和协助市民申请各种不同的社会福利。近年来英国政府社会保障制度的调整和变革，主要是通过鼓励发展单位保险和商业保险、调整运行机制、项目实行支出限额管理等方式，达到减轻政府负担的目的。

1.2.5.2 德国的社会保障

德国是世界上第一个通过社会立法建立社会福利保障制度的国家，也是当今西方国家中社会福利保障最发达的国家之一，其社会保障制度是社会保险型模式的典型代表。德国实行的社会保障体系，是由社会保险制度以及以普通税收收入为来源的社会福利和社会救助制度构成，如养老保险、失业保险、事故保险、医疗保险、护理保险、社会救济、住宅补助、子女补助和教育补助等，不同层次的社会保障项目几乎覆盖了所有的社会成员。德国社会保险制度又分为法定保险和自愿保险，法定保险的保费由雇主和雇员共同承担，自愿保险的保费完全由投保人个人承担。德国的社会保障制度的内容是以强制性的社会保险为主体，同时辅之以社会救助与社会福利，资金来源采取自保公助方式，保障水准不高，保障项目也不是很完备。它的社会保险由养老保险、医疗保险、失业保险和工伤保险四部分构成。德国的社会救助主要是对遭受灾害的居民，包括贫困者、失业者、患病者、残伤者及老年人的救济以及对低收入家庭的救助。主要社会福利有家庭补助、住房补助、教育福利、老年福利、儿童福利等。德国社会保障制度的特点：一是社会保险是以国家法定社会保险为主，某些社会保险项目企业、个人可以根据各自情况采取补充保险。二是社会保险金筹集，以个人和企业为主，国家财政补贴为辅。三是社会保险基金的管理和支付以现收现付为主，支付标准与工资增长和物价上涨率挂钩。四是社会保险机构实行行业组织管理与地区组织管理相结合，有劳资双方共同参与、自治管理。五是通过立法规范监督保险机构的行为，依法协调同类保险公司之间的关系。

德国的社会保障制度是社会保险型模式,其目标选择上侧重于效率的提高。由于这种模式是"自助"性的,保障对象的自立、自主意识强,国家的财政负担较轻;社会成员在社会保障中其权利和义务紧密联系的,对国家的依赖性小,因而其体制富有活力。这种模式实际上是把当前的消费变为未来的有计划消费,有利于抑制消费膨胀。而且可以把一大笔消费基金变为积累基金,增加生产性投入,这不但起到了使基金保值作用,而且促进了生产的发展。在管理体制上实行的是既有中央最高行政管理机构,又有自治团体以及社会保障理事会等组织,而英国的社会保障制度在管理体制上实行的是中央集权制。德国社会保障的保障对象为选择型的就业保障。德国目前已建立了立法、决策、管理、预算编制和具体执行的各负其责又互相制约的社会保险管理体制。联邦议会负责社会保险的立法,政府部门监督执行,各自的社会保险公司(均为自治性的公共团体)具体负责管理和提供服务。其中政府部门中,财政部门负责全德国的社会保险预算的编制,联邦劳动(就业)部和劳动社会事务部负责社会保险的决策和管理办法。由于社会保险的具体事务是由各个社会保险公司负责,按照社会保险制度的市场运转机制进行运作,而政府各部门就可以专职于宏观决策,如社会保险的政策、预算的制定、社会保险制度运转的预测和监督,以确保参保人的权利不受侵犯,实现社会公平。这种管理体系是与德国实行的社会市场经济体制相适应的。在欧洲国家中,德国的社会保障制度是较好的,目前官员退休金能达其最后一个月工资的75%,职员和工人退休后能拿到其原工资的68%,单身者的社会救济金每月为345欧元,另可申请最多达300欧元的房租补贴。一旦得病,病人可跨地区、跨国界自由选择医生和医院接受治疗,最后由保险公司付费。

1.2.5.3 美国的社会保障

美国社会保障制度由社会保险、社会福利、社会救济三部分组成。美国自20世纪30年代建立保障制度以来,已形成庞大的社会保障体系,其主要特点有五个。一是适时建立和逐步完善社会保障体系。20世纪初,随着工业化的发展、生活水平的提高,在美国引起了人们对老年生活的普遍关注。30年代的经济大萧条,使老年人生活处于最困难境地,社会退休金成了老年人的希望所在。1934年,美国总统富兰克林·德拉诺·罗斯福(Franklin Delano Roosevelt)成立了经济保险委员会,1936年公布了社会保障法,1939年增加了伤残保险和老年配偶养老保险,经过几年准备,在积累了一大笔基金后,于1942年付诸实施,开始支付退休金,在第二次世界大战中没有新的变动。50年代随着经济的迅速发展,美国1965年增加了老人医疗保险,1972年又增加了残废者医疗保险。经过50多年的逐步发展与健全,形成了庞大的社会保障体系。二是老年法定退休保险具有强制性、贡献性和福利性,退休和医疗保险基金有正常来源渠道,能自我调整和自我调整。其退休金的收与支是按照现收现付、收支平衡的原则确定的,根据人口老龄化的预测、退休费支出的需要,不断调整保险税税率,通过自我调整达到自我循环正常运转的目的。三是发展保险公司经营的自愿投保退休金保险,吸收闲散资金增强经济实力,为人口老龄化做准备。美国的一些人寿保险公司除经营人寿保险、财产保险、死亡保险外,还大力经营集体和个人自愿投保性质的私人退休金保险,作为法定退休保险的补充。集体退休保险,由企业雇主为雇员投保,根据企业经营好坏和雇员个人情况投保可多可少,雇员退休后逐月领取。政府通过对退休保险金免税手段予以支持。并通过投资获取的利润,用来弥补膨胀使投保金额贬值的问题,以保证退休者收入,增强老年人的社会保障感。四是严格控制失业救济金发放标准和发放时间,以利于失业者积极再就业。联邦立法规定由企业雇主缴纳失业保险税款,雇员不缴。利率由各州自行确定,全国不统一。救济发放时间,大多数规定需经一周等待期后方可使用,最多支付26周,联邦法规定在失业高峰期可延长合乎法定救济周数的50%,即最多追加13周。严格限制发放周数的目的在于促使失业者积极再就业。五是采取措施,增收节支,迎接老龄化的严重挑战。其研究采取的主要措施是:注重研究管理与效率、保障目标与水平问题,逐步提高保险税税率;退休金也要纳入个人所得税范围之内,把负担加在高收入者身上;适当降低各项福利待遇水平,使之不要紧跟工资水平的增长;利用退休基金搞投资经营,增加储备,减少年轻人的社会负担。

福利制度已成美国的主要反贫困措施。如在1986年,美国用于各种福利项目的开支达992亿美元,相当于当年财政收入的8.2%,在全部福利支出中,属于一般性福利的支出占全部支出的72.6%,专门针对穷人的支出占27.4%。对满足因各种原因沦为穷人的基本消费和服务需求起到了重要的作用。美国日益健全的社会保障制度对减少贫困发生了极其重要的作用。自从第36任总统林登·约翰逊(Lyndon Johnson)吹响了"向贫困宣战"的号角并推出了社会福利的社会计划以来,美国历任总统都在自己的任期内极力推进社会保障制度的完善与创新。如罗纳德·里根(Ronald Reagan)和乔治·布什(George Bush)的改革抚养家庭未成年儿童援助福利计划、比尔·克林顿(Bill Clinton)政府改革家庭福利保障政策等。因此,今天美国面向穷人的社会保障制度非常完善。具体而言,美国的社会保障项目可分为两大类,一类是社会保险,主要有老年保险、失业保险、医疗保险、伤残保险、遗族保险(rvivors insurance)五种;另一类是公共援助与福利,即由政府提供现金和实物福利的项目,主要有抚育未成年儿童家庭援助、补充保障收入、公共医疗补助、食品券和儿童营养项目、一般援助、社会服务和儿童福利服务、住房补助、教育补助八项内容。美国对于贫困人口的教育援助项目极具特色,这些项目有针对贫困家庭的"学校免费早餐午餐"项目、针对贫困大学生的"联邦培尔助学金"项目等。可以说,在需要政府提供公共产品和服务的地方,美国政府都积极介入,托住社会安全的底线,为了支持各种各样的贫困人口资助项目,联邦政府每年的福利开支都在5 000亿美元以上。21世纪初,美国经济在克服短暂的衰退后持续复苏,于2003年进入稳定增长阶段,在2004年达到高点,当年经济率为4.2%,2005年增长3.5%,2006年增长3.3%。经济增速的加快一方面扩充了劳动力的就业机会和家庭的收入,另一方面也增强了政府财政转移支付和社会福利保障的能力。借助于经济上行的驱动力与日益健全的社会保障制度,美国在治理和遏制贫困方面取得了很大进展,据美国人口普查局公布的报告显示,2006年美国人口贫困率从往年的12.6%下降到了12.3%,成为最近十年来美国人口贫困率降幅最大的年份,这从另一方面佐证了经济发展对于减轻贫困程度的重要意义。

当然,政府在面向贫困人口的社会保障方面并不是大包大揽。由于美国目前有许多帮助穷人的非官方组织,因而政府也在大力提倡和推进社会福利保障的民营化与市场化,基本主线是福利改革由联邦向各州、由政府向私人分权。联邦政府允许各州通过与慈善组织、宗教团体或私人组织签订契约的方式来实施福利项目。这种由政府、社会和企业共同承担社会福利责任的模式有效地缓解了政府的财政压力,并促进了社会服务质量与效率的提高。

1.2.5.4 社会保障与反贫困

社会保障是国家和社会依法对社会成员的基本生活予以保障的社会安全制度,劳动者在丧失或中断劳动能力,以及遭受各种风险而不能维持最低水平的生活等情况下,有从国家和社会获得物质帮助的权利。为社会成员提供基本生活保障是国家和社会应尽的责任。社会保障的基本功能包括:第一,保障基本需求的功能;第二,维护社会稳定的功能;第三,促进社会发展的功能;第四,调节利益关系的功能(郑功成,2004)。由于发达国家的经济实力雄厚,贫困人口的比例相对较小,因而实行了比较普遍的福利制度,为那些社会的弱者、失去劳动能力和遭受意外困难的人提供基本生活保障。

1942年,国际劳工组织在其出版的文献中将社会保障界定为:通过一定的组织对这个组织的成员所面临的某种风险提供保障,为公民提供保险、预防或治疗疾病、失业时提供资助并帮助他重新找到工作。一般说来,社会保障方案是国家通过财政手段实行的国民收入再分配方案,其目的是使全社会的所有成员都能够无差别地享受政府提供的基本生活保障。其实施的主要内容是,政府针对贫困者的低收入和低生活水平状况,直接对穷人提供营养、基本的卫生和教育保障以及其他生活补助,以满足贫困者的最基本的生理需要和安全需要。政府实行养老、疾病、事故、失业等社会保险和社会救济,通过提高养老金,进行家庭补助、住房补助等解决生活困难,通过职业培训等措施减缓失业问题,同时通过税收等制度调节收分配不平等,从而使老人、妇女、儿童、残疾人、失业者等主要的贫困人口增加收入,提高生活水平从而缓解贫困状况。社会福利政策中只有一部分是专门针对穷人及其家庭的,其余则是对全体公民实施的,如在美国,1984年全部收入援助支出中,属于一般性福利的支出占全部收入援助支出的 79.52%,专门针对穷人的占 20.48%(萨缪尔森,1992)。尽管如此,贫困者可以广泛地从福利方案中,特别是从上述第二、三类福利政策中受惠。因而,收入援助方案具有反贫困性质,是发达国家反贫困的主要措施。西方一些学者认为:"转让性开支从来不被认为是解决贫困根本原因的办法,但事实上,社会保险的增长和收入试验支付(所谓的福利扩张)已成为贫困下降的主要因素。"(道格拉斯·格林沃德,1992)

　　西方一些学者认为转让性开支从来不被认为是解决贫困根本原因的办法,但事实上,社会保险的增长和收入试验支付(所谓的福利扩张)已成为贫困下降的主要原因,社会保障模式的反贫困作用,主要是通过缩小各阶级之间的实际收入差距来实现的。一方面通过累进税减少了高收入者的收入,另一方面通过转移支付提高了低收入者的实际收入,直接缓解了低收入者的贫困状况。当然,社会保障方案并非单纯的"打富济贫"。在福利费用来源中,有相当一部分是由劳动者自己承担的,福利政策在某种程度上,是用在业工人工资的一部分,来保障失业工人及其家庭的生存,用工人自己在业时的工资收入的一部分,来保障自己失去工资收入时的生存。如果把社会全体劳动者看作一个整体的话,社会保障就是社会劳动力总价值一部分的转化形式。因此,社会保障模式的实质是国民收入的再分配,这种福利制度在客观上起到了提高低收入者实际收入的作用,具有收入均等化和反贫困的性质。

1.3 反贫困战略模式的比较与启示

1.3.1 反贫困战略模式的比较

1965~1990年,是第二次世界大战以后世界反贫困战略取得很大进展的时期,发展中国家在缓解和消除贫困这个艰难而持久的战争中取得了杰出成就,人均消费水平实际上增长了70%,作为发展及健康综合指标的人均寿命由51岁延长到62岁,小学净入学率已达到85%。25年来,一些发展中国家政府奉行以经济增长来消除贫困的发展战略,在这些政府看来,经济增长了,穷人的消费水平和其他条件也会相应提高。因此,政府集中了国家的全部资源,促使经济的高速增长,但是由于增长过程中未能注意开发穷人的人力资本,没有为穷人提供必要的社会服务(social service)和安全保障,增长并未带来贫困现象的显著改变。在20世纪70年代,一些发展中国家的决策者意识到,增长并非减轻贫困的同义语,提供基本需要和社会服务是人力资本投资的一种形式,多种教育、健康和其他社会开支,都会改善人力资源的质量,它和工业投资一样可以是生产性的,如举办初等教育和贫困乡村的健康项目,就会提高穷人的生产率从而变成减轻贫困程度的手段,因而把减轻贫困的重点转移到直接为穷人提供基本商品、基本食物、水与卫生设施、健康服务。初级教育和非正规教育以及住房等为主的社会服务,如亚洲的斯里兰卡,政府在牺牲经济增长速度的条件下大大改善了对穷人的社会服务,其结果使斯里兰卡穷人家儿童的入学率达到94.7%,而5岁以下儿童死亡率不到10‰,这两个指标几乎和发达国家相似。一些发展中国家不顾压缩其他建设项目而带来的重大损失和一切困难,选择了教育先行的发展道路,并不理会一些发展经济学家关于教育投资必须与经济发展相互协调的理论忠告,如非洲的刚果人民共和国,不顾其每人年均收入220美元的经济落后状况大幅度追加教育投资,在整个20世纪70年代保证了平均每4个居民中有1个进免费小学的普及教育的做法,1990年,刚果的人均国民生产总值达到 1 010 美元。喀麦隆在 1967~1968 年国民生产总值只增长 10%多一点的情况下，把它的教育经费增加了 65%，试图通过强化人力资本投资来促进国家经济转型和经济增长，其 1990 年的人均国民生产总值达到 960 美元。这两个非洲贫穷的国家 1990 年列世界 109 个国家排名的 59 位和 62 位，均高于同期中国人均 GNP478 美元和排名 87 位的水平。

1.3.2 世界银行的判断

以贫困问题为主题的世界银行《1990 年世界发展报告》通过评估全球范围内的贫困状态，对 25 年来不同发展中国家实施贫困战略经验总结，得出了以下结论：与贫困作斗争最成功的国家都实行一种有效地使用劳动力模式，并对穷人的人力资源进行投资，增加对穷人在医疗卫生、营养保健和教育方面的投资，改善和提高发展中国家人口的素质，为谋求发展奠定基础。投资于穷人的健康能够提高他们的可教育性和生产率，它既能赋予穷人脱离贫困所需要的资产，又能赋予他们免受身体之苦的直接福利收益，这种投资能达到效率与公平的高度统一。这种由"机会"和"能力"两个方面组成的有效扶贫战略：一是实行劳动密集型发展模式及其配套政策，促进对穷人最丰富的资产，即劳动力的需求，为穷人提供谋生的机会；二是广泛向穷人提供基本社会服务，增加劳动力的人力资本，提高穷人利用谋生机会的能力。前者解决的是劳动力数量过多的问题，后者解决的是劳动力质量过低的问题，以此来提高劳动者的收入，从而解决贫困问题。

要将促进经济增长的政策与使穷人受益于经济增长的政策统一起来，共有以下三个途径。①给穷人以资产所有权。一是将存量资产重新分配给穷人，如土地改革。二是增量资本作有利于穷人的分配。特别是通过初等教育和医疗保健对穷人人力资源的公共投资，成为增加穷人资产的重要政策手段。②增加穷人所拥有资产的受益。即通过提高农业生产率和农业收益减轻贫困。非熟练劳动力是穷人最重要的资产，非熟练劳动力收益大幅度提高，能使收入分配有利于穷人。另外特别重要的是通过提高生产率来提高穷人的资产收益，这包括对人力资本的投资和基础设施的投资。这种投资能够将促进增长与减轻贫困统一起来。研究表明，农业报酬增长额的1/4、非农业报酬增长额的3/4可以归因于良好的教育。③对穷人进行适度转让。上述无论哪种减轻贫困的方法，都有赖于穷人自身的接受和掌握能力，有赖于他们对新方式和新机会的利用，归根结底依赖于提高这种能力的人力资源开发。发展中国家的历史经验表明，由健康投资和智力投资构成的人力资本投资，是发展中国家改造传统经济、加速现代化进程的关键措施。为此，这种经济增长和对穷人进行人力资本投资两方面兼顾的方针成为世界银行着力推荐的、减轻贫困的基本战略。如果说，向穷人提供更多的就业机会是为了摆脱贫困寻找出路的话，向穷人提供更多的社会服务则是为了消除贫困的根源。因此，社会服务是任何长期性反贫困战略的重要方面。这里，社会服务主要包括使穷人及其子女获得教育、卫生保健及其他社会服务。在25年中，虽然发展中国家在向社会特别是在向穷人提供基本的医疗卫生和发展基础教育方面取得了显著的进步，但同这些国家巨大的社会需求相比仍显得远远不足。因此，发展中国家贫困状态的主要问题，是对社会服务尤其是教育投资的作用重视不够，或者社会服务与教育投资没有真正发挥效能或效能低下。

世界银行《1990年世界发展报告》揭示了利用发展中国家充裕劳动力而引起的增长比基于扭曲了产品和要素市场的增长可以更快地减少贫困。它表明由经济增长创造的贫困减缓的影响可以运用政策达到最大化，这一政策就是使穷人进入劳动、产品和要素市场的限制最小化。世界银行勾画了重在扶贫的增长战略的政策，在这战略政策中，价格和工资反映真正的稀缺，投资将倾向于劳动密集经济。这样，有效率的劳动密集式的增长就能实现；同时，公共支出和机构将提供配套物资和服务，特别是能够提高穷人的人力资本的物资和服务。它们能够提高劳动生产率，接着，从而增加使市场供需平稳的实际工资，公共机构也将为穷人提供一个安全网。20世纪90年代以后,世界银行在全球范围内实施的开发援助战略的中心就是对人力资源进行投资,通过大力支持有效的初级服务来实现减少贫困的目标,通过投资于人力资本为有效的经济增长奠定基础。

世界银行《2000/2001年世界发展报告》对贫困的成因和概念进行了扩充,指出贫困即福利的被剥夺状态,穷人意味着遭受多重剥夺:缺少获得食品、住房、衣着等基本必需品,及可接受的健康和教育水平所必需的收入和资产;在国家和社会机构中没有力量、没有发言权;易受不利因素打击,地位脆弱,不能摆脱恐惧感。这些因素相互作用和强化。反过来,每一个方面的反贫困举措,都有利于其他方面的改善。在贫困的所有成因中,经济因素起着基础性的作用。经济增长是减少收入贫困和健康教育等非收入贫困的强大动力。65个发展中国家的数据显示,人均消费每增长1%,国际贫困线以下人口就减少2%。富裕国家与最贫穷国家的婴幼儿死亡率分别为1%和20%,儿童营养不良率分别为5%和50%。在绝大多数情况下,增长导致了穷人消费上升,而因国家解体、自然灾害、战争或经济危机而出现的经济衰退则对穷人造成灾难性的影响。世界范围的收入差距由国家之间收入差距和每个国家内部的收入差距两个因素决定的,其中,前者起着更大的作用。报告以中国为例:从非常低的起点实现了迅速增长,使世界最低收入的1/5人口与世界平均水平的差距缩小了一半。中国政府的深化改革、扩大开放、促进稳定的方针,也正是报告肯定的推动增长、缓解贫困的基本方针。与此同时,全球最富裕的20个国家与最贫穷的20个国家人均GDP的差距,从1960年的18倍,扩大到1995年的37倍。所以,推动经济增长的因素,也就是缓解贫困的因素。相应的两个层次的关键措施是:以市场化改革刺激经济增长,使市场运作更加有利于穷人,为穷人提供更多的增加收入的机会;使他们积累多种形式的资产,以获得抓住这些机会的更大能力。由此,世界银行指出了21世纪初世界发展中国家反贫困的基本途径:通过市场与非市场行动的结合,刺激经济全面增长,使穷人积聚人力、物质和社会资本并提高资本回报率;同时,它增加了"促进赋权"和"加强安全保障"两种途径,即为了让穷人更多地获得机遇,需要在政治上赋予他们更多的决策参与权力,使国家制度对穷人更多地负起责任;提供安全保障,以改善穷人在遭受疾病、经济危机、政治动乱,自然灾害和暴力冲击时的脆弱地位。这样三个方面相辅相成的反贫困战略,不仅需要发展中国家政府、市民社会、私营部门和穷人自身的一致努力,而且需要国际社会,主要是发达国家的相应行动。

1.3.3 世界银行的总结

在1990~2000年发表的一系列《世界发展报告》中,世界银行总结了发展中国家几十年缓贫工作的经验,认为一个有效的减贫战略应该具备以下特点:人民必须是所有战略的中心,他们既是减少贫困的实施者,又是减少贫困的受益者;减少贫困战略应具有广泛性和及时性;应该从不同国家的具体情况出发,根据不同需要制定扶贫计划;应该考虑到国际经济环境——其中包括援助、贸易和债务等,对缓贫计划实施的影响。最重要的是减贫不应被看作是部门性或地区性的问题,而应成为决定政策和投资的中心目标,为此,《世界发展报告》总结提出了如下具体的减贫经验。

1.3.3.1 重视经济增长与人力投资

缓贫战略的成功必须包括两个互相促进的基本内容:保持经济增长和投资于人民。不仅要重视增长速度,更重要的是要重视增长方式,如给穷人创造就业机会,增加农业投资和放开农产品价格,实现宏观经济稳定和低通货膨胀等。投资于人民,即增加人力资本的投资,特别要重视妇女受教育的机会,在增长、缓贫与环保之间建立起三者兼顾的联系。减贫需要保护环境,因为只有环境的可持续性才能使缓贫工作长期化,同时,保护环境又需要经济增长和减轻贫困。

1.3.3.2 降低人口的高速度增长

人口的高速度增长是发展中国家贫困问题的主要原因之一,在20世纪90年代,90%的人口增长在发展中国家,特别是一些最贫困国家,如撒哈拉以南的非洲国家。因此,有效的减贫战略必须把人口控制放在极其重要的地位,以尽力减少人口增长对经济发展成果的抵消。当然,解决人口增长的高速度离不开社会经济的可持续发展,但是如果人口增长超过经济增长,那么解决贫困的任何努力将一事无成。

1.3.3.3 制定社会救济计划

有效的减贫战略必须制定更有针对性和更有效率的社会救济计划,并建立相应的社会保障体系。减少贫困不仅是增加社会福利开支,更为重要的是将这些稀缺资源给予最需要的穷人,如确立母婴健康和营养计划、灾民救济计划,为老、弱、病、残和失业者建立社会保障体系等。

1.3.3.4 建立更加开放的经济和政治体制

一方面建立更加开放的经济和贸易体系,扩大对世界经济的参与,吸引国际经济要素向发展中国家流动;另一方面建立更加开放的政治体制,使公民参与和影响政府的决策及管理,特别是加强政府行动的责任性和透明度。加强政府、私营部门、非政府组织和国防机构之间在扶贫工作中的协调和合作。

世界银行对发展中国家反贫困战略的总结,是几十年发展中国家反贫困实践的结晶,是对关系当代人类命运的全球问题的认识上的重要飞跃。1995年3月在丹麦举行的联合国社会发展世界首脑会议通过的《宣言》指出,在充分尊重各国国家主权和领土完整的基础上,在尊重各国的政策目标、发展优先、宗教和文化多样性,尊重人权和基本自主的情况下,与会者将发起一项全球行动,以促进社会进步和发展。联合国秘书长布特罗斯·布特罗斯·加利(Boutros Boutros-Ghali)在会议中也提出:"社会发展不仅是每个国家的任务,而且是联合国的任务。"对减少贫困的认识和承诺是一回事,卓有成效地实施这一战略任务又是一回事。如前所述,目前发展中国家的发展水平及其增长前景差别很大,对于一些地区(如撒哈拉以南非洲)来说,目前的重要问题还是如何恢复增长势头和防止贫困继续扩大。即使对已经恢复增长势头的国家来说,在一定程度上实施反贫困战略是可能的(如增长方式的变化、加强人力投资、增加社会福利和救济开支等),但深入实施这一计划,不仅会受到国内外各种既得利益集团的阻挠(如反对建立更加开放的经济政治体制、反对清除腐败和官僚主义、反对建立社会保障体制等),也会受到经济、社会、文化、传统习俗等各种因素的制约(如轻视提高妇女地位、轻视环境和人口问题等)。可见,消灭贫困实质上是具有伟大历史意义的社会革命,是人类社会发展的重大主题。

1.3.4 反贫困战略模式的启示

世界范围内的内涵完全不同的反贫困战略模式是20世纪人类反贫困历史的伟大成果,其成功的经验给我们进行中国西部贫困地区反贫困战略理论研究、科学确立反贫困战略模式提供了重要的启示意义。

1.3.4.1 重视发展规划

普遍重视发展规划是世界反贫困战略模式的基本前提。贫困问题是在经济发展过程中必然产生的一个问题,它关系着世界各国经济的发展、政治的稳定、社会的繁荣和人民物质文化生活水平的提高。第二次世界大战后的60多年来,世界各国尤其是发展中国家在致力于经济发展的同时,不惜耗费巨大的人力、财力、物力积极探索解决本国贫困问题的途径,并且在缓解贫困的过程中,将消除贫困作为经济社会发展的一个重要方面纳入国家的宏观经济规划,从而加速了消除贫困的进程。印度、泰国、印度尼西亚、韩国等东亚、南亚各国在罗马会议之后,开始加强政府在反贫困行动中的能动作用,都先后不同地兴起以"农村综合开发"为中心的缓解贫困计划,并将缓解贫困作为一项战略目标列入国家长期发展规划、中期规划及短期规划,并取得巨大的成绩。印度从第四个五年计划(1969~1974年)到第七个五年计划(1986~1990年)时期,都明确地把消除农村大众性贫困作为中长期计划的重要目标,并规定应达到的计划指标。在第七个五年计划中规定,到1990年把极端贫困者占总人口的比重从1985年的31%减少到26%,到本世纪末使极端贫困者和乞丐人数下降到总人口的10%。除了中长期计划,还颁布短期计划和临时计划,印度政府分别于1975年、1982年和1986年三次颁布《20点纲领》,1970~

1971年颁布抗旱计划,1971～1972年颁布少数民族地区开发计划,1974～1975年颁布山区开发计划以及农村综合开发计划,主要促进农村家庭自谋职业,增加收入,使其跨过贫困线。通过实施这些计划,向这些落后地区居民提供更多就业机会,并建立加速这些地区社会经济发展的基础设施。

泰国政府把促进经济增长和减缓贫困同时作为宏观经济目标,将缓贫项目纳入国民经济发展计划,如在"五五"计划期间颁布了《公众发展纲领》和《基本需要工程》,并对贫困地区实行优惠政策,重点投资。

印度尼西亚政府对缓解贫困给予高度重视,将其纳入国家发展计划。在"国家政策的指导方针"中明确规定:发展必须是全体印度尼西亚人民的发展,应当提高全体人民的生活水平。同时决定,制订任何发展计划都应包含缓解贫困以及关于资源、机会的公平分配和实施载体等方面的内容。

韩国政府在20世纪70年代就已经把解决贫困问题放在评价经济发展的优先地位,在第四个五年计划(1977～1981年)中提出一系列缓解贫困的计划要点,如通过提供就业机会公平分配经济发展成果,缩小城乡之间的社会与经济差异,改善住房、供水、公共卫生系统以提高生活质量,发起"新村运动",以解决乡村中普遍存在的贫困问题。"新村运动"是一个试图解决农业部门落后问题的综合性农村发展规划。以它为核心实施的反贫困计划有三条:①加快发展农业生产的计划,鼓励农民在政府的支持下改善自己的生产基础。②收入增长计划,一是增加农业生产的收入水平,通过初期向农民提供小额资金和简单技术,以后通过提高集约化水平,不断促进农民收入的增长。二是积极推进季节性的非农活动,保证农民的农闲就业。③社会福利计划。主要是在农村全面推进政府的全国生活援助计划。为失去生产能力的村民提供社会保障和卫生医疗补助。

"农村发展分权规划"是联合国粮农组织(FAO)所创立的一套扶贫立项方法和理论,近几年在非洲及亚洲的印度、斯里兰卡等第三世界国家得到了广泛运用。它主要是针对一些发展中国家在使用国家资金进行扶贫时，依靠国家集中权力去规划立项，从而产生的脱离实际、贫困人口得不到实惠、脱贫不稳定等问题。据此，联合国粮农组织创立了"农村发展分权规划"方法，其目标是：将扶贫投入的分配立项权，交给农村基层单位和贫困农户，使基层领导、专业人员和农户普遍参与以脱贫为目标的项目开发，调动广大农民群众的积极性，使反贫困项目在有市场导向和经济核算的情况下，既能利用当地的资源优势，又具备坚实的群众基础，最后达到稳定脱贫的目的。其具体做法是：在对农村基层领导、专业人员进行调查座谈和对不同层次农户进行快速调查（RRA）的基础上，根据市场资料分析，建立项目目标逻辑框架，进行预备评估和比较评估，筛选和确立开发项目。在市场经济条件下，使政府的权力得以下放，调动了农村群众积极参与脱贫致富活动，是既适合所在地国情，又适合贫困人口参与的工作方法。

1.3.4.2 重视基本需要

高度重视基本需要是世界反贫困战略模式的重要基础。反贫困必须首先解决贫困人口的基本生存需要，并力图改变穷人被医疗费用和教育费用拒之门外、穷人获得比人口份额更低的公共支出份额的状况，为贫困人口提供良好的社会服务。提供基本需要必须确定被满足对象和基本需要物品，一般都根据政府确定的贫困线通过行政手段逐一认定穷人的身份，也可以用以工代赈等方式确定，然后根据可能补贴农村偏远地区食品、医疗和基础教育等，这样能够使补贴更有针对性。其次，推动穷人家庭和社区参与到增加穷人资产积累的公共行动中来，引导穷人受益者参与教育管理、营养计划、母婴保健计划，防疫，保护水源和自然环境等公共服务事业。再次，提供基本需要和引导穷人参与社会服务计划的主要目标是保证社区的选择和价值观能够体现于公共行动计划的选择和设计，能够通过参与监督，改善公共计划执行质量、透明度和责任感，增加穷人对自身生活的影响力等。也就是说，提供基本需要是非常重要的，但是让贫困人口参与基本需要服务更重要。在直接为贫困人口提供医疗、卫生、营养和教育服务的基础上，20世纪90年代后印度侧重于强调"发展与公正"并重的策略,实行诸多政策措施,保证穷人基本生活需要,建立公共分配系统,专门向低收入居民提供基本生活保障。主要由印度粮食公司等收购粮食等基本生活必需品,然后分配给各邦设立的平价商店,主要供应小麦、大米、白糖、食用油、布匹、煤炭和煤油等七种生活必需品,有的还供应茶叶、肥皂、火柴、食盐、豆类等重要生活品,由其按照政府规定的低于市场价格的价格,销售给政府认定的低收入者。平价商店主要设在人口比较集中的城镇,随着经济增长,在农村特别是边远地区、山区和少数民族地区,也开设众多平价商店。按照规定,当局向低收入居民发放购物卡,其可持卡到平价商店购物。为保证该系统正常运转,政府每年拨出巨款进行补贴,仅粮食补贴一项,中央政府支出就从1991~1992年度285亿卢比增加为1998~1999年度900亿卢比,增加2倍多。为加强对公共分配系统的监督,印度还专门成立消费监督委员会。该系统在实现社会公正方面起到一定积极作用,既有利于低收入消费者,其获得平价商品,也有利于生产者,其获得政府的支持价格和稳定的国家市场。

泰国减缓贫困的主要活动首先是由第五个国民经济和社会发展计划(1982~1986年)的各种项目发起的。第五个国民经济和社会发展计划的大部分项目是直接面向农村地区和穷人较多的地区,包括泰国北部、东北部、南部的部分地区。这些活动的目标是提高这些地区人民的能力,主要发展项目的目标在于创造就业机会、农村活动、基本服务和促进低成本产品的生产。在第六个国民经济和社会发展计划(1987~1991年)中,发展项目的目标是缩小农村和城市发展的差距,这种差距的缩小意味着穷人收入和富人收入差距的缩小。第七个国民经济和社会发展计划(1992~1996年)有许多消除贫困的发展项目,重点致力于使工业向其他地区和省份扩散,以作为一个为大部分是穷人的农村人口创造就业和收入机会的工具。第八个国民经济和社会发展计划(1997~2001年)强调了农村人力资源的发展和对环境的保护,以利于保持稳定的经济发展和人民更好的生活和福利水平。

1.3.4.3 重视人力投资

高度重视教育和教育设施投资,尤其是初等教育和技术培训、对贫困地区进行人力资源开发、向穷人提供更多的增加收入的机会以及把握经济机会的能力是世界反贫困战略的主要措施。贫困地区与其他地区之间除了经济收入的差距以外,更显著的是人的思想观念和教育水平的差距,以及由此而引起的文化、劳动、技术素质和创业精神的差距。因此,进行贫困地区的人力资源开发,从长远看是减轻贫困的根本性措施。经济增长本身无法完全消除贫困,扶贫活动需要一个综合的社会发展计划作为补充,如果贫困人口无法获得基础教育,他们就无法利用经济增长所创造的就业和增收机会。在大多数发展中国家,人力资本投资始终是推进反贫困和经济可持续发展的重要引擎,其成效远远大于进行重视物质资本投资国家。对贫困人口的能力建设至关重要,教会他们基本技能(如识字、账簿记录、家庭卫生、计划生育等),甚至特定技能(如农林牧副渔的生产技能、加工储存、市场营销等),不但可以增加其收入,而且还可以增强他们改变生活条件的信心。印度把普及初等义务教育写入宪法,非常重视教育在提高劳动力质量和就业能力中的作用。20世纪50年代印度就将科技和教育列为首要任务,为普及初等义务教育,1980年代印度发起"黑板计划",促进小学教育发展。安得拉邦为小学生提供免费午餐,中央邦还发起教育保证计划,使该邦大多数落后乡村有权举办一所学校计划,以增加儿童上学。该计划已作为国家普及初等教育战略的组成部分。为增加农村就业,印度还实施"农村青年自谋就业培训计划"等,对农村青年进行技能培训,使半数接受培训的农村青年实现自谋就业。印度女企业家协会还实施"促进妇女自我创业计划",为数万多名妇女提供创业咨询和培训。但印度农村学校教育和反贫困方案中,非穷人受益较早,穷人一般在方案扩大时才受益。

孟加拉国普及初等义务教育更具有典型性。独立以来,扩大群众教育一直是该国政府政策的重点。1973年社区小学收国有化后,小学入学率短暂上升。由于教育预算投入少,普及教育难以实现。20世纪80年代后政府加强对教育的支持,大幅度增加教育投入,坚持提供教育多元化政策,社区学校、贫穷地区卫星学校及私人学校等不断兴起,适龄儿童可在不同类型学校入学;政府鼓励在教育落后地区办学,并增加女教师比例以吸引女学生。20世纪90年代政府还对穷人家庭孩子上学给以粮食补贴,对女孩上初级学校提供奖学金等。从而促进了初等教育普及,90年代末该国总入学率超过100%,小学阶段性别差距基本消除了。

在高度重视人力投资的同时,以规范的市场化改革,促进有效的私人投资,并辅之以有利穷人参与市场的微观改革,实现效率与公平的统一,成为增加就业、提高劳工收入的主要驱动力。增加穷人的资产,提高穷人抓住机会的能力,资产与收入互为因果,因为经济增长不会自动有利于缺乏初始资产的穷人,穷人自身固然是增加其人力资本和物质资本的主体。但是,穷人家庭积累资产受到多因素的严重制约,除了鼓励对资产要求低的增长机会的微观改革外,亟须后续公共行动来创造穷人拥有或能利用的人力、物质、自然和金融资产,这种通过人力资本投资改善初始条件,并提高资产收益率的做法,成为发展中国家跳出贫困恶性循环的主要手段。

1.3.4.4 重视社会保障

全面的反贫困战略,不仅需要提高收入、改善收入分配,而且需要为穷人提供综合的安全保障措施来对化解各类风险,克服穷人的脆弱性。为了使穷人摆脱贫困,首先要为他们创造各种机遇,如工作、贷款、道路、电力、产品销售以及学校、供水、卫生、医疗等服务。经济增长不但通过创造就业和增加收入而减少贫困,也可以增加财政收入以使政府和其他公共部门提供穷人所需的各项基础设施和其他社会公共产品,从而成为各国扶贫的有效手段。如果一国的经济增长有利于穷人脱贫致富,并且这种积极影响是长期可持续的,其结果是越来越多的穷人逐渐脱离贫困。公共部门应对贫困人口的需求做出及时的反应,逐渐增加穷人已具有或能够享有的人力资本、土地和基础设施等资产,积极建立有效机制以减少穷人所面临的风险,并增强安全保障,如提供公益性的服务以及建立农业保险与医疗保险等。私人部门需要采取的行动为:通过NGO等公民社会组织,积极呼吁公共行政和立法机关消除由于性别、种族和社会地位差异而造成的制度障碍,使穷人受益;进行私人投资以增加就业和劳工收入,以政治民主、社会平等增加穷人的经济机会,让政府机构更多地对穷人负责。贫困是经济、社会和政治力量相互作用的结果,政府须以更有效地服务于包括穷人在内的全体公民,将公共行动集中在社会优先事项,以减少腐败机会和范围;以适当的业绩激励改善政府机构公共服务质量化解风险的途径,从在风险发生之前加以防范以降低发生概率和缓解程度,到风险发生之后能够应付后果、减少风险影响、提高恢复能力,从而使经济运行更为稳固。由于穷人更易受风险影响,影响后果更严重,更不能靠自身力量进行风险管理,往往以损害长远来应付眼前危机,相应地,穷人很难从事高风险高收益活动,从而陷入永久的贫困深渊。所以,社会保障应逐步从依靠家庭和社区的非正规化解机制,转移到依靠政府和市场的正规机制,以帮助穷人应对微观层面的特有风险,帮助穷人应对经济危机和自然灾害等共有风险、防范和对付经济危机以及减少面对自然的脆弱性等。

当然,市场机制有先天缺陷和不足,这就要求由国家加以协调和校正,这是市场经济正常运行的重要保证。社会保障体系就是国家为普通居民提供基本生活保障,缓解社会分配不公的一个重要手段,印度对20人以上的工厂工人和国家雇员,实行包括疾病、事故和养老等方面社会保险制度。《雇员国家保险法》向工人提供强制和捐助相结合的健康保险,为病、孕、伤残工人提供医疗帮助,为死亡工人亲属提供抚恤金,为接受保险者死亡时提供丧葬费等;《雇员准备基金和其他专款法》,向企业雇员提供准备金、家庭养老金和保证金相联系的保险;《煤矿准备基金和奖金计划法》,专门解决煤矿工人的保险;《养老金支付条例》,为企业雇员提供养老金。印度先后颁布100多个劳动保护法规,涉及工资待遇、工作时间、劳动环境及人格保障等诸多方面。如劳动工资法规定,顾主必须与雇工签订劳动合同,并提供必要工作保险和社会保险;十人以上单位解聘职工须经政府批准。1995年印度还实施"全社会救助计划",向65岁以上低收入老人、主要赡养人去世的家庭和前两胎特困怀孕妇女分别提供国家养老金、家庭抚恤金和孕产妇补助金。2005年印度人民院通过《国家农村雇佣保证法案》,保证每户家庭人均每天得到最低60卢比生活费和每年100天劳动时间,如不能提供劳动机会,政府将提供最低每天60卢比生活费作为补偿。鉴于社会保险措施并不包括农业工人,印度政府还采取专门针对农业工人的保障性措施:《印度宪法》明文废除农村农业奴隶和强迫劳动的制度,如实行农奴制则犯法;1948年通过最低工资法,要求各邦在三年内规定出农业工人最低工资;实行土地改革,把部分土地转让给无地少地农民,保护佃农和劳动者利益;鼓励建立农业合作社组织,在农闲季节向农业工人提供就业。印度各类经济政策中还包括有改善农业工人的措施,为保护农村穷人提供法律政策基础,但主要问题是实际执行情况相当差。

1.3.4.5 重视国际援助

在良好的政府管理和竞争激励、提高公共服务事业有效性的同时,高度重视国际援助是世界反贫困战略模式的主要特点。在帮助贫困地区经济和社会发展方面,投入不足常常是最主要的限制因素,积极利用国际援助(包括国际组织援助及国家间的双边援助)往往是一条重要途径。印度尼西亚1970~1987年间获得的国外援助总额超过129亿美元,成为当时世界第七大受援国。农业、教育、计划生育等方面的援助,由于政府的有效管理和使用,对减轻贫困起了关键作用。世界银行及其附属的国际开发协会(IDA),作为向发展中国家提供发展援助的主要国际机构,自1969年以后把反贫困作为提供援助的主要目标,在减轻发展中国家的贫困方面发挥着重要作用。到1981财政年度,世界银行用于农业及农村发展的贷款已占贷款总额的31%,其中绝大部分用于了建设农村基础设施。在1979~1983财政年度,世界银行用于初等教育方面和非正规教育的援助分别占其援助资金总额的21.2%和24.6%。1961~1998年,国际开发协会(IDA)用于电力、供水及卫生设施、灌溉及排水系统、交通等经济基础设施的贷款援助占其贷款总额的40%以上。

20世纪90年代以来,IDA对社会部门,特别是教育和健康部门的援助急剧增加,反映了反贫困战略中对社会基础设施建设和人力资源开发的日益重视。印度、巴西、印度尼西亚、韩国、哥伦比亚、巴基斯坦、泰国等反贫困成就显著的国家在1980年以前都属于世界银行及IDA的十大受援国之列。当然,援助能否对经济发展和持续地减轻贫困起到积极作用,除了援助规模大小以及项目内容之外,还取决于受援国对援助资金进行有效管理和使用的能力。世界银行的经验表明,在发展中国家,对于农业研究、灌溉系统、农村供水、道路建设、初等教育、卫生保健等方面项目的援助能够最有效地减轻贫困和促进农村地区的发展,并使处于贫困状态中的人们直接受益。

1.3.4.6 重视非政府组织

高度重视非政府组织(NGO)在反贫困中的作用是世界反贫困斗争的成功经验。孟加拉国有世界上最大的非政府组织,在其参与的扶贫活动中,孟加拉国乡村银行推动的小额信贷项目对南亚非政府组织扶贫实践提供了极大启发,促使他们纷纷成立类似非政府组织,推动与扶贫相关的各种项目,如孟加拉国农村进步委员会、印度妇女自我就业协会和巴拉特农工基金会、巴基斯坦"阿加罕农村支持项目"等。印度妇女自我就业协会是非政府组织较成功的案例,其通过与政府合作,由国家银行对贫穷妇女发放补贴贷款,政府协助销售产品,帮助失业妇女自谋生路,从事各种经济活动。该组织协助维护妇女的自尊和经济独立,发挥了重要示范作用。印度政府在非政府组织扶贫信贷基础上,还补充信贷不足的部分。印度、孟加拉国、斯里兰卡等国经由非政府组织运作,还成功提高了地主和政府对佃农的工资。非政府组织也是政府的依附组织,如巴基斯坦阿加罕基金会推动的农村发展长期项目,就是完全独立于政府体制外的扶贫方式,但该模式却成为日后政府推动"国家农村支持项目"的参照模式。而印度非政府组织却依赖会费维持自身营运,不寻求政府或国际资源援助,显示非政府组织从与政府相互合作到逐渐发展成为市民社会自治实体。印度大部分非政府组织也以健康项目作为扶贫活动主要内容,使政府将福特基金会在印度以麻风病防治为主的扶贫计划外包给非政府组织来处理。

虽然各国非政府组织彼此之间规模相差悬殊,但都具有一些政府扶贫机构所不具有的优势,而这些优势又恰恰是执行扶贫计划所必需的。例如,非政府组织的活动始终是以贫困人口为中心的,因为贫困人口是开发活动最重要的资源,也是开发的最终目标。非政府组织认为,扶贫活动必须以贫困人口为基础,以贫困人口为中心,这一思想使得非政府组织更了解穷人的需要,更能恰当地提供穷人所需要的帮助。许多非政府组织直接接触社会的最底层、最贫穷阶层,比政府组织更了解地方情况。因此,他们的工作更准确、更有效率,传递渠道更为畅通,信息也能得到及时反馈,扶贫的效率往往较高。同时,非政府组织在工作方法和传递机制方面显示出高度的灵活性。非政府组织的工作人员拥有较大的自主权,在复杂多变的环境中,能不断适应环境,从而提高了组织的工作效率。另外,由于非政府组织的工作范围一般比较小,因而他们能够集中精力,采取有效的方法,对工作实行严密的监控。在遇到特别事故时,非政府组织的反应总是十分迅速的。但是,非政府组织也有一些弱点,主要是这些组织的扶贫能力都非常有限。从宏观上看,他们对根除贫困的影响仍然是不能确定的,它们的工作仍然十分有限、涉及范围也不大,还不能在一个国家反贫困斗争中占有主要的位置。总之,非政府组织的缺点和优点同样明显,最大的问题就是组织的不稳定性和工作范围扩展后出现的不确定性。因此,在反贫困斗争中,只有将政府与非政府两种力量有机结合,相互补充,才能使扶贫工作更有效。通过制度安排促使私营机构、非政府组织与传统的公共机构一起,不受限制地自由进入以提供公共服务为主体的扶贫领域,不仅扩大了公共服务领域,增加了穷人利用教育、城市供水和卫生设施等服务的数量,而且形成了公私竞争合作局面,极大地提高了反贫困质量。

非政府组织是社会援助的主体,NGO在贫困地区进行扶贫活动时所新建的组织必须具有广泛的基础,即应该是村民自己的利益群体,能够最大限度地为村民提供可持续的经济利益。NGO要积极推动贫困人口的主体意识,使其能够主动地领会变革的可能性及潜在的收益,从而为扶贫活动的开展做准备。NGO从事扶贫不需要庞大的政府系统和极其复杂的协调机构,可直接到达村庄和乡镇,覆盖目标人群,从而减少了周转机构,降低了大量机构与制度成本。私人部门的参与式扶贫行为也被贫困人口所接受,NGO等公民社会组织所倡导的社区综合发展推动了企业与草根民间组织的合作。因此,农村与城市的扶贫要大力发挥社区力量已成为共识。同时,NGO由于以贫困人口的需求为导向,易于在扶贫中制度创新,因为创新机制需要灵活而细致的扶贫组织,而NGO等公民社会组织有能力和机会创造出公共部门难以实现的扶贫机制,从而通过创新模式形成的比较优势大幅度减少了扶贫的制度成本。从宏观经济层面看,NGO作为公共部门扶贫的有利补充,可以为更多贫困人口和边缘贫困人群提供服务,设计适当的扶贫机制是NGO帮助穷人脱贫致富的必要条件。从微观经济层面看,NGO可以快速而直接地了解贫困人群的需求,帮助他们尽快满足增加收入所需的基础条件,如基础设施建设、教育和医疗卫生提供等,而这些微观条件的满足对公共部门而言,可能需要很长的时间进行研究与评估。

1.3.4.7 重视人口参与

在反贫困战略的实施中高度重视贫困人口参与反贫困项目是反贫困战略取得成功的重要基础。反贫困政策的最终目的是提高穷人的生活水平,使穷人真正受益,让穷人直接参与是达到这一目的的最有效方式。"以工代赈"计划是穷人参与反贫困的典例,几乎所有的发展中国家或地区都实行了"以工代赈"作为建设基础设施的一种方式。这种方式的优点在于:在农闲季节为农村居民提供了就业机会;帮助贫困地区建设了一批基础设施,为地区经济发展和改善人民生活条件提供了基础;通过以实物或货币形式发放的工资直接提高了当地居民的收入,起到了赈济作用。不同国家实施以工代赈计划的经验表明,要使这种计划达到预期效果,必须妥善处理好以下几个问题:国家投入以工代赈计划的资金必须达到一定规模,而且要经常化,否则既起不到救济作用,也不可能建设带动地区经济发展的基础设施。"以工代赈"计划设定的工资率水平要适度,使农村的非穷人不愿参加,但对真正的穷人有吸引力,能起到赈济作用。通过以工代赈方式建设的基础设施,应当是贫困地区经济发展迫切需要的基础设施。为了达到最大的就业和赈济效果,应该选择劳动密集型的建设项目,采用劳动密集型的建设方式,并对项目的实施要进行严密的组织、监督和管理,以保证工程质量和进度。在建设时间的选择上,应考虑农业对劳动力需求的季节性,尽量少影响农业生产。由于资金缺乏和管理不力,贫困地区建设的基础设施往往过早地受到破坏而不能使用,这是各国以工代赈计划中普遍遇到的问题。在扶贫优惠信贷方面,"直接面向穷人"意味着增加穷人获得信贷的机会,直接借款给穷人,以防"济富不济贫",绝大多数国家实际做法即是如此。如孟加拉国乡村银行、马来西亚的艾克迪尔私人信托机构、印度的阿默达巴德市个体妇女联合会合作银行等,都是直接贷款给穷人。但是,为穷人提供贷款的费用一般很高,并且由于缺少抵押贷款,风险也很大,从贷款的安全性、流动性和效益性考虑,有些国家的扶贫贷款主要贷给贫困地区的企业或经济实体,规定这些企业或经济实体必须安排贫困户劳动就业,带动贫困户发展生产经营,脱贫致富。扶贫优惠信贷的最终目的是使穷人受益,但不一定直接贷款给贫困户。

在印度各邦中,喀拉拉邦最为迅速地减缓了贫困,主要是该邦政府支持社会安全导向战略的结果。在喀拉拉邦,实施社会安全导向战略与人民计划和人民科学等结合起来,人民计划是人民自己的想法,村里修路或修蓄水池,想法都由村民提出,经大家充分酝酿和讨论,然后由官员沟通。通过人民计划活动,把官民统合为一种民主运作,与民众利益和民众生存紧密结合起来,从而通过乡村民主管理,实现消除贫困,成为世界上采用独特方式来缓解贫困的范例。1993年印度鼓励民主分散化,议会通过宪法修改案,承认乡村委员会潘查雅特及县级市作为自治政府机构,有权在计划与实施地方活动中自己决策,扩大民主基础,涉及县、乡、村潘查雅特有权参与制定政策和妇女参与地方政治,从而促进地方经济发展,消除贫困。

消除社会壁垒、建立平等的社会制度、促进社会发展是反贫困的基本目标。社会制度——亲缘关系体系、社区组织和非正式网络,通过影响经济资产生产率、应对风险战略、追求新机会的能力以及思维决策能力,影响穷人的状况和前景。政府通过正式或非正式论坛辩论,支持弱势群体的代表参与社会,而不是引发公开冲突;消除立法和执法中的部族、种族和性别歧视,鼓励在社区和国家机构确保他们的发言权和反映他们的利益。同时,以鼓励发展政策克服发展的客观不利因素,改善妇女、无地农民、土著、少数族群的状况;以特殊优惠政策抵消长期歧视对边缘群体造成的损害,支持穷人积累社会资本,建立在水平基础上的垂直网络,趋利避害,各种社会准则和网络是人们能用以摆脱贫困的最主要的资本形式。政府应参与并支持穷人的网络,使之与中介组织、市场、公共机构建立联系,增强他们的潜在能力,增强他们对国家层面政策的影响力;同时积极推动贫困人口主体意识的觉醒,使其能够主动地领会变革的可能性及潜在的收益,从而为扶贫活动的开展做好准备。

1.3.4.8 重视环境保护

世界大约有一半人口生活在生态环境脆弱、依靠自然资源生存的农村山区,农村道路、灌溉系统(尤其是大坝、水库)等基础设施的建设,以及贫困地区的经济活动(过度垦荒、滥伐森林、自然资源开发、缺乏污染治理措施的乡村小型工业等)往往造成对自然生态环境的破坏和污染。事实上,在许多发展中国家,贫困地区是那些自然条件恶劣、资源贫乏、生态破坏严重、土地生产率低下的地区,人口压力加剧了贫困与环境之间的恶性循环。在帮助贫困地区发展经济的过程中,如果忽视环境的可持续发展,生态的破坏和环境的污染会成为地区经济发展和改善生活质量的制约因素。这个问题在一些发展中国家已经出现,例如,泰国经济增长和贫困减轻在很大程度上得益于农业特别是出口导向型商品农业的发展,农业产量增加的主要因素是毁林开荒扩大耕地面积,结果森林面积急剧减小,到

20世纪80年代后期森林覆盖率已降到20%。印度尼西亚在20世纪80年代致力于发展农村经济、消除贫困,忽视了环境保护和治理,致使许多地区生态条件恶化。在爪哇岛,水土流失已经对农业可持续发展构成严重威胁,类似情况在其他发展中国家的贫困地区广泛存在。发达国家在帮助贫困地区发展经济的过程中,已经把环境治理放到了与经济发展同等重要的地位,把污染处理设施作为了基础设施的一个组成部分,如美国阿巴拉契亚区域开发专门有环境规划,内容包括减少大气污染和水污染,改进垃圾及固体废弃物处理等。在农业和林业方面,进行了退耕还林还牧、水土流失治理和植树造林等工作。其他环境措施涉及煤炭开采和道路建设造成的后果(地表破坏、土地撂荒)的治理等,在公共设施建设中包括有矿区给排水及废物处理设施。在德国的地区发展政策中,扶持落后地区的基础设施建设是一个主要组成部分,其基础设施的范围除了交通、电力、供水、教育培训设施之外,也包括了固体废物、废水、废气等污染处理设施。

第 2 章 中国农村反贫困的历史背景与基本模式

中国是世界上人口最多,也是贫困人口最多的发展中国家,迅速缓解和逐步消除贫困、完成工业化、推进城市化、实现经济社会整体进步是中国政府和中国人民长期面临的重大历史任务。新中国成立至今的 60 年,尤其是改革开放的 30 年间,中国政府和中国人民在反贫困历史进程中进行了一系列富有意义的探索和实践,取得了举世瞩目的伟大成就和历史经验,形成了具有中国特色的农村反贫困基本模式。因此,全面总结和科学概括中国农村反贫困的基本模式对于研究确立 21 世纪西部农村反贫困新型模式,具有非常重要的理论意义。

2.1 反贫困的国际背景与历史背景

2.1.1 反贫困的国际背景

和平与发展是当今世界两大主题,第二次世界大战以后,由日新月异的世界科技革命推动的产业结构调整和社会生产力的飞速发展加快了世界经济区域化、集团化和多元化趋势,加剧了发展中国家与西方发达国家的矛盾,拉大了彼此间的经济级差,迅速摆脱贫困、寻求发展成为世界发展中国家经济发展的基本选择,并为此付出了艰苦的努力,进行了富有意义的探索。特别是 1965~2000 年,发展中国家人民的生活水平有了明显的改善,人均实际消费水平上升了 70%,平均预期寿命从 51 岁增加到 63 岁,小学入学率已达到 90%。尽管得到国际社会的大力支持,特别是经过联合国主持的"两个发展十年"之后,世界南北关系的紧张态势并没有得到缓解,发展中国家的经济社会形势依然十分严峻,农村贫困人口的规模持续增加,普遍存在的贫困现象仍是发展努力面临的主要挑战,1991年联合国秘书长加利(Boutros Boutros-Ghali)提交给联合国代表大会的报告指出:"占世界人口20%左右(10亿)的富人中,占有世界总收入的83%,而同样占世界人口20%的人数达10亿的贫困者,却只占世界总收入的1.5%。发达国家只占世界人口的17%,却消耗了世界总消耗量的75%的资源,拥有世界产出的72%,而占世界人口74%的发展中国家,只拥有世界产出的15%。"加利强调指出:"在世界上1/5的人忍受着绝对贫困、饥饿、疾病的现实面前,就发展问题而言没有其他任何问题比解决这一社会病症的根源和症状更为迫切的了。"

1992年联合国发表的一份报告指出,世界上至少有9亿人营养不良,其中5亿人长期营养不良,由于营养不良和传染病等直接和间接的原因,每年有1 300万名5岁以下的儿童死亡。据国际农业发展基金会(IFAO)首次对114个发展中国家进行的调查表明,有10亿农村人口生活在贫困线以下,也就是说比20年前的贫困率上升了40%,贫困问题由于农村人口的快速增加而加剧了,这些国家的40亿人口中有25亿生活在农村,农村贫困人口占世界贫困总人口的80%以上,世界贫困人口中70%是妇女、老人和儿童。1992年世界农村贫困人口的分布情况为:亚洲6.3亿,非洲2亿,拉美和加勒比地区7 600万,中东和北非2 600万。国际农业发展基金会的调查报告指出:由于未来几十年世界人口的增长绝大部分集中在这些发展中国家的农村地区,加上无地农民的数量逐年增加,以及越来越多的农村家庭由妇女来负担,如果不采取新的、根本性的措施,世界农村的贫困状况将会更加恶化。1992年发展中国家的债务总额已达1.95万亿美元,比1980年增加了近2倍。占世界人口5%的北方首富和南方赤贫人口的人均收入差距,1960年为30倍,1970年为32倍,1980年为45倍,1990年为60倍,收入差距成数十倍扩大。1993年世界最贫穷国家之一的莫桑比克,其年人均国内生产总值(GDP)不到80美元,而西欧瑞士(世界人均首富)的年人均国内生产总值高达36 410

美元,两者相差约460倍。1993年4月30日,中国《人民日报》以"贫困线以下人口有增无减"为题,发表世界银行行长刘易斯·汤普森·普雷斯顿(Lewis T. Preston)关于世界银行脱贫战略的执行情况:尽管各国政府在不懈地努力以及世界银行不断提供大量的贷款,全球生活在贫困线以下的人口1985年以来仍在持续增长,1990年比1985年增加了8个百分点。1993年9月22日,墨西哥《至上报》发表题为"贫困:社会通病"的文章指出:在发展中国家,每天约有4万名儿童因食品匮乏和得不到治疗而死亡,1.2亿儿童营养不良,有1.1亿儿童无法得到初等教育,有12亿极端贫困者缺乏安全饮水等基本生活条件,他们中的大多数人每天收入不足1美元。在高度工业化国家有3 500万人没有工作,而发展中国家的失业人数是他们的20倍,拉丁美洲有近1/3的人口生活在贫困线以下。更加悲惨的是,尽管贫困和社会发展的需要是全球性的,但是这个问题并未成为国际上优先关注的首要议题,东西方冲突的减弱不但未能阻止南北之间拉开差距,反而加深了这个鸿沟。

联合国《人类发展报告1997》指出,在57亿世界人口中,有11亿缺少"基本生活条件",世界上"最发展中国家"在最近20年从27个增加到48个,在过去五年里,全世界最贫困人口从10亿增加到13亿人,目前还在以每年2 500万人的速度增加,在发展中国家有1/3的人处于赤贫状态,其中南亚地区拥有最大规模的贫困人口,撒哈拉南部非洲国家约有2.2亿人极度贫困,拉丁美洲和加勒比地区的贫困人口约为1.1亿。东欧和前苏联地区的贫困化也日益严重,过去的十年里,每天收入低于4美元贫困线的人数,从一个很小的比例增加到1.2亿,占到这些地区人口的1/3。发达国家的贫困现象也仍然很严重,据统计约有1亿多人挣扎在贫困线以下,其中1/3为丧失了工作的人。在发展中国家接近8亿人得不到健康服务,每6 000人才拥有1名医生,约12亿人缺乏安全的食用水源,世界上2 300万艾滋病患者或病毒携带者中的90%以上生活在发展中国家,有1/5的人口预期寿命不到40岁。同时,发展中国家有大约8.4亿成年人是文盲,妇女的文盲率高达40%;每年有1 800万人死于饥饿、营养不良及与贫困有关的其他原因,远远超过了战争、自然灾害造成的死亡。

1978~2000年,特别是20世纪90年初以苏联解体为标志的东西方冷战结束之后,当代世界地缘政治紧张局势逐步缓解,发达国家技术进步和知识增长的速度越来越快,世界经济不断发展,社会财富迅速增加,但全球范围内的贫困问题并没有因此而缓解,反而日趋恶化,这是中国农村反贫困战略实施的基本国际背景。

2.1.2 反贫困的历史背景

新中国成立至1978年的近30年间,由于经济基础的极端薄弱和"左"倾思想的羁绊阻挠,以及农村工作的指导方针和政策措施上的一系列严重失误,我国农村生产力和农民生活都处于极其落后和贫困忧愁之中。1953~1978年的26年里,农业总产值平均每年只增长3.2%,粮食增长2.4%,棉花增长2%,油料增长0.8%,猪牛羊肉增长3.6%。按全国人口平均计算,26年间每人占有粮食仅增长11%,棉花、油料还分别比1952年减少0.06%和25.9%,1978年在净进口粮食695万吨、棉花47.5万吨、食油47.5万吨、食糖123.8万吨的情况下,主要农产品仍然长期供应紧张。根据《人民公社时期的贫困问题》的数据,当时全国粮食不足的省份占27%,严重不足的省份占16%。26年间全国农村人口平均年收入仅增加了70元,每人每年增加仅2.7元。1978年全国农村人均纯收入只有133.57元,有1.05亿农村人口口粮不足,有近1/4的生产队社员年收入在40元以下。每个农户平均拥有3.64间住房,估价不超过500元,年末拥有32.09元储蓄,实物储蓄如余粮和存栏家畜很少,还有数量微不足道的一点农具,估计全国农民自有财产不足800亿元,当年全国农民对全国银行、信用社和社队集体负有数额可观的债务。中国共产党第十一届四中全会通过的"中共中央关于加快农业发展若干问题的决定",对1978年农村经济状况作出了清醒的判断:"总的看来,我国农业近20年来的发展速度不快,它同人民的需要和四个现代化的需要之间存在着极其尖锐的矛盾。1978年全国平均每人占有粮食大体还只相当于1957年,全国农业人口平均每人全年的收入只有70多元,有近1/4的生产队收入在50元以下,平均每个生产大队的集体积累不到10 000元,每个生产队的公积金只有1 762元,平均每人公积金10.6元。有的地方甚至不能维持简单再生产。"据1979年的有关报告统计,当时全国农民的人均口粮不足220公斤,旱粮地区在150公斤以下的占19%,水稻地区在200公斤以下的占18%;人均收入50元以下的生产队占27%;全国农业人口年人均70元的收入,一部分为实物折算,一部分为货币。农民实际上拥有的货币收入远低于70元,占40%,即28元。如果极而言之,将70元全部算作货币收入,每月平均不足6元,每天平均不足0.2元。按1978年的物价水平,0.2元仅能购买1斤多白面或2个鸡蛋,买工业品至多可购半尺白布或1个粗瓷小碗。如果将最基本的生活必需品,如油盐、衣着、燃料、住房、就学等支出考虑进去,则每天0.2元生活费用的窘困艰难可想而知。国家统计局在"关于中国农村贫困状态的评估和监测"中,把1978年的贫困线划定在100元以内,按这个标准计算,当时全国贫困规模为2.5亿人,占全国人口总数的25.97%,占农村人口总数的30.7%,占世界贫困人口总数的1/4。如果以人均年收入200元作为农村温饱线,那么沉重暗淡的贫困浓雾几乎弥漫了整个中国农村大地。

2.2 反贫困的历史进程与基本模式

2.2.1 反贫困的历史进程

以1978年12月召开的中国共产党十一届三中全会和1979年通过的"中共中央关于加强农业发展若干问题的决定"为起始标志,中国农村经济改革与发展开始了其伟大的变革历程,中国农村反贫困也步入了一个崭新的历史阶段。纵观1978年以来的30年,中国农村的反贫困大致经历了农村制度性变革推进的大规模缓解贫困阶段(1978~1985年)、经济高速增长推动下政府主导型区域性反贫困阶段(1986～1993年)、政府主导型开发式全面扶贫攻坚阶段(1994～2000年)以及全面建设小康社会新时期的村级瞄准反贫困阶段(2001～2008年)四个历史阶段,通过中央政府的强大主导、社会各界的倾力支持和贫困地区人民的艰苦奋斗,中国农村的反贫困取得了巨大的历史成就。

2.2.1.1 大规模缓解贫困阶段(1978～1985年)

经过新中国成立到1978年近30年的长期、曲折、复杂探索,以农户为单位的农业承包责任制适应中国农业人地资源紧张状况的独特作用得到肯定。这一制度使农户的经济利益与经营成果直接联系起来,使农户家庭经营管理功能与农业生产特性结合起来,从1979年到1984年,全国农村完成了从长达20年的"三级所有,队为基础"的"人民公社"体制到"包干到户"的转变。1984年年底,全国569万个生产队中的99.96%全部包产、包干到户,农户真正成为农业生产经营的基本单元和农村经济的微观基础。改革中重建了农村所有财产权利,极大地激发了农民的生产积极性。这场由草根的自发行为和精英的理性推动的、动机和手法都极其朴素的改革彻底扭转了30年来陷于贫穷社会主义泥潭的农村形势,大规模发展农村商品经济和要素配置市场化,超越了中国农村已经积累的全部经验。

针对农村经济发展起点低尤其是农业经济具有户均经营规模小的特点,为了使农民尽快休养生息,国家在1979年大幅度提高了18种主要农副产品的收购价格,平均提价幅度达24.8%。此后,又逐渐缩小了农产品统购派购的范围和数量,到1984年底,农产品统购派购品种由原来的113种减少到38种。1978～1984年,农业总产值增长67.5%,每年平均递增9%,粮食产量增长33.6%,平均每年递增4.9%;棉花产量增长180.4%,平均每年递增18.8%;油料产量增长127.1%,平均年递增14.7%。农村人均纯收入从1978年的133.57元增长到1985年的397.6元(当年价格),年均增长高达33%。1985年全国平均每个农户拥有的生产性固定资产、私人住房、手持现金和储蓄存款、余粮等项总计为3 812.77元,推算当年全国农户资产在7 000亿元以上。这部分财产增长量极为迅速,按相同口径计算已经比1981年增长1.68倍,年平均增长27.37%。广大农民开始摆脱贫困面貌,物质生活水准大幅度提高。

20世纪80年代初期,中国政府开始了历史上规模最大、投资最多、持续时间最长的以满足人类本基需要为主要特点的反贫困战略。首先治理是以定西为代表的甘肃中部干旱地区、河西地区和宁夏西海固地区(简称"三西"地区),共47个县,面积38万平方千米,1 200万人口。在历史上,甘肃中部定西地区就是中国最著名的贫困地区,长期以来连年干旱、赤地千里、饥民遍地,人民生活极端贫困。1876年,陕甘总督左宗棠给清朝光绪皇帝的奏折中就有陇中"辖境苦瘠甲于天下"的论述。到20世纪70年代末,定西地区仍然是"吃粮靠返销,花钱靠救济"的典型贫困地区,1980年人均产粮为268斤,人均纯收入22元,农村贫困发生率高达75%。针对"三西"地区生态严重破坏和农民饥寒交迫的状况,1982年中央财经领导小组开始着手制定以"三西"地区28个贫困县为扶持对象的反贫计划,1983年国务院提出开发"三西"地区的基本目标是"三年停止植被破坏,五年解决群众温饱,十年脱贫致富"。在"六五"计划时期之后十年,每年投资2亿元,连续进行"三西"地区农业建设和综合开发,引黄济水,新开土地,并进行了"三西"地区的移民探索。"三西"地区综合经济开发是一种以整个地区为对象,比较系统探索中国农村反贫困的尝试,之后中国政府治理乡村贫困的工作开始由局部地区扩大到全国范围。1984年9月30日,中共中央、国务院以中发[1984]19号文件联合发出了"关于帮助贫困地区尽快改变面貌的通知",由此拉开经济体制改革条件下中国贫困地区经济开发的帷幕。通知要求各级党委和政府必须高度重视并采取十分积极的态度和切实可行的措施,帮助贫困地区人民首先摆脱贫困,进而改变生产条件,提高生产能力,发展商品生产,赶上全国经济发展步伐。并着重强调要集中力量解决十几个连片贫困地区的问题,增强这些地区发展商品经济的内在活力。

农村经济体制的深刻变革,彻底废除了"一大二公"[①]的人民公社制度,确立以家庭承包经营为基础、统分结合的双层经营体制,全面放开农产品市场,取消农业税,对农民实行直接补贴,初步形成了适合我国国情和社会生产力发展要求的农村经济体制,不仅为中国经济30年全面体制改革与高速发展奠定的坚实的物质基础和社会基础,而且成为中国农村经济在1978~1985年间超常规增长和贫困人口大幅度减少的真正动因。在这个阶段,中国农村贫困人口由1978年的2.5亿下降到1985年的1.25亿,平均每年减少的农村贫困人口高达1 786万,贫困发生率从30.7%下降到14.8%。英国《经济学家》(*The Economist*)杂志1992年11月第2期的一篇文章认为,1978年有2亿到2.7亿中国人生活在绝对贫困中,到1985年农村改革大体完成的时候,绝对贫困人口下降为1亿人,经济改革的头六年里,中国就有相当于一个日本或两个英国,或者说半个美国的人口摆脱贫困。

2.2.1.2 区域性反贫困阶段(1986~1993年)

但是由于自然、历史、经济、社会多种因素的相互交织、相互制约,随着农村制度性变革推动经济发展释放力的逐步减弱,以及中国改革重点由农村和农业转向城市和工商业,1980年代中期前后,中国农村改革边际效应逐渐下降,而此时农村贫困人口数量在大幅度减少的同时,农村贫困人口数的绝对量依然十分庞大。据中国政府公布的资料,1985年中国农村仍有1.25亿人口的年人均收入在200元以下(相当于当年全国农村

---

① "一大二公"是1958年实施的人民公社制度的基本特点,指人民公社第一规模大,第二公有化程度高。就是将原来一二百户的合作社合并成四五千户以至一两万户的人民公社。一般是一乡一社。所谓公,就是将几十上百个经济条件、贫富水平不同的合作社合并后,一切财产上交公社,多者不退,少者不补,在全社范围内统一核算,统一分配,实行部分的供给制(包括大办公共食堂、吃饭不要钱,叫做共产主义因素),造成原来的各个合作社(合并后叫大队或小队)之间、社员与社员之间严重的平均主义。同时,社员的自留地、家畜、果树等,也都被收归社有。在各种"大办"中,政府和公社还经常无偿地调用生产队的土地、物资和劳动力,甚至调用社员的房屋、家具。这些实际上都是对农民的剥夺,使农民惊恐和不满,纷纷杀猪宰羊,砍树伐木,造成生产力的很大破坏,给农业生产带来灾难性的后果。

人均纯收入水平的50%),占当时农村总人口的14.8%,其中有近4 000万人年均纯收入不足150元,占农村人口总数的4.4%。如果以世界银行制定的人均年纯收入370元美元为贫困标准,1985年东亚地区有贫困人口2.8亿人,其中2.1亿人分布在中国,占当时世界贫困人口总数的五分之一。贫困地区有7 000多万人和4 000万头大牲畜饮水困难,贫困人口食不果腹、衣不遮体、房不避风雨,温饱问题没有得到根本解决。他们主要分布在国务院和各省(自治区)核定的699个贫困县,其中绝大部分集中分布在中西部经济不发达地区中的干旱半干旱地区、耕地资源贫乏的深山区、石山区、高寒山区、荒漠地区、边远地区,且多为革命老区和少数民族地区,约有430个即贫困县的61.5%是连片的贫困地带,其生产方式原始、产业结构单一、基础设施薄弱、投资环境恶劣、社会发育程度低下、生态严重失调,经济技术发展远远低于其他地区和全国平均水平。

基于此严峻形势,中国政府从1986年起开始实施有计划、有组织、大规模的反贫困,同时农村反贫困实现从单纯分散救济转向以增强贫困地区和贫困人口自身生产能力的开发援助,针对中国农村贫困地区的区域性分布特点,中国政府要求各省自治区改变一般化的领导方式,实行特殊的政策和措施,集中力量,重点解决集中连片的最贫困地区的问题。彻底改革了过去那种单纯生活救济方式,充分调动贫困地区的积极性,发挥自力更生、艰苦奋斗的精神,在国家必要的扶持下,利用当地的自然资源,进行开发性的生产建设,发展商品生产,解决温饱,摆脱贫困。扶贫方针的这一重大改革导致了中国式的农村反贫战略发生了以下重大转变:即由分散扶贫、零星开发转向集中扶贫、区域开发;由种植业开发转向种、养、加系列开发;由经济开发转向经济、社会、生态综合配套开发。在开发式扶贫方针的指导下,贫困人口集中分布的省(自治区)普遍重视以区域经济的发展带动扶贫工作,大凡区域经济发展较快的地区,脱贫的速度也相应较快。

国家于1986年成立了专门的机构——国务院贫困地区经济开发领

导小组(国务院扶贫开发领导小组办公室的前身),使农村反贫困步入规范化、机构化、制度化、专业化的轨道。在这期间,一是确立了开发式扶贫方针;二是制定了专门针对贫困地区和贫困人口的政策措施;三是对18个集中连片贫困地区实施重点反贫困;四是确定了对贫困县的扶持标准,并核定了贫困县,分中央政府和省(自治区)两级重点扶持。1987年国家将贫困地区作为一项专门内容列入当年国务院制定的"2000年科技、经济、社会发展规划",进一步保证了贫困地区的经济开发的计划性、科学性和系统性。1989年8月,国务院在"关于少数民族地区扶贫工作有关政策问题"中规定,除国有矿山和国营农、林、牧场计划内产品,少数民族贫困县的合同订购粮食、棉花外,要坚持放宽其他各种农、林、牧、矿等等产品的销售;少数民族贫困地区的粮食,可按1988年末实际完成的定购数为基数,一定四年不变,超基数的产品放开销售。为支持少数民族地区优势产业开发,根据当地的特点和优势,确有必要对国家产业政策作某些补充时,可经所在省、自治区人民政府审查后,报国务院审批。此外,中央和地方安排开发项目时,应向资源条件较好的贫困地区倾斜。中央和省、自治区在贫困地区兴办的大中型企业,要充分照顾贫困地区的利益,合理调整确定与当地的利益关系。国家制定和执行产业政策时,要考虑贫困地区的特殊性,给予支持和照顾。对贫困地区的进出口贸易,要坚持同等优先的原则,列入计划,重点支持。至1993年,全国农村没有解决温饱的贫困人口由1.25亿人减少到8 000万人,平均每年减少640万人,贫困发生率由14.8%下降到8.7%。

2.2.1.3 "八七扶贫攻坚"阶段(1994~2000年)

随着农村改革的深入发展和国家反贫困力度的不断加大,中国贫困人口逐年减少,贫困特征也随之发生较大变化,贫困人口分布呈现明显的地缘性特征,主要表现在贫困发生率向中西部倾斜,贫困人口集中分布在西南大石山区(耕地缺乏)、西北黄土高原区(严重缺水)、秦巴贫困山区(地势落差大、耕地少、交通状况恶劣、水土流失严重)以及青藏高寒区(积温严重不足)等几类地区,而且多为革命老区和少数民族地区,共同特征是地域偏远,交通不便,生态失调,经济发展缓慢,文化教育落后,人畜饮水困难,生产生活条件极为恶劣。为了迅速解决剩余的 8 000 万农村贫困人口的温饱问题,中国政府于 1994 年启动了"国家八七扶贫攻坚计划(1994～2000 年)",向世界庄严承诺:从 1994～2000 年,集中人力、物力、财力,动员社会各界力量,力争用七年左右的时间,在 20 世纪末基本解决当时剩余的 8 000 万农村绝对贫困人口的温饱问题。继续坚持开发式扶贫的方针,鼓励贫困地区广大干部、群众发扬自力更生、艰苦奋斗的精神,在国家的扶持下,以市场需求为导向,依靠科技进步,开发利用当地资源,发展商品生产,解决温饱进而脱贫致富。这是新中国历史上第一个有明确目标、明确对象、明确措施和明确期限的反贫困行动纲领。对此,中国政府进一步强化了反贫困力度、调整了反贫困政策,实施了大规模的反贫困计划。

"国家八七扶贫攻坚计划(1994～2000 年)"在贫困地区广泛实施了"温饱工程"①,国家各有关部门通力协作,以农业部为主,采取资金、良种、地膜、化肥等综合配套服务的办法,由各级农业部门牵头,重点在中西部云南、广西、贵州、宁夏、甘肃等 17 个省份的贫困地区大力推广了杂交玉米和地膜覆盖增产技术。在科技推广计划实施的同时,从国家机关、大专院校、科研单位组织选派了大批科技副县长、副乡长到贫困地区挂职,推广了江苏、陕西等省相互交流干部、推动经济发展的经验,1994～2000 年,经济发达地区与贫困地区干部交流工作已扩展到 27 个省份、交流县级以上干部 1.8 万多人。在贫困地区合作办成的开发项目 8 000 余个,并广泛组织了发达地区、贫困地区的科技人、能工巧匠到贫困地区搞科技承包和生产开发。"国家八七扶贫攻坚计划(1994～2000 年)"要求教育

---

① "温饱工程"是中国从 20 世纪 80 年代起在农村贫困地区实施的一系列科技扶贫工作的总称。温饱工程包含两类密切相关的举措,贫困地区实施以县、乡道路、人畜饮水、基本农田和农业水利为重点的以工代赈计划,并在农业科技专家的论证和指导下,综合性地投入技术和资金,如广泛采用地膜、化肥、农药等,以提高粮食单产,做到口粮自给;另一举措是加强民政部门和科技组织的配合,普及科技知识,切实提高贫困地区人民的素质水平。后者正是使贫困地区人民最终能从温饱迈向小康的根本保证。

部门要积极推进贫困地区农村的教育改革,继续组织好贫困县的"燎原计划"①,普及初等教育,做好农村青壮年的扫盲工作,加强成人教育和职业教育。

为全面改善贫困地区教育发展状况,1995年中国政府实施了建国以来规模最大的"国家贫困地区义务教育工程(1995～2000年)"。1998年中央政府实施了"国家教育扶贫工程",决定从1998年开始的三年时间内向西部地区九省、自治区468个县投入54.9亿元,用于修建14 942所中小学。在1997年至1999年这三年中,中国每年有800万贫困人口解决了温饱问题,是进入20世纪90年代以来中国解决农村贫困人口年度数量最高水平。经过七年的艰苦努力,中国农村绝对贫困人口从1993年的8 000万人下降到2000年的3 209万人,贫困发生率下降到3.4%,农村贫困现象得到极大缓解,基本实现了既定的基本解决贫困人口温饱问题的目标,到2000年底,国家八七扶贫攻坚目标基本实现,中国农村贫困开始从普遍性、区域性、绝对性贫困向点状分布和相对贫困演变。

2.2.1.4 农村反贫困新阶段(2001～2008年)

"国家八七扶贫攻坚计划(1994～2000年)"完成后,随着中国农村贫困人口数量的下降、贫困人口地理分布的变动、贫困性质的多样化以及反贫困形势的变化,中国政府于2001年颁布并开始实施"中国农村扶贫开发纲要(2001～2010年)"(以下简称纲要),把我国反贫困事业推向一个新的阶段。纲要明确提出:到2010年尽快解决剩余贫困人口温饱问题,

---

① "燎原计划"是国家教委1988年正式部署实施的一项旨在推进农村教育改革发展,促进经济发展和社会进步的计划。主要任务是在扫除文盲、做好普及义务教育工作、大力发展职业技术教育和成人教育的基础上,充分发挥农村各级各类学校智力、技术的相对优势,积极开展与当地建设密切结合的实用技术和管理知识的教育,培养大批新型的农村建设者。积极配合农业与科技等部门开展以推广当地适用技术为主的试验示范、技术培训、资讯服务等多种形式的活动,促进农业和农村建设的发展。目的是改变农村教育脱离实际的状况,通过发展多种形式的职业教育推广效益显著的农业技术,提高农民素质和生产技能,同时增加他们的科技意识及商品经济观念,真正给农业植入自身的"造血"机能。至1992年,全国实施燎原计划的县达1 248个,示范乡5 838个,占全国54 478个乡的10.7%。

进一步改善贫困地区的生产生活条件,巩固扶贫成果。在积极总结中国农村反贫困20余年经验的基础上,纲要把贫困地区尚未解决温饱问题的贫困人口作为反贫困的首要对象,同时继续帮助初步解决温饱问题的贫困人口增加收入,巩固扶贫成果。新时期反贫困除了继续坚持以592个贫困县为目标瞄准地域外,把反贫困的瞄准目标重点转向贫困村。截至2002年,在全国一共确定了148 051个贫困村,要求到2010年底前,确保人口较少民族、内陆边境25千米范围内、国家扶贫开发工作重点县中革命老区县的24 649个贫困村完成整村推进的扶贫规划任务。这24 649个贫困村具体是包括:人口较少民族中尚未实施整村推进的209个贫困村,内陆边境48个国家扶贫开发工作重点县中距边境线25千米范围内尚未实施整村推进的432个贫困村,592个国家扶贫开发工作重点县中的307个革命老区县尚未实施整村推进的24 008个贫困村。"整村推进"是新阶段为如期实现"中国农村扶贫开发纲要(2001~2010年)"目标所采取的一项关键措施,有利于瞄准贫困群体,有利于扶贫资金进村入户,有利于整合各类扶贫资源,有利于发挥贫困农户的积极性,有利于提高贫困人口综合素质和贫困村可持续发展能力。"整村推进"工作的总体目标是:在2010年之前,全面完成全国14.8万个贫困村扶贫规划的实施,稳定解决贫困人口温饱,促进贫困村经济社会全面发展,夯实贫困村协调发展的基础,建立和完善贫困村可持续发展的长效机制,增强贫困村自我发展的能力,为全面建设小康社会创造条件。

国务院扶贫开发领导小组"关于加强扶贫开发'整村推进'工作的意见"要求各省(区、市)按照实事求是、因地制宜、分类指导原则,摸清底数,先难后易,统筹安排,分期分批推进,确保所有贫困村在2010年底前完成"整村推进"工作,如期实现纲要确定的目标。围绕"整村推进"的总体目标,结合各地实际,认真制定或调整完善村级扶贫规划,并经村民大会或村民代表大会通过。村级规划要明确对基本农田、人畜饮水、道路、贫困农户收入、社会事业改善和村级领导班子等方面的建设要求。村级规划的实施要着力夯实两个基础:一是改善基本生产生活条件,加强基本农田建设,提高抵御自然灾害的能力,保证贫困农民具有一定数量的旱涝保收农田,努力提高贫困农民口粮自给率。夯实贫困村经济发展基础,对生存条件特别恶劣的特困人口,要按照自愿的原则,坚持稳步推进的要求,有计划、有组织地把他们搬迁安置到适宜生存发展的地方,保证他们搬得出来、稳得下来、富得起来。二是进行结构调整,开发优势产业,夯实贫困农民增收基础。多渠道增加贫困农民务农和非农收入。以市场为导向,按照优质、高产、生态、安全的要求发展特色优势产业。通过开展农业专业技能培训,鼓励贫困农民调整农业结构,吸引农产品加工销售企业到贫困村建立原料基地。发展和健全农民专业合作组织,为贫困农民提供专业服务。加大剩余贫困劳动力非农转移的培训力度,促进和扩大劳务输出,引导贫困村劳动力有序流动。

纲要实施之初,在全国确定了15万个贫困村,在群众参与下制定了整村推进反贫困规划,并要求在纲要实施期间完成这个规划,截至2007年底,全国共有7.7万个村实施了规划。同时"参与式"的整村推进正在成为反贫困工作的主导方式,纲要强调群众的参与,用参与式方法自下而上地制定村级反贫困规划,并以此作为推动"整村推进"工作的主要理念和方法,将扶贫资源倾向于到村到户。村级瞄准改变了原有的扶贫项目与贫困人口关联性不强的问题,在一定程度上促进了扶贫资金的瞄准性。经过七年的努力,中国农村绝对贫困人口从2000年的3 209万人下降到2007年的1 479万人,低收入人口从2000年的6 213万人下降到2007年的2 841万人。

2.2.2 反贫困的历史成就

在整个20世纪80~90年代世界发达国家与发展中国家经济、政治矛盾日益加剧、世界贫困规模不断扩大的国际环境中,中国农村贫困地区的反贫困战略在缓解农村贫困地区的绝对贫困状态方面取得了重大进展。中国农村的贫困状况得到了极大的缓解,农村贫困人口数量大大减少,贫困发生率显著降低(表2—1)。

表 2—1　中国农村贫困人口变动(1978～2007 年)

年份	绝对贫困人口(万人)	贫困发生率(%)	年份	绝对贫困人口(万人)	贫困发生率(%)	低收入人口(万人)	低收入人口占乡村人口比重(%)
1978	25 000	30.7	2000	3 209	3.4	6 213	6.7
1985	12 500	14.8	2001	2 927	3.2	6 103	6.6
1990	8 500	9.4	2002	2 820	3.0	5 825	6.2
1992	8 000	8.8	2003	2 900	3.1	5 617	6.0
1994	7 000	7.7	2004	2 610	2.8	4 977	5.3
1995	6 500	7.1	2005	2 365	2.5	4 067	4.3
1997	4 962	5.4	2006	2 148	2.3	3 550	3.7
1998	4 210	4.6	2007	1 479	2.03	2 841	3.41
1999	3 412	3.7					

资料来源：2001～2006 年《中国农村贫困监测报告》,2006 年《国民经济和社会发展统计公报》、2007 年《国民经济和社会发展统计公报》,经过整理。

从表 2—1 可以看出,全国农村绝对贫困人口从 1978 年的 25 000 万人减少到 2007 年的 1 479 万人,30 年间减少了贫困人口 23 521 万;贫困发生率由 1978 年的 30.7% 降低到 2007 年的 2.3%;农村低收入人口则从 2000 年底的 6 213 万人减少到 2007 年底的 2 841 万人,6 年间减少了 3 372 万人;农村低收入人口占乡村人口的比重从 2000 年的 6.7% 下降到 2007 年的 3.41%。除此之外,贫困地区的生产生活条件有了较大改善,各项社会事业有了长足进步,农村贫困地区的农田水利、交通、通信条件得到了显著改善。据《新阶段扶贫开发的成就与挑战———中国农村扶贫开发纲要(2002～2010 年)中期评估政策报告》提供的材料,到 2005 年,国家扶贫开发工作重点县(以下简称扶贫重点县)的行政村中,73.2% 有了卫生室、74.6% 有了合格卫生员、71.2% 有了合格接生员,比 2001 年分别提高了 53.3、8.2 和 20.8 个百分点。扶贫重点县农村劳动力中,初中及以上文化程度的劳动力比例由2001年的41.3%增加到2005年的52.2%,增加了10.9个百分点;文盲、半文盲比重由2001年的16.1%下降到2005年的12.7%,下降了3.4个百分点(刘坚,2006)。中国农村反贫困在解决了大多数贫困群体的温饱等民生问题的同时,更为国民经济持续健康发展,为缓解区域、城乡差距扩大趋势,为政治稳定、社会和谐、民族团结、边疆巩固发挥了重要作用。成为目前全球唯一提前实现联合国千年发展目标①中贫困人口减半目标的国家。中国贫困人口总数占世界贫困人口的比例,由1978年的1/4减少到1/20。

30年来,在党中央、国务院的直接领导和社会各界的帮助支持下,经过贫困地区广大干部群众极其艰苦的努力,解决了23 521万贫困人口的温饱问题,解决了3 961万人、4 629万头大牲畜的饮水困难,兴修公路25.8万千米,使1 500多个乡镇和11 504个行政村通了汽车,新增了水电装机容量33万千瓦,架设输变电线27.4万千米,改善和新灌溉面积3 349万亩。新建经济林果园100多万个,兴办乡镇企业5万个。截至2006年底,国家扶贫开发工作重点县7~15岁学龄儿童在校率达到95.3%,青壮年劳动力中接受过农业技术和务工技能培训的比例也在逐年上升;各项社会事业的长足发展,使贫困人口素质得到提高,增强了自我发展的能力。同时,贫困地区人口增长过快的势头得到了初步的控制,生态环境状况有所好转。文化、教育、卫生状况得到不同程度的改善,贫

---

① 联合国千年发展目标是联合国全体191个成员国一致通过的一项旨在将全球贫困水平在2015年之前降低一半(以1990年的水平为标准)的行动计划,2000年9月联合国首脑会议上由189个国家签署《联合国千年宣言》,正式作出此项承诺。联合国千年发展目标其内容包括消灭极端贫穷和饥饿、普及小学教育、促进两性平等并赋予妇女权力、改善产妇保健、与艾滋病毒/艾滋病、疟疾以及其他疾病对抗、确保环境的可持续能力和全球合作促进发展八个方面。联合国秘书长科菲·安南和世界贸易组织、国际货币基金组织等国际机构和许多发展中国家都对千年发展目标十分关注,并一直强调其重要性,但是9·11事件后许多国家在反恐战争、维护安全等问题上表现出更大兴趣,使得许多人发出了能否按时完成千年发展目标的忧虑。许多发展中国家要求发达国家更加关注千年发展目标并在其中扮演更积极角色。2004年3月,联合国发表第一份千年发展目标进度报告,其中表扬中国在推动该目标方面的成果。中国已经在包括减少贫困人口等几个方面提前实现了千年发展目标。联合国对其他目标在中国的实现表示乐观。

困地区经济实力不断壮大,农民收入大幅度提高,国家重点扶持和省(自治区)扶持贫困县的农业生产基本条件得到明显改善,一大批在革命战争时期作过重要贡献、在海内外有重大影响的老革命根据地,如大别山区、井冈山区、沂蒙山区、太行山区、吕梁山区等都率先摆脱了贫困,相继进入区域经济开发新阶段。历史上被称为"苦瘠甲于天下"的甘肃中部干旱地区和宁夏南部山区,经济社会面貌发生了深刻的变化,贫困发生率由75%下降到8.6%,过去那种贫困人口一遇灾害就纷纷外出逃荒要饭的现象已成为历史。

无论从反贫困的实际进程和缓贫规模来看,还是同世界发展中国家的反贫困实践比较,这都是一个令人震惊、令人赞叹的历史成就。可以这样认为,在30年来的世界发展中国家反贫困战略的实践中,没有一个经济落后的发展中国家能够像中国这样大规模实施以政府为主体地、大规模地、持续不断地致力于消灭绝对贫困的反贫困战略,也没有一个发展中国家能够在短短的30年的时间内把整个国家农村的贫困发生率由30.7%奇迹般地下降到2.03%。从20世纪80年代以后世界发展中国家的发展历史考察,中国是极少数做到既促进了经济的迅速增长,又大幅度减少了贫困人口的国家之一。如果说20世纪60~90年代全球范围内的反贫困实践构成一部现代人类反贫困斗争的宏大史诗的话,那么中国农村贫困地区在整个20世纪80~90年代的发展所导致的大量贫困人口在短时期内惊人减少的辉煌历程,则是这部史诗中最为壮丽、华彩的篇章。

2.2.3 反贫困的基本模式

1978年以来30年的中国农村反贫困行动,不仅取得了巨大成就、得到全世界的普遍肯定和赞扬,而且经过长期的探索实践,形成了具有中国特色的农村反贫困模式。系统总结中国农村反贫困模式、全面分析中国农村扶贫经验对于深入推进农村反贫困,全面消除农村贫困具有极为重要的理论意义与实践价值。中国农村贫困地区反贫困的历史进程表明,中国农村贫困地区的反贫困战略可以称之为一种综合性的反贫战略,它既有20世纪80年代初期的满足人类基本需要战略的影子,又有20世纪80年代中后期以大量资金、物资输入为特征的救济式反贫方式转向经济开发、确立贫困地区支柱产业的开发建设方式,再有20世纪90年代中期以后实施的以绝对贫困人口为直接对象的扶贫攻坚战略方式,还有新世纪以来扶贫瞄准目标渐趋微观化、将扶贫资源倾向于到村到户到贫困人口的自下而上参与式扶贫方式。中国农村贫困地区的反贫困战略是在特殊的政治、经济、历史条件下和中国农村贫困地区独特的地理条件下展开的反贫困战略,既不同于世界工业化国家的反贫困战略模式,也有别于在世界发展中国家20世纪60年代以后实施的反贫困战略模式。笔者把这种在中国贫困农村全面展开、连续进行的反贫困战略模式可以概括为综合开发、全面治理的模式,其核心内涵为:贫困地区在国家政府主导、服务和全社会的支援下,以综合开发,全面治理为基础、以人口控制、人力投资为核心,以经济开发、区域发展为重点、依靠自身力量,走自我发展的道路。

2.2.3.1 政府主导、社会支援

政府主导和全社会支援是中国农村反贫困战略实施的基本前提。在中国农村的发展中,中国政府一直把缓解和消除贫困作为自己责无旁贷的责任,并为此付出艰苦的努力和进行了富有成效的探索,这种以政府主导、政府干预为主体的反贫困模式与西方国家以民间机构扶贫和国际援助机构指导发展中国家扶贫的模式存在很大的不同。中国政府认为,在贫困地区的经济发展中之所以必须加强国家干预、政府主导、在实行宏观控制和规划管理的条件下,动员国内社会力量和国际社会力量参与中国农村的反贫困战略,那是因为贫困地区生产要素质量低,并且呈现不断弱化的趋势,单纯依靠贫困地区自己进行优化生产要素组合,提高生产要素质量,实践证明不仅费时甚久而且效果欠佳。因此,越是贫困地区越不能单纯地把脱贫致富的希望寄托在贫困地区自发的组织行为上。相反,必须要政府强化自己的经济职能,通过实施有计划、有组织、有规模的扶贫

行动,积极帮助贫困地区优化组合生产要素,为贫困地区创造良好的生产和生活条件,培植和诱导贫困地区自我发展机能,增强贫困地区依靠科技发展市场经济的经营能力,使贫困地区的农户能独立地进行商品生产,在此基础上,才能依靠自我力量实现脱贫致富。在1978~2008年的反贫困战略实践中,中国政府在官方反贫机构的设立、发展援助政策的制定、财政信贷资金的扶持、社会扶贫力量的组织以及与国际援助机构的合作等领域都扮演了极为重要的、不可替代的角色。

为了有效地组织和领导全国扶贫开发工作,20世纪80年代中期以来,从国务院到贫困面较大的省、市(地)、县先后成立了扶贫开发领导机构和办事机构,负责组织、领导、协调、监督、检查全国和地方的扶贫开发工作。根据中发(1986)1号文件关于切实帮助贫困地区逐步改变面貌的精神,国务院办公厅以国办发(1986)39号文通知,1986年5月16日,国务院决定成立了以国务委员陈俊生兼任组长、原农牧渔业部部长林乎加为顾问、副部长朱荣任副组长、包括25个部委的有关领导人组成的国务院贫困地区经济开发领导小组,负责制定贫困地区发展的方针、政策和规划,协调解决贫困地区的经济开发工作。领导小组办公室为常设办事机构,负责办理日常事务。贫困面较大的省、自治区和地(市、州)、县也相继成立了相应的扶贫机构,配备了专职人员,并逐层落实了扶贫工作责任制。扶贫工作体系的建立,标志着反贫困的组织和传递系统从民政机构为主转变为以专设的国务院贫困地区经济开发领导小组以及其下属机构为主,包括政府、企业和各种社会团体和民间团体共同组成的、比较完整的反贫困组织结构。

同时,根据国家的经济实力,中国政府逐步增加了扶贫开发的资金投入,到2000年,中央扶贫资金的年度规模达到了248亿元,比80年代初的8亿元,增加了30倍,累计安排的扶贫资金达到了1 378.1亿元,其中财政扶贫资金622.6亿元,信贷扶贫资金755.5亿元。国家扶贫贷款财政负责统一贴息,实现统一优惠利率,1999年的统一优惠年利率为3%。同时,中央和地方政府还制定了一系列有利于贫困地区休养生息的税收减免政策如教育方面的"两免一补"政策,农业方面的"粮食直补"政策,环境方面的"退耕还林"政策,卫生方面的"新型合作医疗制度",人口方面的"奖励扶助"政策,社会保障方面的"农村低保"政策,扶贫方面的"整村推进"、"东西扶贫协作"和各级党政机关等单位开展的"定点扶贫"等等。这些政策几乎覆盖了农村发展相关的公共物品、产业发展、人力资源和组织创新等方方面面,而且都有相关配套财政投入,政策含金量相当大,是贫困地区发展的重要资源。坚持党政一把手扶贫工作责任制,中央要求贫困地区的党政一把手,特别是贫困县的县委书记和县长,要以高度的责任感和使命感,亲自抓扶贫开发,抓解决温饱问题。

从1996年开始实行扶贫资金、权力、任务、责任"四个到省(区、市)",所有到省的扶贫资金一律由省政府统一安排使用,由省扶贫开发领导小组具体负责,组织各有关部门规划和实施项目,层层分解目标,层层落实责任,限期完成任务。从一定意义上讲,中国能够在人口多、底子薄、国际环境比较恶劣的情况下,通过30年的改革、开放和发展,基本解决了仅占世界7%的耕地,却占22%的人口的温饱问题,主要就是依靠中国政府强大的、持续的直接干预。中国政府认为扶贫济困首先是政府的责任,同时也是社会各界的共同责任,为此广泛动员和组织中央国家机关、非政府组织以及社会各界帮助和支持贫困地区开发建设。30年来,中国的扶贫始终是在政府的倡导下全社会参与的广泛行动,在国务院的倡导和组织下,中央国家机关已有138个单位参加了帮助重点贫困地区的工作,中国青少年发展基金会、中华慈善总会、中国扶贫基金会等民间社团也积极参与了扶贫济困活动,私营企业也发起了旨在帮助贫困地区振兴发展、解决实际困难的"光彩事业"。1996年中央政府号召沿海地区从大局出发,按照"优势互补、互惠互利、共同发展"的原则,开展对口帮扶西部贫困省、区的"东西扶贫协作"工作。所有这些部门、单位和个人,都为缓解和消除贫困现象、促进贫困地区的发展作出了突出的贡献。

扶贫济困是中华民族的传统美德和道德价值取向,中国农村的反贫困斗争得到了全国人民的大力支持和无私援助,1987年以来,国务院每年召开一次国家机关扶贫工作汇报会，动员国家机关发扬扶贫济困精神，重点联系帮助一片贫困地区。到"七五"计划末期，已有42个部委向贫困地区派出了工作团，组建立了扶贫联系点。长期稳定地建立了对口扶贫关系，直接提供资金、技术、人才、信息等帮助，不脱贫不脱钩。到1998年，国务院已有123个部、委、局向贫困地区的320个县派出了工作团，组建了扶贫联系点。人民解放军、各民主党派、社会团体、大专院校、工矿企业也积极参与了贫困地区的开发建设。各省（自治区）相应的2 500多个单位帮扶了660多个国定和省定贫困县。1996年5月，作为"国家八七扶贫攻坚计划（1994～2000年）"的重要战略性措施之一，国务院扶贫开发领导小组办公室部署了东部与西部对口支援工作。具体确定由北京帮扶内蒙古，天津帮扶甘肃，上海帮扶云南，广东帮扶广西，江苏帮扶陕西，浙江帮扶四川，山东帮扶新疆，辽宁帮扶青海，福建帮扶宁夏，大连、青岛、深圳、宁波帮扶贵州。

通过开展扶贫协作，发挥东部沿海发达地区的资金、技术、人才、信息优势同西部地区丰富的自然资源优势相结合，实现东部地区的资源开发，尽快解决贫困地区的温饱问题。与此同时，中央国家机关各部委根据"国家八七扶贫攻坚计划（1994～2000年）"确定的各部门职责和任务，相继制定了本部门、本系统贯彻实施"八七扶贫攻坚计划"的具体规划。国家计委把扶贫攻坚的内容列入国家"九五"期间国民经济和社会发展计划；国家科委制定了科技扶贫计划；电力部制定并实施了"电力扶贫共富工程"；交通部制定了交通扶贫规划；邮电部制定了贫困地区的通讯规划；水利部制定了解决人畜饮水困难的规划；农业部制定、实施了乡镇企业"东西合作示范工程"；财政部、卫生部、民政部、国家教委、国家计生委等部门都制定了扶贫的规划和措施。为配合国务院扶贫攻坚的总体部署，中央宣传部把扶贫开发列入国内外宣传报道计划，并和文化部、广播电影电视部组织了文化扶贫委员会，开展了丰富多彩的文化扶贫活动，中央组织部继续组织了发达地区同西部贫困地区的干部交流。

1994年4月23日，在全国工商联七届二次常委会上，四川希望集团董事长刘永好等十位非公有制经济代表人士向全国非公有制企业发出"让我们投身到扶贫的光彩事业中来"的倡议。他们认为：我国非公有制经济的产生和发展得益于党的路线、方针、政策，所有非公有制企业都应该自觉行动起来，配合"国家八七扶贫攻坚计划"，实施一个光彩事业计划：每年为贫困地区培训1 000名人才，开发10种资源，开办100个项目，为缩小贫富差距，实现共同富裕，动一份真情，献一份爱心，作一份贡献。倡议发出后，在各地工商联、社会各界及海外引起强烈反响。为切实加强对光彩事业的组织领导，中央统战部下发了"关于大力推动光彩事业的事业的意见"的文件，并于1994年末成立了"中国光彩事业推动委员会"，由统战部、全国工商联和热心扶贫事业、在全国有影响的非公有制经济人士组成，下设办事机构，负责组织领导和协调管理全国光彩事业的推动和实施工作。截至2006年底，已有12 650位非公有制经济人士签名参与到光彩事业中，参与企业19 982家，实施项目15 429个，累计到位资金1 247.13亿元，累计培训372.98万人，就业479.81万人，脱贫769.81万人，累计捐赠总额170.15亿元。在中央国家机关各部委、东部发达省地区加大对西部地区扶贫力度的总体态势下，西部地区各省、自治区也普遍开展了富县帮穷县、富乡帮穷乡、富村帮穷村、富裕户帮助贫困户的活动，结成对子，相互帮助，扶贫济困。

作为世界上贫困人口最多的发展中国家，30年来中国农村贫困地区的反贫困得到了国际社会的广泛同情、理解和援助。1979年1月联合国开发计划署（UNDP）理事会批准向中国提供第一批共1 500万美元的援款，用于支持27个具体项目。同年9月，开发计划署在北京设立了代表处。1980年1月，联合国开发计划署理事会通过了另一笔1 500万美元的援款，建立了19个项目。1982～1986年，根据中国第六个五年计划的要求，联合国开发计划署确立了与中国合作的五个重点领域：即粮食生产与农业生产力、消费品生产与人民生活、能源开发与节约、人力资源开发、加强基础设施等，共7 810万美元。从1979～1992年底，开发署已向中国提供了3.23亿美元的资金，加上政府费用分摊（government cost-sharing)4 500万美元，共计3.68亿美元，安排了478个年项目，其中科教文卫94项、农林牧渔77项，共171项，占总项目的35.77%。在30年的发展援助中，联合国开发计划署通过农业发展项目，对于提高或加强中国水稻、大豆、热带作物、果品、病虫害防治、肥料及遗传等方面的科学技术水平起到了重要作用。通过教育领域中的少数民族教育项目对中国少数民族地区的教育普及起到了积极作用。通过卫生领域中初级卫生保险、卫生示范县、饮水卫生等方面的项目，支持了中国农村贫困地区的基层卫生工作。通过环境综合治理项目，较好地缓解了西北地区黄土高原水土流失、生态环境恶化的问题。

1990年12月，联合国开发计划署向中国政府提供总额为243.75万美元的拨款，资助建立中国贫困地区干部培训中心暨成都、兰州、南宁三所分院，为其提供交通、通信、电化教学设备、图书资料及师资培训、教材编写和培训模式等费用，旨在提高中国贫困地区县、乡官员的管理能力。1993年3月，联合国开发计划署援助128万美元、联合国儿童基金会提供70万美元，共同资助"中国缺碘病综合防治"项目，目的是加强对缺碘病的综合研究和综合治理。为了加强控制儿童死亡率，促进儿童防疫工作，儿童基金会在贫困地区针对当地的实际情况，大力普及基础卫生保险知识、培训卫生保健人员，并通过帮助贫困地区提高幼儿园和小学质量的办法来支持青海、甘肃、宁夏、西藏等贫困省（区）的基础教育。1995年9月，联合国开发计划署在四川仪陇县双胜、凤仪、岐山三个特困乡实施"四川仪陇县扶贫和农业持续发展项目"，共投入70万美元，四川省政府配套投入570万人民币，项目周期为30个月，项目总的发展目标是在中国边远山区的贫困地区开创一种持续的、可推广的、低投入和参与式的扶贫方式和模式。

1984～1989年，国际农业发展基金向中国提供1.36亿美元以支持专门以贫困户为目标的六个项目。世界银行在1981～1991年向中国提供的贷款总额为106亿美元。1994年9月实施的、总贷款2亿美元的秦巴山区世界银行扶贫项目覆盖陕西、四川、河南3个省，26个贫困县，援助项目包括农户与土地开发、乡村企业、基础设施、劳务输出、小额信贷、教育、卫生、贫困监测八个分项目。1995年8月,世界银行实施"中国西南世界银行扶贫项目",总贷款规模达2.475亿美元,援助云南、贵州、广西三省区的35个国定贫困县,其中绝大多数是生存环境恶劣的少数民族贫困县。此外,世界银行在中国农村贫困地区广泛实施了"农村健康劳动力开发项目"、"贫困和少数民族地区基础教育项目"、"黄土高原小流域治理项目"、"山西扶贫项目"以及"甘肃河西走廊项目"等。截至1995年底,世界银行已向我国提供的贷款总额已达193亿美元,其中农业项目40亿美元,其贷款目的就是促进不发达地区的经济发展,提高生产率和贫困人口的生活水平。

30年来,联合国开发计划署(UNDP)、世界银行(WB)、世界粮农组织(FAO)、联合国发展基金会(UNDF)、亚洲开发银行(ADB)、国际货币基金(IMF)、世界卫生组织(WHO)、世界粮食计划署(WFP)、国际农业发展基金(IFAD)、联合国儿童基金会(UNICEF)、联合国人口活动基金(UNFDA)等国际机构及美国、英国、法国、德国、荷兰、加拿大、丹麦、中国香港、中国澳门等国家和地区的民间机构对中国贫困地区的农业综合开发、人力资源投资、基础设施建设、生态综合治理及经济社会可持续发展等方面进行了广泛多边的发展援助,一些国际民间组织如德国艾伯特基金会(Friedrich-Ebert-Stiftung)、凯尔国际(CARE International)、英国的四川农村发展组织(Development Organization of Rural Sichuan)、世界宣明会(World Vision)的扶贫志愿者深入到中国贫困地区腹地直接从事扶贫开发活动,对中国贫困地区的资源开发、经济社会发展作出了积极有益的贡献。

为进一步扩大中国同其他国家、国际民间组织的合作,1985年国务院授权中国国际经济技术交流中心具体协调管理接受国外民间组织援助事务,此项业务在联合国开发计划署的支持和推动下,有了长足进展,截至2007年底,中国国际经济技术交流中心已同美国、英国、德国、法国、荷兰、日本、澳大利亚、加拿大、丹麦、中国香港和中国澳门等国家和地区的

100多个民间组织建立了联系,同其中的40多个组织进行合作,在四川、贵州、云南、广西、青海、宁夏、山东、河南、河北、安徽等省、自治区的110多个贫困县,实施了包括饮水与灌溉、乡镇企业、人员培训、农林牧渔业、医疗卫生、救灾等援助项目280多个,援助总额达18亿元人民币,这些项目的实施,改变了中国部分贫困地区的落后面貌,提高了贫困地区经济实力,尤其重要的是,在贫困地区资源开发和生态环境保护中引入了新型的项目管理方式,使受援的贫困人口通过与外界的交流走出了封闭与隔绝,开阔了眼界、更新了观念,促进了贫困地区的对外开放、体制改革和经济社会发展。

1990年4月,美国某基金会资助云南省镇雄、福贡、广南、江城四个自然条件迥异的最贫困县,开展"云南省贫困山区综合开发试验示范与推广项目(YUM)",通过科学、合理的山地利用试验、经营项目综合示范与推广,增加贫困农户的粮食自给率,增加贫困农户的经济收入。1988～1998年,由德国政府提供无偿援助,中德双方合作实施的中德合作山东粮援项目,共涉及11个县(市)、145个乡镇、4 500个行政村,面积11 497千米、2 487万人口,项目总投资10亿元人民币,德国政府提供18.2万吨小麦的粮食援助和3 754.9万马克、折合4.5亿元人民币的无偿援助,旨在解决贫困地区人畜饮水困难、治理水土流失、保护农业自然资源、发展节水型农业灌溉、修建公路、架设电线等乡村基础建设,以改善贫困山区基本生产、生活条件,促进农业综合开发和经济建设。经过十年努力,取得了显著的经济效益、社会效益和生态效益,被中外媒体称之为"世界上最成功的项目"。

在30年农村反贫困战略的实施中,中国政府充分发挥了党和政府的政治优势,组织和动员社会各界,通过定点扶持、对口帮扶、经济合作等多种方式,支援贫困地区的开发建设,在全社会形成扶贫济困、团结协作、互助友爱的良好社会风尚。全体中国人民表现出巨大的热情,在物质上、精神上给予贫困地区人民以极大的支援,震撼人心、可歌可泣的扶贫事例层出不穷,很多人为扶贫事业献出了自己的青春、鲜血和生命,取得了令人赞叹的扶贫成就。这种全社会的、大规模的扶贫行动在西方发达国家、第三世界发展中国家是不可思议的，也是不可想象的。此外，全面发展和扩大了与国际组织在扶贫开发领域的交流与合作，20世纪90年代以来，中国政府大力加强了与世界银行、联合国开发计划署等国际组织、与荷兰、日本等国政府、与福特基金会、世界宣明会的多边合作，对缓解中国的贫困状况产生了非常直接和重要的作用，不仅有利于解决贫困人口的温饱问题，而且有助于通过借鉴国际社会多年积累的扶贫经验和形成的科学方式，大幅度提高了中国农村扶贫开发工作的整体水平。

2.2.3.2 综合开发、全面治理

综合开发、全面治理是中国农村反贫困模式的重要特点。贫困的产生是历史积累的结果，是自然、社会、经济、政治等方面的因素长期交织而形成的，要根绝贫困，必须消除致贫的根源，在造成贫困的诸因素及其表象中，只针对某一方面的因素或某一表象去脱贫，实践证明是实现不了脱贫致富目标的。"七五"计划期间我们从单纯救济向经济开发演进，扶贫取得了巨大的效果，在"八五"计划中提出的扶贫工作的"五结合"，在"国家八七扶贫攻坚计划（1994～2000年）"中提出的到2000年解决农村贫困人口温饱问题"三目标"，新时期的"整村推进、一体两翼"都体现了综合开发、全面治理的要求，即解决贫困户的温饱问题与区域经济开发相结合、增加经济收入与改善生态环境在内的国土整治相结合、扶贫工作与计划生育相结合、经济开发与解决社会问题相结合、反贫困与新农村建设相结合。特别是进入21世纪以后，农村反贫困把推进农业产业化经营与扶持贫困地区全面发展有机结合起来，大力推进农业产业化，促进贫困地区农村结构调整优化，发展了众多特色拳头产品和区域性主导产品，建设了大量"一镇一业、一村一品"生产基地，辐射带动农户开展产业化经营。各贫困地区加大投入，有计划、有组织地开展农村剩余劳动力输出工作，重点抓好宣传发动、技能培训、品德培训等工作，搭建信息服务平台。为提高扶贫开发的科技水平，中央政府采取了一系列重要措施动员大专院校、科研院所在贫困地区积极推广农业先进实用技术，组织科技人员到贫困

地区挂职任教，组织科研单位到贫困乡、村通过各种形式宣传普及农业实用技术，普及和推广类似温饱工程的实用技术。这些措施有效地改变了贫困地区落后的生产方式，提高了土地的单位面积产量，迅速增加了农民的收入。

为了有效地改变贫困地区落后的生产方式，提高农业生产水平，许多贫困地区以治理生态环境为基础，以小流域为单元，合理安排农林牧发展的比例和布局，采取水土保持措施，建立一系科技扶贫示范点、农牧业综合治理开发示范点及贫困山区农村发展等一系列农村扶贫开发模式，许多贫困地区在生态农业的原则下以种植为基础，养殖业为突破口，开发多种经营来促进农村经济发展，通过小流域综合开发治理有效保护和充分利用水土资源，实现了在良性生态环境下大农业的持续发展，实现了脱贫致富。贫困面积广大、生存环境恶劣的四川省凉山彝族自治州，在实施扶贫开发中，针对彝族特殊贫困群体的特殊生产生活方式而提出的特殊扶贫项目"形象扶贫"①，是凉山州扶贫工作的一大创举，得到了彝族贫困农民的广泛认同，被彝族贫困人民比作第二次解放，称为共产党和人民政府的德政工程，对改善彝族贫困人口的生产生活条件发挥了重要作用，得到了广大彝族人民和各级领导的高度评价。被联合国确定为不适宜人类居住的贵州省毕节地区，1988年开始创造性地实施了"开发扶贫、生态建

---

① "形象扶贫"是四川凉山彝族自治州在20世纪90年代实施的著名扶贫工程。就是在扶持贫困农户发展生产、解决温饱问题的同时，宣传和动员广大群众，依靠自身力量，从影响彝族形象的两件最直观的事情——搬走门前一堆粪、实行人畜分居做起，即从改善居住条件入手，改造破旧危房、室内通风采光；修好厨房厕所，实施人畜分居；搬走门前粪，修好门前坝；修好村道，搞好绿化，改善人畜饮水卫生，防止传染疾病，丰富文化生活；养成良好卫生习惯，树立新的生产观念、消费观念、积累观念、生育观念。从而改善生活条件，改变卫生状况，更新传统观念，破除陈规陋习，改变彝族形象，彻底改变贫困落后面貌。1992~2000年，"形象扶贫"重点对全州31.1万户彝族同胞实施了以人畜分居为主要内容的形象扶贫工程，改造破旧危房15.3万户，房屋开窗透光29.6万户，直接受益群众达144万人。这是一项最大的扶贫到户工程，是一项最直接、最具体转变群众观念、移风易俗的实践，也是凉山彝族发展史上的一次深刻的变革与超越。1999年4月18日，时任中共中央总书记江泽民第二次视察凉山时，看到彝族地区的巨大变化，高兴地说："形象扶贫的做法好，花钱不是很多，但对改善彝族群众的生产和生活条件发挥了很好的作用。"

设、人口控制"三位一体的发展模式[①],经过20年的实践,经济社会发展和人口控制工作均取得了很大的成就,开辟了一条推动贫困地区人口与资源环境可持续发展的成功之路。

进入21世纪,"中国农村扶贫开发纲要(2001～2010年)"确立了中国农村扶贫开发通过整村推进继续实施综合开发,全面治理的开发方针,即以扶贫开发工作重点村为对象,以增加贫困群众收入为核心,推进产业开发、搞好富余劳动力转移为主线,以完善基础设施、发展社会公益事业、改善群众生产生活条件为重点,以促进经济社会文化全面发展为目标,科学规划,整合资源,集中投入,规范运作,分批实施,逐村验收的扶贫开发工作方式。"整村推进"强调以贫困人口为扶持对象的原则。要坚持以未解决温饱和初步解决温饱的贫困人口为扶持对象,扶贫资金(包括社会帮扶资金)要直接用于能增加贫困人口收入和改善其基本生产生活条件的项目。对贫困人口不能直接受益的项目,不得使用扶贫资金;强调在全面实施贫困村扶贫开发规划时,要突出抓好产业开发、基础设施建设和劳动力职业技能培训及转移就业,进一步改善贫困人口生产生活条件,为贫困人口稳定增加收入和贫困村的持续发展打牢基础;强调将"整村推进"工作纳入区域经济发展规划,把发展地方特色产业和促进贫困人口增加收入结合起来,走产业化扶贫的道路;强调从根本上改变贫困村落后面貌,

---

[①] 贵州省毕节地区是位于乌蒙山区的著名喀斯特地貌贫困地区。1988年,时任贵州省委书记胡锦涛建议并经国务院批准在毕节地区建立了"开发扶贫、生态建设"实验区。19年来,在中共中央统战部、各民主党派中央、全国工商联、国家有关部委和中国智力支边协调小组等部门和单位共同帮扶与指导下,实验区紧紧围绕"开发扶贫、生态建设、人口控制"的三大主题,大胆实践、不断创新,探索出一条人口、资源、生态、经济协调发展的新路。"毕节试验"使干部的思想得到进一步解放,焕发出群众的创造性,相继提出了新"五子登科",即山上植树造林戴帽子、山腰搞坡改梯ު带子、坡地种植绿肥铺毯子、山下发展庭院经济抓票子、基本农田集约经营收谷子,使生态环境大为改善。毕节整个开发扶贫所产生的生产总值由1988年的23.4亿元增加到2007年的325亿元,增长了近14倍;财政总收入由原来的3.02亿元增加到现在的55.06亿元,增长了18倍;农民人均纯收入由184元增加到现在的2458元,增长了近11倍;森林覆盖率从1988年的14.94%提高到2007年的34.92%。毕节已由原来整个贵州最贫穷、最落后、发展最慢的一个地区,提升到整个贵州的第三位,毕节这一生态脆弱、极度贫困的喀斯特高寒山区通过综合开发、全面治理发生了令人赞叹的变化。

实现扶贫开发规划目标,需要长期的不懈努力。"整村推进"工作通过验收后,要组织、引导贫困村群众巩固成果,完善相关工作;强调在加强扶持的同时,要广泛发动贫困村群众自力更生,艰苦奋斗,为改变家乡的落后面貌做出贡献。广大贫困地区以扶贫开发、整村推进为契机,以项目配套和提高建设标准为突破口,全面推进文明新村建设,收到明显的成效。

能否有效动员民众、号召民众、组织民众参加改变自身命运的扶贫开发,能否动员群众发挥主动性和创造精神,自觉地在国家的支持下,改变生产生活条件,提高自身收入,很大程度上取决于农村的基层政府,特别是社区组织能否开展自觉有效的工作,是不是有一个热心公益事业、有能力、有献身精神的社区领导人物。在贫困地区的反贫困治理中,中国政府高度重视农村基层政权建设,广泛开展了选拔一个好班长、组建一个好班子、带领一方群众致富的基层党组织建设活动,加强了贫困地区党的建设、精神文明建设和民主法制建设,农村基层党组织的创造力、凝聚力和战斗力有新的提高。在农村基层政权组织的领导下,许多贫困地区把扶贫项目和移民搬迁、退耕还林、农业综合开发等相结合,长远项目和短期项目相结合,资金和技术两方面扶持,突出做好主导产业培植、人畜饮水、河道整治和流域生态治理,加快群众脱贫致富步伐。这种把生存、生产和生态结合起来、把人力资本投资和物质资本投资结合起来、把基础设施建设与产业开发结合起来、把扶贫开发和农村基层政权建设结合起来的综合性的反贫困模式与以巴西、哥伦比亚为代表的发展及反贫困战略模式,以韩国和马来西亚为代表的人力资本投资模式、以印度和斯里兰卡为代表的满足基本需要反贫战略模式以及以欧美国家为代表的社会保障模式等单一模式有着显著的差别。

2.2.3.3 人口控制、人力投资

严格控制人口增长、积极开发人力资源是中国农村反贫困模式的核心。世界发展中国家的反贫困历史经验表明,贫穷国家或地区发展的最大阻力来自于低素质的人力和低效率的生产以及严重不足的社会服务,如果不对穷人的人力资本作较大的投资,那么减轻贫困的努力不太可能

取得成功。贫困的本质问题是一个人口经济问题,人口过快增长和人口素质的普遍低下是贫困地区贫困发生和贫困运行的最基本和最直接的原因。在中国的贫困地区,经济、文化落后与过多生育往往互为因果,人口过快增长和人口素质的普遍低下是贫困地区贫困发生、运行的最基本和最直接的原因,也是贫困地区扶贫开发战略的最基本的障碍。从我国农村的发展历史考察,凡是经济不发达的地区都是人口增长过快的地区,凡是温饱问题没有得到根本解决的贫困落后地区,都是人口超载或人口增长失控、半失控地区。在贫困地区实行计划生育,控制人口数量,提高人口素质,是贫困地区脱贫致富的主要条件,也是贫困地区经济社会稳定发展的基本保证,这个判断不仅得到了理论的证明和实践的检验,而且一直作为中国农村反贫困战略的指导方针体现在反贫困的各个领域之中。

30 年来,中国政府始终坚持反贫困与计划生育相结合的反贫方针,不仅收到了显著的减贫效果,并在贫困地区社会发展中产生了积极而广泛的影响。从 1987 年开始,中国实施了以农村为重点的普及人口与计划生育基础知识教育的计划,不少贫困乡村建立了人口学校或婚育学校,不同年龄和婚育状况的育龄人群,可以在这些学校里,通过医生、教师和干部的授课或咨询,在人口常识及生殖生理、避孕节育、妇幼保健等方面学到许多科学知识,从而更加自觉地实行计划生育。广泛推广了安徽省金寨县"贫困山区要想富,少生孩子多栽树"和四川省旺苍县实行先创造抚育条件、再安排生育指标等运用经济手段控制人口增长的经验,并采取了许多政策措施,使人口增长过快的势头得到了抑制。1994 年 3 月公布的中国政府"国家八七扶贫攻坚计划(1994~2000 年)"再次强调,为全面推进贫困地区的经济社会发展,巩固扶贫成果,必须实行严格的计划生育,将人口的自然增长率控制在国家规定的范围内。计划生育部门要特别加强贫困地区的计划生育工作,把实行计划生育与扶贫结合起来,积极开展人口与计划生育基础知识教育,提供必要的避孕药具,努力降低人口的自然增长率。

在扶贫开发中,各级贫困地区政府以建立完善人口和计划生育工作新机制为重点,明确把"少生快富"扶贫工程作为重要工作内容,积极探索扶贫开发与"少生快富"扶贫工程相结合的新机制。把计划生育贫困家庭作为科技扶贫、项目扶贫的重点对象,同等条件下优先安排有利于促进人口和计划生育工作的扶贫项目。在不改变扶贫资金使用范围、扶贫项目性质、整村推进资金规模的前提下,进一步加大对计生贫困户的支持力度。同时,在实施"少生快富"扶贫工程中,坚持政府指导与群众自愿相结合,利用大众媒体、人口学校等阵地,采取开办电视、广播、报纸专栏,举办培训班、座谈会,发送宣传品,组织文艺演出等多种形式,宣传"少生快富"扶贫工程的政策。另一方面,致力打破贫困地区贫困人口"因病致贫"、"因病返贫"的恶性循环,广泛实施了卫生扶贫工程,采取多种措施把经济扶贫与卫生扶贫有机结合起来,通过中央政府及发达地区的支持,在解决贫困地区的卫生设施建设与"缺医少药"问题和倡导积极、健康、卫生、文明的现代生活理念与生活方式等方面取得很大进展。1997年"国务院办公厅转发国家计划生育委员会、国务院扶贫开发领导小组办公室关于'九五'期间进一步做好扶贫开发与计划生育相结合工作意见的通知"要求,进一步加大了扶持计划生育贫困户的力度,做了许多艰苦的帮扶工作,使一些贫困地区的贫困人口摆脱了贫困状态,改变了越生越穷,越穷越生的恶性循环,起到了良好的示范作用。

始终强调要把反贫困重点逐渐转移到依靠科技进步、提高贫困农民的素质上来是贫困地区人力投资的重要内容。在反贫困战略实践中,中国政府坚持把扶贫开发与提高劳动者素质结合起来,广泛开展了农业科技知识下乡,校舍改造,救助失学儿童,赠送图书和电脑等活动,真正把扶贫开发转移到依靠人力投资、依靠科技进步、提高劳动者素质的轨道上来。广泛实施了"教育扶贫工程"、"希望工程"、"春蕾计划"、"文化扶贫工程"和"智力支边"、"光彩事业"、"幸福工程"、"温饱工程"等一系列旨在改善贫困地区人力资源基础的反贫困计划。1989年10月,共青团中央建立了中国青少年发展基金会,实施了著名的"希望工程"①,旨在救助贫困地区失学儿童,让千百万因家庭贫困而失学的孩子重返校园。逐步形成了以国内为筹资起点、面向海内外、以失学少年为资助重点、辐射中学生、大学生,从改善办学条件到资助、奖励教师的筹资资助体系。

目前,"希望工程"已成为动员社会力量,推进贫困地区教育发展,加快贫困地区脱贫致富步伐的积极力量。为重点资助中国贫困地区农村失学女童继续求学,1994年在全国妇联领导下,中国儿童少年基金会发起了"春蕾计划"②,旨在海内外民间广泛筹集资金,以促进解决农村贫困地区女童上学难的社会问题。"国家八七扶贫攻坚计划(1994~2000年)"要求教育部门要积极推进贫困地区农村的教育改革,继续组织好贫困县

---

① "希望工程"是团中央、中国青少年发展基金会以救助贫困地区失学少年儿童为目的,于1989年发起的一项公益事业,其宗旨是资助贫困地区失学儿童重返校园,建设希望小学,改善农村办学条件。1990年9月5日,邓小平为"希望工程"题名。1991年11月,时任国家主席江泽民为希望工程题词"支持希望工程,关心孩子成长"。他还多次为希望工程捐款,到贫困地区专门看望失学的孩子,并嘱咐一定要解决好失学问题。1992年3月,时任国务院总理李鹏为希望工程题词"希望工程,救助贫困,兴学利民,造福后代"。1992年6月10日和10月6日,邓小平同志两次以"一位老共产党员"的名义向希望工程捐款5 000元。希望工程自1989年10月实施以来,至2007年18年间累计接受海内外捐款35亿多元,援建希望小学12 559所,救助289.7万名失学儿童重返校园。在中国每100所农村小学中,就有2所是希望小学,希望工程的实施,改变了一大批失学儿童的命运,改善了贫困地区的办学条件,唤起了全社会的重教意识,促进了基础教育的发展;弘扬了扶贫济困、助人为乐的优良传统,推动了社会主义精神文明建设。科技部中国科技促进发展研究中心评估表明:希望工程已经成为我国20世纪90年代社会参与最广泛、最富影响的民间社会公益事业。

② "春蕾计划"是1989年中国儿童少年基金会发起并组织实施的一项救助贫困地区失学女童重返校园的社会公益事业,是一项旨在帮助因生活贫困而辍学或濒临辍学的女童重返校园接受学校教育的爱心工程。由于自然条件的限制,社会经济、文化等发展的不平衡,特别是传统习俗的原因,在我国,特别是贫困山区尚有少数文盲存在,而女性文盲占文盲总数的2/3以上;失学儿童中,女童约占2/3。实施"春蕾计划",扶持女童入学,是提高民族素质、造福子孙后代的一项基础工程,也是我国实现巩固普及九年义务教育、扫除青壮年文盲的关键一步。"春蕾计划"是通过捐助者向被捐助者给予经济支持的行为来实现的,她的实施唤起了人们的良心、良知和良好的愿望,是人们社会责任心的体现,是中华民族传统美德和优秀人文精神的延伸。她直接面对社会最基层的人群,为贫困女童敞开了通向成长之路的大门。截至2007年,实施"春蕾计划"已经遍布全国各地,已募集6亿多元,共救助150万余人次失学女童重返校园。为了加强女童素质教育,培养女童自力更生建设家乡的本领,中国儿基会还设立了"春蕾计划实用技术培训专项基金"。该计划已被评为我国三大社会公益活动之一,写进了我国向世界公布的《中国儿童状况》白皮书。

的"燎原计划",普及初等教育,做好农村青壮年的扫盲工作,加强成人教育和职业教育。为全面改善贫困地区教育发展状况,1995年中国政府实施了建国以来规模最大的"国家贫困地区义务教育工程(1995～2000年)"。1998年中央政府实施了"国家教育扶贫工程",决定从1998年开始的三年时间内向西部地区9省、自治区468个县投入54.9亿元,用于修建14 942所中小学。大规模的贫困地区适用技术培训,使贫困农民的资源开发与转换能力、生产方式的选择与调整能力、新技术的运用能力、经济机会的把握能力以及向其他产业的渗透转移能力大大增强。

提高人口素质、推广科学技术是中国农村反贫战略的重要举措,在1986～1992年六年间,中央和省(自治区)、地、县分层次对领导干部和专业技术人员进行广泛培训,国务院贫困地区经济开发办公室直接培训了县、乡领导干部1.8万名,培训贫困地区农民4 000万人次,使他们掌握了一至两门实用技术。为了充分发挥科学技术在脱贫致富中的重要作用,1987年国家制定"2000年科技、经济、社会发展规划",把提高科技、教育水平的全国性"星火计划"、"丰收计划"和"燎原计划"引入贫困地区。20世纪90年代,中国科学院参加了亚洲开发银行资助的"中国西南部分少数民族省(区)乡村综合发展规划"并在三省(区)12个县进行试点,与贵州、广西、云南等省、区签署了《科技开发合作协议》,指导农民种植甘蔗、柑橘和小拱棚蔬菜,大幅度提高了农民的种植水平,迅速地提高了农民的收入,被新闻界誉为"中国21世纪农村新模式之一"的楷模。

为了解决高寒山区和干旱地区的严重缺粮问题,提高这些地区的粮食产量进而提高粮食自给能力,自1989年开始,在贫困地区广泛实施了"温饱工程",国家各有关部门通力协作,以农业部为主,采取资金、良种、地膜、化肥等综合配套服务的办法,由各级农业部门牵头,重点在中西部云南、广西、贵州、宁夏、甘肃等17个省、区的贫困地区大力推广了杂交玉米和地膜覆盖增产技术。到1994年,累计推广面积达到447万公顷,普及到471个县(市)、3 293.08万户、13 659.91万人,仅1989年至1994年六年间就累计增产粮食112.1亿千克、帮助1 291.45万户、5 693.82万人解决了温饱问题,使农民增加收入87亿多元。在科技推广计划实施的同时,从国家机关、大专院校、科研单位组织选派了大批科技副县长、副乡长到贫困地区挂职,推广了江苏、陕西等省相互交流干部、推动经济发展的经验。到1997年,经济发达地区与贫困地区干部交流工作已扩展到27个省区、交流县级以上干部1.3万多人,在贫困地区合作办成的开发项目7 216个。并广泛组织了发达地区、贫困地区的科技人、能工巧匠到贫困地区搞科技承包和生产开发。1991年,中共中央、国务院明确要求贫困地区的经济开发转移到依靠科技进步、提高农民素质的轨道上来,大力增强实施"星火计划"的力度,动员各方面力量开展多种形式的科技开发和科技服务,认真抓好扶贫开发的科学研究和科技示范推广工作,努力扩大贫困地区经济发展的科技含量。

针对贫困地区贫困家庭的母亲普遍存在文化、身体素质差、经济与社会地位低、生育子女多等问题,1995年中国人口福利基金会、中国计划生育协会、中国人口报社联合发起,在全国实施"幸福工程"[①]行动计划,动员海内外社会各界的财力资源,来资助、扶持贫困家庭的母亲。"幸福工程"的宗旨是向社会各界筹集资金,扶助贫困家庭的母亲参与发展,提高文化和身体素质,提高经济和社会地位,实现少生、优生、优育、脱贫致富、建设文明幸福的新家庭,使贫困的母亲都能享有生存和发展权、接受教育权、生殖健康权。"幸福工程"以扶贫开发项目为主体,结合开展科学文化

---

① "幸福工程"是中国人口福利基金会、中国计划生育协会和中国人口报社于1995年初共同发起实施幸福工程——救助贫困母亲行动。通过向海内外募集资金,建立幸福工程专项基金;通过卓有成效的救助行动,唤起社会各界对贫困母亲的关注和支持。主要内容包括以"小额贷款,直接到人,滚动运作,劳动脱贫"的方式扶助贫困母亲发展家庭经济,提供就业机会;扶持村一级兴办母亲学校及各类培训班,帮助贫困母亲扫盲,学习科学文化知识,掌握一二门致富实用技术,懂得生殖保健知识;帮助贫困母亲检查和治疗常见妇科病,向她们提供生殖保健服务。幸福工程实施13年多来,以扶贫济困、回报母爱的深刻情感内涵和具有鲜明特色的救助模式,引起了社会各界的广泛关注和参与。

知识教育和生殖健康与计划生育服务,对于提高贫困母亲的身体、文化素质,促进贫困地区的人口与经济、社会的协调发展产生了积极的作用。在30年来的贫困地区发展中,广泛取得了扶贫开发与计划生育相结合、扶贫开发与社会保障制度相结合、扶贫开发与劳动力就业、劳务输出、移民安置相结合的成功经验。

2.2.3.4 经济开发、区域发展

始终坚持贫困地区的经济开发是中国农村反贫困模式的战略重点。在20世纪80年代,中国共产党和中国政府根据中国社会发展的历史、现实与发展规律,确认中国是经济发展水平很低的发展中国家,尚处于社会主义初级阶段,这个历史阶段的根本任务就是坚忍不拔地同贫困作斗争,解放和发展生产力,实现社会主义现代化,促进整个社会的文明和进步,使全体人民彻底摆脱贫困,实现共同富裕。但是,摆脱贫困只能建立在生产力发展的基础上,没有贫困地区自身经济实力的增强,单纯依靠生活救济是不可能从根本上摆脱贫困的。中国贫困地区分布广泛,各贫困地区自然、经济和社会发展状况差异明显,所选择的反贫困模式也各不相同,但无论是何种类型的贫困地区都必须始终把以农业开发为基础、努力提高粮食自给率、积极推广各种实用技术、推动农业科技进步、调整和优化农村产业结构作为反贫困的重点。为迅速启动贫困地区的经济开发能力,中国政府大幅度增加了扶贫资金、物资的投入。国家财政部、中国人民银行、中国农业银行分别从1980年、1983年和1984年开始,向老、少、边、穷地区和经济不发达地区发放专项拨款或低息贷款。中国农业银行从1985年开始,每年发放3亿元支持不发达地区经济贷款。1986年6月20日,国务院发布"国务院贫困地区经济开发领导小组提出贫困地区经济开发十点意见",要求各地"改变一般化的领导方式,实行特殊的政策和措施,集中力量,重点解决集中连片的最贫困地区的问题"。1986年开始投放10亿元扶贫专项贴息贷款,由中央财政贴息,用于国家扶持的贫困县。1987年10月30日国务院又发出了"关于加强贫困地区开发工作的通知",明确把经济开发作为一项最终解决中国贫困地区农民温饱问题、进而改变贫困落后面貌的目标和战略措施。1987年以来国家在原有扶贫资金的基础上,先后增加了中央财政拨款、牧区扶贫专项贴息贷款、贫困地区县办企业专项贷款、边境贫困县农场专项贴息贷款。1987年国家将贫困地区作为一项专门内容列入当年国务院制定的"2000年科技、经济、社会发展规划",进一步保证了贫困地区的经济开发的计划性、科学性和系统性。1989年8月,国务院在"关于少数民族地区扶贫工作有关政策问题"中规定,除国有矿山和国营农、林、牧场计划内产品,少数民族贫困县的合同订购粮食、棉花外,要坚持放宽其他各种农、林、牧、矿等产品的销售;少数民族贫困地区的粮食,可按1988年末实际完成的定购数为基数,一定四年不变,超基数的产品放开销售。为支持少数民族地区优势产业开发,根据当地的特点和优势,确有必要对国家产业政策作某些补充时,可经所在省、自治区人民政府审查后,报国务院审批。此外,中央和地方安排开发项目时,应向资源条件较好的贫困地区倾斜。中央和省、自治区在贫困地区兴办的大中型企业,要充分照顾贫困地区的利益,合理调整确定与当地的利益关系。国家制定和执行产业政策时,要考虑贫困地区的特殊性,给予支持和照顾。对贫困地区的进出口贸易,要坚持同等优先的原则,列入计划,重点支持。

为组织和引导发达地区与贫困地区联合开发自然资源,实行企业间大跨度的横向联合,1988年国家制定了横向联合的优惠政策和办法,每年拨出7亿元的专项资金,重点支持发达地区与贫困地区联合开发的工业项目。从1994年开始,每年投放10亿元扶贫专项贴息贷款,用于"国家八七扶贫攻坚计划(1994～2000年)"确定的国家级贫困县。1996年10月23日,中央扶贫开发工作会议通过的"中共中央国务院关于尽快解决农村贫困人口温饱问题的决定"规定,从1998年起,中央财政每年再增加15亿元,重点用于最贫困的省、自治区的农田基本建设、修建乡村公路、解决人畜饮水、推广科学技术和农民技术培训。同时,在现有扶贫信贷资金基础上,每年再增加30亿元扶贫贷款,重点支持效益好、能还贷、能带动千家万户脱贫致富的种植业、养殖业、林果业和农产品加工业项目。1991年国务院办公厅转发"国务院贫困地区经济开发领导小组关于'八五'期间扶贫开发工作部署报告的通知"明确指出："八五"期间扶贫开发工作的基本目标是在"七五"期间工作的基础上实现两个稳定：一是加强基本农田建设，提高粮食产量，使贫困地区的多数农户有稳定解决温饱问题的基础。二是发展多种经营，进行资源开发，建立区域性支柱产业，使贫困户有稳定的经济收入来源，为争取到本世纪末贫困地区多数农户过上比较宽裕的生活创造条件。在30年的扶贫开发始终以解决贫困人口温饱为重点，以贫困县、贫困乡和贫困村为主战场，坚持分类指导、重点推进的原则，突出抓好帮助贫困群众改善基本生产生活条件、拓宽基本增收门路、提高基本素质三个基本问题，始终把突出经济开发作为贫困地区发展的重要基础。

由分散扶贫、零星开发转向集中扶贫、区域开发，集中力量，重点解决集中连片的最贫困地区的问题是农村反贫困模式的重要特点。20世纪80年代中期中国政府把扶贫开发纳入国民经济和社会发展计划，各级地方政府制定欠发达地区或贫困地区综合发展规划，多渠道稳定增加扶贫开发投入，加大财政转移支付和公共资源向贫困地区的倾斜力度，逐步改善了贫困地区基本公共服务。加大了相关支农投资和政策向贫困地区倾斜，逐步形成了稳定、持续、高效的扶持机制。在区域发展中，重点增加了交通、水利、电力、基本农田、沼气工程等贫困地区基础设施建设投资，加大重大生产力项目对贫困地区的布局，发挥项目和投资对贫困地区经济社会发展的引擎和促进作用，促进了贫困地区生产生活条件的改善。在稳定农业生产的基础上，贫困地区经济开发的战略重点逐步由零星分散反贫困转向集中成片的区域性经济开发，通过立足本地资源，不同程度地围绕商品基地建设，进行统一规划，因地制宜地发展多种经营和乡镇企业，建设好能够开发和利用当地资源、创新能力强、带动能力大、生产函数高、能增加贫困地区人均收入、增加贫困地区财政收入的区域性的主导产业，积极培育产业化龙头企业，开展适度规模经营，形成区域经济发展的雏形。通过主导产业的发展，带动贫困地区资源开发，在畜牧养殖业、特色农产品、蔬菜、优势经济作物等方面取得了很大的进展，建立能够为贫困地区人民提供稳定的收入来源,也为贫困地区奠定发展条件以及由温饱逐步实现小康奠定了坚实的物质基础。同时,加快了贫困地区经济结构调整,大力发展非农经济,促进了三次产业协调发展。加强了教育、卫生、计生和农民技术培训,推进了贫困地区各项社会事业加快发展和干部群众综合素质提高。这些综合性的扶贫措施对于推进贫困地区区域资源开发和经济社会进步产生了重要的影响。

2.2.3.5 自力更生、艰苦奋斗

依靠贫困地区人民自力更生、艰苦奋斗脱贫致富是中国农村反贫困战略的基础。贫困地区解决温饱、脱贫致富,离不开国家的扶持、社会的帮助以及国际机构的援助,但是贫困地区要改变面貌,还要依靠当地干部群众,发扬自力更生、艰苦奋斗的精神,坚持不懈地苦干实干,自强不息,艰苦创业。中国农村30年来的反贫历程表明,没有千百万贫困人民的自觉参与,中国农村反贫战略取得重大成就是不可能的。在20世纪80~90年代的扶贫开发中,国务院明确提出并坚持了开发式扶贫的方针,成为我国扶贫开发政策的基础和核心,其基本宗旨就是动员民众、组织民众,倡导和鼓励贫困地区的贫困农户和地方政府发扬自力更生、艰苦奋斗、苦干实干、自强不息、改变命运的精神,最大限度地发挥和调动贫困地区广大干部群众的积极性、主动性和创造性,在国家必要的扶持下,逐步形成自我积累、自我发展的能力,在劳动的过程中发展生产,创造财富,解决温饱问题,改变贫困面貌。在30年扶贫开发实践中,贫困地区的发展涌现了一大批像四川巴中、重庆黔江、山东临沂、湖北黄冈等一些不等不靠、宁肯苦干、不愿苦熬的令人振奋和鼓舞的成功范例,形成了不屈不挠、奋发拼搏的"黔江精神"[①]和

[①] 重庆黔江是位于武陵山区的著名贫困地区,20世纪90年代中期以来,地委、行署团结和带领全区各族人民,解放思想,开拓进取,艰苦奋斗,努力拼搏,在极其困难的条件下,经济建设和各项社会事业取得了前所未有的巨大成就,创造了被原国务委员陈俊生同志称道的"黔江奇迹"。黔江精神的产生,是黔江地区政治、经济、文化和社会各方面发展的提炼,它的内核是黔江人在特殊困难的条件下自力更生、艰苦奋斗、奋发拼搏、追求卓越。九届人大一次会议期间,时任国务院总理李鹏题词:"继续弘扬'宁愿苦干,不愿苦熬'的黔江精神,振兴黔江经济。"

自力更生、真抓实干的"巴中经验"[①],探索了种种在政府扶持、社会支援下,经过艰苦奋斗逐步改变面貌的实践途径。2000年5月,中国第三次召开了中央扶贫开发工作会议,决定并开始颁布实施《中国农村扶贫开发纲要(2001~2010年)》,在21世纪初中国扶贫开发进行了全面部署。强调进一步改善贫困地区的生产生活条件,加强基础设施和生态环境建设;发展科技、教育、文化、卫生事业,促进贫困地区社会全面进步;不断增加扶贫投入,努力提高扶贫资金使用效益;弘扬中华民族的优良传统,继续动员全社会扶贫济困,包括党政机关定点联系、支持贫困地区开发建设,沿海发达地区对口帮助西部贫困地区,开展东西扶贫协作。强调在实行政府主导、动员和组织社会各界参与扶贫开发的前提下坚持自力更生,艰苦奋斗,主要依靠贫困地区自身的努力改变面貌。

从一定意义上讲,如果把国家扶持和社会支援比喻为对贫困地区的"输血",而依靠贫困地区自力更生、艰苦奋斗增强自我积累和自我发展能力犹如"造血"。二者比较,"造血"是治本之策,是关键所在。中国农村反贫困战略的实践表明,在国家、社会的必要扶持下,依靠贫困地区自身力量走自我发展之路,一方面要求贫困地区人民发扬自力更生、艰苦奋斗、奋发图强、自强不息的创业精神,克服等、靠、要依赖思想,改变消极畏难和无所作为的精神状态,充分发挥贫困地区广大干部群众的积极性、主动性和创造性,把国家、地区、部门扶持同开发贫困地区优势资源和人力资源结合起来,运用贫困地区内部力量,发动群众踊跃投工投劳、大搞农田基本建设、开发当地资源、以市场需求为导向,依靠科技进步,开发利用资源优势,改善生产条件、发展商品生产、开拓增加收入的路子,不断增强贫

---

① 四川巴中地区是位于秦巴山区的著名革命老区,1993年成立地区以来,各级领导干部坚持以经济建设为中心,关心群众疾苦,带头艰苦奋斗,身体力行,真抓实干,扶贫攻坚取得显著成效,形成了著名的巴中经验。巴中经验的精髓是找准路子,真抓实干,靠苦干改变面貌,用大干促进发展。时任中共中央政治局委员、国务院副总理、国务院扶贫开发领导小组组长温家宝对此给予了高度评价:"四川巴中地区扶贫攻坚的成效充分说明,只要找准路子,真抓实干,就能改变面貌。巴中的经验和他们在实践中形成的艰苦奋斗,苦干兴区,实干改变面貌,大干促进发展的巴中精神,对全国扶贫工作具有普遍意义。"

困地区和群众自我积累、自我发展的能力。把农业综合开发、发展乡镇企业和保护生态环境统一起来,对耕地、草原、森林等农业资源进行综合利用与治理,努力把潜在的资源优势转换为现实的经济优势,相应加强贫困农户的自我积累和自我发展能力,并逐步形成贫困地区的内在发展机制。另一方面要求贫困地区的开发必须遵循实事求是的思想路线,从本地区的具体情况出发,在选择产业结构、确定主导产业、资源开发层次与速度等方面,都要根据不同区域的特点、情况与条件,具体安排地区的开发重点、规模与节奏。同时,致力打破贫困地区自我封闭的发展模式,解放思想、更新观念,努力扩大对外开放的层次、范围和力度,采取积极措施引进资金、技术和适用技术人才,以尽快实现贫困地区传统农业生产方式的革命性变革。

2.3 反贫困的历史经验与国际评价

2.3.1 反贫困的历史经验

中国农村 30 年的反贫困探索,为世界发展中国家的反贫困战略实践提供了极其宝贵的历史经验。中国农村的贫困问题具有强烈的区域性个性,表现为中西部的特点、高原山区的特点、少数民族的特点、边远地带的特点。因此,中国农村贫困地区的贫困状况与其他以阶层分布为特点的发展中国家的贫困状况有明显的不同。中国农村贫困地区的发展集中体现了在自然环境极其恶劣情况下贫困山区、荒漠地区、干旱半干旱地区的发展道路。它深刻地揭示了中国农村贫困地区的贫困状况中所包含的浓厚的自然因素和社会经济因素,贫困是多种因素相互交织、相互制约形成的一种综合现象,贫困是历史长期的积累;贫困地区与发达地区不仅在收入水平、经济总量、发展速度、生产效率等方面存在很大差距,而且在包括人的素质、思想观念、教育文化在内的整个社会进化过程中存在着历史阶段性的差距,要缩小或消除这些差距,必须经历一个渐进的过程;在贫困地区的经济发展中,通过国家扶持、服务和社会支援以改变基本生产条件，优化生产要素组合，提高生产要素质量，培植和诱导贫困地区自我发展机能，是实现贫困地区缓解和消除贫困的重要前提，贫困地区的发展必须始终不渝地坚持以农业开发基础，努力改善农业生产基本条件，调整和优化农业产业结构，保持稳定的粮食生产和提高粮食自给率，在此基础上，根据市场需求导向和本地资源优势，积极发展非农产业，建设起能够开发和利用当地资源、带动群众脱贫致富、形成贫困地区财政收入重要来源的区域性支柱产业；贫困地区的发展必须打破越穷越生、越生越穷的恶性循环，严格控制贫困人口数量的增加，把提高人口素质、提高贫困地区人力资本积累水平作为反贫战略的核心，贫困地区的农业生产发展和反贫困建设的根本出路在于以科学技术为支柱，把反贫困和农业科技推广服务体系建设结合起来，立足于依靠科技进步提高效益，在有限耕地上生产出尽可能多的粮食和其他农产品；贫困地区的发展必须依靠贫困地区人民自力更生、艰苦奋斗，增强自我发展能力，最终依靠自身的力量彻底摆脱贫困走上富裕道路。这就是1978～2008年30年间中国农村贫困地区反贫困战略实践中所取得的极为宝贵的历史经验。

2.3.2 反贫困的国际评价

在1978～2008年30年间，中国经济由经济体制改革触发进入超常规增长阶段，在这一历史阶段中，中国政府为缓解中国农村贫困地区的贫困状况所采取的种种措施和所取得的杰出成就得到国际社会的广泛赞誉和高度评价。亚洲开发银行于1989年10月选定在中国北京举行亚行第七次关于消除贫困的社会经济政策圆桌会议，请中国扶贫工作单位介绍扶贫工作情况，并在会上提出："中国扶贫工作取得了明显成效，它消除贫困的经验可供别国借鉴。"世界银行在20世纪90年代的研究报告称中国的反贫困工作"在减少绝对贫困方面，创造了令人难忘的记录"，"所取得的成果比其他发展中国家更大"。中国是亚洲乃至所有发展中国家贫困发生率最低的国家之一，中国政府为帮助最落后的农村地区摆脱贫困作出了很大努力，这些努力"要比其他许多发展中国家所作的努力成功得多"。在《1990年世界发展报告》中,世界银行根据中国"七五"期间贫困程度缓解的速度测算,预计20世纪末中国贫困人口发生率为2.9%,远远低于发展中国家18%的平均水平,也远远低于人均国民收入大大高于中国的发展中国家的平均水平。1991年12月世界银行行长巴伯·本杰明·科纳布尔(Barber Benjamin Conable)博士在世界银行年会上,高度称赞中国政府在解决贫困问题方面所作的巨大努力,表示要积极支持中国政府消灭剩余贫困地区的计划。世界银行在《中国贫困现象问题与世界银行的策略》报告中,声称要把援助中国的重点转到贫困地区方面来,并在以后的几年中,在中国贫困的西南地区实施了一系列反贫困项目,提供了大量缓解贫困的专项贷款。1996年9月,联合国开发计划署的一份报告指出:"世界上没有任何国家能像中国一样在扶贫工作中取得如此巨大的成功。"1999年5月,世界银行、联合国开发计划署在对中国的反贫困工作进行了全面系统的研究之后,完成了一份题为《中国:战胜农村贫困》的研究报告。报告认为:中国的扶贫取得了"全面的成功","自1978年开始实施内容广泛的农村经济改革以来,中国在解决绝对贫困问题上取得的成就举世公认"。报告说,使用"国际标准衡量,也同样证明中国的贫困问题确实得到了很大缓解"。1999年6月2日,世界银行在一次记者招待会上公布的有关研究报告认为:"亚洲经济危机导致许多国家贫困状况加剧,在全世界许多地方贫困人口普遍增加的时候,中国是个例外。"著名经济学家、孟加拉国小额信贷扶贫模式创始人、格拉珉银行董事长兼总裁穆罕默德·尤纳斯(Mohammed Yunus)在多次考察中国反贫困工作的实际状况后说:"中国的扶贫工作在世界上处于领先和示范地位,与世界反贫困已经连为一体。中国政府和社会各界高度重视扶贫,中国的扶贫工作取得的进展,对世界反贫困进程是一个巨大的推动。"

进入21世纪,中国的扶贫事业进一步发展。2006年国务院扶贫开发办公室公布的"中国农村扶贫开发纲要(2001~2010年)"中期评估结果显示,纲要实施五年来,全国没有解决温饱的贫困人口由2 927万减少到2 365万,减少了562万;低收入贫困人口从6 102万减少到4 067万,减少了2 035万。特别是2004～2005年,贫困人口和低收入人口都有较大幅度的下降。截至2006年底,中国农村没有解决温饱的贫困人口已从1978年的2.5亿下降到2 148万,贫困发生率从30.7%下降到2.3%。低收入人口从2000年的6 213万减少到2006年的3 550万,低收入人口占农村人口的比例从6.7%下降到3.7%。2006年国家扶贫开发重点县农民人均纯收入达到1 928元。同时,贫困地区的生产生活条件有了较大改善,各项社会事业有了长足进步。中国农村的反贫困不仅解决了大多数贫困群体的温饱问题,而且在缓解区域、城乡差距扩大趋势、维护国家政治稳定、社会和谐、民族团结、边疆巩固等方面发挥了重要作用,同时为全世界反贫困斗争做出了重大贡献。联合国开发计划署在中《2003年人类发展报告——千年发展目标消除人类贫困的全球公约》中指出,在这些全球目标中,第一个指标将每天生活费不足1美元的人口减少一半,这有可能实现。这在很大程度上是由于中国和印度这两个国家的经济持续增长。在过去10年中,中国充满活力的经济使1.5亿人摆脱了绝对贫困,而这要归功于经济和政策改革。在中国,每天依靠不足1美元生活的人口比例从1990年的33%下降到2000年的16%。因此,东亚也成为在过去10年中唯一的一个贫困人口绝对数字大幅下降的地区(联合国开发计划署,2003)。

  2004年5月,世界银行与中国政府在上海举行全球扶贫大会,国际组织和其他发展中国家对中国政府的大规模减贫经验给予了高度评价。联合国开发计划署在《2005年人类发展报告》中肯定了中国过去30年在减贫方面取得的巨大成就。2005年,中国人类发展指数为0.755,在全球排名85位,比1990年上升了20位。人类贫困指标中国的成绩是12.3%,在103个发展中国家中排名27。世界银行行长保罗·沃尔福威茨(Paul Wolfowitz)在2005年10月访问中国时指出:"众所周知,中国在过去20年是亚洲增长最快的经济体,并在此期间帮助4亿多人口脱离了每天1美元的贫困线。自1980年以来,中国的脱贫人口在发展中国家脱贫人口中占75%,这是一个惊人的事实,中国的减贫成就举世瞩目。"

(刘坚,2006)

世界银行《2007年世界发展指标》估计显示,21世纪前四年全球贫困率持续下降,贫困人口目前已减至10亿以下。据数据表明,全球每天生活费不足1美元的人口比例在2004年下降至18.4%,据估计约有9.85亿人生活在极度贫困中。而在1990年,这个数据为12.5亿。与此同时,每天2美元的贫困人口比例也在下降,但估计有26亿人,几乎是发展中国家一半的人口。报告指出,自2000年以来,发展中国家每年的年人均GDP增长率平均达到3.9%,这推动了过去几年发展中国家的贫困率快速下降。而贫困率快速下降的另一个关键原因就是中国在这个时期的大规模减贫。2007年10月8日联合国亚洲及太平洋经济社会委员会、开发计划署与亚洲开发银行在题为《千年发展目标:2007年亚太地区进展状况》的报告中说,中国在减少贫困人口方面取得了巨大进步。"千年发展目标"要求,到2015年全球贫困人口减少一半,中国已经提前实现了这一目标。此外,中国在降低儿童死亡率、普及初等教育、促进两性平等、改善儿童营养状况和产妇保健状况等方面也都走在亚太地区的前列。2007年,前世界银行行长保罗·沃尔夫威茨再度表示:"中国的成就让人印象深刻,过去25年的扶贫成就67%应归功于中国。"2008年9月10日在泰国曼谷举行的"联合国亚太经社千年发展目标"记者招待会上,联合国亚洲及太平洋地区经济社会委员会(亚太经社)执行秘书长诺埃琳·海泽(Noeleen Heyzer)女士表示:"在迈向2015年联合国千年发展目标的过程中,我们已经走了一半,取得了骄人的成绩,特别是东亚地区,尤其是中国,如果没有中国的杰出贡献,千年发展计划将很难实现。"

第3章 中国农村反贫困的严峻态势与分布特点

尽管中国农村的反贫困取得了很大的成就,但是贫困现象没有被彻底清除。可以说,农村贫困地区的发展落后状况及其贫困人口的生存发展状况是中国国民经济和社会发展面临的主要挑战和极大制约,在阐释中国农村反贫困基本背景的前提下,系统分析研究中国农村反贫困面临的严峻态势与分布特点,是进一步明确中国农村贫困地区的功能定位进而全面研究中国农村反贫困战略模式的重要基础。

3.1 农村反贫困的现实背景

3.1.1 贫困状况的基本态势

在席卷全球的知识经济浪潮推动和世界经济区域化、多元化和集团化日益明显的国际环境中人类跨入了21世纪,但是贫困作为游荡在发展中国家的"幽灵"和缠绕于人类社会肌体上的最大毒瘤依然未被清除,"世界在进入21世纪后富国和穷国之间的差距创造了历史纪录,最富有国家和最贫困国家之间的鸿沟在道德上令人愤慨,在经济上是浪费,在社会上具有潜在的爆炸性"(Michel Camdessus,2000)。联合国扶贫机构的统计数字显示,在过去50年中,世界财富增加了7倍,而贫困问题却日益恶化。在最近五年里,全世界贫困人口增加了3亿,每天有7.5亿人挨饿。这显示,经济增长并不必然带来人们生活的富足,贫困人口增加和贫困状况加剧的主要原因是在市场失灵时的政府或政策缺位。

2000年9月,联合国千年首脑会议一致通过了"千年发展目标","千年发展目标"是2000年9月联合国成员国签署的一项发展蓝图,计划在2015年之前实现以下八大目标:消除极端贫穷和饥饿,普及初等教育,促进两性平等并赋予妇女权利,降低儿童死亡率,改善产妇保健状况,与艾滋病、疟疾和其他疾病作斗争,确保环境的可持续能力以及通过全球合作促进发展。2006年7月,联合国公布的《千年发展目标2006年报告》指出,在实现千年发展目标中,国际社会在消除贫困和改善饮用水方面取得了较为显著的成绩。但是,联合国开发计划署《2003年人类发展报告》显示,经过十年的发展,世界的两极分化趋势日益明显。一些国家越来越富,国民享受着现代化的幸福生活,而有54个国家的人民生活水平在逐年倒退,甚至还不如十年前生活好。同时,有21个国家的人均寿命和教育程度回落到20世纪90年代以前的水平,14个国家的儿童在五岁前的死亡率比以前还高,有四个国家的百姓甚至比20年前"更饥饿"。占世界人口1%的富有者收入相当于占世界人口57%的贫困人口收入的总和(联合国开发计划署,2003)。世界银行《2000/2001年世界发展报告》表明:"世界仍然深深处于富饶的贫困之中。世界60亿人口中,28亿——几乎一半——每天生活费低于2美元,12亿——1/5——每天生活费低于1美元。"(世界银行,2001)

  世界银行2004年的《世界发展报告》报告显示,世界贫困人口正在以每年500万的速度增加。在世界范围内,拉丁美洲和加勒比地区是唯一在尽快实现减少贫困目标方面取得了显著成效的地区。亚洲和太平洋地区在减少贫困方面存在巨大潜力。而在撒哈拉以南非洲地区消灭贫困人口仍然进展缓慢。中东和北部非洲地区贫困人口在近十年来反而有所增加。从地理位置分布来看,世界上62%的营养不良人口(约5.19亿)集中在亚太地区,2.04亿分布在撒哈拉以南非洲,5 300万在拉丁美洲和加勒比地区,3 900万生活在中东和北部非洲。世界银行明确指出:"发展必须超越经济增长转向包含多重社会目标:削减贫困、改善生活质量、增加就业、获得更好教育和医疗卫生的机会。公平性是发展中国家反贫困治理的基本战略。"(世界银行,1997)

3.1.2 贫困状况的现实危机

贫困问题是当今世界面临的最严峻的问题之一。联合国发布的有关数据显示,目前,全世界仍有 8.54 亿人长期遭受贫困和营养不良之苦;有超过 10 亿的极端贫困人口每天生活费不足 1 美元;每年全世界有 600 多万儿童因饥饿和营养不良而死亡。同时,世界各地还有 11 亿多城乡居民喝不上清洁的饮用水,更有 26 亿人连基本的卫生设施都没有。《2005 年世界社会状况报告:不平等的困境》的调查报告称,尽管许多地区,特别是亚洲正享有空前的经济增长,但 80% 的世界财富是由世界的 20% 人口控制,今天的世界要比十年前更加不平等。根据世界银行的统计,现在世界人口大约有 60 亿。根据世界银行的统计,在低收入国家,五岁以下的儿童有 50% 营养不良,由于营养不良,低收入国家的儿童有 20% 活不到五岁。贫困人口中 6 亿人属于赤贫,生存问题受到威胁。而贫困人口分布的地域差异又很大,亚洲、非洲、拉丁美洲是世界贫困人口最集中的地区,其中又以南亚、东非、中非与南美安第斯山地区的贫困人口最集中、贫困度最深。

联合国开发计划署发表的《2006 年人类发展报告》显示,全球贫富国家的人类发展差距还在扩大,特别是撒哈拉以南的非洲国家发展停滞不前,而其他地区的国家都在发展。在人类发展属于低水平的 31 个国家中,撒哈拉以南的非洲国家就占了 28 个。人类发展指数排名第一的挪威比排名最后的尼日尔人均富裕程度高 40 倍,人均预期寿命要高一倍。更惊人的是贫富个人之间的收入差距,全球最富裕的 500 个人的收入,超过了最贫穷的 4.16 亿人的总收入。报告还指出,即使在同一个国家内,贫富差距也是巨大的,比如美国最富裕的 20% 的人口人类发展指数与世界最高的挪威一样,而最穷的 20% 人口只相当于排名第 50 的古巴。亚洲开发银行和联合国有关机构 2006 年 10 月 16 日在马尼拉发表《2006 年亚太千年发展目标进度》联合报告指出,亚太地区各国为实现"千年发展目标"作出的努力总体上值得肯定,但仍有不少国家远远落后于这一目标的要求。目前仍有15亿亚洲人口缺乏基本卫生设施;亚太地区体重过轻的新生儿数量与每天仅靠1美元过活的赤贫人数居高不下;艾滋病、肺结核等传染病和新生儿死亡率在一些亚太地区仍有难以遏制的势头。按照目前的发展趋势,到2015年多数发展中国家都无法实现教育、卫生、环境和其他领域的大部分"千年发展目标"。

世界银行2008年8月27日评论认为,发展中国家比早先的设想更贫困,尽管反贫困进展依然强劲。世界银行采用最近发布的"国际比较计划"(ICP)和在116个国家所做的675项住户调查(时间跨度为1981～2005年)结果,重新计算了极贫人口的数量,按照2005年价格每天1.25美元和每天2美元的度量指标对全球和地区贫困人数和贫困率进行估算,表示新贫穷线的定义是以2005年全球最贫穷的10～20个国家为依据所得出的平均值,全球低于这一标准的贫穷人口约有14亿人,约占全球总人口的26%,改进后的经济估算显示,全世界的贫困人口人数超过早先估算。世界银行首席经济学家、主管发展经济学研究的高级副行长林毅夫说:"新的数据证实,全世界有望在2015年实现在1990年基础上把贫困人口减少一半的首项千年发展目标。然而,贫困比我们设想的更为普遍,这一令人清醒的消息表明,我们必须加倍努力,尤其是在撒哈拉以南非洲地区。"按照目前这种进展速度,到2015年仍会有约10亿人生活在每天1.25美元之下。而且,按照中等收入国家的标准衡量,1981～2005年期间摆脱了每天1.25美元贫困线的大多数人仍然是贫困的(单羽青,2008)。

国际机构的一系列研究和报告普遍表明,贫困是"无声的危机",不仅严重阻碍了贫穷国家的社会和经济发展,也是当前地区冲突不断、恐怖主义蔓延和生态环境恶化等问题的重要根源之一。虽然人类在20世纪的经济增长中取得了巨大成就,但是缓解与消除人类贫困、寻求多重社会发展目标的实现、促进人类平等仍然是21世纪人类应当关注的首要问题。

3.2　农村反贫困的严峻态势

联合国开发计划署在《2005年人类发展报告》中肯定了中国在减贫方面取得的巨大成就,但是该报告同时强调,虽然中国在发展方面取得了令人瞩目的进步,但是这些进步并没有使贫困人口从中受益,尤其需要指出的是,中国的财富创造和收入提高并没有使婴幼儿死亡率更快地降低。报告指出,"有令人担忧的迹象表明,中国的社会发展正开始落后于经济增长。特别需要关注的是,减少婴幼儿死亡率的速度开始下降"。特别是没有能够将创造财富和提高收入转化为更快地降低婴幼儿死亡率。在废除了公费医疗体制之后,中国70%～80%的农村家庭没有医疗保险,这方面的缺失导致了成千上万婴幼儿的不必要死亡。联合国开发计划署尖锐指出:"中国减贫的步伐明显地放缓,在1990～2001年,超过90%的减贫任务都是在1996年以前完成的。"也就是说,在近十年来,中国只完成了不到10%的减贫任务(余闻,2006)。

同时,联合国开发计划署对中国经济发展中出现的严重失衡提出了尖锐的批判,指出如果贵州是一个国家,那么它的人类发展指数仅刚刚超过非洲的纳米比亚,而如果把上海比作一个国家的话,其人类发展指数则与欧洲的葡萄牙相当。同样根据联合国开发计划署的统计数字,中国占总人口20%的最贫困人口只占有收入或消费份额的4.7%,而占总人口20%的最富裕人口所占的收入或消费份额高达50%。中国的基尼系数已从20世纪80年代初期的0.25上升到目前的0.45左右,已经超过了国际公认的警戒线。2007年9月26日中国发展研究基金会发布《中国发展报告2007:在发展中消除贫困》指出:中国的反贫困成就来自于高速的经济增长和积极的扶贫政策。同时,报告也指出中国的反贫困工作仍然艰巨而且挑战重重。中国进入全面建设小康社会的发展阶段后,反贫困面临着新的形势和任务是:一方面,全国城乡还有几千万贫困人口,而且随着经济发展和社会进步,判定贫困的标准也需要相应变化,应该更注重提高贫困人口的发展能力,从而在根本上消除贫困。另一方面,与变化了的社会经济情况相适应,扶贫战略也需进一步完善和发展:首先,需要通过建立、健全城乡社会保障体系继续致力于消除生存贫困;其次,需要更加突出发展的主题,注重提高贫困人口的发展能力,加快贫困地区经济和社会发展。经济稳定的快速发展和政府的扶贫努力,我国在千年发展目标的实现上取得了显著的成就,尤其是在消除极端贫困和饥饿、普及初等教育、促进性别平等和赋权给妇女、减少婴幼儿死亡率、生育健康等方面已经基本实现了联合国的千年发展指标,但在改善农村医疗条件、提高获得安全饮水的人口比例和改善生态环境等方面进程非常缓慢。

世界银行于2007年12月1日在北京发布将完成的"贫困评估报告"初步研究结果,显示2001～2003年,中国经济以每年接近10%的速度增长,但是13亿人口中最贫穷的10%人群实际收入下降了2.4%,世界银行的经济学家通过分析发现,在中国现在经济高速发展的同时,中国的穷人却更加贫穷了,不是相对贫穷,而是绝对贫穷,而且中国的贫穷人口已经不再集中在一些特定的地区,而是分散在全国各地,超过半数的贫穷人口不是生活在官方划定的穷困村庄,现在的贫困人口不仅分布在农村地区,而且已经蔓延到城市,各个发达地区和发达的城市都有。世界银行驻中国首席经济学家博尔特·郝福满(Bert Hofman)表示:"分析表明,大量生活在贫困线以下的人口受到收入冲击的影响,因此只能依靠储蓄来维持消费。"而令人担心的是,他们微少的储蓄,能补贴他们维持多久。

尽管在整个20世纪80～90年代至21世纪初中国经济由经济体制改革推动进入超常规增长的历史阶段中,中国农村贫困地区的发展和反贫困建设取得了举世瞩目的成就,但是由于中国农村地区贫困产生的历史根源、贫困运行机制的独特性质和扶贫制度安排的矛盾缺陷,农村地区的贫困状况依然十分严峻,成为中国全面建设小康社会和社会主义和谐社会面临的重大挑战。

3.2.1 贫困人口依然众多

据国务院扶贫开发领导小组办公室 2007 年 10 月 17 日发布的《中国扶贫开发报告》显示，按照我国现行的年农民人均纯收入低于 693 元的贫困标准，截至 2006 年，中国农村尚未解决温饱问题的绝对贫困人口仍有 2 148 万，已解决温饱但发展水平仍然很低的低收入人口有 3 550 万，两项合计 5 698 万，贫困人口占农村总人口比重的 6%，西部地区甚至高达 13.7%。贫困家庭规模大、劳动力负担重且素质差，贫困人群收入水平低下且结构单一，贫困居民生产性资产少、投资水平低也是造成贫困现象依然严重的原因。

如果根据国际上每人每日支出不足 1 美元即为贫困人口的标准，世界银行估计目前中国约有 1.35 亿人还处在国际贫困线以下，相当于总人口的 1/10，仅次于印度位列世界第二。虽然世界银行统计的是 2004 年的数据，该数据包括了农村贫困人口和城市贫困人口，但由于 2004~2006 年中国农村脱贫人口仅为 552 万人，中国贫困人口中有 90% 分布于农村，因此，即便剔除了 2004~2006 年的脱贫人口和城市的贫困人口，中国农村贫困人口也远大于中国官方统计的数据。2005 年 10 月 20 日，世界银行行长保罗·沃尔夫威茨(Paul Wolfowitz)在了解中国大规模减贫方面取得的成就以及面临的挑战之后，向新闻界发表了他的"中国之行"考察感受，认为中国在减免贫困方面成绩显著，但地区与地区之间、城市与农村之间差距仍然巨大。用联合国界定的每人每天收入在 1 美元以下的标准看，中国目前还有 1.5 亿人生活在贫困线以下，占世界贫困人口的 12%，居世界第二位。而 2004 年中国国务院扶贫办公布的全国农村绝对贫困人口为 2 610 万人，其标准是年收入 668 元以下。沃尔夫威茨认为"中国减贫任务还非常艰巨"。

在《2020 年的中国：21 世纪的发展挑战》中，世界银行指出：随着中国贫困人数的减少，进一步减轻贫困的目标已越来越难以实现。鉴于中国存在着巨大的地区差距和贫富悬殊，"收入不均等所导致的贫困现象是

21世纪中国反贫困战略的基本领域"(世界银行,1997)。2000年,以农民人均纯收入625元、865元为贫困标准和低收入标准,中国农村贫困人口和低收入人口分别为3 200万和6 000万,两者合计近1亿人口,占中国总人口的比例虽不到10%,但其总规模却相当于一个大国。"中国农村扶贫开发纲要(2001~2010年)"实施五年来,到2005年底,农村贫困人口和低收入人口分别下降至2 365万和4 067万,总规模仍在6 500万左右。加上约2 800万城市贫困人口,以及进入城市务工的1.2亿农村人口中的约5%的贫困人口,全国城乡贫困人口规模当在1亿左右。如果按照国际通行的人均每天消费1美元的标准,世界银行估计中国2001年的贫困人口为2.12亿,总量仅次于印度的3.59亿,贫困发生率是16.6%,基尼系数0.45,最低收入10%人口的消费只占总消费的1.8%,而最高收入10%人口的消费占总消费的33.1%。这些数据都显示,我国不仅贫困人口绝对总量很大,而且贫富差距严重。

国际社会在承认中国反贫困取得巨大成就的同时,也对中国政府的贫困人口数量估计提出了质疑。世界银行以人均每日消费1美元的标准估计中国的贫困人口为1.6亿。由《小康》杂志社主编、社会科学文献出版社推出的《中国全面小康发展报告(2006)》透露,目前全国农村贫困人口约2 600万人,城镇居民最低生活保障线下约有2 200多万人,两者合计有4 800多万人,占总人口的比重大约为3.7%,这些贫困人口是中国今后要建设小康社会、达到总体小康水平的最关键人群,是21世纪初中国全面发展面临的最严峻挑战。更令人震惊的是2005年9月亚洲开发银行发表的《亚行2005年关键指标》指出,2003年亚洲还有6亿多赤贫人口,93%分布在印度、中国和南亚,其中中国为1.73亿。

到2007年底,全国农村没有解决温饱的贫困人口的收入上限(785元)仅仅是全国农民人均收入(4 140元)的18.96%;低收入贫困人口的收入上限(1 067元)仅仅是全国农民人均收入的25.77%,按农村绝对贫困人口标准低于785元测算,年末农村贫困人口为1 479万人,按低收入人口标准786~1 067元测算,没有解决温饱的贫困人口和刚刚越过温饱线但还不稳定的低收入人口总计 2 841 万人,再加上插花贫困人口 1 800 万人,城市贫困人口 2 500 万人,总共接近 9 000 万人,而建档立卡的扶贫工作对象有近 1 亿人。2007 年我国城镇居民人均可支配收入为 13 786 元,农村人均纯收入为 4 140 元,按城乡人口加权平均,2006 年我国人均收入为 8 963 元,依照"贫困线被定义为中等净等价收入的 50%"的 V. 富克斯贫困线定义[①]衡量,中国农村的贫困状况将是一个非常严峻的态势。

3.2.2 贫困分布相对集中

目前农村贫困人口集中分布在革命老区、西部少数民族地区、边疆地区,贫困人口分布呈现点(14.8 万个贫困村)、片(特殊贫困片区)、线(沿边境贫困带)并存的特征。2005 年,14.8 万个贫困村的贫困人口和低收入人口占其总人口的比重为 33%,青藏高原延伸区的四川甘孜、阿坝和凉山州比重达 40%左右,41 个沿边境的国家扶贫开发工作重点县比重超过 40%,占全国 592 个重点县的 6.9%,绝对贫困发生率 11.5%,低收入贫困发生率 28.5%,310 个革命老区国家重点扶贫县占全国总数的 53.6%(国家统计局农村社会经济调查司,2006)。极端贫困人口越来越集中在那些生活在环境极端恶劣地区的人口和部分或全部丧失劳动能力的人口。在那些已经脱离极端贫困状态的人口中,存在一大批收入水平非常接近极端贫困线的劣势群体,这些群体一旦受到冲击就极易返贫。根据国家统计局对 2003 年极端贫困人口构成的分析,在 2 900 万贫困人口中,两年持续贫困的人口有 1 354 万人,占总人数的 46.7%;返贫人口有 1 546 万人,占总人数的比例为 53.3%(王国良,2005)。

在国家制定的"中国农村扶贫开发纲要(2001～2010 年)"中,除西

[①] 美国经济学家维克托·富克斯关于"贫困线被定义为中等净等价收入的 50%"的贫困定义称之为 V. 富克斯定义。所谓"净等价收入"是依据居民户规模调整了的可支配收入,该收入是用加权平均方法计算的。

藏的73个县计划单列进行整体扶持外,列入国家扶贫开发工作重点县的民族县共计220个,占全国扶贫开发工作重点县的37.16%。2005年,少数民族地区农村绝对贫困人口为1 170.4万人,贫困发生率为6.9%,低收入人口为2 048万人,占农村人口的比重为12%,在国家扶贫重点县中,每3个人中有1个人住在少数民族聚居区,每2个贫困人口就有1个住在少数民族聚居区(刘坚,2006)。

笔者2005年4月对乌蒙山区贫困地区的重点调查表明,贫困分布广泛又相对集中、绝对贫困现象显著且低收入贫困人口的不稳定性是乌蒙山区贫困问题的主要特点。位于乌蒙山区北侧的四川古蔺县29个乡镇、614个村中有157个重点贫困村,2005年末未解决温饱的人均纯收入637元以下的贫困人口10.5万人,人均纯收入1 000元以下的低收入人口21万,共31.5万人,占农业人口73.6万的42.8%,贫困村的农民人均纯收入1 219元,是全国农村人均纯收入(2 936元)的41.52%。贵州毕节地区大方县有重点贫困村329个,占总村数376个的87.5%,2005年末农民人均纯收入625元以下的绝对贫困人口7.33万,625~865元的低收入贫困人口13.27万。笔者重点调查的大方县鸡场乡大坝村421户,1 459人,2004年人均纯收入只有500元,只相当于全国农村人均纯收入的17.03%。织金县2005年末人均纯收入在625元以下的绝对贫困人口还有91 200人。即使是经济条件相对较好的非重点贫困县黔西县,在738个行政村中,人均纯收入865元以下的重点贫困村也有394个,占总村数的53.39%。数据突出地表明,尽管经过20多年的改革开放和"八七"扶贫攻坚,乌蒙山区贫困面依然很大,并呈现集中分布的特点和贫困人口分布的特殊性、民族性和边疆性特点,赋予反贫困加强民族团结、保证边疆安全及建设和谐社会等更为艰巨的使命。

3.2.3 贫困程度更加深重

利用贫困深度指数对2000~2006年的中国农村贫困人口的贫困深

度指数①进行测度,从测度结果来看,中国农村剩余贫困人口具有明显的贫困深度加大的趋势(图 3—1)。

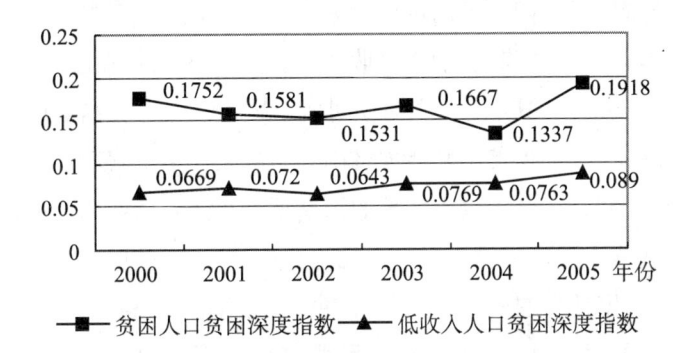

图 3—1 中国农村贫困人口贫困深度指数年际变动

资料来源:2001~2006 年《中国农村贫困监测报告》,经过整理。

从图 3—1 可以看出,中国农村贫困人口的贫困深度指数从 2000 年的 0.1752 经过波动下降到 2004 年 0.1337,但 2005 年有大幅度的升高,增加到 0.1918;低收入人口的贫困深度指数则一直保持缓慢上升趋势,从 2000 年的 0.0669 增加到 2005 年的 0.0890。贫困深度指数的上升表明,随着农村贫困人口数量的减少和贫困发生率的降低,剩余贫困人口的贫困程度更深,减贫速度将会减缓、脱贫成本将会增加。由于自然、地貌、历史、经济和社会诸多因素的相互制约,农村贫困地区虽然基本完成扶贫攻坚的阶段性任务,初步解决了大多数绝对贫困人口的温饱问题,但是这种温饱应该说是低水平、不平衡的和不稳定的,剩余绝对贫困人口主要集中在老、弱、病、残、鳏、寡、孤、独、呆、傻,丧失基本劳动能力,很难通过扶

---

① "贫困深度指数"是根据所有贫困人口实际收入与贫困线的差距计算一个国家或地区全体贫困人口平均收入与贫困线的差距的百分比,衡量的是贫困人口总体的贫困程度。"贫困深度指数"可以被公式化为贫困人口的平均收入与贫困线的差距的百分比,也称为"收入缺口比率"。假设"贫困深度指数"以 I 表示,贫困人口数量为 q,第 i 个贫困人口的收入计为 y_i,贫困线为 π,贫困人口的平均收入水平为 y^*,其平均收入缺口为 g^*,则有:$y^*=\sum_{i\in q} y_i/q$ 和 $g^*=\pi-y^*$,贫困深度指数可以表示为:$I=g^*/\pi$。

持手段脱贫的特殊群体中,在农村最低生活保障制度缺省,民政救济覆盖面小、公共卫生服务体系不健全的情况下,这部分人口的贫困状况日益凸现,成为新阶段反贫困的突出难点。另一方面,由于经济发展水平的滞后和贫困标准认定的缺陷,农村中低收入贫困人口大量存在已成为现阶段反贫困的主要对象,其不稳定的收入水平、落后的人力资本素质、薄弱的经济发展基础、以知识贫困和能力贫困为主的贫困表象,使其生存发展处于极不稳定的状况,经济收入增长的预期远远小于经济收入下降的预期,这种现象在样本地区的调查中显得尤为突出。

此外,贫困地区农民观念陈旧,普遍缺乏商品流通意识和市场竞争观念,"等、靠、要"思想广泛存在,学习科学文化知识的积极性不高,对科学技术接受能力差,推广优良品种和农业种植技术难度大,进取不足而惰性较重,宁愿苦熬不愿苦干。在地方病流行区,由于贫困人口素质的极端低下,贫困人口普遍缺乏地方病预防知识,尽管政府不断加大宣传力度,但是病区群众接受程度相当低下,致使地方病防治工作进展不快。

3.3 农村贫困地区的分布特点

中国贫困地区主要分布于中国中西部地区的高山区、高寒山区、石山区、荒漠地区、边远地区、地方病流行区、黄土高原区以及少数民族地区,从贫困人口的空间分布格局来看,贫困人口在地域分布广泛的同时又呈现相对集中的分布态势,表现为贫困人口在区域分布上呈现点(14.8万个贫困村)、片(特殊贫困片区)、带(沿边境贫困带)并存的空间格局。同时,由于贫困地区独特的自然地理、生态环境、历史进程、民族文化、经济区位等原因,生态脆弱地区、少数民族地区、山区、边境地区、革命老区等是贫困人口集中分布的典型区域。贫困地区在空间布局上有着显著的空间重叠特性,这主要表现为贫困地区与生态脆弱地区的高度重叠性、贫困地区与主体功能区格局下的限制和禁止开发区域的高度重叠性、贫困地区与少数民族地区的高度重叠性、贫困地区与资源富集地区的高度重叠性、贫困地区与边境地区的高度重叠性以及贫困地区与革命老区的高度重叠性。表现出浓厚的边远性、民族性、封闭性、复杂性等方面的特征,这些特征不仅决定了西部贫困地区发展的区域性、多样性和特殊性,而且决定了西部贫困地区反贫困战略的长期性、艰巨性和复杂性。

3.3.1 区域性分布

与西方发达国家和发展中国家主要以阶层分布为主的贫困特征不同,中国农村的贫困状况有着强烈的区域性分布特点。西部地区是中国农村贫困人口集中分布的地区,也是中国反贫困治理的重点和难点地区,1994年列入中国政府"国家八七扶贫攻坚计划(1994～2000年)"的592个贫困县中,西部地区共有361个,占全国贫困县总数的60.98%。2003年2月9日,国务院批准在中西部21个省(区、市)确定592个县作为新阶段的国家扶贫开发工作重点县,西部地区共有375个,占全国总数的63.34%。其产业不具优势、生产力发展水平低下、产业结构单一、市场规模狭小、基础设施薄弱、生态环境恶化、社会发展机制发育不全,贫困发生普遍、贫困程度深重的状况非常严峻。目前,西部农村绝对贫困人口主要集中在老、弱、病、残、丧失基本劳动能力、很难通过扶持手段脱贫的特殊群众中,在最低生活保障制度缺省、民政救济覆盖面小、公共卫生服务体系不健全的情况下,这部分人口的贫困状况日益凸现。另一方面,由于经济发展条件水平的滞后和贫困认定标准的缺陷,农村低收入贫困人口大量存在已成为现阶段反贫困的主要对象,其低下的家庭收入水平、落后的人力资本素质、薄弱的经济发展基础,以知识贫困和能力贫困为主的贫困表象,使其经济收入增长的预期远远小于经济收入下降的预期,这种现象在西部少数民族地区显得尤为突出。在反贫困治理中,既要逐步缓解剩余特困人口的生存问题,又要稳定解决低收入贫困人口的温饱问题,任务相当艰巨,在全面建设小康社会的现实背景下,扶贫制度的创新、贫困地区基础设施的全面改善、可持续发展方式的选择、贫困人口的稳定脱贫、少数民族贫困地区的经济社会进步依然是西部大开发战略和社会主义新农村建设面临的严峻挑战。

革命老区也是中国贫困地区的分布主体,革命老区即革命老根据地,主要是指第二次国内革命战争时期和抗日战争时期,中国共产党及其领导的武装力量开创建立了红色政权半年以上的农村革命根据地,中国国内革命战争中为中国革命作出巨大贡献的老革命根据地,如井冈山地区、陕北地区、太行山区、沂蒙山区、秦巴山区等,1994年国务院确立的592个国家重点扶持的县当中,有310个是老区县,占了53.6%。由于历史、自然、地理等方面的原因,大部分革命老区仍然比较贫困。"中国农村扶贫开发纲要(2001~2010年)中期评估报告"显示:革命老区县的发展依然落后于全国平均水平,以国家统计局监测的第二次国内革命战争的237个老区县为例,第一、二产业增加值,城乡居民人均储蓄存款余额和人均地方财政收入分别是全国平均水平的58%、35%和23%;农民人均收入是全国平均水平的57%;劳动力文盲率9.4%,比全国平均水平高1.9个百分点。在同一省、区内老区县的发展水平也明显偏低。2005年,陕西省56个老区县农民人均纯收入1 740元,比全省农民人均纯收入2 052元低312元,仅为全国农民人均收入的53%。由于基本生产生活条件和基础设施没有得到改善,已经初步解决温饱地区的群众生活仍然困难,极不稳定。陕西的老区县仍有940个行政村不通公路,有4 060个村、146万人口存在着饮水困难,还有300多个村4 300农户不通电。湖北省的老区还有425个村不通电,2 843个村不通公路,1 340个村、548万人饮水困难。现在不少革命老区行路难、办事难、就医难、喝水难等问题还没有从根本上解决。目前中国14.8万个贫困村的贫困人口和低收入人口占其总人口的比重为33%,青藏高原延伸区的甘孜、阿坝和凉山州比重达40%左右,41个沿边境的国家扶贫开发工作重点县比重超过40%,都远远高于9%的全国平均水平(刘坚,2006)。

3.3.2 民族性指向

西部的民族地区主要包括五个自治区和贵州、云南、青海三个多民族省份,以及世居民族较多的四川、甘肃、重庆等省(市),其中,内蒙古、广西、宁夏、西藏、新疆和贵州、云南、青海等八省、区,陆地面积为557.58万平方千米,占全国陆地总面积的58.5%,占西部总面积的82.6%。西部地区民族自治地方总人口为14 527.57万人,占全国民族自治地方总人口的87.5%,民族自治地方少数民族人口6 499.29万人,占全国民族自治地方少数民族人口的86.1%。其中,西北地区又是我国最主要的多民族居住区和少数民族聚居面积最广的地区。居住有50个民族成分,这一地区县以上的民族自治地方(不含自治州的自治县)总面积为260.5万平方千米,占西北地区面积的84%,青海省的少数民族自治地方面积竟占了全省面积的98.29%,在西北地区少数民族人口1 477.07万人,占全国少数民族人口的20%。新疆少数民族人口比例达61.9%,而青海的少数民族人口比例达57.5%。西南地区大约有3亿人口,其中少数民族4 000多万,占全国少数民族人口的一半以上,特别是西藏自治区,藏族人口占全区总人口的90%以上,贵州、云南是多民族聚居的省,四川、重庆是多民族居住的省、市。另外,在我国154个民族自治地方中,除了分散在中东部的37个自治县之外,其余5个自治区、30个自治州、82个自治县(旗)都纳入了西部范围,因此,可以说中国西部地区就是中国的民族地区。

农村贫困人口与西部少数民族人口在空间上的重叠是中国农村贫困人口分布的重要特点。据不完全统计,目前我国少数民族地区贫困人口约占我国农村贫困人口的50%以上,这些贫困人口由主要集中在258个少数民族贫困县,占少数民族地区总人口的18.5%。从各省的贫困人口数量看,国家扶贫重点县农村绝对贫困人口数量超过百万的省有云南、贵州、甘肃、陕西、河南和四川。西部民族地区历来是我国扶贫工作的重点和难点地区,在国家制定的《中国农村扶贫开发纲要(2001～2010年)》中,除西藏的73个县计划单列外,列入国家扶贫开发工作重点县的民族县共计220个,占全国扶贫重点县的37.16%。其中,云南44个、贵州36个、内蒙古31个、广西28个、新疆27个、西部20个、甘肃14个、青海12

个、宁夏 8 个。西部民族地区包揽了全国扶贫重点县 1/3 强的比例。西部除重庆、四川外，各省、区国家扶贫重点县的贫困发生率均超过 10%。据国家统计局 2005 年 3 月发布的《2004 年中国农村贫困监测公报》显示，截至 2004 年末，西部地区农村绝对贫困人口为 1 305 万人，占全国农村人口的比重为 5.7%，低收入贫困人口为 2 396 万，占该地区农村人口的比重为 10.5%，其中绝大多数是民族地区。云南省 15 个独有少数民族，40%以上是贫困人口。人口在 10 万人以下的 7 个人口较少民族，基本处于整体绝对贫困状态，脱贫难度相当大。

据《2006 年中国农村贫困监测公报》，滇、黔、湘、桂、川、青、新、陇、宁、渝、内蒙古 11 个省（区、市）中，还有约 20 个民族的 390 万群众所在的 77 个少数民族贫困县，属于特殊贫困少数民族地区，分别占全国民族自治地方县的 11%、民族自治地方贫困县的 29%。这 77 县辖乡镇 1 309 个、村委会 13 097 个，总人口 1 818.03 万，其中，乡村人口 1 631.58 万，占全国民族自治地方乡村人口总数的 14.2%。少数民族比较集中地生活在西北和西南地区，而且在这些地区他们也大部分生活在深山区。中国历史上，在贫困的山区和富裕的平原之间有一种调节机制，即少数民族通常集中在高山上，例如广西，汉族生活在沿海地区和南部物产比较丰富的地区，壮族占据着相对肥沃的东北部地区，另有少数壮族占据着西北部石灰岩地区，而瑶族生活在最边远的石灰岩地区。贵州显示出相同的结构，苗族、布依族和瑶族生活在最遥远的山区，居住在遥远山区的少数民族是贫困人口中的赤贫者。这些边远的山区，由于森林的大量砍伐和人口的迅速增长，加快了农业生态条件的极度恶化，而且直到最近，扶贫项目很少能够覆盖这些地区，造成发展缓慢。而且，由于许多人不会讲汉语，少数民族地区和外部缺少联系，这使他们很难获得非农就业、市场、投资机会等信息，因此也就无法利用这些机会。由此造成的一个后果是，少数民族比汉族更难得到劳务输出的机会，而这正是十年来贫困人口获得现金收入的主要来源。少数民族妇女参与劳务输出的机会更少。

2004 年下半年，国家民委用半年多的时间，组织力量，深入开展对特困少数民族地区的调查和研究工作。调查对象包括中西部的国家和省、自治区扶贫工作重点的民族自治地方县,涉及17个省、区的322个县,实地调查深入到贫困县、乡、村和贫困户,研究发现少数民族贫困问题得到明显缓解的同时,局部地区的贫困问题仍很严重,特别是滇、黔、湘、桂、川、青、新、陇、宁、内蒙古、渝11个省(区、市)中,还有约20个民族的390万群众所在的77个少数民族贫困县,属于特殊贫困少数民族地区,分别占全国民族自治地方县的11%、民族自治地方贫困县的29%。这77个县辖乡镇1 309个、村委会13 097个,总人口1 818.03万,其中,乡村人口1 631.58万,占全国民族自治地方乡村人口总数的14.2%。绝对贫困人口390万人占全国绝对贫困人口的13.4%、占少数民族地区绝对贫困人口的30%。与一般贫困地区相比,这些特困少数民族地区有着与其他贫困地区不同的特殊贫困:一是贫困面大,77个县共有扶贫攻坚重点特困村8 240个,占62.9%;二是大多呈整体贫困状态,贫困发生率高达23.9%,远远高于同期全国3.1%和592个国家扶贫工作重点县8.8%的绝对贫困发生率;三是贫困程度深,77个特困县390万特困人口中普遍存在缺钱、缺粮、缺衣被、缺水和住房难问题。贫困面大、贫困程度深且多呈整体贫困状态是少数民族地区贫困人口的主要特点。

3.3.3 边缘化生存

农村贫困人口主要分布于中国西南、西北边远地区和边疆地区,大都居住在离经济相对发达地区、交通干线较远的山区和高寒牧区,无论历史或现在都是中国经济发展最薄弱的地区,特别是其中的边境地区,解放后相当长一段时期都被当作"对敌第一线"、"反修防修前线",国家的投入很少,基础建设落后,经济发展缓慢。"中国农村扶贫开发纲要(2001~2010年)"对沿边境贫困带贫困人口的生存状况表述为:祖国边境共有135个县,资源匮乏,交通不便,物质资本薄弱,民族问题、宗教问题、毒品问题乃至恐怖主义等因素错综复杂。其中有41个国家扶贫开发工作重点县,占总数592个6.9%;生活着2 100万各族群众,其中贫困人口68.2万,贫困发生率11.5%;低收入人口169.4万,低收入贫困发生率28.5%。总的看,135个县的总体经济社会结构落后全国发展水平一个阶段,对国家安全和边疆稳定非常不利,应作为一个整体进行扶持(刘坚,2006)。云南省25个边境县中有16个是国家扶贫开发工作重点县,贫困人口高达150多万,边境县、扶贫开发工作重点县分占全国的18.52%、36.36%。有15个少数民族跨境而居,群众生产、生活十分艰难,边民外流现象较为突出属于我国边境地区同一民族跨国界相居的"敏感地带",由贫困导致的民族问题常常与宗教问题、毒品问题乃至恐怖主义等问题相互纠缠,严重地影响我国民族的团结和国家的安危。

青藏高原许多少数民族尤其是藏族,大都居住在离中心城市、经济相对发达地区、交通干线较远的山区和高寒牧区。地域辽阔、地广人稀、居住分散、发展落后给少数民族地区的社会发展尤其是教育事业的发展造成了极大的困难,极大增加了教育投入的成本。像整个青藏高原人口的密度每平方千米只有3.5人,内蒙古、宁夏、新疆、青海、甘肃等17个省、区人口密度平均为11.8人。广西、贵州山大沟深且"三人一村,五家一寨",居住十分分散,这种高度分散的居住条件需要增加学校的布点,基础教育布局面宽、点多、量少,势必增加教师的编制,增加教育投资的成本,而且也无法形成规模效益。还有,像牧区流动分散的生产方式和教育教学要求相对集中的需要,也形成突出的矛盾。牧区要创办寄宿制学校,而寄校修建材料从千里之外运进,一块砖一片瓦都要高出原价数倍、数十倍,所以一般在牧区建一所寄宿学校,其费用相当于在内地修建3至5所普通学校。寄宿制学校不但管理教学还要管食宿、管医疗健康、管学生的一切,要让学生安心,家长放心,教师要花费大量精力和心血,既要当教师,又要当保姆。

3.3.4 封闭性循环

西部贫困地区绝大多数分布在西部的牧区、山区、边境、高原、森林地带,大都高寒缺氧,气候恶劣,交通闭塞。山区、牧区、边境远离政治经济文化中心，交通阻塞和外界交往很少，形成地域结构性的封闭、半封闭和交通封闭、观念封闭。少数民族群众由于长期生活在区域边远、交通闭塞、生态环境恶化、相对封闭的自然偏僻环境中，经济社会还处在比较低的发展水平上。

在传统的小生产方式下，劳动者受教育程度低，文盲半文盲占有相当大的比例，在参与现代分工和商品市场竞争中处于劣势。同时，由于区位上的边缘分布，交通的闭塞，观念上的封闭，经济上的贫困，使生活在小生产方式下的农民养成了排斥新的、先进的科学技术知识信息和有价值的商品信息等，习惯于"日出而作"、"日落而息"的自然经济生产方式，这种生产方式同西部贫困恶劣的自然条件和相对封闭社会结构直接导致贫困地区农村产业结构的单一，表现为农业以单一种植业为主体，而种植业又以粮食生产为主体，其他农村产业发展滞后尤其是乡镇企业发展极度缓慢的格局。在西藏地区和川西藏区，农区、半农半牧区农牧民全年总收入的80%以上来自种植业，纯牧区牧民全年总收入的90%以上来自畜牧业，农牧业生产方式粗放，增产增收困难，产业化程度低，缺乏支柱产业，龙头企业数量少、规模小、层次低，农牧民和龙头企业的利益联结机制不紧密，中小企业发展缓慢。农业生产以低层次平面垦殖方式为主要特征，即低素质的生产经营者凭借传统的、简单的农耕技术和经营方式，以人口数量的增加和体力劳动为主，直观表现为以锄头、犁、耙和畜力为主的生产技术手段同自然界进行简单的能量交换过程。其生产结构是单纯追求粮食产量的单一种植业结构，生产力水平极低。低层次平面垦殖方式最直接的后果是造成贫困地区的封闭循环格局，加之交通不便、地形闭塞的自然环境更使得这种格局获得了一种稳定性，这种超稳定性的封闭循环的经济结构和闭塞的自然环境融织在一起，严重地阻滞了贫困地区社会基础结构的演进和进化，使贫困地区在传统农业的发展道路上步履蹒跚。

此外，贫困人口社会活动的范围极其狭窄，长年累月被封闭在一村一乡、一山一沟内，从而形成了保守、愚昧、固守传统、不思脱贫等贫困文化特征。由于文化上的封闭性，人们的思想观念落后，文化、科技素质差，市场意识、竞争意识淡薄，经济管理能力低，对外界新观念、思想具有很强的排斥力，从而限制市场经济的发展和科学技术的引进、使用，使资源优势难以转变为经济优势，落后的生产方式难以转变，资源利用不合理，环境破坏，从而进入落后文化—贫困—落后文化的恶性循环之中，成为区域贫困和不能实现可持续发展的深层次原因。如青藏高原牧区、山区海拔在3 000~4 000米以上，有些地区全年几乎无绝对无霜期，而且自然灾害频繁，抗御灾害能力薄弱，至今仍没完全摆脱靠天种地、靠天养畜的状态。居住区位上的劣势、艰苦的自然生存条件形成了结构性的自我封闭状态，阻碍了民族之间的交流交往，导致经济发展缓慢，外部支援和科学技术辐射受到了制约，自身的改革发展、资源开发受到了局限。西部民族地区生产生活方式落后，生产力水平低下，社会发育程度低，沿袭旧的观念和习惯，人口文化素质低，社会保障严重不足，居住区位上的劣势、艰苦的自然生存条件形成了结构性的自我封闭状态，阻碍了民族之间的交流交往，导致经济发展缓慢，外部支援和科学技术辐射受到了制约，自身的改革发展、资源开发受到了局限，致使贫困人口长期受制于的物质和精神多因素构成的综合型贫困陷阱。

3.3.5 复杂性根源

历史发展的曲折性、民族文化的多样性、社会进步的封闭性决定了农村贫困地区发展的艰巨性和复杂性。在一定地域自然环境下形成的、不同的社会组织形态和文化传统形成不同的心理气质、生产方式、生活方式、风俗习惯、宗教信仰不断影响贫困地区人民的人生观、价值观和人生态度，在长期的历史发展过程中，各民族又形成了具有各自民族特色的文化，它反映着一个民族社会的群众意识。在广泛的民族意义上来说是知识、信仰、艺术、道德、习惯的复合体，每一个民族的文化都有自己的长处和优点，又都有自己文化的本质特点，呈多层次、多元性的文化特征，不同民族、不同地域、不同的历史背景形成不同特色的文化。民族的多样性也带来了宗教的多样性，几乎没有一个少数民族不信仰宗教，而且像藏传佛教和伊斯兰教已成为藏族、蒙古族、回族等少数民族全民信奉的宗教,这是我国许多少数民族的又一特点。宗教作为一种特殊的文化现象,已渗透到文化、教育、生活和传统习俗的各个领域,直接影响着人们的思维方式和心理状态。四川甘孜藏族自治州、阿坝藏族羌族自治州是全国第二大藏区,大多数农牧民群众信奉藏传佛教。在民主改革前,藏传佛教作为藏区封建农奴制社会的主要精神支柱和意识形态,已经渗透到藏区的政治、经济、文化和社会生活的各个领域,并产生了广泛而深刻的影响。现在,藏传佛教在四川甘孜、阿坝藏区的绝大多数人的社会生活中仍然占有十分重要的地位,宗教文化表现出相当的完整性、稳定性和独特性。

宗教文化渗透在少数民族社会生活的各个层面,以传统风俗和生活习惯等各种方式表现出来,并显现出极为稳定的特征,因此排他的、孤立发展的文化形态基本上无法与其他民族进行交流与融合,难以接受先进文化的影响,甚至抵制现代文明的启迪和传播。此外,基础教育落后,劳动者素质低,自身综合能力差,限制了民族地区经济和社会发展水平,同时严重制约了农牧业生产的发展和农牧民收入的增加。恶劣的自然地理条件、原始落后的生产方式和极端低下的人力资本素质直接导致了少数民族地区发展进程的封闭或半封闭,这种在封闭半封闭的经济环境中逐步形成的相互隔离的社会文化机制使科学文化和现代化信息的传播受到时空的限制,不仅是许多以教育、科技、文化开发为主体的发展措施难以有效贯彻的现实障碍,而且是长期以来少数民族地区丰富的自然资源不能得到充分的开发利用、潜在的资源优势无法转换为现实的经济优势的重要原因。

第4章 西部农村反贫困的难点问题与制约因素

中国西部农村贫困地区是中国农村贫困人口集中分布的地区,由于自然、经济和社会发展的独特性质和历史发展的曲折性,西部农村贫困地区反贫困战略面临着特殊的矛盾与困境,系统分析西部农村贫困地区反贫困战略面临的若干问题、困难和障碍,是进一步研究中国西部农村贫困地区反贫困战略模式的关键环节。

4.1 农村反贫困的基本困难

4.1.1 生存环境恶劣

西部贫困地区贫困人口的分布状况及致贫基本原因的分析表明,西部贫困地区农村扶贫面临着诸多制约因素,而恶劣的自然环境和频发的自然灾害则是最基本而且长期的制约因素。西部地区除青藏高原外,大部分分布在我国第二地形区的中低山地。西部贫困地区主要分布在高原山区、沙漠荒漠地区、喀斯特环境危急区、黄土高原水土流失严重地区,分布广泛又相对集中连片的贫困地区自然、生态、气候、植被、资源等情况千差万别,各区域贫困形成的原因、贫困的运行机制及贫困人口的特征状况各不相同,但其共同的特征是地质地貌复杂,自然灾害频繁发生,生存环境条件极为恶劣。美国著名发展经济学家、纽约大学教授迈克尔·P. 托达罗(Micheal P. Todaro)在其经典著作《经济发展与第三世界》中,曾经全面分析了西方经济增长的历史经验在指导当今第三世界国家的发展道路方面的价值局限性。他认为,经济增长的阶段理论及相关的迅速工业化模型很少注意到当代发展中国家极不相同的、较不利的初始经济、社会和政治条件。而事实上,当代这些发展中国家的增长状况,在许多重要方面明显不同于发达国家开始进入现代经济增长时代的增长状况。他列举了初始条件的八个重要差别,在第三个即气候差异中,他指出:"几乎所有的第三世界国家都位于热带或亚热带气候区。历史事实是几乎每一个现代经济增长成功的例子都发生在温带国家里,这种二分法不能简单归结于偶然的巧合,它必定和不同气候条件所直接或间接引起的特定的困难有某种联系。"(迈克尔·P. 托达罗,1992)尽管不能完全将贫困地区的贫困根源归结为自然条件恶劣或生存空间不足,但是事实上贫困地区特殊的区位条件和恶劣的自然生态环境对贫困地区贫困的发生和贫困的程度有着极为深刻的影响。

我国是一个多山的国家,山地、高原约占总面积的66%,平原、丘陵约占34%,地势西高东低,呈梯级分布,其中山地、高原主要集中在西部,绝大部分海拔在2 000米以上。世界最高的山峰珠穆朗玛峰,世界最大的高原青藏高原均分布在西部,其他还有帕米尔高原、黄土高原、云贵高原等等。西部地区除青藏高原外,大部分分布在我国第二地形区的中低山地,一部分分布在中部丘陵山区,地貌种类多样,恶劣地形较多。西北黄土高原、内蒙古高原都有面积不等的沙漠、沙化地貌和黄土黏土沙漠地貌。西南的武陵山区和桂西北山区有强烈发育的喀斯特地貌,青藏高原和横断山有寒冻风化地貌等。西北黄土高原是中国著名的干旱地区,水资源奇缺、旱灾频繁,呈喀斯特地貌的西南武陵山、横断山贫困地区,山高坡陡,岩石裸露,地表水渗漏严重,人畜饮水困难,耕地资源奇缺,沟壑纵横难以开发,大多数贫困人口生活于高山峡谷以及因生产需要而遭到人为破坏的山地与林地,贫瘠不适农耕的土质有如石灰岩成分过高的土壤环境,其水土资源俱缺,有碍耕作。且属中亚热带湿润季风气候类型,寒冷、阴雨、高温伏旱以及洪涝、冰雹、霜冻等自然灾害一应俱全;处于深山区、石山区的乌蒙山区、桂西北贫困地区属高原山地构造,岩溶地貌突出,江河切割、山高谷深,地势高差悬殊,水土易受侵蚀,泥石流、滑坡崩塌等地质灾害常年发生;处于云贵高原、青藏高原的少数民族贫困地区四季寒冷,无霜期短,日照稀少,不利于农作物生长,农业生态环境极其恶劣。

另外,在西部某些省区,山地高原占了总面积的绝大部分,如云南省总面积中有84%是山地,10%是高原,只有6%是星罗棋布的山间盆地,横断山及其余脉盘踞省境西部,北段高山大河平行排列,山地海拔4 000米左右,与谷底高差可达3 000米以上,形成著名滇西纵谷区。位于云贵高原东北部的贵州省,处于我国西南亚热带岩溶高原区,全省面积17.6万平方千米,其中山地面积15.3万平方千米,占总面积的87%,平均海拔1 000米,境内山高谷深,地面崎岖,素有"地无三里平"之说,省境中石灰岩溶地形分布广泛,岭谷起伏,很少平坝,是全国唯一没有平原的省份。四川省全省土地面积48.5万平方千米,古有"天府之国"之称,而实际上比较富庶的成都平原幅员面积1.45万平方千米,仅占总面积(48.5万平方千米)的2.99%,而平均海拔在3 000米以上的川西高原和平均海拔在800米以上的盆周山地幅员面积44万平方千米,占总面积的90.72%。位于黄河中游、黄土高原中部的陕西省,高原、山地面积占总面积的81%,黄土分布广泛,厚50~150米,经流水切割,形成典型的塬、梁、峁、沟、壑等多种地形,富县以北的地区是全国水土流失最严重的地区之一。西部贫困地区的水土流失主要分布在黄土高原区和西南石山岩溶地区,以及长江上游地区。据有关部门统计,西部贫困地区水土流失面积约10亿亩,占全国水土流失面积的51.8%。陕西省有67%、宁夏回族自治区有46%的土地存在水土流失问题,甘肃境内黄河流域面积的74%存在不同程度的水土流失问题。西部黄土高原地区由于森林植被覆盖率极为低下和其他一些原因,水土流失面积达43万平方千米。坡陡、山高、谷深、河沟比重大、地表土层薄的西南石山岩溶区,每遇暴雨,就发生严重的水土流失。一般平均每年流失土壤厚度约0.5~1.0厘米,有的地方竟高达2.0~5.0厘米。如石灰岩山地占73%的贵州省,在全省33个水土流失严重的县中有98%为岩溶面积分布的县,其中绝大多数是贫困县。长江流域由于上游森林植被的严重破坏,导致土壤涵水能力下降,泥沙增多,两岸水土流失严重,历史上长江流域森林覆盖率曾高达60%～85%,1957年下降到22%,到2006年已下降到6%。岷江、涪江、嘉陵江等几条长江主要支流流域的川中53个县,森林覆盖率大多不到3%,其中19个县不足1%,过度开垦,滥砍滥伐森林,导致水土流失严重、土地石漠化、贫瘠化是这些地区人口贫困的重要原因。西部地区集中了我国主要的大山、高原、沙漠、戈壁、裸岩、冰川以及永久性积雪地域等,构成了西部地区地质地貌的复杂性和特殊性,西部地区80%以上的贫困县分布在这样一个特殊的自然环境中。

4.1.2 自然灾害频繁

从历史与现实结合的角度考察,中国自然灾害发生频率高,地域分布广,出现类型多,灾害损失大,是世界上遭受自然灾害最严重的国家之一,其中以洪水、干旱、地震和海洋灾害为甚,而中国西部地区又是中国自然灾害发生率最高的地区。一般常见的有洪、旱、霜、雹、震、病等多种自然灾害。由于光、热、水、土资源区域分布的严重失衡,特别由于高原山地构造,岩溶地貌突出,江河切割、山高谷深,地势高低悬殊,泥石流、滑坡、崩塌等地质灾害年年发生,给西部地区人民的生活和生产造成严重损失。笔者20多年来不间断对西部贫困地区进行实地调查并时常为灾害所困,对自然灾害给西部贫困地区造成的巨大损失感触很深,并始终认为这是西部贫困地区发展面临的严峻制约,也是学术界长期研究不足或认识不足的主要领域。

在内蒙古高原东南边缘风蚀沙化贫困区,由于垦殖、过度放牧,草原退化和土地沙化的问题突出,生态环境脆弱,自然灾害频繁,且以干旱、风沙灾害最为突出。地处武陵山区的重庆黔江地区酉阳县山高坡陡,25度以上的坡地占总耕地面积的1/3,常年受灾面积在60%以上,据气象部门统计,1985～2005年的20年内,该县共发生20天以上的大中小旱灾46次,特大洪灾和一般洪灾31次,8级以上的风灾24次,雹灾41次,这些频繁不断的自然灾害,严重地威胁着农业生产的发展和人民生活的稳定。位于青藏高原东南边缘的四川甘孜藏族自治州,平均海拔3 500米以上,年平均气温仅7.8℃,全州五个国家扶贫重点县年均无霜期83天,最少的石渠县只有21天,年降水量500～800毫米,属典型的大陆性高原气候。境内伏旱、低温、霜冻、冰雹、风雪、洪水、泥石流等自然灾害十分频繁,经常给农牧业生产、交通运输、邮电通信、水利设施等造成危害,农牧民因灾致贫、脱贫户因灾返贫的情况十分突出。1995年石渠县遭遇特大雪灾,牲畜死亡23.5万头(只),1 513户建卡脱贫户返贫,返贫率高达84.68%。1998年8月该州国定贫困县巴塘县遭遇百年未遇的特大洪灾,造成交通中断、通信断绝、水电停供、耕地淹没、山体滑坡、泥石流泛滥、房屋垮塌、人畜伤亡,全县有21 134人受灾,其中建卡贫困户1 145户、6 258人,分别占建卡贫困户总数和总人口的52.76%和58.5%。2003年丹巴县再次遭遇特大山洪泥石流灾害,全县受灾1 889户、9 591人,占全县总人口的17%,房屋损坏2 021间,冲毁农作物3 179亩,大牲畜死亡828头,直接经济损失1.4亿元,有76户、484人无家可归,5 147名灾民陷入缺衣少食的困境。

甘孜州居住在自然条件十分恶劣、生存环境极其脆弱地区的达22万人,居住在山体滑坡、泥石流、地震等严重自然灾害频发区的农牧民达15万人。2005年6月30日,泸定县发生特大群发性山洪泥石流灾害,造成3个乡(镇)、13个村、10 516人受灾,因灾死亡4人、失踪5人、230人受伤;农作物受灾面积5 001亩,农作物绝收面积1 208亩,毁坏耕地面积240.7亩,损失粮食产量133.14万千克,经济林木受灾192 608株;因灾倒塌房屋784间,损坏房屋4 325间;因灾死亡牲畜382头(匹);毁坏公路58.6千米、桥涵13座(道);毁坏电站59座、渠道32.21千米、水池209口、堤防27.3千米;通信输电线路倒杆845杆、断线47千米,直接经济损失6 019.98万元。2006年6月18日康定县时济乡时济村发生突发性岩崩灾害,造成11人死亡,6人受伤,其中3人重伤,房屋损毁432间,公路、供电、供水等设施不同程度受损,直接经济损失2 000多万元。雅江县处于高山峡谷地带的有11个乡镇、2.7万人,处于高山原地貌的有6个乡、8 185人,有12处灾害点被确定为省级地质灾害危险点,全县有1 503户、8 859人急需搬迁,贫困人口"丰年越温,灾年返贫"现象普遍存在。理塘县平均海拔4 133米,为"世界高城",绝大多数农牧民长年生产生活在高海拔和高山半高山地区,不仅缺水、缺电、缺路、缺燃料等问题难以解决,而且雪灾、泥石流、旱灾、虫灾、地震等自然灾害年年不断,每年因灾返贫人数占农牧民总人数的10%以上。

西藏日喀则地区定日、定结和岗巴县平均海拔在4 300米以上,岗巴县的平均海拔在4 700米以上,最高海拔6 155米,年平均气温1.5℃,年无霜期仅60天左右,自然条件极差,土地贫瘠,草场退化,生存环境极为恶劣,农牧民因病致贫、因灾致贫、因灾返贫的现象突出。位于西藏南部边缘地区、喜马拉雅山脉北麓高寒地带的定结县,平均海拔4 500米以上,境内大部分地区四季不太分明,年平均气温2℃,日照充足,紫外线强,昼夜温差大,干燥少雨,多大风,气候恶劣,自然灾害频繁,比较常见的有旱灾、雪灾、风灾、冰雹灾、霜灾、涝灾等灾害,旱灾通常发生在6~7月份,严重的旱灾一般5~6年遇到一次。雪灾常发生在当年的10月份至翌年的4月份,一般情况下,每个冬春季节都要遭受2~3次雪灾。大风季节从当年的10月份至翌年5月份,其间1~3月份风最大,通常达7~9级,飞沙走石,行人受阻,灾害性的大风约三年一遇,可造成民房受损,无法外出放牧。冰雹灾一般发生在7~9月份的雨季,霜灾主要发生在8月下旬至9月上旬,造成农作物不成熟而大幅度减产。涝灾多发生在降雨量多的年份,通常淹没江河湖泊附近的农田草场,造成地下水位升高、土壤返碱,影响植物的正常生长。自然生存环境的恶劣和自然灾害的频繁发生,不仅对贫困地区人民生产生活造成重大影响,妨碍农作物和牧草的生长发育,而且给农牧业生产、交通运输、邮电通信、水利设施等造成严重危害。自然生态环境恶劣是西部贫困地区贫困的根本原因,自然灾害频发加剧了贫困程度并导致脱贫人口重新返贫。

2008年5月12日,四川阿坝藏族羌族自治州汶川县发生里氏8.0级、最大烈度11度的强烈地震,波及四川、甘肃、陕西、重庆等16个省(区、市),417个县、4 624个乡(镇)、46 574个村庄受灾,灾区总面积44万平方千米,受灾人口4 561万人。其中,四川省灾区面积达28万平方千米,重灾区达12.5万平方千米,极重灾区达1.1万平方千米,受灾人口2 961万人,遇难69 146人,受伤374 134人,失踪17 516人,造成了极其惨痛的生命和财产损失,震区道路交通、电力通信、供水供气等基础设施普遍损毁,众多城镇遭到严重破坏其至夷为平地,震源区和高山区村镇几乎整体消失,上万家工业企业受灾,直接损失高达10 000亿元以上。地震中损失很大的区域如四川汶川、北川、青川、安县、平武及甘肃的文县、陕西的宁强等县区均为贫困不发达地区。

4.1.3 基础设施薄弱

交通、能源、通信等基础设施薄弱是西部贫困地区发展面临的基本困难之一,也是导致贫困地区经济发展不稳定和脱贫人口重新返贫的重要原因。贫困发展的农业基本生产条件、社区基础设施和社会服务、基础产业建设与其他地区相比差距很大,革命老区、少数民族聚居区和石山区、荒漠区、高寒山区、黄土高原区和地方病高发区等特殊类型贫困地区,发展相对滞后,脱贫成本高,难度大,需要移民的比例上升。贫困地区的区域性贫困状况与基础设施的普遍薄弱密切相关。据2006年中国农村贫困监测数据显示,2005年,农村绝对贫困人口有51.4%居住在山区,连续贫困的群体有76%居住在自然条件特别恶劣的深山区、石山区、高寒山区、黄土高原地区;592个扶贫重点县中居住在山区的农村贫困人口为1 064万人,占贫困人口的74.2%。农村贫困人口安全饮用水比重比全国低12.8个百分点。全国贫困人口人均耕地面积为全国平均水平的73.5%,46%的贫困人口人均耕地不足1亩,其中,有效灌溉面积仅为全国平均水平的52.3%,粮食亩产仅为全国平均水平的72.6%,人均粮食产量也仅为全国平均水平的45.5%(国家统计局农村社会经济调查司,

2006)。

2006年6月至2007年10月,笔者在新疆、西藏、四川、贵州农村贫困地区的调查表明,基础设施极端薄弱首先表现为农业基础设施脆弱。四川、贵州乌蒙山区贫困地区主要是蓄水工程设施少,干旱造成蓄水量严重不足,加之山坪塘多泥沙淤塞,储水量减少,又因为设施年久失修,病害工程多、配套不全、管理不善等原因,导致有雨不能蓄、有水不能灌,水田约有40%灌溉不足,旱地基本上无水利保证,农业生产只能靠天吃饭,区域性人畜饮水困难广泛发生。新疆喀什地区干支、斗、农渠共53 765千米,防渗渠只有10 044千米,占18.66%。其中干渠4 740千米,防渗的只有2 493千米,占52%;支渠7 848千米中防渗的只有3 811千米,占49%,水利设施建设的滞后,制约了贫困乡村的经济发展。西藏日喀则地区定结县耕地有效灌溉面积只有35 197.5亩,占总面积的87.64%,保灌面积有26 444.55亩,占总面积的65.85%,农田水利设施不能保证正常农业生产浇灌以及防洪抗旱的需要。

其次是通信电力基础设施薄弱。西藏日喀则地区定结县81个行政村中通电话的村只有2个,覆盖率为2.47%,通电的村有21个,覆盖率为25.92%。定日县全县通电的村只占行政村的30%,通水的村只占行政村的50%,13个乡镇中只有3个乡镇实现了光缆通信,占23.08%。新疆喀什地区全区缺电现象十分严重,人均用电仅为35千瓦时,有4个乡、104个村(其中51个扶贫重点村)、40万农村人口还没有用上电;有110余万农村人口还饮用涝坝及高砷、高氟、苦咸水。四川古蔺县2006年末统计饮水困难人口6.1万人,牲畜27万头,占总人口和牲畜的9%和41%;再次是交通基础设施薄弱。新疆喀什地区农村土路、沙砾路占82%,2 306个行政村中有283个村不通公路,严重影响了农民出行和农产品销售。2006年7月,笔者在四川凉山彝族自治州的重点调查情况表明,凉山州612个乡(镇),3 733个行政村,拥有乡级公路6 954千米,村级公路3 666千米。通乡公路中仅有4.5千米二级路,79.6千米三级路,1 079.3千米四级路,有路面里程2 137千米;通村公路中仅有三级公路4

千米,四级公路 438.9 千米,有高级路面 35.91 千米,次高级路面 96.6 千米,中、低级路面 1 599.35 千米。到 2005 年底,其中通公路的乡有 571 个,占乡(镇)总数的 93.3%,通水泥、沥青路面的乡(镇)有 65 个,占乡(镇)总数的 10.62%;通公路的行政村 1 981 个,占行政村总数的 53.06%,通水泥、沥青路的行政村 75 个,占行政村总数的 2.01%,未通公路的行政村 1 752 个,占行政村总数的 46.94%。

西部地区绝大多数国家扶贫开发工作重点县道路、供水、供电、通信等基础设施的落后不仅直接影响了农牧业的发展、农牧区基础设施建设和区域防灾抗灾能力,而且使其在获取信息、技术、资金、人才和商品流通等发展经济方面受到限制,严重制约了国家扶贫重点县的资源开发步伐,阻隔了国家扶贫重点县经济社会发展机制与外部社会的有机耦合,弱化甚至化解了外部社会先进经济文化浪潮对国家扶贫重点县的冲击势头,同时强化了国家扶贫重点县内在的封闭性和资源配置的单一性,使整个国家扶贫重点县社会经济发展处于一种孤立、隔绝的封闭状态。

4.2 农村反贫困的主要问题

4.2.1 扶贫投入约束

中国农村的反贫困主要是一种政府行为,扶贫资金的主要来源是中央政府。由于中国农村的贫困现象具有极为强烈的区域性特点,在贫困人口分布相对集中的西部地区,尤其在国家扶贫重点县,县级财力更为薄弱,在县这个层面,基本上没有能力筹集扶贫资金。县级地方财政扶贫配套资金,也只能依靠来自省级财政的微薄支持。西部贫困地区的扶贫事业所需的巨额投入,归根到底要依靠中央扶贫资金,主要是中央财政扶贫资金和以工代赈资金的投入。2001 年以来,随着我国综合国力的提高,中央政府加大了对扶贫的投入,主要表现在加大了财政性扶贫资金包括以工代赈资金的投入(表 4—1)。

表4—1　2001～2004年中国实际投入扶贫资金(亿元)

	2001年	2002年	2003年	2004年
实际投入扶贫资金	300.57	324.34	339.75	342.66
其中:中央财政扶贫资金	51.30	56.29	65.77	74.58
中央以工代赈资金	47.95	47.98	51.28	48.87
扶贫贴息贷款	159.95	169.74	167.93	165.99
地方配套资金	19.34	19.19	19.77	20.09
利用外资	9.75	8.49	15.35	10.06
其他资金	12.23	22.66	19.86	23.07
中央财政扶贫资金占财政性扶贫资金总额的比重(%)	84.33	85.07	86.06	86.47
中央财政支出比重(%)	30.5	30.7	30.1	27.7

资料来源:刘坚:《新阶段扶贫开发的成就与挑战——中国农村扶贫开发纲要(2001～2010年)中期评估报告》,中国财政经济出版社,2006年,第75页。

从表4—1可以看出,在国家财政性支出中,中央财政支出与地方财政支出相比,中央财政支出力度较大,超过85%;而在国家当年总的财政支出中,中央财政支出与地方财政支出相比,中央财政支出占总支出的比重一般在30%左右。在贫困地区地方政府财力明显薄弱的前提下,中央财政在扶贫资金的筹集上发挥着举足轻重的作用。即使如此,中央财政扶贫资金投入的增长率仍然大大低于中央财政收入和支出的增长率。2001年,中央财政性扶贫资金占当年GDP的0.13%。到2004年,该比例不升反降到0.11%;而中央财政的扶贫资金占当年财政收入的比例也是同样的趋势,2001年为0.75%,到2004年已经下降到0.56%。

由于贫困地区的基础条件没有得到根本性的改善,贫困地区的发展中一直面临着脱贫人口"返贫"问题的困扰,根据笔者多年来对四川甘孜、阿坝、凉山"三州"少数民族贫困地区的跟踪调查,贫困乡村的"返贫率"一般在10%～20%,遇到自然灾害的返贫率达到30%,遇特大自然的返贫率则高达50%以上。根据在凉山州的调查,贫困县的地方财政自我维持率只有17%。在县这个层面,基本上没有能力筹集扶贫资金,贫困地区地方财政扶贫的筹集只是以来自省级财政的微薄支持。因此,由于西部贫困地区国家扶贫重点县特殊的自然、经济和社会发展条件,国家扶贫重点县的发展,面临着扶贫投入的强大约束,这是中国西部贫困地区实施反贫困战略面临的一个非常现实的难题。另一方面,由于贫困地区恶劣的自然环境条件和边远的地理位置,基础设施建设的巨大需求与有限投入存在尖锐的矛盾,扶贫工程建设成本的增加呈刚性趋势,如国家规定建一所乡级卫生院投入资金22万元,而在甘孜藏区则需要50~60万元,因为钢材、水泥等建筑资料价格高于内地4~6倍,在内地新修1 000米初级碎石路面需补助资金2~5万元,而在雅砻江河谷地带只能修100米。2005年雅江县利用以工代赈资金修建到乡公路,按规定每千米补助5万元,而该县修建从恶古乡到八依绒乡一段500米悬崖绝壁公路,耗资100万元,竟为计划投资的40倍。此外,由于经济发展落后,甘孜藏区地方财政收入极为低下,2004年仅为1.72亿元,而财政支出高达27.9亿元,财政自给率仅有6.17%。地方财政收支缺口巨大,基本无法提供财政配套投入支持反贫困,在绝对贫困人口大量存在的条件下,扶贫投入偏低成为贫困人口基本生产、生活条件改善缓慢、已脱贫人口返贫率较高的重要原因。

4.2.2 管理体制问题

从实践考察,中央有国务院扶贫开发领导小组办公室负责扶贫的议事协调、国家发改委地方司管以工代赈扶贫资金、国家财政部农业司负责财政扶贫资金、国家农业银行管信贷扶贫资金、国家民委负责民族地区发展资金、国家民政部门负责救助扶贫等,各地方从省到县基本上都设立相应的机构。这种多头林立的扶贫资金管理体制必然带来的问题是:扶贫开发中条块分割、机构重叠、政出多门、相互掣肘导致扶贫资金使用责权分离、各行其是、互不匹配,资金效益不高;国家、地方和部门扶贫项目资金平均主义分配形式导致资金使用分散、项目配置不切实际、重点不突出、到户率低；绝大多数贫困县扶贫资金投入重工轻农、重大轻小、重富县轻富民、重争取轻管理、使用效率极差。

投入到贫困地区的扶贫资金尤其是扶贫专项贴息贷款的市、县运作是依托商业银行的体制代理发行，实行的是"双轨制"管理。扶贫职能部门管扶贫项目立项、项目规划、资金指标，金融部门管理资金发放和资金到期回收，这种管理体制上的条块分割、责权分离，导致扶贫步调难以协调一致。各级党政部门扶贫责任大但资金权力小，金融部门扶贫责任小而资金权力大，扶贫专项贴息贷款是有偿低息贷款，必须按信贷资金管理办法进行管理，而农业金融系统作为企业组织，以利润最大化为企业经营目标，对扶贫情况比较了解的扶贫部门选择决定的项目，金融部门可以以资金安全和效益为由进行否决。一方面农业银行负责扶贫贴息贷款的发放，承担政府赋予的扶持贫困农户发展生产的政策性责任；另一方面，农业银行作为商业银行，要求保证信贷资金的安全，而广大贫困农户根本无力提供有效的抵押担保，因而也无法获得贷款，贫困户还贷率低也造成银行不敢轻易放贷。这种双轨管理体制导致扶贫资金的政策性与金融部门资金运行的效益性矛盾尖锐，扶贫职能部门同金融部门关系紧张，基层干部群众意见很大。由于体制的障碍，扶贫职能部门缺乏有效管理回收再贷扶贫资金的手段，资金难以保证投入到急需扶持、扶贫效益显著的项目。同时，现行扶贫项目审批权限过分集中，贫困县编制的项目计划要层层上报到市、省甚至国家计委审批立项，金融部门在批准的项目中选择放贷，金融部门的商业化运作必然导致扶贫资金投入程序烦琐，扶贫项目延迟、延误农时的情况屡屡发生。此外，在企业化经营的前提下，作为发放扶贫贷款的金融部门，以资金投放安全性与效率性为首选目标，项目贷款担保条件严格，而贫困户一般不能为自身提供贷款担保，这样必然导致扶贫贷款的到户率极低，体现党和政府扶贫政策的扶贫专项贴息贷款却使最需要扶持的贫困户得不到扶持。

在现实体制下，扶贫资金中的中央专项扶贫贷款，省（自治区）专项扶贫贷款、以工代赈资金、以粮代赈资金、财政支援不发达地区发展资金等，分属不同部门管理,各部门资金按各自行政渠道切块下拨。由于人力所限,不可能对贫困地区的实际情况进行全面了解,以致资金划拨方式简单机械,重点不突出、资金使用分散、缺乏必要的监督管理,以致资金使用效益较差,资金浪费、沉淀甚至损失严重。另外,中央每年在三四月份将扶贫资金下拨到省,由于协调难,省、区一般要在八九月份,有时甚至要在年底才能将其下拨到县,致使扶贫资金到位迟缓的问题长期得不到很好解决。财政扶贫资金的多头管理问题,有权分配扶贫资金的部门太多,扶贫资金在下拨使用过程中被过多的中间环节消耗,有的还被一些单位和部门挤占挪用。

4.3 农村反贫困的最大障碍

从社会发展的角度考察,教育、科技、卫生事业发展滞后、交通通信等基础设施薄弱是中国西部贫困地区社会发展的基本特征,其中教育卫生事业发展的普遍落后所导致的人力资本积累水平低下是中国西部贫困地区反贫困治理面临的最大障碍。

4.3.1 人力素质低下

中国西部地区贫困人口分布广泛,贫困地区自然、经济、社会情况复杂多样,贫困表象差异明显,但其共同的社会经济特征是教育事业的发展极其落后。贫困地区教育发展的落后不仅决定了贫困地区人口素质低下的严重程度,而且决定了贫困地区文盲半文盲占劳动力主体地位的格局。劳动力素质低下的结果必然导致劳动力在资源开发与转换、生产方式的选择和调整、农业生产的拓展、先进技术的推广运用、对经济机会的把握以及向其他产业的渗透转移等方面面临一系列难以克服的困难和障碍。

4.3.1.1 文化素质低下

从调查情况看,人力素质的极度低下是西部地区国家扶贫重点县反贫困战略实施面临的最严峻挑战。据 2006 年中国农村贫困监测数据显示,2005年,贫困和低收入人口中劳动力人均受教育年限低、文盲率高。其中,受教育年限分别为6.5年和6.8年,比全国平均水平低1.5年和1.2年;文盲率分别为16.8%和14.4%,比全国平均水平高9.9个和7.6个百分点;劳动力接受过专业培训的比重也低于全国平均水平,贫困人口为12.7%,低收入人口为12.6%(国家统计局农村社会经济调查司,2006)。位于乌蒙山区的四川古蔺县农村73.6万人口中,文盲占20%,小学文化程度占35%,初中文化占30%,高中文化占14%,大专以上文化占1%。科技人才严重缺乏,全县仅有农业科技人员250人,农村乡土人才微乎其微。农村办学条件差,师资力量不足且质量较低,有的乡镇初中生当老师教小学生。相当部分小学生因家庭贫困或路途遥远而中途退学。2007年8月笔者对四川甘孜藏族自治州的调查表明,2006年底全州18个县326个乡中,只有16个县320个乡镇普及了初等教育,6个县148个乡镇普及了九年制义务教育,文盲、半文盲比例高达22%。在甘孜藏区,还有相当比例的农民不懂汉语,更谈不上读书看报,学习科学文化知识的积极性不高,实用农技普及和推广应用的难度较大。此外,山区农民观念陈旧,普遍缺乏商品流通意识和市场竞争观念,"等、靠、要"思想广泛存在,学习科学文化知识的积极性不高,对科学技术接受能力差,推广优良品种和农业种植技术难度大,进取不足而惰性较重,宁愿苦熬不愿苦干。

4.3.1.2 身体素质低下

恶劣的自然环境和卫生事业发展的落后是农村贫困地区群众人力素质低下的主要原因,贫困家庭人口长期患病的人数较多,无力发展生产,并连带造成家庭其他成员的贫困,无力自拔。据《中国农村贫困监测报告2006》,在2005年国家扶贫开发工作重点县,有病不能及时就医的农民中有61.9%的人是由于经济困难,重点村中有病不能及时就医的农民中有63.9%的人是由于经济困难。2007年7月笔者在四川凉山彝族自治州喜德县调查时,喜德县卫生局提供的"317户调查"结果显示:在患病的317人中有80人因为经济困难未就诊,占患病总人数的25.24%;有6个乡镇患病未就诊的比例超过50%,分别是两河口镇(63.16%)、米市镇

(50%)、额尼乡(50%)、巴久乡(71.43%)、鲁基乡(75%)、热柯依达乡(57%),这些乡镇绝大部分是地理位置偏僻、海拔在2 500米以上、经济最贫困的乡镇。地方病的流行不仅严重危害病区广大群众的身体健康,而且严重制约病区经济发展和社会进步。

据笔者2007年8月在四川甘孜藏区调查的情况看,有23%的贫困户家庭成员长期体弱多病,比非贫困户高出6个百分点,病人的支出约占家庭收入的50%以上。全州结核病发病率高达1.52%,患者1.6万人。其中,巴塘县结核病发病率高达2.5%,病毒性肝炎感染率高达53.8%,乙型肝炎感染率达33.5%。色达县约有20%左右的人患有高原性心脏病,同时包虫病、大骨节病的发生也很普遍。石渠县长期患病人数达2 677人,主要有包虫病、肺病、心脏病、肝病等,其中包虫病发生率达9.8%,居世界之首。贫困农牧民因病致贫、因病返贫现象广泛存在,2006年整个甘孜州脱贫人口中因病返贫、因灾返贫率高达5.3%。据四川省凉山彝族自治州喜德县卫生局组织有关人员先后深入五个片区对十个乡(镇)十个村及县医院就农民就医问题开展的专题调查显示:农民看病难,看不起病,吃不起药是彝区贫困的典型表现。在随机对227户农民、1 307人的调查中,患病人数317人,患病率占24.25%,其中未就诊80人,平均医疗费1 446元,平均药品费536.84元;一年内患病住院178人、369人次,患病率占56.15%。调查县医院2004年门诊总人次28 154,门诊平均医疗费25.27元,住院2 175人,平均住院费954.24元;五个片区中心卫生院日平均门诊人次3~8人,平均门诊费用6.30元,年住院人次30人,平均住院费用58.40元。由于贫困,农村彝族群众的健康素质有明显下降,如冕山镇洛发村共有农户428户、1 808人,调查中发现有40户患病,患病率占9.35%,其中因家庭困难未到医院就诊的有29户,使小病没有及时治疗拖成大病,因病返贫、因病致贫的现状有越来越严重的趋势,给农民的生产、生活和农村经济发展带来相当大的制约。

4.3.1.3 地方病流行

2004年9月卫生部、发展改革委、财政部联合发布的"全国重点地方病防治规划(2004～2010年)"指出,我国是地方病流行较为严重的国家,全国31个省、自治区、直辖市都不同程度地存在地方病的流行,主要有碘缺乏病、地方性氟中毒、地方性砷中毒、大骨节病、克山病等。全国592个国家扶贫工作重点县中,有576个是地方病流行的重病区,多集中在西部偏远、贫困地区;海南、重庆、四川、西藏、甘肃、青海、新疆七个省、自治区、直辖市尚未实现消除碘缺乏病的目标。贵州省毕节地区织金县是我国著名的地方性氟中毒病区,病区群众多数以玉米为主食,秋收后玉米、辣椒等粮作物均需用煤火烘烧,煤燃烧后释放大量氟化物附集其中并污染室内空气,由于地处高寒,群众衣着单薄,习惯敞火取暖,粮作物如玉米、辣椒存于炕笆上,随吃随取,在食用时不用清水冲洗,使大量氟化物进入体内而被吸收,导致氟斑牙和氟骨症的发生。据织金县疾控中心提供的数据,该县珠藏镇29 326个检测人口中,氟中毒人口数11 028人,占37.61%;普翁乡9 776个检测人口中,氟中毒人口44.18%;最高的三塘乡17 757个检测人口中,氟中毒人口8 578人,占48.31%。2006年4月笔者在织金县城关镇荷花村调查看到病区群众依然与炉同居,明火取暖,室内煤气刺鼻强烈难以驻足,许多中毒病人骨骼畸形、活动不便甚至瘫痪在床的情形普遍存在、触目惊心。

4.3.1.4 残疾人数量庞大

由于残疾的生理影响和对生活生产的制约,农村绝大多数残疾人都是贫困人口,需要帮助和扶持。截至2005年底,全国共有994万农村贫困残疾人,西部12省、市、自治区有450.8万,占总数的45.4%。其中,云南省农村贫困残疾人有104万,是全国农村贫困残疾人最多的省;其次是陕西和四川,分别有79.8万和78.1万(国家统计局社会和科技统计司,2006)。残疾人的经济状况普遍较差,并且伴随着经济社会的快速发展,他们与健全人之间的收入差距、生活差距越来越大。据2007年中国社会科学院《社会蓝皮书》中的资料显示,通过对7 140个居民家庭进行调查,我国的基尼系数为0.496,中国的贫富差距约18倍。东中西部城市残疾人和普通居民的生活差距大约为1~3倍,农村残疾人和普通居民的生活差距大约为1~2倍。陕西省扶贫办2004~2005年对三个县的调查显示,当地农村居民人均收入为2 281元,而农村残疾人的家庭人均年收入仅为781元。在日常生活方面残疾人往往还有许多特殊需求,除了与健全人相同的日常生活支出外,他们还要支付康复、辅助器具等费用,比如精神残疾人的日常治疗费用,下肢残疾人出行的代步车辆的购买和日常维修费用等。

一般的分析表明,贫困人口素质低下的结果必然导致其在资源开发与转换、生产方式的选择、农业生产领域的拓展、先进技术的推广运用、对经济机会的把握以及向其他产业的渗透转移等方面面临一系列难以克服的困难和障碍。其中,最主要的障碍是由低素质劳动力的群体存在所构成的低素质屏障效应对贫困山区经济发展的制约,首先使农村劳动力对其他职业的竞争力和对外部环境的适应力极低,从而进一步强化山区农业生产结构的单一和土地产出率低下的格局,区域经济发展水平的落后、高度封闭的社会经济系统和劳动力素质的低下大幅度萎缩了贫困农户对经济机会的反应能力和选择能力。

4.3.2 教育经费短缺

教育经费的短缺是中国西部贫困地区教育发展的严重困境。教育经费的紧张直接导致了西部贫困地区办学条件差,尤其是农村贫困地区学校普遍陈旧、失修、房屋破损,有的地方缺乏起码的办学条件,部分乡村小学借祠堂或农民房屋上课。许多学校危房数量惊人,房屋倒塌造成师生伤亡的事件时有发生。现有学校教学用具普遍不足,缺乏合格的板凳,学生从家里自带凳子或坐在木头、石头上听课,基本上没有文体器材、教学设备和必要的实验设备,绝大多数学校没有图书馆和阅览室,有的贫困地区连购买粉笔的经费都没有。由于教育经费的极度短缺和社会集资的困难,迫使贫困地区的中小学将教育经费的负担转嫁给在校学生,导致学生读书的学杂费用越来越高,贫困地区儿童因贫辍学的现象十分普遍。同时,由于家庭联产承包责任制强化了农户保障家庭成员基本生活的责任,许多贫困户为了分散这种责任而使尽可能多的家庭成员参加生产经营活动。在一些少数民族地区,贫困少年儿童参加牧业活动往往经济效益较高,这样贫困少年儿童上学,特别是上中学的积极性和可能性大为降低。另一方面,贫困地区学生进入大学深造的可能性实在太小,加上不断上涨的教育费用以及大学毕业即失业的现实情况也使一些注册就读的中学生中途辍学。

美国哥伦比亚大学经济学教授杰弗里·萨克斯(Jeffrey Sachs)曾广泛调查了世界发展中国家的贫困状况,并直接参与了联合国千年计划等重大社会改革项目,他在《贫穷的终结——我们时代的经济可能》一书中,分析发展中国家经济增长过程中的持续贫困问题时,认为政府失灵是导致持续贫困的重要原因,他尖锐地指出:"非常贫困的人口常常被排斥在市场之外,因为其缺乏必要的人力资本——良好的营养和健康状况以及充分的教育。非常关键的一点是——极端贫困的人应该得到用于人力资本积累的社会支出,但是政府常常不作这些投资。"(杰弗里·萨克斯,2007)全面反思中国贫困地区30年的发展,我们不难发现中国政府十分重视人力资本投资在贫困地区经济社会发展中的作用,但中国农村的反贫困战略并没有明确地将贫困人口人力资本积累水平的提高作为最重要的战略实施部分,西部贫困地区特别是少数民族地区基本的预防性和医疗性服务始终非常有限。尽管在20世纪80年代以后,中国政府通过实施大规模的反贫困计划,在向贫困地区人口提供基本食品、衣物、住房,基本医疗卫生和发展初等教育方面取得了显著的进步,但同贫困地区巨大的社会需求相比仍显得远远不足,特别是以村为基础的农村合作医疗制度的解体,贫困人口获得公共卫生服务的机会大为减少,贫困地区基础医疗卫生事业发展的落后成为贫困地区人口身体素质较差的主要原因。

从扶贫资金投放结构上看,无论是20世纪80年代后期还是90年代后期或21世纪初期,中央扶贫资金投放到科技教育、卫生等社会公益服务项目及人力资本开发项目的比例都很低,而且财税体制改革的直接后果还严重削弱了贫困地区教育和卫生服务的质量。加上通过人口素质的提高来全面解决绝对贫困问题不仅投资巨大、费时甚久,而且缓贫效果可能显得不是那么直接和有效,再加上干部任期制的缺陷,几乎所有的贫困地区基层政权组织和县乡官员都将教育发展为主体的人力资本投资放在次要地位。而将主要精力和扶贫资金的绝大部分投向以工业开发为中心的区域经济增长战略之中,这种做法如果不能得到反贫困制度安排的规制和宏观政策牵引的话,必然对21世纪中国西部农村贫困地区的发展和贫困人口的稳定脱贫产生消极影响。

4.4 农村反贫困的突出难点

中国西部少数民族地区是中国最主要的贫困地区,我国贫困人口分布的重要特点之一就是少数民族人口和贫困在空间分布上的重合,这种重合在中国西部地区表现得尤为明显。尽管在整个20世纪80年代到90年代后期,中国西部少数民族贫困地区的发展和反贫困建设取得了很大的进展,贫困人口大幅度减少,基础设施建设不断加强,生态环境得到改善,但是由于自然、历史、经济和社会各种因素的相互交织、相互制约,中国西部少数民族贫困地区的贫困状况并未得到彻底的改观,其分布广泛、贫困程度深重,脱贫难度很大且脱贫人口返贫率较高,由此构成西部少数民族地区经济社会发展的严峻挑战。中国西部少数民族地区因其独特的地理位置、恶劣的生存环境、频繁的自然灾害、薄弱的基础设施及低下的劳动力素质,贫困程度尤为深重。2001年"中国农村扶贫开发纲要(2001~2010年)"开始实施时,国家虽然考虑到西藏的特殊情况而将其作为集中连片的贫困地区整体加以扶持,并将四川、云南、青海、甘肃四省的25个藏区县认定为国家扶贫开发工作重点县。即使这样,该区域内尚有众多贫困程度同样深重的贫困县并未列入整体扶持范围,从而留下了又一批扶贫死角。

4.4.1 贫困人口众多

西部的民族地区主要包括五个自治区和贵州、云南、青海三个多民族省份,以及世居民族较多的四川、甘肃、重庆等省(市)。其中,西部的西北地区又是我国最主要的多民族居住区和少数民族聚居面积最广的地区,居住有50种民族成分。这一地区县以上的民族自治地方总面积为260.5万平方千米,占西北地区面积的84%。青海省的少数民族自治地方面积竟占了全省面积的98.29%,在西北地区少数民族人口1 477.07万人,占全国少数民族人口的20%。新疆少数民族人口比例达61.9%,青海的少数民族人口比例达57.5%。西南地区大约有3亿人口,其中少数民族4 000多万,占全国少数民族人口的一半以上,特别是西藏自治区,藏族人口占全区总人口的90%以上,贵州、云南是多民族聚居的省,四川、重庆是多民族居住的省市。另外,在我国154个民族自治地方中,除了分散在中东部的37个自治县之外,其余5个自治区、30个自治州、82个自治县(旗)都纳入了西部范围。

西部少数民族地区历来是我国扶贫工作的重点和难点地区,在全国基本完成八七扶贫攻坚计划之后,西部少数民族地区的贫困状况虽然得到了一定的缓解,但由于种种原因,少数民族地区贫困状况仍然十分突出。在国家制定的"中国农村扶贫开发纲要(2001~2010年)"中,除西藏的73个县计划单列进行区域扶持外,列入国家扶贫开发工作重点县的民族县共计220个,占全国反贫困重点县的37.16%。其中,云南44个、贵州36个、内蒙古31个、广西28个、新疆27个、四川20个、甘肃14个、青海12个、宁夏8个。西部民族地区包揽了全国扶贫工作重点县1/3强的比例。西部民族地区的贫困人口多,贫困发生率高,据不完全统计,目前我国少数民族地区贫困人口约占我国农村贫困人口的50%以上,这些贫困人口由主要集中在258个少数民族贫困县,占少数民族地区总人口的18.5%。从各省的贫困人口数量看,国家扶贫重点县农村绝对贫困人口数量超过百万的省有云南、贵州、甘肃、陕西、河南和四川,西部中除重庆、四川外,各省、区国家扶贫重点县的贫困发生率均超过10%。据国家统计局2007年3月发布的《2007年中国农村贫困监测公报》显示,截至2006年末,西部地区农村绝对贫困人口为1 305万人,占全国农村人口的比重为5.7%,低收入贫困人口为2 396万,占该地区农村人口的比重为10.5%,其中绝大多数是民族地区。

四川省阿坝、甘孜、凉山"三州"地区是中国西部少数民族集中分布的地区,也是少数民族贫困发生最广泛的地区。据笔者2006年5月的调查,甘孜藏族自治州、阿坝藏族羌族自治州和凉山彝族自治州(简称"三州"地区),是除西藏自治区外全国面积最大、人口最多的藏族聚居区、最大的彝族聚居区和唯一的羌族聚居区,系青藏高原的延伸区,属高原和高山峡谷地貌。"三州"面积29.6万平方千米,2005年底总人口600.5万人。其中,农业人口509.8万人,占总人口的84.9%;少数民族人口366万人,占总人口的60.9%。阿坝州共有行政村1 358个,其中贫困村有432个,占总村数的31.8%。全州共有乡村人口67.83万人,其中少数民族人口有53.62万人,绝对贫困人口10.39万人,占全州乡村人口的15.32%;低收入人口14.96万人,占全州乡村人口的22.01%;全州贫困人口占少数民族总人口的47.28%,占全州乡村人口总数的37.37%。甘孜州共有行政村2 288个,其中贫困村有811个,占总村数的35.45%;全州有乡村人口78.00万人,其中少数民族人口为66.91万人,绝对贫困人口34.42万人,占全州乡村人口的44.13%;低收入人口16.09万人,占乡村人口的20.63%,全州贫困人口占全州少数民族人口的75.49%,贫困人口占全州乡村人口的64.76%。凉山州有行政村3 743个,其中贫困村有1 187个,占总村数的31.7%;全州有乡村人口375.42万人,其中少数民族人口有201.49万人,绝对贫困人口有46.98万人,占全州乡村人口的12.51%;低收入人口72.38万人,占全州乡村人口的19.28%,全州贫困人口占全州少数民族人口的59.24%,全州贫困人口占全州乡村总人口的比例为31.79%。从以上数据可以看出四川三个民族自治地方的贫困现状都表现出贫困面大的特点。

4.4.2 贫困程度深重

中国西部贫困地区绝对贫困人口的绝大部分集中分布在西北和西南经济不发达地区中的干旱半干旱地区、耕地资源贫乏的深山区、石山区、高寒山区、荒漠地区、地方病高发区以及水库淹没区，其生产方式原始、产业结构单一、基础设施薄弱、投资环境恶劣、社会发育程度低下、生态严重失调，经济技术发展远远低于其他地区和全国平均水平。至今还有很多处于封闭原始状态的贫困地区基本上没有被现有的扶贫工作所触及，许多处于极度贫困状态的贫困人口从未得到过真正意义上的扶持而衣食无着，不得温饱，其生存与发展同现代经济文化隔绝。到 21 世纪初期，80% 的人口生活在传统的农业社会，云南、贵州、广西、西藏、青海、四川等少数民族贫困地区仍然残留游牧迁徙、刀耕火种生产生活方式，其经济社会发展水平极低，贫困人口生活极端贫困，生存环境十分恶劣。不少贫困人口生存于高山峡谷之中，过着衣不遮体、食不果腹、房不避风雨的贫困生活，部分地区甚至缺乏人类生存的基本条件。2005 年 6 月笔者在四川甘孜藏族自治州雅江县祝桑乡、恶古乡和理塘县禾尼乡的高寒牧区的调查表明，不少贫困家庭家徒四壁、一贫如洗，全部家当价值不超过 500 元的特困家庭占到当地农牧民总数的 10%。高寒山区气候恶劣，粮食亩产量长期徘徊在 150 千克左右，遇到自然灾害产量更低。粮食品种单一，主要为洋芋、燕麦、荞麦和青稞，蔬菜、肉、蛋奇缺。在自然灾害发生的年份，往往会有 2～4 个月缺粮，很多贫困户不得不靠野菜度日，有些必须依靠政府救济才能渡过难关。

从人口分布看，西部农村贫困人口约有一半以上分布在西南石山地区，如广西、贵州、云南、四川等省区的苗、壮、布依、彝、怒、独龙、傈僳、拉祜、佤、布朗族等少数民族。这类地区大多是典型的喀斯特岩溶地貌，境内山峦耸立、沟壑纵横、土地坡陡、土壤贫瘠、肥力低下、水源奇缺。群众生产、生活十分艰难，有的甚至不具备人类生存的最基本条件。例如，云南怒江地区的基本地貌特征是四山夹三江（从东向西为云岭、澜沧江、碧罗雪山、怒江、高黎贡山、独龙江、担当力卡山)。境内山高谷深、河沟交错,江流湍急,道路险峻,交通十分困难,有"耕地挂在墙壁上"之说。地处怒江大峡谷的怒江傈僳族自治州所辖的泸水县、福贡县、兰坪白族普米族自治县、贡山独龙族怒族自治县四个县均为贫困县,全州山区、半山区、高寒山区占91.24%,泸水、福贡、贡山三县土地中,坡度在25度以上的分别占28%、22.2%、53%,大部分是"大字报地",耕作条件极差。生活在这些地区的怒族、独龙等民族都是我国最边缘、贫困程度最深的民族。居住区域海拔一般在2 000米以上,由于山高坡陡,沟深谷长,交通往来十分不便。很多村寨隔沟可以聊天对唱,走到一起需半日行程,这些区域土地贫瘠、气温偏低、日照不足,植被生长周期长,生态环境非常脆弱。恶劣的自然环境使当地的贫困群众生活在孤立闭塞中,远离了城市,远离了其他人群,远离了各种现代资源,对于他们向现代社会的转型是十分不利的。

又如喀斯特地区的云南省文山壮族苗族自治州、红河哈尼族彝族自治州,抬头见石山、低头见石山、开门见石山成为区域自然条件的直观写照。这些地区人多地少,水渗透性强,水土流失严重,农业生产极不稳定,加上干旱、冰雹、暴雨等自然灾害频繁,因灾返贫现象十分普遍。还有部分居住在青藏高原高寒阴湿地区,生存环境十分恶劣,贫困人口主要集中在2 000米以上的高寒山区、干热河谷区和陡坡深沟地区,其中的绝大多数又生活在海拔3 000米以上的高寒山区。在四川凉山彝族自治州,生活在3 000米以上高寒山区的有205个村,11.5万人,居住在40度以上陡坡的有2 507个村,7.5万人,生活在基本与外界隔绝的深山峡谷的有38个村,1.38万人,有20多万人的生产生活条件还保留在非常原始的状态下。2006年7月笔者在凉山彝族自治州喜德县光明镇阿吼村的调查发现,贫困农户大多居住在低矮、潮湿、黑暗、无窗的土坯瓦板房里,土屋地中间挖个圆坑做火塘,烧水做饭、取暖照明;室内一般无床、柜、桌等家具;无被褥等御寒用品,大多数农户缺少衣物,晚上则在火塘周围铺些草或杂物裹着"察尔瓦"①席地而睡；人畜同居现象普遍，院子中无厕所，满院堆积着粪便杂草，一些贫苦农户门前污水横流，畜牲粪便与泥土混为一色，屋内苍蝇多不胜数，环境卫生条件极差；相当多的贫苦农户屋顶为塑料薄膜加土，外面下大雨，屋内下小雨；多数贫困农户常年穿一双旧胶鞋，一部分贫苦农户甚至无鞋可穿，常年赤脚在山地奔走。

4.4.3 发展水平低下

生产方式落后所导致的经济发展水平低下是中国西部贫困地区的显著外在特征。从历史与现实结合的角度考察，西部贫困地区落后的生产方式和交换方式所形成的广种薄收、单一经营、粗放管理、靠天吃饭是贫困产生和加剧贫困的重要原因。

西部贫困地区生产生活方式落后，生产力水平低下，社会发育程度低，沿袭旧的观念和习惯，人口文化素质低，社会保障严重不足，致使贫困地区的贫困成为物质和精神多因素构成的综合型贫困。贫困群众由于长期生活在交通闭塞、生态环境恶化、相对封闭的自然偏僻环境中，经济社会还处在比较低的发展水平上。不少的民族脱胎于原始的社会形态，社会发育程度低，如原始公社制、奴隶制、封建农奴制、封建领主制。存在各种不同的落后的政治制度，如血缘家长制、政教合一制、土司制度、封建王公制度等。落后的经济制度和野蛮的政治制度严重地阻碍了少数民族社会生产力的发展。许多贫困地区解放前在农业上一直使用木、石工具和刀耕火种、广种薄收的方法。有的民族还没有完成人类社会初期的两次社会大分工，没有单独的手工业。例如，云南的傈僳、景颇、德昂、独龙等民族脱胎于原始公社制的残余。自然环境尤为恶劣，使用木制、石制这样一些十分简陋生产工具，生产力低下，生产方式落后，广种薄收，"烧一山，

---

① "察尔瓦"彝名"瓦拉"，形似披风，用撑制的粗羊毛线织布缝制而成，一般13幅，每幅宽七八厘米，多染为深蓝色；被毡则用两公斤左右羊毛缝制而成，薄如铜钱，折以6厘米宽的皱折，一般为30～90折，上方用毛绳收为领，多为原色或蓝色。察尔瓦和披毡是彝族男女老幼必备之服，白天为衣，夜里为被，挡雨挡雪，寒暑不易。

种一坡,收一箩,煮一锅"成为山区贫用人口生产生活状况的直观写照。

其中,独龙族是我国56个民族中最边缘、最封闭的民族,同时也是经济文化最后进的民族,是从原始社会末期直接过渡到社会主义社会的民族,至20世纪50年代初,独龙族聚居的独龙江地区有数十个以血缘关系组成的家族公社,他们以"公有共耕"、"伙有伙耕"等方式使用土地,婚姻形式以妻姊妹婚为主,保留纹面习俗,独龙族基本上是个农耕民族,但采集渔猎在其经济生活中占的比重很大,农耕方式至今仍采用刀耕火种型。有些群众长期过着游耕的生活,随耕地的改变而迁徙,其社会形态的原始落后最具典型性。四川大小凉山彝族则脱胎于奴隶制度,奴隶制的野蛮残酷,使劳动人民长期处于没有人身自由、生命无保障的极度困苦境地。作为劳动者不仅没有积极性也没有能力去发展生产力,就连劳动力的简单再生产都成问题。民主改革前的凉山彝族地区生产工具原始、简陋,耕作方式粗放,生产力水平极为低下,生产效率也极低,简单的手工业尚未从农业中分离出来。原始的生产、生活方式至今尚有残留,成为凉山彝族社会深度贫困的重要原因。尤其感觉忧虑的是这种根植于原始落后的生产、生活方式,带来的物质生活的匮乏,使人们的活动半径狭小、见识少,形成的不思进取、得过且过、注重眼前、只重消费而忽视再生产积累、鄙视经商的落后生产价值观和落后的思想观念,至今还深深影响着西南的许多少数民族,并常在这些民族日常生产、生活中表现出来。极为低下的生产力水平和落后的思想观念,是造成这些民族长期无法摆脱贫困的重要原因。

在传统的小生产方式下,劳动者受教育程度低,文盲半文盲占有相当大的比例,在参与现代分工和商品市场竞争中处于劣势。同时,由于区位上的边缘分布,交通的闭塞,观念上的封闭,经济上的贫困,使生活在小生产方式下的农民养成了排斥新的、先进的科学技术知识信息和有价值的商品信息等,习惯于"日出而作"、"日落而息"的自然经济生产方式,这种生产方式同西部贫困地区恶劣的自然条件和相对封闭的社会结构直接导致贫困地区农村产业结构的单一,表现为农业以单一种植业为主体,而种植业又以粮食生产为主体,其他农村产业发展滞后尤其是非农产业发展极度缓慢的格局。

4.4.4 扶持难度很大

再从历史文化的角度观察,我们不难发现西部少数民族贫困地区是中国农村反贫困治理最困难的地区。不仅贫困发生有着更为深刻、复杂的社会经济背景和历史文化背景,而且少数民族的文化价值观念与汉族有很大的不同,有的反贫困措施甚至同少数民族的文化传统与价值观念有相当大的冲突。例如,藏族、门巴族、羌族主要居住的青藏高原,彝族、白族、景颇、佤族聚居的云贵高原,怒族、独龙族、傈僳族居住的怒江流域,土家族、苗族、布依族聚居的武陵山区,这些地区人口居住分散,经济文化发展极为封闭,恶劣的地质地貌和高山草原形成天然屏障与外界隔绝,形成独特的山区文化、草原文化、火塘文化以及广泛存在而影响深远的原始宗教文化。它渗透在少数民族社会生活的各个层面,以传统风俗和生活习惯等各种方式表现出来,并显现出极为稳定的、保守的特征。因此,排他的、孤立发展的文化形态基本上无法与其他民族进行交流与融合,很难接受先进文化的影响,甚至抵制现代文明的启迪和传播。特别是宗教作为一种信仰和文化载体,在少数民族地区的发展中往往表现出超常的凝聚力和影响力,西部地区各民族有着不尽相同的宗教信仰,人们在遵循宗教教义中,一方面吸取了丰富的民族文化内涵,培养了遵守社会公德,自觉维护社会秩序,保持和谐稳定的意识,对当地的社会和谐稳定起到了积极促进作用。但是另一方面,宗教教义所推崇的一些思想观念和行为方式,如藏族看重精神寄托而轻视物质追求的生存方式、只求来世而不求今生的宗教心态,又严重影响甚至阻碍着当地经济的发展。在藏区大兴寺院建设成为社会经济生活中的头等大事,寺院建设的资金主要由信徒自行摊派筹集,僧尼群体主要依靠信教地区民众的布施供养,使群众承担巨额的宗教消费支出。在大量农牧民收入水平很低的情况下,将有限的物资资金甚至日常开支用于寺院建设,直接减少了再生产的投入。青年男性大量出家,使信教地区劳动力大量减少,又影响了经济发展和群众生产生活水平的提高。信教群众倾终生积蓄到圣地朝圣消耗了大量经济资源。同时,民族地区广泛存在的"轻商贱利、重义轻财"的观念习俗,严重阻碍了商品经济的发展,如藏族农牧民养牛却不愿意宰杀,养老牛和放生牛的现象较为突出。耻于经商是凉山地区彝族的传统,人们普遍认为,做生意是"偏事",彝语谚语就说"赚钱莫赚邻居钱",物品以送为荣,以卖为耻。

特殊民族风俗习惯也是少数民族地区扶持难度很大的重要因素。民族风俗习惯是在长期历史发展过程中逐渐形成的共同喜好,包括习俗和禁忌,它表现在饮食、服饰、居住、婚姻、生育、丧葬、节庆、娱乐、礼节和生产等诸方面。民族风俗习惯具有稳定性、敏感性、群众性、地域性等特点。民族习俗的这些特点,一方面使各民族有许多利于生产力和文化发展的良好习俗,另一方面又将一些落后的东西顽固地保留下来。如在生产、居住、饮食、出门、服饰、结婚、生育、丧葬等方面,不同程度地存在各种禁忌,彝族忌雷鸣时下地生产,农历正月初一至十五,以及五、六、七月的初一至十五,不能劳动和动土。凉山彝区以"一家有,大家有"为天经地义,有浓厚的平均主义习惯,杀牛祭神时,牛肉由全寨人共同分食;捕获野兽时,见者都能分到一份兽肉。西部地区少数民族均非常重视婚庆和葬礼,彝族把儿女厚葬与超度故去的父母作为重孝、贤能的主要标志。一些彝族群众为父母办丧事,把几年来辛辛苦苦积攒下来的积蓄倾注一空,甚至赊酒借牛,高筑债台,重新返贫。羌族对儿女的婚礼格外看重,一般都要倾尽全力办好儿女的婚事,有的父母从一结婚起就开始为未来的孩子攒成亲的钱。另一方面,由于基础教育普遍落后,劳动者素质低下,自身综合能力较差,限制了西部民族地区经济和社会发展,同时严重制约了农牧业生产的发展和农牧民收入的增加。进入 21 世纪以来,尽管国家和西部各省区相继实施了旨在提高民族地区人口素质和基础教育水平的教育扶贫工程,民族地区教育落后的情况有所改善,但西部民族地区人力资源开发水平低,义务教育办学条件差,师资缺乏,适龄儿童入学率低,辍学、流失严重、升学率低、文盲率高等状况在短期内仍然难以有较大的改变,与全国平均水平相比较仍然存在着较大的差距,与东部地区相比较差距更大。

4.5 农村反贫困的制约因素

4.5.1 贫困认定范围狭窄

由于我国尚未建立完善、科学的贫困人口识别指标体系,也没有进行过真正意义上的贫困人口普查,所有关于贫困人口数量的判断都是根据国家统计局农村社会经济调查总队抽样调查估算以及政府部门、国际机构、专家学者根据不同的工作、研究视角对贫困人口进行的估计。中国政府主要采用收入贫困线对贫困人口进行估计,1994年国家统计局根据菜篮子法测算的满足最低需求的食品贫困线和利用回归法测算的非食物贫困线的加总,也就是我们通常所说的625元的官方贫困线,以此认定标准。在20世纪90年代的扶贫开发中,国家扶持的重点是592个国家级贫困县,而各省、自治区核定的贫困县、相对发达地区的"插花"贫困人口、城市贫困人口和其他特殊贫困群体没有纳入反贫困范围,1994年592个国家级贫困县覆盖全国贫困人口的72%以上,而新阶段确定的592个扶贫开发工作重点县覆盖的贫困人口只占到61%,下降了11个百分点。2002年我国一共确定了148 051个贫困村,占全国行政村的21.4%。其中,中西部130 827个,占贫困村总数的88.4%,占当地行政村总数的26.7%;东部17 224个,占贫困村总数的11.6%,占当地行政村总数的8.5%。确定的贫困村分布在全国1 861个县中,占全国县单位总数的68.8%,覆盖的贫困人口83%(国家统计局农村社会经济调查总队,2003)。在实践中,这种狭窄的贫困人口认定准则导致了中国农村扶贫战略的全面性程度较低,应该扶持而没有得到扶持的贫困人口比例甚大,加剧了扶贫开发战略层面的不公平,产生了若干新的矛盾和困境,极大地增加了反贫困的成本和工作难度,而且广泛产生了"一江之隔、天壤之别"[①]的情况。甚至出现了经过多年扶贫开发,国家级贫困县状况好于省级贫困县,国家级、省级贫困县好于非国家级、非省级贫困县的不正常情况。

4.5.2 贫困人口标准较低

我国农村贫困标准最初是 1986 年由国家统计局农调总队在对 6.7 万户农村居民家庭消费支出调查的基础上计算出来的,主要是采用以基本生存需求为核心的生存绝对贫困概念作为计算农村贫困标准的基础。基本生存需求包括两个部分:一部分是满足最低营养标准(2 100 大卡)的基本食物需求,另一部分是最低限度的衣着、住房、交通、医疗及其他社会服务的非食品消费需求。前者为食物贫困线,后者为非食物贫困线,食品贫困线与非食品贫困线相加得到的农村贫困人口的扶持标准,此后根据物价指数变动逐年调整。即以 1985 年农村人均纯收入 206 元的标准,到 1990 年这一标准相当于 300 元,1999 年为 625 元,2006 年为 693 元。2001 年《中国农村扶贫开发纲要》实施以后,鉴于初步解决温饱的贫困人口标准低、温饱状况不稳定,政府有关部门经过测算提出 924 元的扶持标准,称为低收入贫困人口。按照这一标准,2005 年中国农村有 6 432 万贫困人口,占农村总人口的 8.63%,其中 683~924 元的低收入贫困人口总数为 4 067 万。按 2006 年的贫困标准,农村绝对贫困人口的收入上限(693 元)仅仅是全国农民人均收入(3 587 元)的 19.32%;低收入贫困人口的收入上限(958 元)仅仅是全国农民人均收入的 26.71%。显然,中国

---

① 四川甘孜藏族自治州巴塘县、德格县、白玉县与西藏自治区昌都地区芒康县、江达县、贡觉县分处金沙江两岸,同为藏区,其生存环境、生产方式、生活习俗和贫困状况基本相同,藏东"三县"的经济发展指标还优于川西"三县"。但是川西"三县"与藏东"三县"在贫困人口认定、扶贫政策、资金的投入有着巨大差异。如扶贫投入藏东"三县"是川西"三县"的 6~8 倍,移民搬迁工程甘孜州巴塘县的户均补助标准为 0.6~2.0 万元,而昌都地区芒康县的补助标准为 4.5~6.0 万元。四川甘孜藏族自治州的干部群众把这种扶贫政策厚此薄彼的情况称为"一江之隔、天壤之别"。笔者在甘孜藏区调查时经常听到藏区干部群众发出"为什么同是一个妈妈的女儿,享受待遇的差距却如此之大?"的疑问。

农村贫困人口标准仅仅是一个能够维持人口基本生存的最低费用。世界银行的贫困标准是以 1985 年平价购买力即人均每天最低消费 1 美元（按国际可比价格计算），年收入低于 375 美元即为贫困，而 2005 年中国农村贫困标准是人均年收入 683 元，即人均每天 1.9 元，仅是国际绝对贫困标准的 22.2%。与国际通用的贫困标准相比，中国的贫困标准明显偏低。[①]

美国经济学家费景汉（John C. H. Fei）、古斯塔夫·拉尼斯（Gustav Ranis）在《增长和发展：演进观点》中对以收入为基础来定义贫困的传统观点提出了尖锐的批评。他们明确指出："仅仅以收入为基础来定义贫困的方法有一个严重的缺陷，即它没有考虑对公共品，如医疗、教育、可饮用水的获得以及卫生的最低限度的支配权。"中国发展研究基金会 2007 年 10 月 25 日发布的《中国发展报告 2007》指出，我国的贫困线是 683 元人民币，而针对发展中国家，国际通标准是每日每人 1 美元，农村贫困线可能在较大程度上被低估。该报告称，过去 20 年我国农村人口收入明显增长，但贫困线的设定一直处于稳定状态，这使得农村贫困线与人均纯收入的比率呈现不断下降趋势。中国农村贫困线与收入的比例，与其他国家相比是最低的，这种比较引发了人们对贫困线合理性的质疑。报告认为，目前我国官方确定的农村贫困线存在较大程度的低估。报告称，贫困不仅仅是"吃不饱饭"的问题，而且涉及人们生活的各个层面，还包括"穿、住、行"，以及教育、医疗和社会交往等方面。应把目前的官方贫困线视为"生存贫困线"，表明农村贫困人口达到基本生存水平所应达到的收入水平，在此基础上要关注"发展贫困线"，其中还要包括社会平均水平的教育、医疗保障的支付能力。过去一段时间农村公共服务缺失造成的医疗和教育负担过重，是"新的致贫因素"，医疗负担过重对于农村贫困的影响

---

① 世界银行在界定发展中国家的贫困问题时把"每人每天 1 美元（1985 年不变价格计算）"作为贫困线。根据北京大学夏庆杰、宋丽娜等人在"中国城镇贫困的变化趋势和模式：1988~2002"的研究，把 1985 年不变价格下的 1 美元折合成 2002 年不变价格下的美元数，再根据美国宾夕法尼亚大学所提供的 PPP（购买力平价）汇率折合成人民币，2002 年不变价格下的每天 1 美元贫困线的年人民币值为 1 212.79 元。

尤为突出。据此,报告认为 2004 年和 2005 年中国农村的发展贫困线为 1 046 元和 1 147 元。

贫困标准过低,在一定程度上掩盖了农村真实的贫困状况,不仅使众多应当扶持的贫困人口被排斥在反贫困战略之外,导致农民可行能力和公民基本权利的缺失,而且也是农村已脱贫人口返贫率较高和缺乏可持续发展能力的重要原因。

4.5.3 反贫困效率下降

国务院扶贫办公布的"中国农村扶贫开发纲要(2001～2010 年)"中期评估结果显示,按照我国现行的年农民人均纯收入 668 元的贫困标准,目前全国农村仍有 2 610 万人没有解决温饱问题。处于年收入 668～924 元的低收入群体还有 4 977 万人,两者合计 7 587 万人,都是需要扶持的对象,而在实际工作中,建档立卡的扶持对象有近 1 亿人,按照国际标准,我国的贫困人口总数仅次于印度,列世界第二位。到 2005 年底,全国农村没有解决温饱的贫困人口还有 2 365 万人,低收入贫困人口还有 4 067 万人,两者合计 6 432 万人,相当于英国的人口总数(6 300 万),比两个加拿大的人口(3 100 万)还要多。生产生活条件更差的地区,绝对贫困人口居住在山区的占 51.4%,而连续贫困的群体有 76%居住在自然条件特别恶劣的深山区、石山区、高寒山区、黄土高原地区,有 46%人均耕地不足 1 亩。2005 年重点县有 53.1%的行政村因自然灾害减产 3 成以上。在国务院扶贫办组织的大学生扶贫社会调查的 455 个贫困村中,2004 年有 300 个遭受不同类型、不同程度的自然灾害。此外,劳动力素质偏低,2005 年,重点县劳动力文盲率高达 12.7%;而在连续两年贫困的农户中,劳动力的文盲率达到 28.1%,455 个贫困村中,小学文化程度的劳动力占 29.6%,初中文化程度的占 34.5%,共计 64.1%,贫困户和低收入户接受过各类培训的劳动力分别只占总数的 13.5%和 10.5%。2005 年,扶贫重点县农民人均纯收入 1 723 元,仅相当于全国平均水平 3 255 元的 52.9%。贫困农民收入上限与全国农民人均收入的差距从 2001 年的

1∶3.6上升到2005年的1∶4.8,这种状况不仅不利于贫困群体的发展,而且会影响整个经济社会的健康发展。据对455个贫困村近万农户的调查,由于贫富差距扩大等原因,有51.2%的农户对家庭收入状况不满意,80%的农户对家庭财产状况和医疗卫生服务等不满意。而贫困地区的粮食安全问题还没有从根本上得到解决,目前贫困农户和低收入农户的粮食消费量处于人均150千克的警戒线上(刘坚,2006)。

在国务院扶贫办重点调查的100个贫困村中,36.4%的农户不同程度地缺粮。据中国粮食经济研究会的研究,在592个重点县中,有332个县不同程度缺粮,涉及人口近1.3亿。2005年,全国农民人均工资性收入占总收入的36.1%,而在重点县农民人均收入中只占32.5%。54.1%的贫困农户、47.2%的低收入农户家庭收入低于支出,需要借债度日。刚刚越过温饱线的低收入家庭物质资本一般只能维持简单再生产,遇到灾害、市场风险和家庭变故时就会返贫。除了自然风险和个人原因之外,市场风险、生态环境政策等对部分农户传统生计的冲击也造成致贫和返贫的比重日益升高。此外,报告指出,社会经济发展不协调;公共服务与社会保障体系建设滞后;自然生态保护与经济发展之间矛盾比较突出;社会发展与扶贫政策实施体系需要完善,减贫效率亟待提高等,也是中国反贫困所面临的挑战。

农村贫困人口占有的自然资源和发展资本严重不足,社会发育程度低下,加上宗教信仰复杂和人口素质低下,单一的扶贫措施已难以发挥作用,反贫困的难度不断加大。贫困地区是我国宗教信仰的集中地,宗教信仰已经成为人们思想文化的中核,渗透到教育、生活和传统习俗的各个领域,宗教文化中逆市场思维对经济的发展产生了巨大的阻滞作用。因此,农村反贫困既要谋求经济效益,又要兼顾社会效益和生态效益;既要逐步缓解剩余特困人口的贫困问题,又要稳定解决低收入贫困人口的温饱问题,还要逐步改善贫困人口的综合素质,任务相当艰巨。

综上所述,恶劣的自然生态环境,频繁的自然灾害,传统的、低效率的农牧业单一生产格局,以及千百年来形成的历史文化机制所表现出来的封闭性、保守性和稳定性,是西部贫困地区经济社会发展缓慢的基本原因。而低层次的农牧业生产方式使西部贫困地区长期陷入经济低速增长和人口剧增的恶性循环之中,在没有外力拉动或拉动小的情况下,这种循环将一直维持下去,并表现为一种超稳定状态。这种超稳定的社会经济系统同闭塞的自然环境交融在一起,严重地影响了西部贫困地区对外部资源要素的吸纳能力和对外开放的水平。而教育卫生事业发展的极度落后导致的人口素质的普遍低下,又降低了西部贫困地区自身资源开发利用水平,这两方面的作用使西部贫困地区在传统农业的发展道路上步履蹒跚。这种独特的经济矛盾同西部贫困地区扶贫制度与机制的缺陷共同构成西部贫困地区反贫困战略面临的一系列问题、困难和障碍,因而也构成西部贫困地区自身要求加快区域综合开发步伐和全面实施反贫困战略的基本动因与客观要求。

第5章 西部农村反贫困的制度障碍与制度创新

农村现行反贫困制度的剖析与农村反贫困制度的创新是中国西部农村反贫困战略模式研究的核心内容。反贫困的关键在于使贫困人口获取维系生存的物质可获得性和个人获得发展机会、权利的公平性的制度安排,并通过制度机制设计实现公平和效率的均衡。全面剖析农村现行反贫困制度的障碍,探索研究农村扶贫制度的创新途径,形成制度规范下的反贫困治理结构,对于探索建立中国西部农村反贫困模式、全面促进西部农村反贫困的可持续发展具有非常重要的意义。

5.1 制度变迁与反贫困治理

在系统分析和阐释中国西部贫困地区反贫困战略面临的若干问题、困难和障碍的基础上,全面剖析中国现行扶贫制度的现状、特征和缺陷,探索研究推进中国西部贫困地区反贫困战略的制度安排和制度框架,是进一步明确中国西部贫困地区反贫困战略的指导思想与工作方针,确立中国西部贫困地区反贫困治理的制度保障的基本前提。

5.1.1 制度概念与内涵

按照制度经济学的一般解释,制度是规则、执行机制和组织,是一种包括个体之间相互影响的行为准则和执行规则的组织,涉及社会、政治及经济行为。自19世纪末20世纪初制度经济学派诞生开始,作为非市场因素核心组成部分的"制度"因素及其对经济社会发展产生的影响,便逐渐成为经济界研究和争论的焦点。以美国著名经济学家托尔斯坦·凡勃伦(Thorstein Veblen)、约翰·康芒斯(John Commons)和韦斯特利·米切尔(Westley Mitchell)为代表的旧制度经济学派,在猛烈抨击主流经济学派所谓的"制度既定、交易成本为零和完全信息"等严格假定的基础上,强调指出:制度因素不容忽视,它是提高经济效率,促进经济社会持续发展的关键因素。20世纪30年代左右,美国学者阿道夫·A.伯利(Adolf A. Berle)、加德纳·米恩斯(Gardiner Means)和迪克兰·加尔布雷斯(Declan Galbraith)等人又运用"整体制度分析"方法进一步推进了制度经济学的演进。20世纪50年代至今,伴随着发展经济学的产生以及广大发展中国家经济社会运行中问题的出现,新制度经济学蓬勃发展,以英国经济学家罗纳德·H.科斯(Ronald H. Coase)、美国经济学家道格拉斯·C.诺斯(Douglass C. North)、奥利弗·威廉姆森(Oliver Williamson)为集中代表。科斯认为,制度是一系列产权外安排和调整的规则或组织形式,指出主流经济学之所以存在重大理论缺陷就是因为没有专门的制度理论,他还通过分析边际交易成本(transaction costs),解释了现实制度的内生化及其对经济绩效的影响。道格拉斯·诺思则认为制度是一种"游戏规则",是"一系列被制定出来的规则、守法程序和行为的道德伦理规范"。此后,威廉姆森也对制度进行了详尽分析,指出制度包括四个层次:一是嵌入制度,这是制度的最高层次,包括非正式制度、习俗、传统、道德和社会规范、宗教以及语言和认知的一些方面;二是基本的制度环境,即宪法、法律、制度、规则等;三是治理机制;四是短期资源分配制度,实际上指的是经济的日常运行等。

  在众多的关于制度的定义中,西奥多·W.舒尔茨(Theodore W. Schultz)关于制度的定义为制度研究者广为接受。舒尔茨认为,制度的内涵主要包括:①用于降低交易费用的制度台币,期货市场等;②用于影响生产要素的所有者之间配置风险的制度,如合约、分成制合作社、公司、保险、公共社会安全计划等;③用于提供职能组织与个人收入之间的联系的制度如财产,包括与财产有关的法律、资历和劳动者的其他权利等;

④用于确立公共品和服务的生产与分配框架的制度,如高速公路、飞机场、学校和农业试验站等。制度影响人类选择是通过影响信息和资源的可获取性,通过塑造动力,以及通过建立社会交易的基本规则而实现的。制度经济学者普遍认为,规范人际交往的规则对经济发展至关重要,以致人类的生存和繁荣也完全依赖于正确的制度和支撑这些制度的基本人类价值。在此,基本人类价值主要包括个人免受恐惧和强制的自由、公正、安全、和平、经济福利、宜人的自然环境和人工环境等要素。制度有正式和非正式之分,正式制度包括国家制定的法律、私人部门制定和执行的规则,在公共法律下运行的公共和私人组织。当一个国家或地区作为一个整体与它的公民的信念和目标相一致,并推行与之协调的规则的时候,往往能够为市场的发展建立起有效的正式制度。非正式制度一般在正式法律体系之外运行,并反映不成文的社会行为准则,无论在贫穷国家或是富裕的国家里,人们都需要非正式制度以使市场交易更加方便。但是,由于贫穷国家正式制度的发展不完善,非正式制度就显得更加重要,在贫穷国家,尤其是贫穷地区,非正式制度在很大程度上替代了正式制度。在这样的国家和社区里,不用依靠正式的公共法律体系,也基本能够解决信息和规则执行方面的问题。

5.1.2 制度与制度创新

新古典经济学认为生产技术的变革和创新对资本主义经济发展具有重要的作用,在对技术创新和发展进行了一系列分析之后,新制度经济学将新古典理论进行了修改和扩展,保留了后者关于资源稀缺和由此导致的竞争假设,放弃了后者实用理性(instrumental rationality)的假设。在新制度经济学分析框架内,制度的内涵进一步提升为制度与人的动机、行为有着内在的联系,制度是一种公共品(public goods)、是一种公共规则,制度与组织是不相同的,制度是社会游戏的规则,是人们创造的,用以约束人们相互交流行为的框架,而组织是社会玩游戏的角色。在新古典理论看来,政策制定者眼中的世界和现实世界没有差别,其决策也是可预见的,在这样的世界中,制度、观念并不重要。新制度经济学则完全摒弃了制度是外生的、不重要的或中性的新古典假设,认为制度是重要的,新制度理论的核心观点是认为市场交易涉及到实际上资源的使用,制度的发展和演变就是为了节约交易成本。

新制度经济学家认为,信息是不完全的,有时是不对称的,人们处理信息的能力、知识和预见力也是有限的,因此市场交易是有成本的,由于交易成本的存在,市场交易并不能自动达到帕累托最优(Pareto Optimality),也就是说,不能按照最有效率的方式配置资源。发展不仅意味着经济增长,还应该包括促进经济增长的制度变化。新制度经济学不仅强调人为制定的正式制度因素对经济增长绩效的影响,更重视通过引入社会习俗、伦理道德、宗教、习惯等人们长期交往中形成的非正式制度的作风,强调国家或地区特有的历史、人文变化等因素对经济发展的影响。这些观点对当代经济发展理论具有的重要启示意义在于:由于国情不同,因此那些曾在发达国家被证明有用的正式的制度安排,不一定对发展中国家适用,经济学家在探索发展中国家或地区经济发展路径时,应该着重加强对这些国家或地区政治、社会和文化等制度因素的研究。

检索 50 世纪 60 年代以后的发展经济学文献,我们很容易发现制度、制度变迁和制度创新理论广泛存在其中,很多发展经济学家对发展中国家经济中僵化、刚性和失衡的制度结构进行过深入的研究,并从不同的角度讨论了制度因素在经济发展中的意义。阿瑟·刘易斯(Arthur Lewis)在对经济增长源泉的分析中指出,技术进步是表层原因,而由土地制度、产权制度和专利制度等所激发和技术创新热情才是更为深层的因素,他对二元结构的分析显著地揭示了发展中国家经济制度各方面的不均衡。冈纳·缪尔达尔(Gunnar Myrdal)讨论了许多发展中国家贫者愈贫、富者愈富,收入不均与经济停滞交互作用的循环累积因果效应,揭示了其制度根源,认为只有通过农村土地改革等制度创新,才能摆脱恶性循环,走向良性循环。在《西方世界的兴起》一书中,道格拉斯·诺思(Douglass C. North)认为:有效率的经济组织是增长的关键要素,西方世界兴起的原因就在于发展了一种有效率的经济组织。有效率的组织需要建立制度化的设施，并确立财产所有权，把个人的经济努力不断引向一种社会性的活动发展，使个人的收益率不断接近社会收益率（谭崇台，1991）。

因此，有效组织是制度创新的关键，而制度创新往往是经济组织形式或经济管理方式革新的结果。制度创新就是指能够使创新者获得追加利益的现存经济体制及其运行机制的变革，从而产生一种更有效的制度的变迁过程。制度经济学者认为，现有制度结构常常阻碍不同地区、市场内不同企业和个人之间的竞争，制度创新的重要作用是在制度变迁过程中设计可以发挥有效作用的制度，摒弃不能发挥有效作用的制度，在低收入国家，如果政府能够更多地考虑制度的透明度、管理能力、制度实施能力，以及在系统考虑上述因素的基础上做出修正，那么这些制度就可以变得更加有效。即使在收入水平较高或能力相近的国家，尽管存在从社会规范到地理因素等一系列的差异，制度创新自然能够产生更有效的制度。一般的研究结论表明，制度创新之所以能够推动经济增长就在于：一个效率较高的制度的建立，能够减少交易成本，减少个人收益与社会效益之间的差异，激励个人和组织从事生产性活动，使劳动、资本、技术等因素得以发挥其功能，从而极大提高生产效率和实现经济增长。

5.1.3 制度与贫困治理

在传统发展经济学理论中，许多学者如纳克斯（Ragnar Narkse）、托达罗（Micheal P. Todaro）等人在论及贫困地区贫困落后的原因时，一般把它归咎于贫困地区恶劣的自然生态状况、单一的生产消费结构、原始落后的经济效率以及贫困者愚昧落后的文化心理、抱残守缺的伦理道德观念、消极无为的宿命论思想等，显然他们把这种非正式制度的长期固化看作是其落后、贫困的根本原因。那么，造成这种非正式制度长期固化的原因是什么呢？他们认为：由于贫困地区地域偏远，交通阻塞，割裂了其与外界的联系，同时，由于这些地区特定的地理环境，使得其内部交流也变得十分困难。正是这种内外交流的受阻，使物质流、信息流在这一地区无法畅通。这一方面使制度变迁和制度创新由于不具备基本条件而变得成本极高;另一方面,也使这一地区在原有结构下,由外部事物引起的收益的潜在增加十分有限,从而使来自制度不均衡的获得机会很少。

英国著名经济学家约翰·H.希克斯(John R. Hicks)1969年在牛津大学出版社出版的《经济史理论》中指出,这些地区"特定的封闭性使其无法内生出诱致性制度变迁,而只能选择自给自足的自然经济模式及其相应的一套制度及习俗安排,因为在这种封闭的经济中,习俗已经是成本最低的制度了"。他还指出:这种非正式制度的长期固化,不仅严重阻碍了这一地区的技术进步,而且,这一结果反过来又加剧了制度本身的进一步固化,从而形成制度和技术的超稳定的均衡,形成典型的"习俗经济"。最后,他认为:"唯一的办法只有依靠外界力量打破这一地区制度和技术的超稳定均衡。"[1]很显然,希克斯注意到了技术、制度固化与贫困的关系,但是他在强调地理环境的封闭性的同时,却忽视了非正式制度本身的封闭性,而这种封闭性更带有内在性。

事实上,非正式制度的固化不仅是贫困的结果,也是贫困的原因。如果不从内部改造贫困文化(包括非正式制度等),而寄希望于外部因素的引进,可能得到的结果仍是徒劳无功。我国一些贫困地区的科技扶贫的尴尬结局,便是最好的明证。实际上,在我国农村改革之前,乡村之所以陷入普遍性贫困,就是制度短缺或制度变迁受阻所致;农村家庭承包责任制的成功实质上是制度资源开发的成功范例,随着农村经济制度的变革,我国乡村的贫困得到了极大的缓解;而最近十年来,在农村广泛推行的村民自治制度,实际上也是农村政治制度变革的一种成功尝试,必将再次推动乡村社会的发展和进步。我们不难看出,一些学者从技术、制度层面来分析贫困问题,已经超出了传统经济学的范围,并已深入到文化、理念或意识形态领域。

针对欠发达社会这种长期固化的困境,日本经济学家速水佑次郎

---

[1] 约翰·希克斯:《经济史理论》,商务印书馆,1987年。

(Yujiro Hayami)和美国经济学家弗农·鲁坦(Vernon Ruttan)1985年提出了一个诱致变革模式,它由资源禀赋、文化禀赋、技术和制度四个要素组成,在这里文化、技术和制度变化都被看成是一种投资过程,这四个要素中任何一个要素的改变,都可能引起其他要素的变化。1993年诺思(Douglass C. North)进一步肯定了制度变量在经济发展中的关键作用。然而,在以往的许多经济增长模型中,制度因素都被视作既定的或"外生变量"而排除在外,而主要是通过各种物质要素的变化去说明生产率的变化和经济增长与否,其中,经济增长的技术创新论曾风靡一时。诺思则认为,对经济增长起决定性作用的是制度因素而非技术性因素。新制度经济学认为,"制度"不但包括国家的法律和各种正式的社会规章制度,还包括社会认可的非正式的约束(如价值、观念、道德、风俗、习性以及意识形态等),及其实施机制。制度具有公共物品的性质、与经济学中的土地、资本、信息、人力资本等生产要素一样,它也是一种短缺性资源,人类社会之所以难以达到"帕累托最佳境界",关键在于制度短缺。

马克思认为,任何经济活动和经济现象背后,总是受着某种人文观念和文化意识的支配,不存在没有文化的经济和没有经济的文化。从广义讲,经济正是人类特有的文化活动,经济行为就是人类特有文化实践的表现形式。英国人类学家布朗尼斯洛·马林诺斯基(Bronislaw Malinowski)认为,"文化的真正要素有它相当的永久性、普遍性,及独立性的,人类活动有组织的体系,就是我们所谓'社会制度'"(马林诺斯基,2002)。他在《文化论》(*The Scientific Theory of Culture*)中明确指出,社会制度是文化的真正的构成要素,任何社会制度都有它独特的一套规范及技术,并用这些规范和技术将社会的所有的人结合在一起,任何社会制度建筑在一套物质的基础上,包括环境的一部分及种种文化的设备,各种不同的制度所形成的一个社会稳定的结构,支撑了社会的存在,只是在社会不同的发展阶段,不同的制度的作用不同。因此,制度的含义是极其丰富的,包含了人类社会存在和发展所涉及的一切关系。法国经济学家弗朗索瓦·佩鲁(François Perroux)提出发展理论应当是以"整体的"、"内生的"、

"综合的"、"以人为中心的"、"关注文化价值的"为核心的新发展理论,发展观应该是阐明以人为中心、以文化价值为尺度的新发展观。佩鲁的新发展观是发展观念的重大更新、重大进步,拓开了发展研究的新方向,佩鲁注重人与人、人与环境、人与组织的关系,强调发展是包括经济增长、政治民主、社会转型、文化变迁、自然协调、生态平衡等方面的综合。

在《新发展观》(A New Concept of Development)中佩鲁指出:"经济体系总是沉浸于文化环境的汪洋大海之中,在这种文化环境里,每个人都遵守自己所属群体的规则、习俗和行为模式,尽管未必完全为这些东西所决定。"企图把共同的经济目标同他们的文化环境分开,最终会以失败而告终,尽管有最为机灵巧妙的智力技艺。如果脱离了它的文化基础,任何一个经济概念都不可能得到彻底的深入思考,如果新的发展研究不能深入到人们的思想最深处,那么,对于这种研究以及由这种研究所要求的总体调整的思考将会是肤浅的,并且是很难达到目的的。在《新发展观》中他引用了联合国教科文组织(UNESCO)《1977～1982年中期规划》的经典名言:"发展越来越被看作是社会灵魂的一种觉醒。"在中国农村贫困问题研究中,很多学者都非常关注贫困的标准、贫困发生的原因以及贫困的分布等问题,或者是从社会管理的角度出发来分析政府的反贫困政策效应,由于缺乏系统的理论分析和阐释,对贫困的研究往往停留在经验描述和政策分析的层次上。因此,把研究阐释的重点放在贫困类型变迁和导致变迁的制度性因素上,对于深化贫困的理论探讨和反贫困制度建设显得尤为重要。

5.2 农村反贫困的制度障碍

世界银行《世界发展报告2000/2001》强调,制度失灵对穷人伤害最大,索取贿赂、政府不正当的服务收费等行为会直接损害穷人的利益,而且由于穷人不识字或者缺少最基本的金融能力,他们往往得不到司法体系和金融机构的服务,加之薄弱的规章制度使穷人无法得到应有的基础设施服务。特别是在宏观经济危机和自然灾害面前,穷人往往更加脆弱。支持经济发展与收入增长的市场制度,能够使穷人提高抵御灾难的能力。搜索30年来我国农村扶贫的文献,我们不难发现,大多数经济研究学者对农村扶贫的论述主要集中在自然资源、物质资本、人力资源开发、技术进步等方面,深入剖析扶贫制度的文章却不多见,而事实上,我国农村扶贫的制度性障碍一直存在且消极作用已经日益凸现。研究表明,这些制度性障碍包括:决策机构多元、政策扶贫主导、纵向传递机制、缺乏群众参与机制等,扶贫制度障碍对农村扶贫工作产生了一系列的负面效应,成为进一步推进农村扶贫工作的瓶颈。

5.2.1 扶贫法律缺位

制定明确的法律法规来规范反贫困行动是世界反贫困战略的基本经验,从某种意义上说,世界反贫困的历史也是一部立法保障的历史。早在1536年,英国就颁布了《亨利济贫法》,它标志着英国政府开始为解决社会贫困问题承担一定的职责。1601年英国女王伊丽莎白(Elizabeth I)颁布了世界上第一部《伊丽莎白济贫法》,该法律以传统的慈善救济为主要特征,正式确立了政府对于救济穷人的责任,这是欧洲最早出现的国家济贫制度,同时还颁布有济贫税法(Parish Poor Rate),开始实施以救济贫民、失业者为主的社会保障制度。1832年成立的皇家济贫法委员会在调查济贫法实行情况的基础上,制定了19世纪中一个最重要的社会性立法——1834年济贫法修正案(The Poor Law Amendment Act of 1834)又称新济贫法,第一次全面以社会政策的方式规定接受救济的人应给予一种比独立的劳动者低的生活标准,这成为以后福利政策的基本思想。在世界发展中国家,扶贫立法在国家立法体系中也占有重要地位,在反贫困历史进程中都普遍建立了不同类型的、以反贫困为核心的社会保障法律制度。

新中国成立后,我国也建立起了包括贫困救助、自然灾害救助、特殊对象救助以及扶贫工作在内的各种贫困救济制度,但尚无一部综合的反贫困法律规范,而且立法进程非常缓慢,现行法律法规存在的缺陷日益明显,若干政策法规中由全国人大及其常委会立法的甚少,且其内容并非主要适用于社会操作性层面。由国务院颁布的行政法规及相关部委颁布的各种规章,往往以"规定"、"试行"、"决定"、"意见"、"通知"、"暂行办法"等形式出现,而地方行政规定基本都是以"红头文件"形式发布,不仅层次偏低,而且比较分散,体系不健全,部门利益和地方利益的色彩较浓,广泛存在扶贫对象和实际覆盖面极为有限,扶贫标准过低,资金投入严重不足,工作的随意性过大等等问题。由于没有严格的法律制度保障,各级管理部门在政策、资金及项目管理上相当混乱,"靠山吃山,靠水吃水"、以权谋私、贪污挪用等腐败现象屡屡发生。由于我国各地区的经济发展和社会保障制度发展不平衡,如何立足于全国一盘棋的思想规划立法,确定哪些法律需要立即制定、哪些现有法律法规应当完善、哪些地方性法规应当清理、哪些应当通过政策来调节、哪些问题应当授权地方政府等,成为反贫困制度安排面临的严峻挑战。

5.2.2 决策系统多元

扶贫政出多门、决策管理多元化、各部门之间的权力配置交叉重叠是中国农村反贫困制度性障碍的集中表现。1986年以前,我国从事农村扶贫的机构主要是民政部门,1986年以后则有多家扶贫工作机构。国务院贫困地区经济开发领导小组成立于1986年5月16日,1993年12月28日改为国务院扶贫开发领导小组,成员包括国务院办公厅、国家计委、经贸委、财政部、人民银行、教育部、科技部、民委、民政部、劳动和社会保障部、商务部、国土资源部、交通部、水利部、农业部、卫生部、计生委、环保总局、统计局、林业局、农业银行、全国总工会、团中央、全国妇联、供销总社、中国残联等有关部门的负责同志。国务院扶贫开发领导小组是国务院的议事协调机构,其基本任务是:组织调查研究;拟订贫困地区经济开发的方针、政策和规划;协调解决开发建设中的重要问题;督促、检查和总结交流经验。领导小组下设办公室,即国务院扶贫开发领导小组办公室,负责办理日常工作,相关省、自治区、直辖市和地(市)、县级政府也成立了相应的组织机构,负责本地的扶贫开发工作。中国的扶贫开发实行分级负责、以省为主的行政领导扶贫工作责任制。

在扶贫开发实践中,扶贫开发表现为典型的多元决策系统:国务院扶贫开发领导小组办公室办公室管扶贫的议事协调、国家发展改革委员会地方司管以工代赈扶贫资金项目、国家财政部农业司管财政扶贫资金项目、国家农业银行管信贷扶贫资金项目、国家民政部管救济(供养)救助扶贫。有扶贫任务的地区,从省到县也设置了相应的机构,西部各省、区除了对应上属机构外,还有民族地区开发办等。虽然从理论上来说,扶贫开发领导小组办公室理应为反贫困工作的领导机构,但由于它是一个协调性质的议事机构而不是政府的序列机构,还受到《行政许可法》等法律的限制,没有下发指令性文件的权力,因而其他扶贫机构并没有受到它的约束,造成扶贫机构林立、职能重叠、责权分离的现象。在扶贫实践中,由于缺乏统一的领导,这些扶贫部门各行其是甚至相互掣肘,形不成合力,造成扶贫资金使用分散、项目配置不切实际、重点不突出、到户率低的后果,大大降低扶贫的效益。

5.2.3 政策扶持主导

在法律法规缺位的前提下,政策扶持主导扶贫成为主要的制度安排,农村扶贫工作主要依赖于国家在不同时期出台的扶贫政策。从最早的1984年9月30日中共中央、国务院发出的"关于帮助贫困地区尽快改变面貌的通知",到2001年国务院颁布"中国农村扶贫开发纲要(2001～2010年)",我国农村扶贫政策贯穿反贫困历程的始终,形成有中国特色的"政策扶贫"现象。30年来国家在帮扶贫困地区发展方面做出的对口支援、定点扶贫,以及包括以工代赈、易地扶贫搬迁、支持人口较少民族发展、兴边富民、星火计划等各类帮扶政策和计划,在税收、投资、就业、社会保障、人口迁移、人才流动以及边境贸易等方面制定的各项政策与激励措施,对于新疆、西藏等特殊类型地区的特殊贫困问题制定专门的帮扶政策措施等等,对改变贫困地区贫困落后面貌发挥了积极作用。虽然政策扶贫在我国的长期扶贫工作中发挥了重大的作用,但由于其在"刚性约束"、稳定性、可预期性和形式平等方面显得不足。

在扶贫开发中,政策扶贫的主要做法是通过经济开发促进区域发展,这样往往将资源从贫困人口手中转移出去,而扶贫项目只是低价位地变卖资源,这种变相掠夺已经成为贫困地区减贫的一大障碍。尽管扶贫资金投入到与农业有关的经济部门比投入到工业部门更有利于贫困地区的农民脱贫,然而由于贫困地区的政府面临着资金的压力,地方政府最迫切的目标是要解决其财政赤字的困难和增长财政收入,所以地方政府从增加地方税收和发展地方经济着手,在扶贫开发的项目中,往往更多地倾斜到能够最有利于直接增加税收的县办工业或乡镇工业项目,使得反贫困行动不能直接瞄准处于绝对贫困状态的农户,从而也就极大地制约了扶贫资金功能的发挥。

因此,政策扶贫难以解决扶贫实践中的诸多问题:由于政策制定主体各异而造成政策制定冲突,由于政策传递的多元化导致政策执行扭曲,由于利益主体的不同导致政策资源难以优化配置,扶贫资金的被挤占、挪用,以及严重的腐败问题广泛存在;难以应对农村因制度致贫提出的挑战,导致不尽合理的农村经济制度正在不断抵消政府减贫的努力;贫困人口因生存权受到威胁应得到救济而没有得到救济时,缺乏法律上的诉权;民间机构、企事业单位和社会团体希望加入扶贫行动中去,但却没有法律上的依据等等,所有这些问题,都极大地制约着我国农村扶贫工作的进一步推进。

5.2.4 纵向传递机制

自上而下的从中央到地方的纵向传递机制,是中国农村反贫困的一大特色,也是制度障碍的一种表现形式。纵向传递机制的最大好处是政府可以在常规的条件下完成超常规任务,自上而下解决内部冲突,强调工作责任,成员不得越权,成员忠实于隶属的部门,内部实行信息垄断,成员之间基本关系是发布与接受命令、管理与服从的纵向关系而极少横向的联系,机构中个人的地位由其官位决定,扶贫项目与资金投入基本取决于长官意志。在相对封闭的条件下,政府扶贫机构的效率问题只要通过上述操作,在政令畅通的情况下就可以达到最优状态。但是纵向传递机制的缺陷是极其明显的,因为缺乏法律规范的行政行为往往事倍功半,而且冗繁不堪的行政程序和庞大的机构设置束缚了政府官员的手脚,从而降低了工作效率,群众获得服务的成本极为高昂。

我国目前农村扶贫模式是计划经济的产物,传统的命令加控制的手段在反贫困工作中占据绝对的主导地位,完全忽视了我国已经建立了市场经济体制的宏观社会背景,没有充分发挥市场配置资源的基础性作用,各地的反贫困工作完全依赖于政府出台的扶贫政策,形成从中央到地方的纵向传递机制,"等、靠、要"不仅是贫困地区人口的基本行为取向,而且是贫困地区政府的基本行为取向。由于缺乏统一协调的制度安排和管理机制,纵向传递机制往往由于政府层级多、审批手续繁杂或由于某一层级政府的信息传输系统的中断而导致扶贫资金到位迟缓的结果。大量扶贫信息处于部门所有、相对封闭、各自为政的分散状态,上下之间职能不统一、渠道不通畅、信息不对称,且难以及时沟通,这种扶贫权力、资源、信息的纵向传递、封闭低效的现象严重制约了农村反贫困的发展。同时,纵向传递机制是行政机构之间封闭的管理体制,缺乏相应的监督机制,导致贫困地区各级政府层层截留扶贫资金,挪用私吞,官员弄虚作假、谎报数字、铺张浪费、贪污占用等腐败行为层出不穷。

5.2.5 参与程度不高

参与程度不高主要体现为贫困人口的参与程度不高和非政府组织的参与程度不高。首先是贫困人口参与程度不高。我国现行的反贫困战略是由中央和省政府确定的贫困县,然后再由县政府将扶贫资源通过金融机构或行政机构传递给贫困村和贫困户。这种政策资金的传递方式,瞄准的主要是县级区域而不是贫困乡村或户,是一种自上而下的扶贫战略,从而使贫困人口很难参与到扶贫资源的使用决策中来。在实践中,反贫困战略以解决温饱问题为目的,以经济援助为手段,过分注重物质的直接投入,而贫困人口的健康和教育问题却没有得到应有的重视,贫困人口处于一种十分被动的接受者状态,加上有的地区将反贫困项目当作政府追求政绩的手段,导致扶贫资源偏离了扶贫的轨道,也排斥了贫困人口的参与。这种大包大揽的扶贫方式,一方面增加了专项扶贫开支而导致更重的财政负担,另一方面也不利于扶贫对象自身创新能力和奋斗精神的培养,抑制了扶贫对象的主动性、积极性和创造性,无益于当地从根本上摆脱贫困的窘境,难以推动当地的可持续发展。

其次,是非政府组织参与程度不高。从扶贫实施方式上看,我国一直实施的是政府主导型的扶贫模式,虽然政府对非政府组织(NGO)扶贫、国际组织扶贫采取了某些积极鼓励政策,还出现了像"希望工程"这样由"政府组织控制的非政府组织"成功实施的扶贫行动个案。然而,在经济发展仍以政府处于绝对主导地位的大背景下,我国扶贫主要利用行政系统来推动的。无论是扶贫动议的产生、政策的制定、制度的建立、资源的筹集,还是具体行动的组织和实施,绝大部分由政府承担,并通过行政部门组织构架来推动,非政府组织发挥的作用,与政府行政力量相比,仍然处于极为边缘的地位。政府主导型扶贫战略虽然有利于动员社会资源,但是由于对非政府组织力量利用不够,对农民组织力量利用不够,以及行政系统本身的弱点,引发扶贫效率低下等一系列问题。反贫困战略是一项长期复杂的系统工程,需要政府组织、非政府组织和社会各界共同参与、共同努力,但是由于制度安排的缺陷,非政府组织和社会各界力量参与反贫困战略程度是不够的、积极性是不高的。由于没有建立横向的社会参与机制,各种非政府组织等各种民间机构不能广泛参与,无法有效调动社会力量投入到反贫困工作当中,导致贫困治理工作由于仅仅依赖于政府力量而显得势单力薄。

5.2.6 缺乏监督机制

在我国的扶贫机构设置中,并没有专司扶贫监督工作的机构,同时也缺乏公众强有力的外部监督,无法对扶贫资金使用、扶贫项目管理及对扶贫部门的工作绩效进行有效的监督,加之我国扶贫机构并没有按照财权与事权分离的现代管理制度进行设置,导致一些扶贫部门在实际工作中自觉不自觉地把自身等同于类似财政的政府组阁部门,催生了寻租(权)等腐败现象,出现扶贫资源漏出效应,造成扶贫资金、项目管理使用的越位和缺位,增大了扶贫运作成本,扶贫效益不断下降。扶贫资金最终不能到位,被挪用或截留,重要原因之一是因为我国目前缺乏一个真正有效的扶贫监督机制。扶贫资金的申报审批程序不够严密,扶贫项目立项随意性大,扶贫资金的调拨、使用前的预算控制、使用中的财政监督、使用后的审计,往往形同虚设。由于多个参与主体的存在,在中国农村扶贫资金传递过程中,存在着委托代理关系,如决策环节与传递环节的主体间存在委托代理关系,在同一系统的上下级之间也存在一种委托代理关系。

然而,由于开发式扶贫模式的政府性质所决定,这种减缓贫困的委托权安排有以下两个特征:第一,存在多个委托人,每个委托人都拥有控制权和监督权;第二,每个委托人既是委托人又是代理人,即政策制定者同时也行使政策实施者的权力,从而使委托权的监督变得更加困难。由于扶贫监督机制的不健全,国家的扶贫专项资金并未完全用来解决农村贫困的问题。大量扶贫专项资金被挤占、挪用。如财政扶贫资金的传递在中央一级存在着财政、发展改革委等多个委托人,每个委托人又是决策环节重要利益主体,都具有相关政策的制定权,因而常常由于部门之间不同利益取向导致决策矛盾。而且,每个委托人的代理人,即下级相关部门都会受到不同取向的限制。例如,财政部门可能受到保工资、保行政经费等职能的影响,发展改革委部门可能受到直接确定投资项目的利益诱惑。因此,这种纵向一体化的委托代理关系使监控系统更多地表现在部门内部的监控,也就容易受到每个委托人具有的其他职能的影响,从而加大监控成本,甚至使监控失效。

由于决策主体同时行使传递主体的职能,这样委托人同时又是代理人,作为代理人的委托人的工作努力水平是由其自身评定的,在存在自身利益诉求时,其监控就更加困难。据公开资料披露,1997~1999年,中央和地方政府共向全国592个国家级贫困县投放扶贫专项资金488亿,其中被通过挪用、虚列支出、转移资金和私设小金库等形式挤占扶贫资金43.3亿,占扶贫专项资金总额的8.87%,管理机制上的漏洞和监督机制缺位,是造成农村脱贫步伐缓慢和返贫率上升的重要原因。同时,贫困人口在政府的扶贫工作中完全没有话语权,决策、实施、验收等过程没有与之有切身利益的贫困农民参与,很难保证决策的公正、实施过程的透明和扶贫工作的高效。从笔者20多年在西部地区的广泛调查情况看,大多数贫困农民根本不知道国家的扶贫工作在做什么、怎么做、效果怎么样,根本不可能对之进行有效的监督,于是导致了地方政府或工作人员随意挤占、挪用国家的扶贫资源、扶贫工作缺乏公正、豆腐渣工程等事情的不断发生。

由此可以看出,缺位的扶贫法律、多元的决策系统、纵向的传递机制、较低的参与程度以及监督机制的缺乏所导致的制度性障碍已经对我国农村反贫困产生了巨大的束缚作用,继续推进我国农村地区的反贫困,必须进一步解放思想、转变观念、明确思路,积极探索新的扶贫制度,不断巩固反贫困绩效,通过制度创新促进农村反贫困的可持续发展。

5.3 农村反贫困的制度创新

美国印第安纳大学政治学教授文森特·奥斯特罗姆(Vincent Ostrom)等认为,"对制度安排变化的需求,其基本上起源于这样一种认识:既然现有安排无法获得潜在的利益,行为者认识到改变现有安排,他们能够获得潜在的原有制度下所得不到的利益",而"制度变化的供给,取决于政治秩序提供的新的安排的能力和意愿"。可见,当原有制度安排阻碍或限制了经济社会前进的脚步时,制度变迁和制度创新就势在必行了。按照西方经济学的一般解释,制度创新就是指能够使创新者获得追加利益的现存经济体制及其运行机制的变革,从而产生一种更有效的制度的变迁过程。

我国农村反贫困制度性障碍以及由此而产生的一系列突出问题清楚地表明,继续推进我国农村地区的反贫困工作,必须通过制度创新,彻底清除计划经济的思维障碍和僵化的扶贫体制,形成制度规范下的反贫困治理结构,其主要内容为制定综合性的法律制度、使扶贫工作在各项制度的统一安排下,进一步体现社会公平和节约扶贫成本,不断提高扶贫效益。在法律制度的统一指导下,创新管理体制以建立统一而高效的管理机构,形成多层次的反贫困政策体系,建立公众参与扶贫的参与机制,依靠全社会的力量组成强大的扶贫监督机制,共同实现我国由政策扶贫向制度扶贫、纵向扶贫向横向扶贫、局部扶贫向整体扶贫和开发扶贫向发展扶贫的转变。

5.3.1 制定法律制度

通过制定完善的法律制度进行贫困治理是世界发达国家反贫困成功的基本经验,这些国家最通常的做法就是针对特殊的贫困人口颁布针对性的反贫困法律从而形成稳定的社会福利制度,或者针对贫困人口相对聚集的落后地区或贫困地区颁发区域性的反贫困法律,通过地区经济的发展达到反贫困的目的。反观我国开展反贫困工作以来形成的"政策扶贫"为主导带来的缺陷以及对多年反贫困实践的经验总结,笔者认为,制定法律制度是克服这些缺陷的最佳选择,况且从法理上说,贫困人口获得物质帮助的权利是我国宪法规定的公民的基本权利之一,反贫困工作取得成功的关键所在是贫困人口的权利配置、保障和救济问题。因此,将反贫困纳入法律规制的范围既符合我国宪法的要求,也是适应我国新形势下反贫困治理长期性和艰辛性的需要,还是我国反贫困工作由政策扶贫转向制度扶贫的最佳切入点。

鉴于中国农村贫困的复杂性特点,反贫困法律制度设计既应有纲领性的法律制度也应有针对性的法律制度。首先,制定纲领性的法律制度。应尽快制定《国家扶贫法》,明确规定反贫困法律制度的基本原则、项目内容、运行规则、适用范围、筹资方式、管理体制、管理机构、监督机制、纠纷裁处、诉讼程序、法律责任等方面内容。在这部综合性的法律中,应当明确反贫困的目的、意义、目标及原则;界定贫困的标准;被扶持对象;反贫困模式;反贫困资金的管理方式;反贫困机构的设置及其职责;监督机制的设置及监督方式;横向反贫困机制的设置及非政府组织参与反贫困的方式;以及相关主体的权利、义务及违反法律规定应当承担的法律责任等。

其次,制定有针对性的法律制度。这类法律制度可以针对特殊的地区或特殊类型的贫困人口。特殊地区包括民族地区、革命老区及边疆地区等,特殊贫困人口包括老、弱、病、残、鳏、寡、孤、独、呆、傻等丧失基本劳动能力的贫困人口及单亲妇女贫困,有针对性的法律除了参照纲领性的法律制度外,还要对相关的内容作更进一步的细化,使其更具有操作性。并逐步制定社会保险法、社会救助法、社会福利(优抚)法、社会保障基金法、社会保障争议程序法,并修订完善现有的其他保障法。然后授权国务院及有关部委、地方人大和政府,制定具体的实施细则或者其他配套实施的规定,以建立健全中国特色的社会保障法律体系。通过法律的权威性、权利、义务的配置及其保障机制,不仅使贫困人口的生存权有了更明确的法律保障,其生存权受到威胁时也具有了法律上的可诉性,也将使我国反贫困工作正式步入法治的轨道,不断夯实我国反贫困的基础。制定法律制度是农村扶贫制度创新的核心和关键,确立完善的法律制度将增强扶贫工作的刚性约束、长效性和稳定性,加大对贫困人口生存权利的保障和救济力度,为相关利益主体和责任主体提供统一的行为指引、可靠性较高的预测、对利益的合理预期以及救济权利和确定责任的公平程序,确保其他扶贫制度的有效运转。

5.3.2 建设传递机制

传递机制包括纵向传递机制和横向传递机制，发展中国家成功的反贫困经验显示，传递机制的建设尤其是横向传递机制的健全与畅通是提高反贫困效益的关键。例如，印度阿默达巴德市个体妇女联合会的合作银行、泰国南龙地区以社区为基础的乡村综合发展项目、巴基斯坦的雪村和罗村的农村支持计划等，均是这类非政府组织建设的成功范例。彻底扭转我国纵向传递机制多头管理、职责不清、各行其是和相互掣肘的弊端和横向传递机制的缺位必须重新整合各种反贫困力量，创新纵向传递机制和加强横向传递机制建设。

从纵向传递机制创新来说，首先，要破解多元决策的扶贫管理体系。将散落于扶贫开发领导小组办公室、发展与改革委员会、财政部、农业银行和民政部的扶贫管理权力集中统一，组建一个长期、稳定且具有统一领导权的新型扶贫机构，中央政府应考虑成立国家开发署或扶贫总署。该机构兼具综合行政职能和统筹协调扶贫资源职能，实行垂直一体化管理，贫困地区应成立由党委第一把手挂帅的对等机构，担负起本地反贫困的最高领导责任，对本地的反贫困工作进行统一领导、规划、管理和协调。其次，是理清中央与地方之间的关系。在垂直一体化行政管理体制下，要以下级机构向上级机构签署责任书的方式层层落实反贫困工作计划，避免扶贫资金及扶贫项目过多受到地方行政的干预，同时保证扶贫信息渠道畅通，尽量缩短信息传递时间。

从横向传递机制建设来说，首先，完善立法和管理体制。各级政府要为从事反贫困活动的非政府组织的健康发展提供良好的法律和政策环境，在税收、登记、准入、管理和监督方面作出明确的制度性规定，着重建立和完善激励性的制度安排，引导和鼓励民主党派、社会团体、科研单位、大专院校等社会力量广泛进入反贫困治理领域，不断促进非政府组织的发展壮大。其次，转移政府的部分职能给非政府组织。由于政府主导的反贫困工作不可避免地会出现政府失灵现象，政府可以把它的部分职能转移给非政府组织,这不仅可以拓展非政府组织的发展空间,还可以不断满足贫困人口多样性、动态性和个性化的需求。

5.3.3 完善政策体系

反贫困政策是国家在反贫困工作中实施的宏观倾斜性政策,完善的反贫困政策体系是中国农村反贫困治理结构的重要组成部分。完善的政策体系可以为我国的扶贫制度从纵向扶贫向横向扶贫的转变提供强有力的保障,扶贫政策应该具有针对性,满足不同类别的贫困人口的不同需求。在世界反贫困实践中,无论是发达国家还是发展中国家,均毫不例外地重视各项反贫困政策的有效发挥与相互配合。世界银行(1992)设计了一个扶贫政策框架,将政策分为两大类:一类是影响经济增长和劳动力需求的政策,具体分为激励政策、规章制度方面的政策、宏观经济政策;二是影响资本积累和持续的政策,包括人文资本政策,金融资本、土地和环境政策。联合国开发计划署在《中国的扶贫政策》报告中指出,部分贫困人口或脆弱性社会群体——那些由于年龄过大或残疾而失去劳动能力的贫困人口永远无法从那些试图通过增加生产性就业而增加贫困人口收入的扶贫政策中获益。解决这些贫困问题的唯一办法就是进行直接的收入转移或消费方面的支持。除了直接的转移支付以外,还有一些能够增进贫困人口获取资源和生产性资产的干预措施,包括小额信贷计划,政府在经济和社会基础设施方面(如灌溉、公路、医疗和教育设施等)的政策可以进行改进以保证贫困人口从中获益,他们还可以从中获得服务和相关信息。

我国目前的反贫困政策体系呈现出财政政策运用得较多而其他政策明显不足的特点,完善我国的反贫困政策体系必须综合发挥包括财政、税收、金融、产业和投资等各种政策的作用。

财政政策主要包括国家财政转移支付和以工代赈。财政转移支付主要是向绝对贫困人口提供基本的生活必需品、人畜饮水、卫生设施、健康服务和基本住房等,满足贫困人口的基本生存条件和最基本的发展条件,包括对丧失基本劳动能力、很难通过扶持手段脱贫的特困人口建立贫困最低生活保障制度；建立县、乡、村三级医疗卫生网络等卫生设施，尤其要针对妇女生育、生殖健康和地方病高发区提供最基本的卫生保障；发展教育事业，搞好扫盲教育、义务教育、职业教育和技能培训等教育工作。

以工代赈政策要求贫困人口参与国家为贫困地区提供的最基本的公共设施建设及农业基本生产条件的改善活动，为贫困人口增收致富奠定基础。

税收政策主要是充分发挥税收优惠政策的激励作用引导产业发展和经济发展从而使贫困人口从中受益，既可以通过发展特色产业和支柱产业改变贫困人口收入单一的局面，也可以通过刺激贫困地区经济的发展来带动贫困人口脱贫致富。

金融政策是要解决贫困人口在生产发展过程中缺乏资金的难题。一方面，要积极推广以小额信贷为主体的政策性金融支持系统，通过小额无抵押贷款提供连续的金融服务，为贫困人口提供最起码的生产启动资金。另一方面，大力发展扶贫贴息贷款和建立担保基金或担保机构，解决贫困地区发展特色产业和支柱产业遇到的贷款抵押担保难的问题。

产业政策要以贫困地区原有的自然资源和人力资源为依托，以提高区域经济增长实力和促进农民收入增长为核心，因地制宜地发展旅游业、水电业、医药业及民族手工业等特色产业，政府为此要在信贷、税收、出口、技术等方面给予支持。

5.3.4 实施反贫计划

世界银行在《世界银行报告 2006》明确指出：公平性是发展中国家反贫困治理的基本战略。创造机会平等是国家的责任，其手段包括增加对最贫困人群的人力资源投资，以更平等的方式提供更多的公共服务、信息和市场，保证所有人的财产权以及提高市场的公平性等。世界反贫困治理经验已经表明，反贫困计划集中地体现了公平性的精髓，也是国家为贫困人口创造机会平等的最佳途径。按照实事求是、因地制宜的原则，我们认为，进一步推进我国农村反贫困治理必须实施以社会服务、产业发展、教育培训、科技进步和小额信贷为主体的一揽子反贫困计划。

社会服务计划主要针对绝对贫困人口,以基本生存条件和发展条件改善为主要内容,它包括集中扶贫贴息贷款、财政发展资金、以工代赈资金以及各种援助资金用于改善贫困人口所处的外部条件,重点放在改善贫困地区人口基本住房、食物、人畜饮水、卫生条件、疾病防治,逐步建立和完善以社会保险制度为核心的社会救济、社会福利、公共医疗卫生和优抚安置制度。

产业发展计划以促进农民收入增长为核心,以劳动密集为手段,以"种、养、加"为突破口,以项目开发为主体,发展"短、平、快"的、适合贫困地区区域优势资源开发的项目,重点支持对贫困户增收有带动力的农业产业化龙头企业和劳动密集型企业。

教育培训计划主要通过普及扫盲教育、义务教育、职业教育和技能培训,促使受教育者提高自身的素质获得更多的就业机会和发展机会,改善收入状况并最终摆脱贫困,同时加强师资队伍建设,为贫困地区教育事业发展提供重要保证。

科技进步计划应通过科技推广和科技网络建设提高科技对贫困地区农业发展的贡献率。包括加大科技投入,加快优良品种的推广,加强农业科研、教学、推广等部门对重大项目实行联合攻关,完善"绿色证书工程"和"跨世纪青年农民培训工程",推广实施星火、丰收等计划项目,提高科研成果的转化率等。小额信贷模式的实施重点是为贫困人口参与上述计划提供金融上的保障,要贯彻贷穷不贷富、贷小不贷大,取消担保抵押,一次放贷,按旬还款,相互连保,相互促进,实行信用联合保证制度的贷款原则,根据贫困户的贫困程度、消费水平、宗教习惯、生产习惯、生产能力和文化程度,采取多种灵活多样的方式运作,在额度大小、贷款期限、放贷顺序和还款周期等方面,通过因地制宜的办法在贫困地区逐步推广。

5.3.5 建立参与机制

贫困人口是反贫困战略实施的主体,充分发挥广大群众的积极性、主动性和创造性改变贫困落后面貌是贫困地区反贫困战略的精神支柱。因此,应切实落实群众参与的开发方针,强调贫困人口的参与和增强对贫困人口的了解和信心,充分尊重贫困人口的生存权和选择权,而不是把他们看作是被动的扶贫干预的受益对象,让贫困人口群体充分参与到经济发展活动中来。

一是强调贫困人口直接参与包括教育和卫生保健等方面的社会服务计划。让贫困人口直接参与到社会服务项目的设计、实施、监测与评估整个过程,使社会服务计划与贫困群体的经济社会环境、现有的生产和生活经验、接受援助的能力联系起来,立足于贫困人口的基本需求,给予贫困群体一定的发言权、分析权和决策权。从而从根本上激发他们参与扶贫计划的热情和干劲,提高他们参与社会活动的权利和自力更生的程度,并辅之一系列区域性发展援助政策措施提高贫困人口把握经济机会的能力,不断激发贫困人口产生新的需求和追求从而逐步形成一种能够使发展自身潜能的发展模式。

二是积极推广以工代赈等参与式扶贫方式。以工代赈项目应该提供必要的资金、实物以及适当的组织、培训和技术服务,最终既可有效缓解贫困,又可强化贫困人口的资金管理能力、适应市场能力、协调组织能力,还可以激发贫困人口的主体意识及脱贫致富的积极性,实现"多赢"的目的。以工代赈项目要尽力把国家、地区、部门扶持同开发贫困地区特色优势资源和人力资源结合起来,合理运用贫困地区内部力量,发动群众踊跃投工投劳、大搞农田基本建设、草场草原建设、乡村道路建设、水利设施建设、教育卫生设施建设,通过创造就业机会,努力把潜在的资源优势转换为现实的经济优势。

三是大力推广小额信贷扶贫方式。小额信贷是贫困人口参与式扶贫的最好方式之一,在经济发展条件相对较好的贫困地区,要把85%以上的贫困人口纳入小额信贷模式的扶持范围之内,85%以上的扶贫资金要通过小额信贷的方式投向种养业以及与此相关的家庭加工业。同时,通过小额信贷培训项目对贫困人口进行技术培训和智力培训,以大幅度提高贫困人口在相同的自然、社会关系、文化背景密切相关的经济利益中增强凝聚力、向心力和积极的生产协作精神,从而大大提高贫困人口对反贫困战略的参与及自我选择、自我管理、自我约束和自我发展能力。

5.3.6 确立监督机制

将扶贫监督作为扶贫工作的必要环节和重要组成部分,确立行政监督机构,培育民间监督力量,拓宽民间监督渠道,建立行政监督和公众监督相结合的监督机制,运用事前监督、事中监督和事后监督等手段,对扶贫工作进行全方位、全过程的监督。

第一,强化扶贫项目监督。针对项目立项质量不高和后期验收评估及管护工作不到位的状况,各级扶贫项目主管部门要加强项目立项的勘察、设计、投资概算及可行性研究、论证等前期评估工作,强化项目前期可行性研究和论证、项目实施管理和监测、项目完成后的评估及可持续管理维护制度,定期对使用扶贫资金的项目进行检查和审计,特别要扩大对扶贫资金的使用情况、使用效果进行跟踪,发现问题及时纠正,提高项目立项审批质量。对大额扶贫资金项目不搞地县平均分配,实行竞争立项,项目实施单位及责任人要严格按照扶贫资金的投向和管理要求使用好资金,实施好项目;要严格遵守有关规定,切实负起扶贫项目大宗物资采购及工程招投标工作的责任。在加强项目实施跟踪监管的同时,完善和落实项目后期评估验收制度,所有扶贫项目均要对照立项审批内容严格评估验收,所有完工扶贫项目均要建立和落实后续管护制度,并作为后期评估验收的重要内容,通过强化后期评估工作,确保扶贫资金项目发挥应有的效益,并把评估验收结果作为次年安排各级扶贫资金项目的重要依据。坚持扶贫项目公告公示制,所有项目必须实行乡村两级公示,所有贫困村和扶贫项目都必须设立整村推进公示牌和项目标识牌,接受群众事前、事中、事后监督。

第二,强化扶贫资金监督。认真贯彻《国家扶贫资金管理办法》、《国家以工代赈管理办法》,严格扶贫资金的使用范围和管理要求,杜绝挤占、挪用、截留扶贫资金的行为。严格执行《财政扶贫资金报账制管理办法

(试行)》，严格扶贫资金的专户管理和县级财政报账制管理，封闭运行、专款专用、专人管理和专账核算，杜绝擅自调项、截留、挪用、骗取、贪污扶贫资金的违纪违法行为。大力推广"三专四统一"的资金管理方式，即专人管理、专户储存、专账核算；统一会计核算科目、统一会计账簿、统一计账方法、统一会计报账。推行扶贫资金的公告、公示和报贴制度的"阳光工程"，建立扶贫工作财务审计公开化制度，依靠广大农民和社会舆论的监督，保证扶贫资金分配、管理、使用的各个环节公开透明，不搞暗箱操作。对列入年度建设计划的扶贫项目，要根据项目建设进度分次报账核拨资金，改变以拨作支、以领代报的管理办法，做到项目不验收不结算资金，验收不合格不结算资金。

第三，建立责任追究制度。严格执行《财政扶贫资金绩效考评试行办法》切实加强扶贫统计监测、督促检查和跟踪管理，及时准确掌握扶贫资金项目管理使用和实施动态，把加强监管贯穿于扶贫资金分配、拨付、使用，扶贫项目立项、审批、实施、检查、验收的全过程，逐步建立健全和完善扶贫资金项目全程监控管理制度。将计划执行、资金使用、项目实施、财务管理等各个环节纳入绩效考核范围，考核对象包括各级政府的一把手、各级政府的分管领导、各级扶贫机构及相关的责任人，确保项目效益的发挥，对出现违规违纪违法的地县要通报批评，责令其整改，调减其扶贫资金额度，针对当前扶贫资金项目法人责任制不够健全、出现问题未追究责任的状况，各级监管部门要建立健全扶贫资金项目实施单位负责人为项目法人的责任制，通过强化对项目法人的合理有效约束，加强扶贫资金项目管理，项目实施一旦出现违纪违规违法和质量问题，将严肃追究项目法人及直接责任人的责任。

第四，建立激励约束制度。健全以结果为导向的扶贫资金项目管理使用制度，完善扶贫资金项目绩效考评指标体系，尤其要建立对扶贫重点县的评价考核和激励约束制度，运用法律手段、经济手段和行政手段重点加强对扶贫责任人的职权约束。完善考核办法，把考核结果作为扶贫资金分配、项目安排及干部考核任用的重要依据。建立激励约束并重、奖励处罚分明的工作机制,在认真开展督促检查、绩效考评、审计监督、行政监察的基础上,对扶贫资金项目管理使用效果好的部门、地区、单位和个人,给予通报表彰和奖励,在扶贫资金分配和项目安排上给予倾斜;对于扶贫资金项目管理使用效果不好的部门、地区、单位和个人,要建立完善的预警制度,定期进行监督约束。

第6章　西部农村反贫困的资金管理与运行模式

反贫困资金的管理体制与管理模式问题是中国西部农村反贫困模式研究面临的重大问题,在经济总量不断增长、经济基数不断加大、扶贫投入逐年增加的情况下,中国农村的减贫速度却渐趋放缓,扶贫效益逐步降低。除了扶贫难度加大、扶贫制度缺陷以外,更深刻的原因是现行的反贫困资金管理模式已经不适应新形势的要求,迫切需要调整与改革现行扶贫资金管理模式,探求新的、适应农村贫困地区发展要求的反贫困资金管理模式。

6.1　反贫困资金投入类型与管理绩效

6.1.1　专项扶贫资金的主要类型

中央专项扶贫资金是指国家为解决少数贫困人口温饱问题,进一步改善贫困地区生产生活条件,巩固温饱成果,提高贫困人口生活质量和综合素质,加强贫困乡村基础设施建设,改善生态环境,逐步改变贫困地区经济社会文化的落后状况而设立的专项扶贫资金。包括支援经济不发达地区发展资金、"三西"农业建设专项补助资金、少数民族发展资金、新增财政扶贫资金、以工代赈资金和扶贫贷款贴息资金。其中,财政发展资金、新增财政扶贫资金、以工代赈资金是中央财政扶贫资金的主要部分,同时中央财政扶贫贷款贴息带动的商业银行的信贷扶贫资金是扶贫资金的主要组成部分。中央专项扶贫资金在中国农村反贫困历史进程中产生了极为关键的、不可替代的重要作用。

6.1.1.1 财政扶贫资金

财政扶贫资金包括财政发展资金与新增财政扶贫资金两大部分,是中央考虑到贫困地区经济发展水平相对较低,财政紧张,缺乏进行投资活动的资本,中央政府通过设立专项财政资金来支持一些能促进贫困地区经济发展的生产性建设项目。重点用于发展与贫困人口脱贫致富密切相关的种植业、养殖业、科技扶贫(优良品种的引进、先进实用技术的推广及培训等);适当用于修建乡村道路、桥梁,建设基本农田(含畜牧草场、果林地),兴建农田水利,解决人畜饮水问题,发展农村基础教育、医疗卫生、文化、广播、电视事业。从30年的反贫困历程来看,财政扶贫资金具有的无偿拨付的性质成为深受贫困地区干部群众喜爱的专项扶贫资金。2007年中央财政安排的扶贫专项资金增加到144亿元,2001～2007年,中央财政累计投入扶贫资金853亿元,为反贫困工作提供了重要的财力保障(罗晶,2007)。这一时期,农村贫困人口持续减少,反贫困重点县农民人均纯收入持续保持增长,贫困地区的生产生活条件有了进一步改善,贫困地区的各项社会事业有了长足进步。

6.1.1.2 以工代赈资金

以工代赈就是让受赈济者参加劳动并获得报酬,从而取代直接赈济的一种组织方式,简言之,就是"以务工代替赈济"。以工代赈作为政府针对特定人群(一般为低收入者,如受灾人口或贫困人口)采取的一种特殊的赈济方式。其政策前提是赈济对象的存在,即由于各种原因导致一部分人达不到社会最低生存保障线,需要政府救济。以工代赈资金通过国家发改委系统发放,初期主要是以实物形式发放,用以补偿贫困户的劳动,目前多是以现金工资形式发放,以工代赈资金主要是为了利用贫困地区的富裕劳动力,改善落后的基础设施,为贫困户提供就业机会和增加收入来源。它属于救济扶贫的范畴,但又有附加条件,不同于一般的救济,需要贫困人口通过出工投劳来获得。以工代赈资金在贫困地区基础设施的建设中具有重要的支持作用,以此支撑的以工代赈扶贫模式对于提高贫困人口对于反贫困的参与程度产生了积极的影响。

6.1.1.3 "三西"农业建设专项补助资金

"三西"扶贫资金主要用于甘肃河西地区、定西地区、陇南十个高寒阴湿特困县和宁夏回族自治区西海固地区。"三西"扶贫资金是中央财政专项定额,每年固定拨付2亿元,主要解决"三西"贫困地区人口温饱问题和增加收入。资金投放重点是改善农业生产条件,解决人畜饮水,发展乡镇企业及特色产业。资金的使用按照"适当集中,保证重点,统筹安排,讲求实效"的原则,以效益选项目,以项目定投资,因地制宜,不按人分配,不按县切块,实行项目管理。笔者1994年5月和2006年8月两次在甘肃、宁夏的重点调查表明,"三西"扶贫资金对改善"三西"贫困地区的基本生活生产条件,特别是解决严重的人畜饮水困难发挥了重要作用,得到"三西"地区广大人民群众的热烈拥护。

6.1.1.4 少数民族发展资金

中国少数民族地区是中国农村反贫困的重点和难点地区,长期以来,中国政府高度重视少数民族地区的经济社会发展。少数民族发展资金就是中央政府扶助少数民族地区发展的专项资金,主要用于解决民族自治县、民族乡以及他少数民族聚居的贫困地区在经济建设、发展生产中的特殊困难和需要,促进这些地区的社会稳定和经济发展。1999年,国家民委启动了"兴边富民"工程,从少数民族发展资金中拿出部分资金主要帮助分布在我国2.2万千米陆地边界线上的135个县。

6.1.2 财政扶贫资金的使用与管理

自1986年我国开始实施有计划的政府扶贫行动以来,就对扶贫资金的管理进行了严格的规定。1987年财政部就颁布了《支持经济不发达地区发展资金管理办法》。1997年《国家扶贫资金管理办法》出台。2000年财政部、国务院扶贫开发领导小组办公室、国家计划委员会联合制定颁发了《财政扶贫资金管理办法》(试行)和《财政扶贫项目管理费管理办法》(试行)。《财政扶贫资金管理办法》是我国扶贫资金管理的基本政策依据,适用于以工代赈资金和财政发展资金。《财政扶贫资金管理办法》明确规定中央财政资金按因素法进行分配,考虑贫困人口数、地方财力、农民人均纯收入、人均GDP四项指标数据和政策调整因素。

《财政扶贫资金管理办法》规定:①中央财政预算安排用于补助地方的扶贫资金必须全部直接用到国家确定的扶贫开发工作重点县(以下简称扶贫重点县)[①]和各省、区确定的贫困县(或贫困乡村),不允许用于省市两级的支出。②至少70%中央扶贫资金用于国家扶贫重点县。③在扶贫资金使用范围方面增加了两个方面的内容:一是开展贫困人口劳务技能培训,使人口在劳务输出前掌握一门技能,鼓励和支持贫困地区的劳务输出;二是支持扶贫移民搬迁。财政扶贫资金项目管理费:规定继续按1.5%的比例提取项目管理费,项目管理费也必须全部用到相应的县(或乡、村)。省市两级不允许再使用中央财政扶贫项目管理费。中央财政扶贫资金财务管理要求省以下(含省本级)各级财政部门设立财政扶贫资金专户,实行专项管理,封闭运行;要求推行报账制管理:财政扶贫资金的分配方法、分配方案及实施的项目要逐步实建立公示制度,以及广泛接受社会监督。

6.1.2.1 财政扶贫资金的拨付程序

在中央一级,资金的分配是从每年三月全国人大通过国家财政预算开始的。根据规定,财政扶贫资金必须在预算通过后的一个月内下拨到各省、区财政厅。地方各级财政在收到上一级财政下达的财政扶贫资金后,应尽快与扶贫办、计委(以工代赈办)衔接项目计划,分批下达资金。首批下达时间不得超过一个月,比例不得低于80%,当年计划的项目和资金应该在财政年度之前完成和拨付。

新世纪村级扶贫规划实行以来,各地的项目申报程序不完全一致。有的省份财政发展资金和新增财政扶贫资金的项目管理是由财政部门负责的有的省区由扶贫部门负责。以财政部门为主的省区,项目的申报和

---

① 2001年新世纪扶贫纲要提出来之后,我国取消了国家级贫困县称呼,重新界定了国家扶贫开发工作重点县,简称扶贫重点县。

审批以财政部门为主,同时协商扶贫部门;以扶贫部门为主进行项目管理的省区,项目的申报和审批主要由扶贫办负责,同时协商财政部门。在项目的选择原则上,各地虽有差别,但大致相同。其基本原则是:依据村级扶贫规划,突出重点,相对集中,项目择优,注重效益,统筹安排。项目确定的具体程序各地也有差异,一般由乡镇政府和县级业务部门(也包括扶贫部门)申报项目,县财政局或扶贫办对项目进行筛选,由县扶贫领导小组综合平衡、审批,由县财政局和扶贫办编制年度项目申报计划,报地(州、市)财政局和扶贫办审查汇总,报省财政厅和扶贫办,然后由省(区)财政厅和省扶贫办按财政发展资金和新增财政扶贫资金使用范围、投向和原则最终确定项目并提出项目及资金使用方案,报省(区)扶贫领导小组审批后,联合逐级下达执行;按省批准的计划,县业务部门和乡镇政府组织项目实施,通过财政部门逐级拨付资金和负责报账。地(州、市)财政局和扶贫办不能调整省里批准的项目和资金计划,只起到项目和资金计划的传递作用。项目选择重点:一是重点扶持国家重点县,适当支持省定重点乡、重点村。二是按照重点县、乡、村确定的年度任务,所扶持的项目要具有一定的规模。三是以扶持基础设施建设项目为重点,以科技推广为先导,以效益为前提,扶持基础设施建设项目,支持农业产业结构调整,发展外向型农业和绿色产业,推动重点县县域经济的全面发展。

6.1.2.2 以工代赈扶贫资金的管理

1996年以前,以工代赈项目是通过计划经济系统组织的,国家发改委对物资的调拨和用途、项目选择和财务管理、地方政府和职能部门的责任等都有统一规定。1996年以后,以工代赈项目以实物形式改为财政资金直接注入的方式,资金分配由国家发改委、财政部和国务院扶贫开发领导小组办公室办公室协商决定,各省(区)按照下达的指标组织以工代赈项目。为确保以工代赈资金能尽快发挥作用,国家发改委每年及早编制并下达计划,力争使以工代赈项目能于当年年底竣工,第二年发挥效益。在下达以工代赈计划时,就实施范围、计划管理、建设重点等问题均做了明确要求。自2002年起,根据国务院有关精神,主要用于592个国家扶贫开发工作重点县,并适当支持其他地区,2002年安排在其他地区的以工代赈资金,要求不超过各省(区)资金规模的20%。

项目申报与审批首先由各县业务部门(如交通、水利、农业等)和乡镇政府向县发改局申报项目,县发改委审查确定项目并协商县财政局,报县扶贫领导小组审批后,经地、州、市发改委筛选、平衡、论证后上报省(区)发改委和财政厅。省(区)发改委按照项目管理原则、重点和程序,审批各县的上报项目,同时协商省(区)财政厅,形成当年以工代赈计划初稿,分别报省(区)扶贫领导小组和以工代赈领导小组,经审查同意后,上报国家发改委同意后,正式下达项目和资金计划到各地(州、市)发改委和财政局,地(州、市)将省(区)批准的计划转发到县发改委局和财政局。项目由县业务部门和乡镇政府组织实施,县财政局负责对施工单位的资金的拨付或报账。凡列入以工代赈计划的项目,均须完成项目可行性研究报告审批手续,一般的原则是,100万元以上由省(区)发改委组织论证审批,100万元以下由地、州、市组织论证审批。行业主管部门根据可行性研究报告批复,提出并审查批复项目设计文件。当一个工程项目被批准后,项目的执行单位(如水利局、交通局和农业局等)需要通过招投标的方式确定具体的项目施工单位。

国家以工代赈资金计划包括资金计划和建设计划两部分。每年主要根据地方急需建设的项目编制建设计划。地方严格按照以工代赈建设计划确定的各项建设内容进行实施,严禁安排建设计划所列内容以外的项目,并不得随意调整各建设内容的资金规模。以工代赈资金要重点向贫困人口多、脱贫难度大的集中连片、基础设施薄弱的乡村倾斜。计划安排的重点是与解决群众温饱及脱贫致富相关的生产性基础设施建设项目,具体包括基本农田、小型农田水利、县乡村道路、人畜饮水工程、小流域治理、草场建设及异地扶贫搬迁以工代赈试点工程。以工代赈建设项目实行省级计划管理,严格按照项目安排资金,不得将资金层层切块分配。并积极会同有关部门,加强对以工代赈资金使用、计划执行、项目建设进度及工程质量的检查、监督和审计。要求项目充分吸收农村贫困人口。

6.1.2.3 "三西"农业建设专项补助资金

"三西"农业建设专项补助资金项目申报与审批是甘肃省和宁夏回族自治区农业建设指挥部年底前在国家确定的年度投资范围内,编制下年度农业建设计划(以下简称年度计划),并经省(区)发改委、财政厅同意后共同上报,经国务院扶贫开发领导小组办公室、国家发改委、国家财政部审批后执行。年度计划一经批准,各有关单位必须严格执行。省区财政、建设银行要依据年度计划监督拨款,未经批准的建设项目,一律不予拨款。在计划执行中,需要调整的建设项目投资,要按程序上报原项目批准部门审批。省区发改委要将经批准的年度计划列入国民经济计划。省区农业建设指挥部要按经批准的年度计划组织实施。"三西"专项资金主要涉及三个部门:农建部门负责编制年度计划,组织实施已经批准的年度计划的建设项目,并负责上报农业建设年报;财政部门负责补助性事业费预算的编制,按批准的年度计划监督拨款;建设银行负责对批准的基本建设项目监督拨款。

"三西"专项扶贫资金的使用,主要解决上述贫困地区温饱问题和增加收入。资金投放重点是改善农业生产条件,解决人畜饮水,发展乡镇企业。资金的使用要按照"适当集中,保证重点,统筹安排,讲求实效"的原则,以效益选项目,以项目定投资,因地制宜,不按人分配,不按县切块,实行项目管理。"三西"专项扶贫资金实行有偿与无偿使用相结合的原则,对经济效益显著、有偿还能力的项目,实行有偿扶持。有偿使用部分的比例,最高可达25%。"三西"专项资金分基本建设投资和补助性事业费两部分。其中基本建设投资部分主要用于:改变农业基本生产条件和群众基本生活条件的水利灌溉工程、人畜饮水工程、10~35kV输变电工程、小水电等项目;修建为农业生产服务的基础性、关键性农业技术推广服务设施等。补助性事业费部分重点用于:扶持群众改善生产条件和生态环境的"三田(梯田、沙田、沟坝地)"建设、植树造林、小型水利工程及小流域治理等项目;扶持群众改善基本生活条件的人畜饮水简易设施、移民安置补助、智力开发等项目;扶持增加群众收入的乡镇企业和农业科技推广等项目。

6.1.2.4 少数民族发展资金

1991年,国务院在支援不发达地区基金中每年新增6 000万元,称为"新增发展资金",专门投向经济和社会发展相对落后的少数民族地区,以及少数民族人口相对集中的散杂居地区。1998年,财政部每年从预算中专项安排一笔"少数民族发展资金"(即原预算安排的"新增发展资金"),由原来的有偿改为无偿,直接列入财政扶贫资金科目。少数民族发展资金主要用于解决民族自治县、民族乡以及其他少数民族聚居的贫困地区在经济建设、发展生产中的特殊困难和需要,促进这些地区的社会稳定和经济发展。各有关县民委、财政局负责本县的项目申请,经所在地区民委和财政局审核后上报自治区民委、财政厅审批,所批项目报自治区反贫困领导小组备案。

少数民族发展资金项目申报的项目应具备以下条件:①经扶持后稳定增加少数民族群众的收入,通过开发性生产带动贫困农户解决温饱、脱贫致富,逐步增强贫困地区财政的自给能力;②立足于本地资源优势,符合国家的产业指导政策,产品在市场上适销对路;③能源、供水、交通等条件基本具备;④生产技术、项目管理、配套资金等方面有保障;⑤投资少、见效快,项目单位信誉好,有偿还能力;少数民族资金的使用范围主要是开发性的种植和养殖业项目、利用本地资源优势兴建的工业项目和以扶贫为目的的乡镇企业项目。

6.1.3 信贷扶贫资金的审批与运行

从1986年开始,中央政府实施由中国农业银行管理的针对国定贫困县的大规模贴息贷款计划,主要为贫困地区和贫困人口的生产活动提供资金支持,帮助这些贫困地区和贫困户早日脱贫,促进当地的经济发展。按照资金管理要求,贴息贷款不得用于日常生活消费,由扶贫办和农行来管理,具体由农行对那些有偿还能力的贫困户发放,中央财政对农行进行利息补贴。该资金初期主要用于支持农户发展种植业、养殖业和加工业,1989年以后,70%以上的扶贫贷款被贷给了各种经济实体。1996年10

月中央政府对该资金进行整顿,决定将贷款重新转移到贫困农户的种养业上。

6.1.3.1 信贷扶贫资金的项目申报与审批

贴息贷款的年度计划由国务院扶贫领导小组制定,并根据一定的标准在各省、区间进行分配。省级和县级扶贫开发领导小组及其办公室在向县和乡分配资金时发挥同样的作用。一个贫困县使用扶贫贴息贷款的项目从最初申请到获得银行贷款的过程是:首先经过县扶贫开发领导小组讨论通过项目,然后每年11月、12月以前由县扶贫办向地区扶贫办、地区财政局、地区农行三家同时提出申报意向;然后,地区三家单位经过审查、调整、筛选,再向省级扶贫办申报。下一年年初,项目申报进入实质性阶段。扶贫贷款项目主要从当地扶贫开发项目库中由农业银行自行选择,项目库由当地扶贫开发领导小组成员单位根据当地实际情况推荐,经当地扶贫开发领导小组确定纳入扶贫开发项目库。项目选定后,由农行根据"放得出,收得回,有效益"的原则,自主经营决策。

6.1.3.2 信贷扶贫贷款投放的区域及重点

信贷扶贫贷款的投放区域是592个国家扶贫开发重点县,经省扶贫开发领导小组同意,也可用于其他贫困乡村。扶贫贷款支持的重点放在:通过农业产业化企业,把分散的农户与外面的大市场连接起来,同时改善贫困地区的基础设施,进一步提高农民素质。具体讲,一是支持能够促进贫困地区经济,带动贫困农户增加收入,具有一定规模和效益的农业产业化企业,重点是优质农业和绿色农业;二是支持在贫困地区既有社会效益又有经济效益(能偿还贷款本身)的基础设施,小城镇建设、文教卫生等项目,以尽快改善贫困地区的生产生活条件,促进当地经济发展;三是立足于当地资源优势的农副产品加工、市场流通企业和劳动密集型企业;四是在社会信用体系完善、信用观念良好的地区,当地政府落实了帮扶措施,能对贫困户提供生产技术服务和有效管理,对有生产经营能力、守信用的贫困农户在办理了担保联保手续后,积极发放到户扶贫贷款。

6.1.4 农村反贫困资金投入及成效分析

基于中国政治制度和贫困发生的独特性,中国农村的反贫困实行了有别于印度满足基本需要的反贫困战略模式、巴西非均衡工业发展极战略模式、韩国人力资本投资战略模式、欧美发达国家社会保障战略模式的行政主导型的政府反贫困治理模式,为此,政府投入了大量扶贫资金,产生了显著的反贫困效果,同时也面临着诸多的问题。

自1986年中国开展有计划、有组织的大规模农村反贫困行动以来,先后出台了一系列扶贫政策和措施,筹集、动员和分配了巨额资金进行反贫困活动。从扶贫资金投入的构成来看,贴息贷款、以工代赈和财政扶贫资金是中国政府扶贫投入的主体构成部分,政府行政主导型逐年增加的巨额扶贫投入促使中国农村的反贫困取得了显著的成效(图6—1、图6—2)。

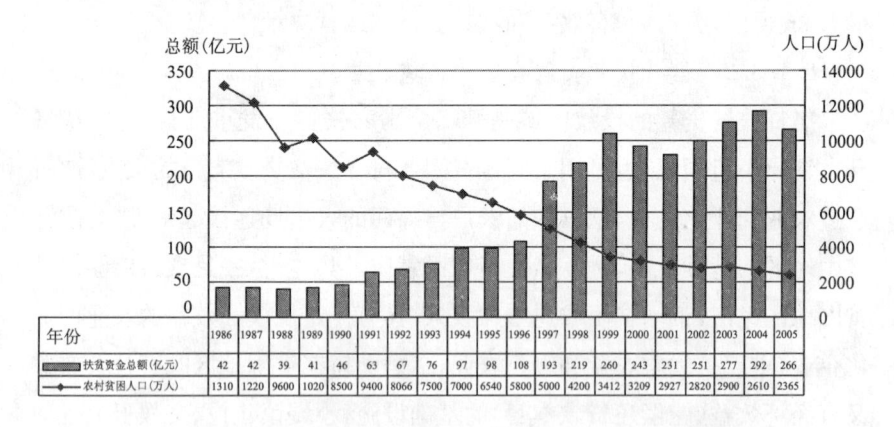

年份	1986	1987	1988	1989	1990	1991	1992	1993	1994	1995	1996	1997	1998	1999	2000	2001	2002	2003	2004	2005
扶贫资金总额(亿元)	42	42	39	41	46	63	67	76	97	98	108	193	219	260	243	231	251	277	292	266
农村贫困人口(万人)	1310	1220	9600	1020	8500	9400	8066	7500	7000	6540	5800	5000	4200	3412	3209	2927	2820	2900	2610	2365

图6—1 1996~2005年中国扶贫资金投入额及农村贫困人口

资料来源:《中国农村贫困监测报告(2000~2006)》,经过整理。

注:1986~1996年扶贫资金额只包括中央扶贫贴息贷款、以工代赈和财政扶贫资金三项。

从图6—1、图6—2可以看出,在中国政府逐年大规模增加扶贫资金投入的推动下,中国农村反贫困取得了明显成效。首先,全国农村贫困人

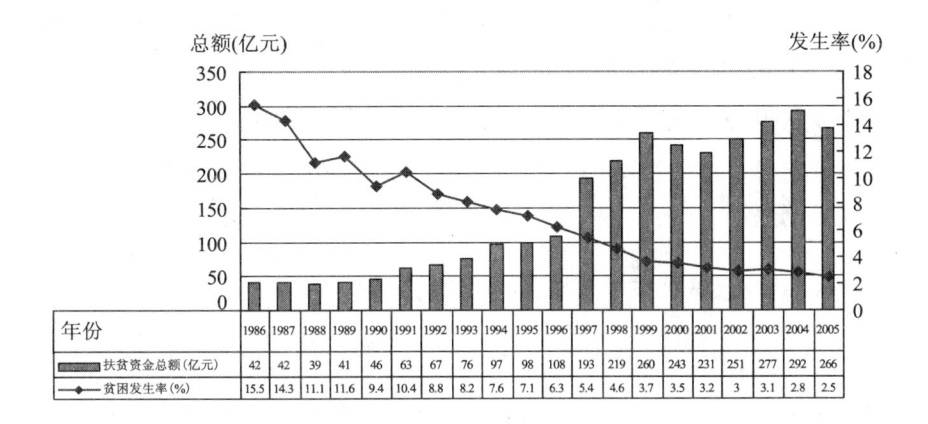

第6章 西部农村反贫困的资金管理与运行模式　225

年份	1986	1987	1988	1989	1990	1991	1992	1993	1994	1995	1996	1997	1998	1999	2000	2001	2002	2003	2004	2005
扶贫资金总额(亿元)	42	42	39	41	46	63	67	76	97	98	108	193	219	260	243	231	251	277	292	266
贫困发生率(%)	15.5	14.3	11.1	11.6	9.4	10.4	8.8	8.2	7.6	7.1	6.3	5.4	4.6	3.7	3.5	3.2	3	3.1	2.8	2.5

图6—2　1996~2005年中国扶贫资金投入额及农村贫困人口发生率

资料来源：《中国农村贫困监测报告(2000~2006)》，经过整理。

注：19861~996年扶贫资金额只包括中央扶贫贴息贷款、以工代赈和财政扶贫资金三项。

口数量继续下降，农民收入稳步提高。扶贫资金投入从1986年的42亿元增加到2005年的266亿元，全国农村贫困人口则由1986年底的13 100万减少到2005年底的2 365万，20年间减少了贫困人口10 735万；贫困发生率由1986年的15.5%降低到2005年的2.5%；低收入贫困人口则从2000年底的6 213万减少到2005年底的4 067万，五年间减少了2 035万。在农村贫困人口成规模减少的同时，反贫困重点县农民人均纯收入由2001年的1 277元增加到2005年的1 723元，年均递增幅度略高于全国平均水平。其次，贫困地区的生产生活条件有了较大改善，各项社会事业有了长足进步。农村贫困地区的农田水利、交通、通讯条件得到了显著改善。2005年，重点县行政村中，73.2%有了卫生室、74.6%有了合格卫生员、71.2%有了合格接生员，比2001年分别提高了53.3、8.2和20.8个百分点，是增长幅度最大的阶段。重点县农村劳动力中，初中及以上文化程度的劳动力比例由2001年的41.3%增加到52.2%，增加了10.9个百分点；文盲、半文盲比重由16.1%下降到12.7%，下降了3.4个百分点。中国反贫困取得的伟大成就，在解决了大多数贫困群体的温饱等民生问题的同时，更为国民经济持续健康发展，为缓解区域、城乡差距扩大趋势,为政治稳定、社会和谐、民族团结、边疆巩固发挥了重要作用。为此,国际社会也给予了高度评价,联合国开发计划署在《2005年人类发展报告》中指出:"中国在全球千年发展目标中所做的贡献,给予再高的评价也不过分。如果没有中国的进步,整个世界在减贫方面从总体上说是倒退了。"

6.1.5 反贫困成本与收益变动趋势分析

中国在农村反贫困领域所取得的伟大成就虽举世公认,但我们在为所取得的成就欢庆之余,冷静地分析与思考无疑给我们提出了更为严峻的问题:随着扶贫资金投入的逐年增加,但减贫速率却在下降,部分年份更面临着脱贫人口的反弹。若设第 i 年的减贫人口为 P_i,第 i 年的反贫困资金投入为 K_i,我们则可构建反贫困成效指标 PADCB[①]:

$$PADCB_i = \frac{P_i}{K_i} \tag{1}$$

在(1)式中,$PADCB_i$ 表示单位扶贫资金的减贫人口数,在本文中扶贫资金取万元为基本单位;取 $PADCB_i$ 的倒数则可表示单位减贫人口的脱贫成本。

当考虑一个以 n 年为跨度的时间段时,n 年的减贫人口总计表示为 $\sum_{i=1}^{n} P_i$,n 年的反贫困资金投入为 $\sum_{i=1}^{n} K_i$,我们则可构建以 n 年时间段内平均反贫困成效指标 PADCB:

$$PADCB = \frac{\sum_{i=1}^{n} P_i}{\sum_{i=1}^{n} K_i} \tag{2}$$

基于图6—1、图6—2的数据,利用构建的反贫困成效指标(1)和(2)进行测算,可以发现,中国农村反贫困具有明显的成本递增—收益递减趋势。一是减贫速度逐年减缓。随着中国经济实力的增强,扶贫资金投入

---

① PAD 为反贫困的英文(Poverty Alleviation and Development)缩写,CB 为成本—收益的英文(Cost-Benefit)缩写。

越来越大,但反贫困成效指数 PADCB 越来越低,PADCB 指数由 1987 年的 21.43、1997 年的 4.15 降低到 2005 年的 0.92。也就是说,1997 年投入 1 万元可以减贫 4.15 个贫困人口,而到 2005 年时投入 1 万元只能减贫 0.92 个贫困人口;从时间段来考察,20 世纪 80 年代,全国农村贫困人口平均每年减少 1 350 万,90 年代平均每年减少 530 万,2001 年到 2005 年平均每年只减少 169 万;贫困群体个别年际呈现大进大出的态势,以 2003 年为例,当年有 1 460 万人脱贫,同时又有 1 540 万人返贫,使当年贫困人口总量增加了 80 万人。二是脱贫成本逐年增加。利用 PADCB 指数的倒数衡量单位脱贫人口的脱贫成本,则单位脱贫人口的脱贫成本由 1987 年的 467 元、1997 年的 2 411 元增加到 2005 年的 10 873元。

减贫速度减缓、脱贫成本增加、扶贫成效降低固然是多因素共同作用的结果,但资金投入作为推动反贫困的主体要素之一,扶贫成效的降低预示着原有的扶贫资金管理模式存在着诸多问题,而这些问题在反贫困的实践中正越来越明显地显现出来。

6.2 反贫困资金管理体制的主要问题

农村扶贫资金的管理涉及投入、分配、使用、监管、评估等各个环节,在这样一个关联性极强的资金管理链中,只要其中的一个或几个环节出现问题则必然会影响到扶贫资金管理的全局,进而影响反贫困的成效。

6.2.1 不足的投入总量与失衡的分配结构

6.2.1.1 不足的投入总量

由于中国农村的贫困现象具有极为强烈的区域性特点,贫困人口分布相对集中,且贫困程度较深,与此相关的扶贫事业,归根到底要依靠资金的投入。而中国农村的反贫困主要是一种政府行为,反贫困资金的主要来源是中央政府。2006 年各项扶贫资金总额达到 350 亿元,按当年

5 698万农村贫困人口(含绝对贫困人口2 148万和低收入人口3 550万)计算,人均仅为614.25元。据近几年笔者对西部若干贫困地区特别是少数民族地区的调查情况来看,要比较稳定地解决一个贫困人口的温饱,至少需要投入3 500～5 500元。依此估算,2006年扶贫资金投入缺口达1 644～2 784亿元,即使按照人均4 500元的中线脱贫标准,资金缺口也达2 214亿元。在当前中国农村存在绝对数量高达5 698万贫困人口的情况下,扶贫资金总量投入严重不足、资金缺口的巨大压力是显然的。对于一方水土不能养活一方人、需要异地脱贫的那部分贫困人口,其资金需求量则是上述标准的3～5倍。

同时,由于贫困地区的基础条件没有得到根本性的改善,贫困地区的发展中一直面临着脱贫人口"返贫"问题的困扰,这就需要扶贫资金必须持续投入,这又进一步加剧了资金总量不足的矛盾。2006年5月笔者在新疆喀什地区调查发现,喀什地区财政扶贫资金和以工代赈资金每年合计约为1.2个亿,全地区有重点村1 282个,平均每村为9.3万;全区121万低收入贫困人口(2000年底低收入贫困人口数,不含特困人口数),每人每年平均仅99.2元,加之以工代赈资金多为大型基础设施建设项目,到村入户项目很少,投入到重点村、贫困户的资金实际上更少,投入明显不足。喀什地区农村现有劳动力80万人,其中贫困劳动力61.5万人,贫困户剩余劳动力达37.2万人。2005年,喀什地区到位贫困劳动力转移培训资金179万元,只能培训约2 000名贫困劳动力,塔什库尔干县的14个乡镇和莎车、叶城两县的7个乡镇共计21个乡镇地处高寒山区,这些地方缺乏基本的生产生活条件,自然条件尤其恶劣,约有8 200余户36 700余人处于"一方水土难养一方人"的困境,但由于没有专项资金,完成移民搬迁困难重重。

由于农村贫困地区特殊的自然、经济和社会发展条件,其发展面临着资金总量不足的强大约束,从贫困地区的发展情况来看,这是中国农村贫困地区反贫困战略面临的一个非常现实的难题。

6.2.1.2 失衡的分配结构

从扶贫资金的投向分配构成来看,中央扶贫贴息贷款、中央财政扶贫资金、以工代赈资金、中央专项退耕还林还草工程补助是其主体构成(图6—3)。"十五"期间,扶贫资金的投放规模达到 1 315 亿元。其中,中央扶贫贴息贷款累计发放额达 413 亿元,占 31.4;中央财政扶贫资金 202 亿元,占资金总额的 15.3%;以工代赈资金 212 亿元,占 16.1%;发放专项退耕还林还草工程补助 149 亿元,占 11.3%。在资金分配构成中,中央扶贫贴息贷款比例过大(31.4%),而中央财政扶贫资金(15.3%)、以工代赈资金(16.1%)、发放专项退耕还林还草工程补助(11.3%)比例偏小。从扶贫资金投向分配的变动趋势来看,中央扶贫贴息贷款总量在增加,比例在降低,但仍然是扶贫资金投入的第一大构成,2005 年其比例仍然达到 22.4%,相对而言,中央财政扶贫资金(18.1%)、以工代赈资金(16.3%)和中央专项退耕还林还草工程补助(16.6%)总量和比例虽然有所增加,但比例依然偏低。

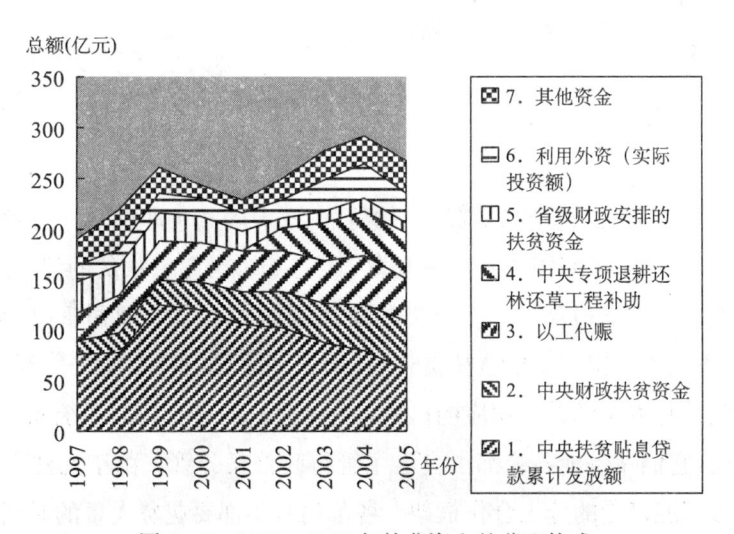

图6—3 1997~2005 年扶贫资金的分配构成

资料来源:《中国农村贫困监测报告(2000~2006)》,经过整理。

6.2.1.3 偏移的资金投放

财政扶贫资金是国家设立的用于贫困地区、经济不发达的革命老根据地、少数民族地区、边远地区改变落后面貌,改善贫困群众生产、生活条件,提高贫困农民收入水平,促进经济和社会全面发展的专项资金。按理说,扶贫资金的直接受益者是广大的贫困户。但现实的扶贫资金使用重点用于发展种植业、养殖业、科技扶贫(优良品种的引进、先进实用技术的推广及培养等);适当用于修建乡村道路、桥梁,建设基本农田(含畜牧草场、果林地),兴建农田水利,解决人畜饮水问题,发展农村基础教育、医疗卫生、文化、广播、电视事业。也就是说,扶贫资金到村以后,受益者变成了全体村民,面向贫困户的扶贫资金变成了面向全体村民的发展资金。因此,扶持贫困地区而非扶持贫困人口的偏移资金投放成为财政扶贫资金运作的基本特点。

总量投入供不应求、资金分配结构失衡和偏移的资金投放使得扶贫资金既面临着总量上的问题,又面临着结构上的困境,这在相当程度上必然会影响扶贫资金的减贫效率。

6.2.2 条块状管理体制与繁琐的投放程序

6.2.2.1 条块状管理体制

基于中国行政管理体制的结构特征,政府的相关职能部门分负相应的扶贫职能,中央有国务院扶贫开发领导小组办公室管扶贫的议事协调、国家发改委地方司管以工代赈扶贫资金、国家财政部农业司管财政扶贫资金、中国农业银行管信贷扶贫资金、国家民政部门管救助扶贫等,地方从省到县基本上都设立相应的机构。每一家机构各有各的系统和上级主管部门,它们在各地各级都由自己主管行政首长分管。由于无法形成一个各方都能接受的分工合作框架。各部门每年都要花费大量的时间和精力协调部门之间的关系和利益,加之权利与利益冲突,各部门各机构在资金分配管理中矛盾重重,项目和资金的管理主要取决于各部门与分管领导甚至行政首长的关系、各部门的活动能力和主要领导的态度。这种多头林立的扶贫资金管理体制必然带来的问题是:反贫困中条块分割、机构重叠、政出多门、相互掣肘导致扶贫资金使用责权分离、各行其是、互不匹配,其结果是导致扶贫资金减贫效益的低下。

6.2.2.2 繁琐的投放程序

反贫困条块状的管理体制使得横向同级部门机构与职权重叠,纵向直属部门层级过多,因此,贫困地区在申请扶贫资金时遇到的首要难题就是审批环节多,扶贫资金投放程序过于繁琐。在多数西部省区,财政发展资金和新增财政扶贫资金的项目管理由财政部门负责的项目主要由财政部门和扶贫办两家联合上报和确定。有的省区项目管理是以扶贫部门为主,项目的申报和审批主要由扶贫办负责,同时协商财政部门。扶贫资金项目确定的具体程序,一般由乡镇政府和县级业务部门(也包括扶贫部门)申报项目,县财政局或扶贫办对项目进行筛选,由县扶贫领导小组综合平衡、审批,由县财政局和扶贫办编制年度项目申报计划,报地(州、市)财政局和扶贫办审查汇总,报省财政厅和扶贫办;然后由省财政厅和省扶贫办按财政发展资金和新增财政扶贫资金使用范围、投向和原则最终确定项目并提出项目及资金使用方案,报省(区)扶贫领导小组审批后,联合逐级下达执行;按省批准的计划,县业务部门和乡镇政府组织项目实施,通过财政部门逐级拨付资金和负责报账。地(州、市)财政局和扶贫办不能调整省里批准的项目和资金计划,只起到项目和资金计划的传递作用。

从实践上看,现行扶贫项目审批权限明显过分集中,县上编制的项目计划要层层上报到市、省甚至国家发改委审批立项,金融部门在批准的项目中选择放贷,而金融部门的企业化经营必然导致扶贫资金投入程序繁琐,主要扶贫项目都要报省上审批,从而增加了扶贫资金项目,尤其是种养业项目的审批程序。笔者调查发现,通过农业银行办理的扶贫贷款手续就有:乡镇规划、银行考察、扶贫办立项、银行评估、县市两级上报、省上审批、资金抵押担保、银行资金投放八项之多,只要其中一个环节达不到要求,贷款愿望就会落空。由于项目审批程序过于繁琐,很多项目不能及时实施而导致项目延迟、延误农时的情况屡见不鲜。

2000年颁布的《财政扶贫资金管理办法》中有明确的规定。在中央一级,资金的分配是从每年三月全国人大通过国家财政预算开始的。根据规定,财政扶贫资金必须在预算通过后的一个月内下拨到各省、区财政厅。地方各级财政在收到上一级财政下达的财政扶贫资金后,应尽快与扶贫办、发改委(以工代赈办)衔接项目计划,分批下达资金。首批下达时间不得超过一个月,比例不得低于80%。多数省区都是分两批下达财政扶贫资金。当年计划的项目和资金应该在财政年度之前完成和拨付。可是,由于协调难,省区一般要在八九月份、有时甚至要在年底才能将其下拨到县,甚至出现今年资金明年用的情况,致使扶贫资金到位迟缓的问题长期得不到很好解决,所需资金难以及时到位,浪费了大量的时间、精力及资金。即使审批手续完备,也普遍存在资金到位迟缓,提前收贷,以贷还贷,以贷抵息的现象,甚至有的地方还用下达的扶贫贷款指标冲减原来非扶贫范畴的老贷。财政扶贫资金的多头管理致使有权分配扶贫资金的部门太多,扶贫资金在下拨使用过程中被过多的中间环节消耗,有的还被一些单位和部门挤占挪用。

扶贫资金条块状管理体制一方面直接导致了扶贫资金使用责权分离、各行其是、互不匹配;另一方面又使得扶贫资金的审批与投放程序过于繁琐,进而导致扶贫资金难以到位或到位迟缓。两者的共同作用进一步加剧了有限扶贫资金减贫效益的低下。

6.2.3 扭曲的投放体制与分散的投入方式

6.2.3.1 扭曲的投放体制

多年来,投入到贫困地区的扶贫资金,尤其是扶贫专项贴息贷款的市、县运作是依托商业银行的体制代理发行,实行的是"双轨制"管理。信贷扶贫资金是通过扶贫办系统和中国农业银行双渠道分配、传递和管理的,扶贫办负责贴息贷款计划的制订和资金的分配,农业银行则负责资金的传递和管理。扶贫办管扶贫项目立项、项目规划、资金指标,金融部门中国农业银行管理资金发放和资金到期回收,这种管理体制上的"双轨"

条块分割、责权分离,导致反贫困步调难以协调一致。

由于体制的障碍,扶贫职能部门缺乏有效管理回收再贷扶贫资金的手段,资金难以保证投入到急需扶持、扶贫效益显著的项目。另一方面,在企业化经营的前提下,作为发放扶贫贷款的金融部门,以资金投放安全性与效率性为首选目标,项目贷款担保条件严格,而贫困户一般不能为自身提供贷款担保,这样必然导致扶贫贷款的到户率极低,体现党和政府扶贫政策的扶贫专项贴息贷款却使最需要扶持的贫困户得不到扶持。由于扶贫职能部门与金融部门在扶贫资金管理及运行上存在的"双轨制"问题,致使信贷扶贫资金的使用效率很低,据 2006 年 5 月笔者在新疆喀什地区的调查,2000~2005 年喀什地区共投入扶贫资金 40 405 万元,2005 年自治区下达喀什地区扶贫贷款规模 4 300 万元,而实际投放的小额到户贴息贷款 308 万元,占贷款总额度的 7.2%。两个小额贷款试点县(疏勒、莎车)2005 年实际发放贷款 1 089.7 万元,占下达任务的 54.49%。英吉沙县 2002~2005 年信贷扶贫资金规模为 1 850 万元,而实际发放贷款 135.53 万元,投放率只有 7.32%。

而据国家统计局农调队监测资料,2005 年贫困农户和低收入户当年人均借款分别为 88 元和 117 元,年末人均贷款分别为 137 元和 166 元,扶贫贷款在贫困户当年借款和贷款余额中分别占 5.7% 和 7.7%(国家农调总队,2006 年)。也就是说,2005 年贫困户人均得到扶贫贷款 5.02 元。按重点县 2005 年贫困人口 1 763 万计算,贫困县的贫困户得到的扶贫贷款为 8 843.2 万元,占当年到户扶贫贴息贷款的 3.28%,占全国扶贫贴息贷款的 0.489%。再加上截至 2005 年中央扶贫贴息贷款仍然高达 52.32% 的不良贷款占比,在现有制度框架下,扶贫贴息贷款已基本丧失了为贫困户提供直接信贷服务和支持的能力;现行扶贫贴息贷款的分配和使用,已严重偏离当初设立此项扶贫资金的初衷;现行的扶贫贴息贷款方式,已明显不再适合担当为贫困户提供持续的信贷服务的责任。

6.2.3.2 分散的投入方式

中国政府一贯要求各类扶贫资金要捆起来集中使用,《中国农村扶贫开发纲要(2001～2010年)》又特别强调扶贫信贷资金、以工代赈资金、财政发展资金"三者要密切结合,提高资金使用的整体效益"。但是,扶贫资金来源的多样化和管理的多元化必然导致扶贫资金使用分散,扶贫资金中的中央专项扶贫贷款,省(自治区)专项扶贫贷款、以工代赈资金、以粮代赈资金、财政支持不发达地区资金等。在现行行政管理体制和资金管理体制下,分属不同部门管理,扶贫贷款立项在扶贫办,以工(粮)代赈项目有的在发改委立项,有的在以工代赈办立项,财政支援不发达地区资金则由财政厅(局)管理,民族地区的某些扶贫项目立项又由民族事务委员会开发办公室管理。一些部门缺乏全局观念,从自身利益出发,各自为政,各行其是,互不通气,互不往来,项目不能相互衔接,资金不能密切配合。同时,各部门资金按各自行政渠道切块下拨,由于人力所限,不可能对贫困地区的实施情况全面了解,只能按一定的比例将扶贫资金划为种养业、加工业、道路建设、人畜饮水、电力、水土保持等几大块,以致资金划拨方式机械简单,重点不突出,资金使用分散,难以形成合力,以致资金使用效益较差,资金浪费、沉淀甚至损失严重。

扶贫职能部门扶贫开发办公室管扶贫项目立项、项目规划、资金指标,金融部门中国农业银行管理资金发放和资金到期回收的专项扶贫贷款"双轨制"运营,再加上扶贫资金来源多样化和管理多元化导致扶贫资金使用分散使得不仅仅是专项扶贫贷款"放不出、得不到、收不回、效益差",也使得以工代赈资金、财政扶贫资金使用分散,难以形成合力,以致减贫效益低下。

6.2.4 缺位的监管体制与极低的减贫效率

6.2.4.1 缺位的监管体制

中国扶贫资金管理体制从中央到地方纵向层级过多、横向机构庞大、审批环节多、审批手段繁杂,本意是要加强扶贫资金的监督和管理,实际上却由于多头管理致使没有一个部门对资金的使用情况进行统一检查监督,大家都有权力而无责任,致使责、权、利严重脱节。即便是出台了《财政扶贫资金管理办法》、《国家以工代赈管理办法》等相关的扶贫资金使用监管法规,却往往因为涉贫机构过于庞大、构成过于复杂、权责过于分散,而往往难以实施有效的监督和管理。同时,随着地方政府资金决策权限的扩大,地方政府往往从政治上和政策上考虑过多,重扶贫资金投放、轻回收、少监督,忽视扶贫资金有效使用、到期偿还的原则,导致金融部门收贷难、收息难。许多扶贫项目选择粗糙、论证马虎,不是由于投资过大、周期过长导致投资效益较差,就是由于配套资金短缺、技术水平过低或经营管理不善导致资金呆滞沉淀,扶贫资金的浪费现象严重。

6.2.4.2 极低的减贫效率

失衡的分配结构、条块状管理体制、繁琐的投放程序、扭曲的投放体制、分散的投入方式,再加上缺位的监管体制,其直接的后果就是导致扶贫资金极低的减贫效率。据2004年审计署报告,就592个国家扶贫重点县扶贫专项资金的管理使用情况看,扶贫贴息贷款相当一部分投向了工业、电力、通信、交通等基础性和竞争性行业,而用于扶持农户的小额贷款却逐年萎缩。据审计报告,2003年江西农行贴息贷款12亿元,其中被用于政府投资公司及土地和房地产开发的贷款资金0.33亿元。2002年陕西省扶贫贴息贷款使用有关情况图显示,用于工业项目的扶贫贷款为2.46亿元,用于高速公路、水库、电网改造等项目的大中型基础设施项目为2.16亿元,两项资金占当年发放的扶贫贷款总额的35%。扶贫资金的"漏出"表明相当数量的扶贫资金没有用于扶贫,或者说扶贫资金的受益者不是贫困人口而是能享受到工业利润的非贫困人口。

6.2.4.3 严重的资金漏出

贫困县普遍将扶贫贷款用于行政事业费开支,甚至用于其他不正当的谋利项目。新疆维吾尔自治区审计厅的"关于2006年度自治区本级预算执行和其他财政收支情况的审计工作报告"对部分县市挤占、挪用扶贫资金情况进行了披露。其中,阿合奇等8个县(市)挤占、挪用扶贫资金284万元,用于弥补行政经费不足或偿还以前年度欠款。喀什、阿勒泰等地州以及所辖县市滞拨扶贫资金8967万元,滞留时间全部在6个月以上、裕民、莎车等13个县(市)的部分反贫困项目,未经批准自行改变项目计划,涉及资金3 211万元。另外,和布克赛尔、柯坪、乌什、巴里坤4县以工代赈劳务报酬发放计划457万元,实际使用当地农民工发放劳务报酬仅76万元。2004年至2005年乌什县46个扶贫项目招标投标工作不规范,乌什县建筑公司承建了36个基本建设项目,合同金额均为自治区批准概算数,招标工作流于形式。少数地方甚至将扶贫资金用于发放奖金和私设"小金库"。

6.3 反贫困资金管理体制的调整改革

扶贫资金在管理上存在的诸多问题,极大地影响了有限扶贫资金的减贫效率。因此,推进中国农村贫困地区的反贫困战略,必须切实扭转目前反贫困工作中因条块分割、机构重叠、职能重复、政出多门、相互掣肘而导致扶贫资金责权分离,各行其是,互不匹配,使用效率不高的局面;切实扭转国家、地方和部门扶贫项目资金平均主义的分配方式所导致的资金使用分散、项目配置不切实际、重点不突出、到户率低的弊端;切实扭转大多数贫困县资金投放重工轻农、重大轻小、重富县富民、与民争利的倾向,大幅度地提高扶贫资金的配置效率。

6.3.1 重组扶贫行政机构、集中扶贫资金管理

6.3.1.1 重组扶贫行政机构

现行的扶贫机构重叠、政出多门使得扶贫资金在投放、监管、使用效率等方面存在诸多问题,通过重组中国现行的横向和纵向政府扶贫机构,调整部门职权,中央政府应考虑成立国家开发署或扶贫总署,贫困面大的地方政府成立相应的政府职能机构,进而集中统一管理扶贫信贷资金、以工代赈资金、财政发展资金,通过全新并集中的管理机制来统筹扶贫资金,以努力提高扶贫资金使用的整体效益是扶贫资金管理体制调整的首要举措。在国家层面,可把国家发展和改革委员会、财政部、农业银行、民

政部、民委等所属部门的反贫困职能及其相应扶贫资金统一划归重组成立的国家开发署或扶贫总署,赋予其扶贫决策和资金配置双重职权,统一行使扶贫职能、集中管理扶贫资金。

6.3.1.2 集中扶贫资金管理

在贫困面较大的省(自治区、直辖市)、地(州、市)、县、乡(镇)由相应的政府扶贫职能部门按照相对集中、统一规划、统筹安排、配套使用的原则,对来自国家政府、部门的扶贫资金、信贷资金、以工代赈资金、社会捐赠资金及国际援助资金等,统一调剂、调配和分配。同时,按照中央实行扶贫"权力下放、责任到省"的新体制,根据贫困地区的特殊情况,应将扶贫责任分解落实到县,资金管理、项目审批权限下放到县,除重大项目由省扶贫机构审批立项外,贫困地区市、地、州、县对于下达扶贫资金拥有相应的统筹调度和审批权限,并大幅度简化贷款手续和立项手续,缩短扶贫资金的投放时间,通过项目集中规划、资金统一投放,以减少各部门各渠道扶贫资金使用的工作矛盾,强化扶贫部门的扶贫职能,并充分发挥扶贫资金的规模效益。

6.3.2 调整资金分配结构、改革贴息结算方式

6.3.2.1 调整资金分配结构

鉴于中央扶贫贴息贷款面临着放不出、得不到、收不回、投向错、效益差等诸多的问题,以及中央财政扶贫资金、以工代赈资金、中央专项退耕还林还草工程补助等扶贫资金减贫效益相对较高的实践经验,今后应逐步减少中央扶贫贴息贷款的份额,或转为中央财政扶贫资金、以工代赈资金和中央专项退耕还林还草工程补助,或转为小额信贷;相应地,在减少中央扶贫贴息贷款的份额的同时,增加中央财政扶贫资金、以工代赈资金、中央专项退耕还林还草工程补助和小额信贷的比例。特别要按照建立公共财政框架的要求,积极调整财政扶贫投入结构,重点支持贫困地区水、电、路等基础设施建设、科技进步和社会公共服务方面,着力改善贫困地区的生产生活条件同时兼顾中国农村扶贫开发的实际,适当安排一部

分资金支持贫困人口发展种植业、养殖业。在基础设施建设、生态环境建设和保护中尽可能地为贫困地区农民提供就业机会,提高他们的收入水平。在基础设施建设中,要重点解决水利设施问题,以增强贫困地区防灾抗灾的能力。鼓励各种经济成分的企业特别是民间企业到贫困地区进行投资开发,在实行优惠的财政、税收政策的基础上,注重创造良好的投资环境和便利条件。进一步加强东西合作,鼓励发达地区到贫困地区进行开发投资,给予到贫困地区投资开发的发达地区的企业项目优先权和信贷资金支持。

6.3.2.2 改革贴息结算方式

为提高扶贫贴息贷款和小额信贷的减贫效益,对于逐步减少的中央扶贫贴息贷款和逐步增加的小额信贷相应地改革贴息结算方式。一方面,实行贴息跟着贷款走,使扶贫项目和贷款贫困户充分享受扶贫政策的实惠,取消1 000元以下贫困户贷款担保和抵押规定,严格要求金融部门种养业贷款用足五年时间,不得提前收贷。同时,强化扶贫资金贷款管理力度,除加强对扶贫项目的认真选择、评估、论证和资金投放外,特别要强化扶贫资金贷款的中后期管理,建立一套严密有效的扶贫资金管理监督机制,尽力避免争资金、争项目积极,轻项目资金监督的倾向,在项目实施过程中强调高起点、高标准、高效益,用好资金增量。要花大力气加强逾期扶贫贷款的回收工作,努力盘活存量,各级反贫困职能部门要积极搞好扶贫贷款的回收工作,对逾期扶贫贷款回收工作搞得好的贫困县可以在新增扶贫专项贴息贷款上给予倾斜。

对回收再贷的扶贫资金,要求必须继续留在当地周转,用于扶贫领域,仍按扶贫资金的管理程序和审批权限再投入使用,不得改变性质和用途。对挪用、转移、挤占和贪污扶贫资金的行为要视情节轻重进行依法严肃处理。对于使用扶贫资金而不承担扶贫任务或扶贫资金未到期加息的,财政不予贴息,贴息部分打入扶贫基金。另一方面,增加小额信贷规模,向最贫困农村的绝对贫困人口提供小额、低息的信贷援助,向他们提供经济机会以启动他们自主发展生产的能力,弥补中国信贷扶贫体制的缺陷、真正落实扶贫资金到户。

6.3.3 探索新型投放方式、明确资金投放重点

6.3.3.1 探索新型投放方式

在贫困地区依赖农村能人、各类龙头企业集中使用扶贫资金，立足当地资源、以市场需求为导向，兴办扶贫经济实体、开发扶贫项目、安排贫困农民就业是中国农村反贫历程的成功经验。实践证明，通过扶贫经济实体组织经济开发可以实现经济开发与扶贫到户的有机结合。在建立完善扶贫职能部门在贫困地区市、地、州、县的资金配置分支机构的基础上，可以采取"扶贫经济实体＋贫困户"的资金投放方式，即通过扶贫经济实体从资金管理部门统一承贷承还扶贫专项资金，承包扶贫项目，组织贫困户连片开发，建立商品生产基地，实行适度规模的专业化生产，外联市场，内联农户，为贫困户提供产前、产中、产后的系列化服务，彻底改变扶贫资金分散、简单到户的办法，真正做到扶贫项目覆盖到户、技术服务到户，效益落实到户，解决温饱到户。还可以采取"乡（镇）财税所＋贫困户"的资金投放方式，即根据县扶贫领导小组审批的项目和同意使用的资金额度，以信用贷款方式贷放给乡（镇）财税所，乡（镇）财税所按照批准项目和乡（镇）党委、政府制定的项目实施意见，配合项目单位的技术员，责任人将资金及时安排落实到贫困户。

同时，乡（镇）财税对承贷的扶贫资金实行专账、专户管理，抽出专人与扶贫干部负责贷款的发放和回收工作，并由乡（镇）与村、村与社、社与户建立明确的责任制，负责项目资金到位，定期对贷款使用情况进行检查，防止改变项目，挪用扶贫资金。由乡（镇）财税所承贷承还扶贫资金，负责管理发放扶贫贷款，特别是种养业项目贷款，可以较好地减少扶贫贷款使用中金融部门与地方政府相互扯皮、到户率低的现象，有效地解决管理资金和使用资金的矛盾，激发乡（镇）党委政府围绕扶贫抓经济的积极性，从而将扶贫的经济责任与政治责任有机地结合在一起。

6.3.3.2 明确资金投放重点

在扶贫资金的投放地域上,扶贫资金的投放重点就是贫困人口最集中、贫困程度最严重的地区。从全国来看,2006年的2 146万贫困人口主要集中在14.81万个贫困村。因此,要集中资金增加对这些地方的投入,中央所有的扶贫资金,包括信贷资金、以工代赈资金、财政发展资金,都要严格按照《中国农村扶贫开发纲要(2001~2010年)》的要求,重点用于14.8万个贫困村的投入,各地(市)、州、县、乡(镇)、村也要根据各自的特点确定重点投放地区,把握投放方向。从中央到贫困面大的省(自治区)、地、县都要根据扶贫重点,调整扶贫资金投入的地区结构,增加对特困地区的扶持力度。在扶贫资金的投放对象上,要切实把解决贫困人口温饱问题作为扶贫战略重点,并采取切实措施保证将85%以上的扶贫资金投放到贫困村的特困户上,强调扶贫资金的投放重点是满足最贫困人口的基本需要,即通过向最贫困农村的最贫困人口提供援助,使他们通过种养业和与此相关的家庭加工业或农村日常服务性行业取得收入。同时通过援助贫困地区修建基本农田和基础水利设施,从而迅速缓解其绝对贫困状况。因此,85%以上的扶贫资金投放的重点是能够保证贫困人口在生产中直接获利的种植业、养殖业及相关加工业等效益好、能还贷的反贫困项目。

6.3.4 完善资金监管体系、强化扶贫项目管理

6.3.4.1 完善资金监管体系

在扶贫资金逐年增加而总量存在较大缺口的现实面前,为提高扶贫资金的减贫效益,必须进一步完善和强化对扶贫资金使用的监管体系。这一方面要尽快完善扶贫资金使用监管的法律法规,尽快出台《国家扶贫法》,做到有法可依,实现扶贫资金由政策监管——制度监管——法制监管的过渡;另一方面,要依法实施监管,切实做到有法必依、执法必严、违法必究。为建立健全符合市场经济要求的信贷扶贫管理体制和运行机制,提高扶贫资金的运行效率和扶贫效益,必须认真贯彻

国务院扶贫办、财政部、人民银行、银监会2008年8月下发的"关于全面改革扶贫贴息贷款管理体制的通知"精神,各级扶贫部门重点负责扶贫资金、物资的分配和管理,制订扶贫资金的申报、投向和分配方案,做好指导服务、贫困户核准、项目库建设及项目认定和贴息确认等工作;财政部门负责扶贫贷款贴息资金的审核与拨付,参与项目库建设及项目认定;银行业金融机构负责扶贫贷款项目的审批,贷款投放和回收,并在保证资金安全的前提下,尽量简化手续,放宽贷款条件,提供方便、快捷的服务;人民银行负责加强对扶贫贴息贷款的政策指导和业务管理;银监部门负责对承贷银行业金融机构开办的扶贫贴息贷款业务实施审慎监管。

6.3.4.2 强化扶贫项目管理

在扶贫投入总量约束的条件下,必须强化扶贫项目管理,各类扶贫资金要相互配套,集中使用,提高整体效益。贫困地区根据扶贫开发纲要,建立商品生产基地,发展支柱产业,扶贫信贷资金要按照"调查摸底,确定对象,农户申请,集中审批,统一发放,直贷到户"的原则安排,由扶贫办,营业所牵头,区、乡、村、组干部配合,确定贷款对象,贷款项目和贷款规模,并以村为单位,张榜公布,接受群众监督。由农行系统,扶贫部门联合办公,现场审批贷款,最后,由营业所集中时间公开送款到户。重点支持贸工农一体化、产供销一条龙的扶贫经济实体,扶持贫困户,进行产业开发;以工代赈资金要围绕产业开发,商品生产基地建设修筑公路、解决人畜饮水问题;财政扶贫资金则要重点用于相关的社会效益好的配套设施;中央专项退耕还林还草工程补助要切实投放到生态地区的生态工程;小额信贷资金要进村入户,切实解决农户的生产与生活。水利、农业、科技、卫生等部门也要积极参与、相互配合。贫困地区各市、地、州、县、农村资源开发建设项目和基础设施建设中必须按照市场经济的原则强化项目管理。在项目开发中要引入竞争机制,通过严格的项目管理办法,有效地防止项目投资决策失误、开发成本过高、管理不善造成项目效益不佳或资金呆滞沉淀,加速资金回收和周转,最大限度地提高扶贫资金的使用效率。

6.4 新型反贫困资金管理的运行模式

原有的农村反贫困资金管理模式存在的诸多弊端已经并正在制约着农村反贫困的成效,因此,对其进行调整并构建新型的农村反贫困资金管理模式成为中国农村反贫困的切实要求。

6.4.1 新型反贫困资金管理模式的构建

新型农村扶贫资金管理模式是在对原有扶贫资金管理模式进行扬弃的基础上构建的适应新时期中国农村反贫困需要的资金管理模式,是一个"资金来源多元化、资金分配科学化、管理权责一体化、运行机制制度化、群众参与广泛化、监督评估法制化"的扶贫资金管理体系。

6.4.1.1 资金来源多元化

从现有扶贫资金的来源看,政府扶贫投入,尤其是中央政府扶贫资金投入是中国农村扶贫资金的主要来源。"十五"期间,中央政府投入到国家扶贫工作重点县的扶贫资金占投入总额的74.2%,加上省级财政扶贫资金3.8%,中央和省级政府两项合计比例达78%,而外资和其他资金只占22.0%,社会资本和民间资本比例明显过低。因此,在外商和民营经济实力获得急剧增强的背景下,应积极唤起外商和民营经济的社会责任,寻求外商、NGO、国内民营经济体的扶贫投入,扩大扶贫资金来源渠道,缓解扶贫资金需求缺口。要坚持城乡统筹协调发展,自觉调整国民收入分配,引导公共财政向农村尤其是贫困地区投入。要积极争取国家投入,落实地方配套资金,财力好的市、县要切实加大对贫困地区投入力度,建立以工促农、以城带乡的长效机制,建立资源在城乡之间合理配置有效体制。十六届六中全会提出"创新社会管理体制,整合社会管理资源",为扶贫开发统筹整合各类扶贫资源指明了方向,要加强县一级的工作,以整村推进为平台和抓手,加大组织协调,创新扶贫机制,提高扶贫整体效益。

同时，还要加强部门协作配合，按照"集中使用、渠道不乱、各尽其力、各记其功"的原则，引导部门扶贫资金向贫困地区倾斜，建立政府主导、部门联动、市场配置、社会参与的多元化投入格局，形成扶贫开发的强大合力。

6.4.1.2 资金分配科学化

随着扶贫开发的不断深入，中央和地方的财政扶贫投入不断增加，加强财政扶贫资金分配科学化、资金管理的规范化和制度化显得尤为重要，扶贫资金分配的规范化、科学化必须根据贫困地区的贫困程度、贫困状况、经济基础、人均收入、人均财力、解决温饱的进度等相关因素，经过科学测算，确定各地区应该分配的财政扶贫资金的数额。在扶贫资金的分配和计划管理上体现公开、公正、公平和效率优先的原则，使资金的分配做到透明、合理，各地区享受公平的扶持力度，最大限度地减少人为因素，努力克服资金分配的不平衡问题。由于中央扶贫贴息贷款面临的诸多问题，因此在资金投入总量逐年增加的同时，应逐步减少扶贫贴息贷款的份额，相应地增加中央财政扶贫资金、以工代赈资金、中央专项退耕还林还草工程补助和小额信贷资金的分配的比例，加大对贫困地区基础设施建设、特色产业发展、教育卫生事业和生态环境保护的投入力度。尤其要加大对贫困地区社会资源开发的资金投入，严格限制对贫困地区高污染重化工业项目的资金投入，严格控制楼、堂、馆、所建设的资金投入，同时依据贫困地区实际减贫效率科学地分配扶贫资金的构成比例。

6.4.1.3 管理权责一体化

中央政府应考虑成立国家开发署或扶贫总署来统筹中国的反贫困战略，打破扶贫办主管扶贫决策、其他相关机构主管资金配置的"双轨制"管理体制，统一扶贫决策与政府扶贫资金配置权于反贫困机构，并对社会扶贫资金进行引导和监管，加强综合行政职能和扶贫资源的整合能力，实行扶贫资金管理权责的集中化与一体化。对应于中央的扶贫机构设置，贫困分布较为集中的地方政府设立相应的反贫困机构，集中扶贫的决策权与资金配置权。切实扭转目前反贫困工作中因条块分割、机构重叠、职能重复、政出多门、各自为政、相互掣肘的局面。切实扭转国家、地方和部门扶贫项目资金平均主义的分配方式所导致的资金使用分散、项目配置不切实际、重点不突出、到户率低的弊端。在扶贫资金的管理中要进一步完善各项规章制度,建立健全会计核算制度,制定科学合理的扶贫资金管理方法。各地扶贫资金管理部门要结合本地的实际情况把各项扶贫资金纳入预决算管理,按照扶贫资金管理办法进行规范化管理。特别要按照《预算法》的要求,各省、区要向同级人民代表大会报告财政扶贫资金使用情况,各有关部门要向财政部报送预算和决算。各级财政部门要加强对财政扶贫资金使用情况的指导、监督、检查和审计,以确保财政扶贫资金发挥最大的效益。

6.4.1.4 运行机制制度化

在强化反贫困机构扶贫决策和资金配置权责的同时,创新扶贫资金管理体制、简化资金投放程序、探索新型投放方式、明确资金投放重点,经由制度创新、制度建设和制度安排实现扶贫资金运行机制的制度化,提高资金运营效率。在反贫困中,制度化的资金运行管理机制除了构建新型扶贫资金管理体制外,必须高度重视非政府机构的制度化运作,国务院扶贫办与世界银行等相关机构启动的中国发展市场活动是中国政府与非政府机构合作、支持中国民间组织参与到扶贫领域的有益尝试。在地方层面,云南省扶贫办通过和香港乐施会,广西壮族自治区扶贫办与世界宣明会之间的合作,其具体的操作方式就是由地方扶贫办提供项目,提出工作区域的建议,非政府组织提供资金独立操作。尽管这种合作模式没有涉及使用政府扶贫资金的问题,也没有涉及资金共同使用监督的问题,但是如果在项目规划和人力资源的培养的基础上建立起从财政资金一直到项目实施管理相应的运作机制,将是扶贫资金管理体制创新的重要路径。

6.4.1.5 群众参与广泛化

中国农村反贫困中群众参与的广泛化包含有两层含义,一方面是社会非贫困群体以各种形式广泛参与到农村的反贫困实践中,无论是物质贡献还是精神贡献,形成全社会反贫困的良好氛围。另一方面是贫困群体的广泛参与,贫困地区的反贫困治理,离不开国家的扶持、社会的帮助以及国际机构的援助,但是最终解决问题,要靠反贫困战略实施主体的贫困人口自身的努力。无论是扶贫贴息贷款、小额信贷、中央专项退耕还林还草工程补助、以工代赈资金还是财政扶贫资金安排的扶贫项目,无论是基础设施建设还是易地移民搬迁,无论是生态工程建设还是社会事业发展,都要广泛听取贫困农户的意见,充分尊重贫困群众在反贫困中的扶贫资金配置与管理的知情权、决策权、实施权、受益权与监督权。

6.4.1.6 监督评估法制化

监督评估法制化的核心是要制定《国家扶贫法》。通过《国家扶贫法》,明确界定扶贫的宗旨、主体、对象、标准、目标、内容、途径、方式、措施,明确规定执法的主体、违法的处罚等;明确界定国家财政预算每年安排一定比例扶贫资金;以切实可行的经济制度保证贫困者获得信贷、以工代赈、就业等发展的机会;以强制性的制度规定有劳动能力的贫困劳动者积极参与各类扶贫项目,靠劳动与经营增加收入,脱贫致富;以设计严密的制度保证扶贫主体、项目运作者履行应该承担的扶贫职责,并由审计等部门与新闻媒体等进行有效的监督,保证扶贫资源全部用于扶贫,而不被贪污、他用、渗漏,特别是要用出高效益;与可持续发展战略相结合,强调人力资源开发,强调生态环境保护,增强贫困地区和贫困农户的发展后劲。

6.4.2 新型反贫困资金管理模式的运行

新型农村反贫困资金管理模式是新型农村反贫困管理体制的重要内容,其运行需要农村反贫困战略转型、在实施中注重社会公平并探索信贷保险机制等方面进行保障。

6.4.2.1 加大扶贫投入

新型农村反贫困资金管理模式是反贫困治理制度框架的主体构成部分之一,加大扶贫资金投入新型农村反贫困资金管理模式运行的重要前提。提高扶贫标准,推进扶贫工作改革,提高扶贫开发水平,都需要加大农村扶贫资金的投入力度,必须从法律规制的高度建立科学的农村反贫困治理制度安排,以制度和法律确保新型农村反贫困资金的有效投入与健康运行,提高扶贫资金的使用效率,实现反贫困战略目标。国家财政统计显示,2007年我国财政总收入累计完成51 304.03亿元,比上年同期增收12 543.83亿元,增幅达到32.4%。中央财政收入28 611.95亿元,完成预算的117.2%;中央财政支出29 579.95亿元,完成预算的110.1%,大幅度加大扶贫投入的财政条件已经具备。

党的十七大明确提出到2020年要达到"绝对贫困现象基本消除",为此,中央财政2008年扶贫资金投入将比上年增长16%,是近几年来增长最快的一年。同时,对贫困地区的其他资金和政策支持都进一步加大,加大扶贫资金投入的重点是西部贫困地区特别是西部少数民族地区。在中央不断增加财政扶贫资金投入、扩大以工代赈规模的同时,各级地方政府也必须要根据《中国农村扶贫开发纲要(2001~2010年)》精神和中长期扶贫规划,逐年增加扶贫投入。要引导社会资金和国际援助资金更多地投向贫困地区。在财政扶贫资金使用方面,在同等条件下,应优先安排扶持有社会资金和国际援助资金投入的扶贫项目。另一方面要利用财政贴息杠杆,引导信贷资金投向贫困地区。此外,要探索有效的机制,鼓励各种资源尤其是企业和民营资本投入扶贫开发,扩大国际合作,最终形成多元化的扶贫投入格局。

6.4.2.2 注重社会公平

在社会主义社会中,不断地发展生产力和提高经济效率是为了更好地满足广大人民群众的物质文化需要,实现人的自由全面发展。缩小日益扩大的收入分配差距,加大调节收入分配的力度,更加关心低收入阶层与弱势群体的收入分配问题,让他们都能共享改革发展的成果是社会主义制度的本质要求,是中国共产党坚持立党为公、执政为民的必然要求,是社会主义"共同富裕"原则与科学发展观中的"以人为本"原则的集中体现。新型农村反贫困资金管理模式必须充分体现公平原则,财政发展资金、信贷扶贫资金、以工代赈资金以及各种援助资金都要用于改善贫困户所处的外部条件,包括基础设施、基本的文化教育、基本医疗卫生保障、基本的饮用水条件等,并相应改善贫困地区的社会发展结构。同时,政府通过自身的传播渠道向贫困农户提供良好的政策咨询、信息服务、市场服务和组织服务,以全方位改善实施反贫困资金管理模式的经济社会环境条件,探索建立以权利公平、机会公平、规则公平、分配公平为主要内容的社会公平保障体系。在实践中,反贫困资金管理应按照社会公平原则与社会服务计划、教育培训计划、产业发展计划、小额信贷模式及其他社会扶贫计划有机结合起来,把扶贫资金更多投向与贫困人口生存发展密切相关的教育、卫生、文化、交通、通信等基础设施的建设上来。

6.4.2.3 加强论证评估

加强扶贫资金项目的论证评估是新型农村反贫困资金管理模式健康运行的重要保障。扶贫资金项目要借鉴国际、国内实施扶贫项目的成功经验,以贫困户为对象,以解决温饱问题为目标,以有助于直接提高贫困户收入的产业为主要内容,按集中连片的贫困区域统一规划、综合设计、统一评估、一次批准、分年实施、分期投入,一片一片地开发、一批一批地解决贫困户温饱问题。扶贫资金项目的选择原则:一是要立足于本地资源条件,符合当地经济发展总的规划和要求,产品要有可靠的销售市场;要有一定的技术开发力量,能够保证产品的质量和竞争能力,要考虑到交通、能源、服务体系等相应条件,真正做到把资源优势变成商品优势。二是要坚持农村经济可持续发展的原则,与农业产业化结合起来。三是要优先支持贫困户发展商品生产,优先支持贫困户种养业项目,优先支持计划生育工作做得好的县、乡、村、户兴办扶贫开发项目,优先支持效益好的续建项目。

扶贫资金项目由各级扶贫开发办公室组织有关部门共同规划、设计、筛选、论证,资金管理部门评估,由各级扶贫开发领导小组统一立项。使用扶贫专项贷款的项目要经过有关银行事前审查论证,经扶贫开发领导小组立项批准后进入项目库。对进入项目库的项目经同级扶贫开发部门和资金管理部门充分协商一致,由同级扶贫开发领导小组逐级上报。经过选择确定的项目,投资规模较大的,由申报单位委托有设计资格的单位对申报项目进行可行性论证,投资规模较小的,可委托有关业务部门或自已进行项目的可行性论证。对论证的项目一般要提出几个方案进行比较，用多种开发方案进行测算，从中选出最佳项目、最优开发方案，写出论证报告，报送扶贫开发部门和资金管理部门。扶贫开发部门和投资部门组织或委托专家小组或咨询单位对论证报告进行评估，看项目在经济上是不是合算，效益高不高，技术上是否先进可行，产品有没有竞争力，项目有没有发展前景，是否具有长期经济生命力，能不能在一定期限内收回投资和归还贷款，项目的组织实施措施是否得力可行，在此基础上写出评估报告。扶贫项目由各级扶贫开发领导小组统一立项上报，省扶贫开发领导小组批准实施，任何部门和个人不得在此之外擅自审批项目，发放扶贫资金。

6.4.2.4 探索信贷保险

同任何援助扶贫计划一样，扶贫信贷也存在风险，由于农业是弱质产业，受自然条件及市场影响较大，存在着较大的自然及市场风险。一旦农业受灾，农业减产，产品销售受阻，将直接导致农民减少收入，还贷能力减弱，农业的自然及市场风险将直接转化为贷款风险。由于西部贫困地区极为严酷的自然环境条件和相当频繁的自然灾害因素，虽然由政府主持的社会服务体系的逐步完善和教育科技教训的网络的健全将部分化解贫困人口在信贷活动中个人能力的风险，但是由于自然灾害的不确定性和偶然性仍会给反贫困资金管理模式的实施产生不利因素，探索建立与反贫困资金管理模式配套的信贷保险机制是全面顺利地实施反贫困资金管理模式的重要技术保证。反贫困资金管理模式信贷保险机制运行的重点是保证因不可抗拒的自然灾害和人为灾害后信贷资金不受影响，并力所能及地保证参加信贷的贫困人口的基本生活需要不受太大的影响。

当今世界上许多国家都开展了农业保险业务，我国自1992年由中国人民保险公司开展农业保险以来，在很多地方进行了试点，但由于商业保险机构的商业利润动机和实际政策功能之间的矛盾，使其发展困难重重。实践证明，这种商业化的农业保险模式是不符合我国农业发展形势的。这就要求我们建立起符合我国农村实际情况的新型农业保险和农业保险制度。可以建立专门的政策性农业保险公司,明确界定农业保险公司的性质,专门办理农业种植业和养殖业保险,确定农业保险的法律地位,确定其主要经营目标不是盈利,其经营目的、方式和规则等都是与商业保险不同。

从发展的角度考察,在整个中国西部贫困地区反贫困战略中,应该建立较为全面的扶贫保险制度并完全覆盖信贷扶贫计划;从保险理论上看,凡参加信贷保险的农户将可以较大幅度地减少或避免自然灾害和其他意外变故所可能造成的损失。另一方面,也保证信贷的发放者的资金安全,使其能够减少自身投放风险和促进自我循环。因此,信贷保险机制的建立是对信贷双方都有利的保险形式。虽然信贷的管理和实施方式各异,对它们的贷款所采取的保险措施也有多种形式,但不管采取哪种保险方式,都必须有利于信贷的管理、使用和还贷,保证信贷资金的循环和再生产能力,同时必须有利于增强接受信贷的贫困人口的风险意识和对信贷的责任感,并逐步强化贫困人口从事反贫困活动中的契约观念和法制观念。

第 7 章 西部农村贫困地区功能定位与反贫困模式转型

贫困地区的功能定位是中国西部农村反贫困战略模式研究的基本前提,中国西部农村贫困地区是中国重要的生态保障区、中国原生态文化的发源区、中国重要的战略资源储备区、中国国防安全的前沿阵地、中国革命贡献区。在明确西部贫困地区功能定位的基础上实现西部反贫困战略模式的转型、构建新的西部反贫困战略框架,对于科学确立西部反贫困战略重点,最终实现缓解直至最终消除中国西部农村绝对贫困具有重要的理论与实践意义。

7.1 西部农村贫困地区发展功能定位

西部农村反贫困在理论、实践和认识上面临的突出问题在很大程度上既是由于缺乏对贫困地区明确的功能定位、实施未能适应新形势下客观需要的反贫困战略所致,明确贫困地区的功能定位是进行反贫困战略转型、制定新时期反贫困战略框架、确立反贫困战略重点的前提和依据,而对贫困地区进行功能定位则需要综合考量贫困地区的多种因素。由于西部贫困地区独特的自然地理、生态环境、历史进程、民族文化、经济区位等原因,生态脆弱地区、少数民族地区、山区、边境地区、革命老区等是贫困人口集中分布的典型区域。西部贫困地区在空间布局上有着显著的空间重叠特性,这主要表现为贫困地区与生态脆弱地区的高度重叠性、贫困地区与主体功能区格局下的限制和禁止开发区域的高度重叠性、贫困地区与少数民族地区的高度重叠性、贫困地区与资源富集地区的高度重叠性、贫困地区与边境地区的高度重叠性以及贫困地区与革命老区的高度重叠性。

7.1.1 中国重要的生态平衡与生态保障区

中国农村的贫困地区,从地理生态空间上来判断,大部分分布在中西部高原山区、高寒山区、沙漠荒漠地区、喀斯特石漠化地区、黄土高原水土流失严重地区、大江大河的源头地区等生态脆弱及国家生态屏障区域。由于西高东低、自西向东呈阶梯状倾斜的独特地形地势,中国西部还是国内主要大江大河——长江、黄河、珠江的发源地。地处中国主要大江大河发源地及其上游地区的西部生态环境状况将直接关系到其中下游流域地区,即中国中、东部地区的生态环境和生态平衡。西部地区还是中国沙漠化、荒漠化和石漠化最为严重的地区,其沙漠化、荒漠化和石漠化的扩展必然影响到中、东部地区的生态环境和生产发展。除此之外,中国西部也是亚洲一些重要国际河流澜沧江—湄公河、怒江—萨尔温江、额尔齐斯河—鄂毕河的发源地和上游地区,其生态环境以及开发状况也会影响到下游地区的生态问题,进而影响到跨境生态安全。

国家环保总局、中科院等部门和西部12个省份的联合调查显示,虽然20世纪90年代以后我国西部地区的生态保护和建设取得了一定成效,但生态系统面临的严峻形势没有得到根本改变,有的地方甚至恶化加剧的兆头,目前西部每年因生态系统破坏所造成的直接经济损失达1 500亿元,占到当地同期国内生产总值的13%。近十年来我国西部地区的生态系统更加脆弱,生物多样性锐减,自然灾害不断加剧,西部地区生态系统目前呈现由"结构性破坏"到"功能性紊乱演变"的发展态势。具体表现在:目前西部的水土流失面积已占全国水土流失面积的62.5%,部分省、区水土流失面积超过其国土面积的一半,局部地区水土面积在增加;西部地区沙化面积超过16 000万公顷,占全国沙化面积的90%,沙化耕地和沙化草地的面积呈持续增长趋势,且呈面积大、分布广、治理难度大的特点;森林生态系统"数量型增长与质量型下降并存",森林类型比例日益不合理,生态系统调节能力减弱,病虫害加剧。十年来,西部地区(不含西藏、云南、重庆和新疆建设兵团)森林面积和覆盖率均有增长,但森林活立木总蓄积量和单位面积活立木蓄积量均降幅很大;经济林面积增幅达62.96%,而天然林、防护林面积却分别下降14.5%和51%。幼龄林及中龄林所占比例过大,达66.7%;草地面积持续减少,质量下降,鼠害严重。退化草地和草地鼠害面积分别占可利用草地面积的29.5%和47%,且持续增长。根据"遥感"调查,20世纪90年代后五年,退化草地有55%转化为耕地,30%沦为未利用土地;草地等级下降,优良牧草种类减少,毒草种类和数量增加;水资源开发不合理,导致河流断流、绿洲萎缩、地下水位下降。此外还出现冰川退缩、雪线上升,天然湿地萎缩、湖泊盐碱化甚至干涸等现象;毁林毁草开荒严重,新增耕地90%以上来自对林地和草地的破坏;草地面积持续减少,质量下降,鼠害严重。生态破坏削弱了西部地区经济发展的基础,直接影响当地经济的发展,根据有可比资料的统计,1990~2000年西部地区因生态破坏造成的直接经济损失约为1 500亿元,因生态破坏造成的间接经济损失和生态恢复费用比这一数字还要高出数倍。

  调查指出,近40年来气温波动性增高和部分地区降雨减少,在某种程度上加剧了西部地区生态退化的进程,但人为因素是造成西部地区生态破坏的重要原因。造成西部生态问题的成因复杂多样,全球气候变暖,导致近40年西部地区气温增高,部分地区降雨减少,某种程度上加剧了西部地区生态退化速度,但"人为因素的作用是造成西部生态破坏首要原因"。这种人为破坏体现为以下几方面的矛盾:粗放型经济增长方式与有限生态环境承载能力之间的矛盾;人口增长及对生态环境质量要求不断提高,与生态环境日渐恶化之间的矛盾;生态环境退化与自然资源短缺导致的局部与全局、眼前与长远利益之间的矛盾;对自然生态环境的脆弱性、复杂性认识滞后,与经济开发利用的迫切性之间的矛盾;国家对生态环境保护监管水平要求越来越高,与实际监管能力严重滞后之间的矛盾。

  西部地区是中国的江河上游、风沙源头,西部地区生态环境的恶化,直接关系到下游和周边地区，必然触动整个生态系统的良性循环，进而影响全国的生态安全和经济社会的发展。长期以来，由于江河源头地区的森林被大量砍伐，湖泊和湿地萎缩，荒漠化加剧，水土流失严重，致使长江水患不断发生，特别是1998年的特大洪水，给长江流域的人民带来了深重的灾难。也因同样的原因，致使黄河下游流量减小，甚至频繁出现断流，从70年代开始先后出现20次，其频次、历时、河长在不断增加，最高一年断流226天，河长达700千米。长江和黄河，像横卧在祖国大地上的两条巨龙，无论哪一条河流的泛滥与断流，既非一日之患，也非一因所致，都会给中华民族带来深重的灾难。因此，如果不从战略的高度明确西部地区的生态地位，西部地区作为中国重要的生态平衡与生态保障区域的发展功能将逐步丧失，并成为严重影响西部地区乃至整个国民经济社会可持续发展的主要因素。

国家"十一五"规划纲要明确划定的22片限制开发区域中，就有滇、黔、桂等喀斯特石漠化防治区、川滇干热河谷生态功能区、甘南黄河重要水源补给生态功能区、四川若尔盖高原湿地生态功能区、藏西北羌塘高原荒漠生态功能区等生态脆弱与国家生态保障区域是贫困人口集中分布的地区。此类贫困地区生态环境脆弱、经济发展的资源环境承载能力不强、大规模集聚经济和人口条件不够好并关系到全国或较大区域范围的生态安全，因此，大规模的工业化和城镇化不是此类贫困地区发展的主要任务，其发展的功能定位应是保护优先、适度开发、引导超载人口逐步有序转移，逐步成为全国或区域性的重要生态平衡与生态保障区域。

7.1.2 中国文化多样性的发源与传承区域

英国人类学家布朗尼斯洛·马林诺斯基（Bronislaw Malinowski）在《文化论》中指出："文化是指那一群传统的器物、货品、技术、思想、习惯及价值而言的，这概念实包容着及调节着一切社会科学。"马林诺斯基把人类进步的全部原动力、全部意义及全部价值都归于物质文化的观点视为一种"偏见"，强调道德上、精神上及经济上的价值体系等方面的精神文化在人类文化传承及发展中的地位和作用。文化是社会生活的产物,是民族精神的结晶,是民族间区别与差异的真正意义上的"遗传密码"。在千百年的历史发展中,各个民族都形成了属于自己的特有文化形态和文化个性,这种特有的文化形态和文化个性已经成为民族亲和力和凝聚力的重要源泉,它既是一个民族的历史遗产,又是其前进发展的动力。

今天在经济全球化的背景下,世界文化多样性和各民族的文化遗产受到前所未有的严峻挑战,尊重多元文化,保护文化多样性已成为世界大多数国家的共识。联合国教科文组织于2001年通过的《保护世界文化多样性宣言》指出:"文化多样性是交流、革新和创作的源泉,对人类来讲就像生物多样性对维持生物平衡那样必不可少。从这个意义上讲,文化多样性是人类的共同遗产,应当从当代人和子孙后代的利益考虑予以承认和肯定。"呼吁世界各国像保护生物多样性一样保护文化多样性。2003年又通过了《保护非物质文化遗产公约》,再次呼吁各国政府采取切实有效的措施,保护代代相传的民族文化和民间文化,强调文化的多样性有助于捍卫各民族自己的生活方式、共处方式、价值观念、传统和信仰,使他们可以在平等的基础上相互对话,也可以促进保护濒临消亡的文化遗产,特别是非物质文化遗产。

我国有50余个少数民族都主要分布在广大的西部地区,占全国民族总数的92.7%,千百年来,中国西部少数民族在历史进程中形成了自己独特的、丰富的灿烂文化。由于西部特殊而复杂的生态环境和历史发展背景,西部各民族不但在物质性文化方面还存在着先进与落后的梯级差别,在精神性文化方面更是呈现为类型多样、特色不同的现象,形成了世界罕见、风格独特、相对完整的文化体系,是中华民族极其珍贵的文化宝库。但同时西部少数民族地区又是贫困人口集中分布的典型区域,历来被视为中国农村反贫困的重点和难点地区,在全国592个扶贫重点县中,少数民族扶贫重点县267个,占总数的45.1%;2005年末,少数民族地区农村贫困人口占全国农村贫困人口(2 365万人)的比重为49.5%,贫困发生率6.9%,比全国(2.5%)高4.4个百分点;低收入人口占全国低收入人口(4 067万人)的比重为50.4%,低收入人口占农村人口的比重为12.0%,比全国(4.3%)高7.7个百分点。

地形地势封闭、经济社会发展落后、贫困发生率较高的少数民族地区却是中国多种原生态民族文化的发源地与传承区,如藏族地区的藏文化、云南丽江纳西族的东巴文化、云南大理白族的南诏大理文化、彝族的虎文化,以及贝叶文化、千顷池文化等民族地域文化。尤其是一些人口较少民族如怒族、德昂族、基诺族、门巴族等民族文化更是中国多元文化瑰宝的重要组成部分,作为中国原生态民族文化发源地和传承地,其民族文化的保护和发展对于中国民族文化的多样性有着极为重要的战略意义。但是长期以来,人们在观念上将西部传承了千百年的民族文化视为"与现代化不相适应"的"落后"事物而加以摒弃,最终导致极其丰富的民族文化资源不断流失,生态环境也随之恶化,我国生态保护正遭遇民族文化多样性流失的剧烈冲击,保护生态环境亟须保护文化多样性。贵州省的黔东南地区,尤其是黎平的侗族和苗族地区,曾经拥有极其丰富的生物种类,据有关专家实地调查,当地本土农作物物种中,仅种植过的糯稻品种就达20余种,这种情况千百年来一直延续着,直到10多年前杂交籼稻单一大面积推广成功后才逐渐消失。侗族传统上之所以保有丰富多样的糯稻品种,与侗族文化当中各种社会礼仪、节庆、宗教祭祀活动都离不开糯米饭和鱼这两种食品有关,在举世闻名的侗族大歌中,它们就经常被用作隐喻符号来表达复杂而微妙的情感。随着本土糯稻品种的消失,与之相辅相成、相得益彰的生态稻物文化也将不复存在。

从人类学的角度考察,生物多样性与文化多样性两者之间在很大程度上紧密相关、相辅相成,随着人类科学技术的发展,人类在地球生命圈的作用越来越具有能动性,防止人类能动性的误用,自然成了确保地球生物物种并存延续的关键。而防止误用的手段只有一种,那就是维护民族文化的多元并存,维护民族文化多元化传承,就是维护民族认同、民族特性、民族情感和民族团结。因此,西部少数民族贫困地区的发展应高度重视其民族文化的保护与发展,最主要的是保护各民族的宗教信仰、风俗习惯、文学艺术、工艺技术等。大力开发与发展地域特色产业、民族医药产业、民族文化产业等民族特色产业,以民族特色产业的发展促进民族文化的保护与发展,逐步发展成为富有多元民族特色的民族文化区,促进整个中华文化的多样性与繁荣发展,真正把西部少数民族文化多样性的保护与传承放在反贫困战略的重要位置。

7.1.3 中国重要的战略资源储备区

资源经济学按资源重要性程度把资源划分为战略资源(如能源矿产中的石油、天然气、铀、钍和金属矿产等)、重要资源(如土地、能源矿产中的煤、天然沥青、地热、大部分非金属矿产和水气矿产等)、一般资源(如非金属矿产中的岩土类等),根据资源分类分别设计不同形式的所有制构成模式。西部作为中国贫困人口集中分布的典型区域之一,由于独特的地质构造历史和地质地形条件,这些地区拥有丰富的矿产资源、水能资源和生物资源。西部矿产资源占全国保有储量潜在总值50.45%,45种主要矿产资源保有储量的50.81%集中在西部地区,各种矿产占全国储量比为:天然气83.9%、富铁矿46.7%、富铜矿52.4%、铅矿42.1%、锌矿43.3%、砂金矿43.5%、硫铁矿40.6%、富磷矿86.3%、钾盐99.7%、钠盐89.2%。此外,富铬矿、钛矿、镍矿、铂族矿、锶矿、芒硝、石棉等重要矿产80%以上的储量集中分布在西部地区,矿产资源开发在西部地区经济及社会发展总体布局中居于不可动摇的基础和支柱性地位。

陕西榆林地区是举世闻名的矿产资源富集区,已经发现的矿产资源多达八大类48个品种,境内不仅有世界八大煤田之一的神府煤田,而且还有全国陆上最大的整装天然气气田和陕西省储量之最的石油以及丰富的岩盐、湖盐、高岭土、铝土矿等矿产资源。随着西部大开发战略的实施,榆林地区的煤炭和石油资源得到了大规模的开发,但现在全区12个市县还都是国家级贫困县,在325.8万总人口中,尚有22万人口没有越过温饱线。曾经为中国革命作出过巨大贡献和牺牲的革命老区延安,虽然土地干旱贫瘠,地下却发现了丰富的煤炭、石油和天然气,已经探明的石油储量达4.3亿吨,煤炭储量为71亿吨,天然气储量33亿立方米。延安不仅是中国革命的摇篮,而且也是我国石油工业的发祥地,中国陆上第一口油井、第一个炼油厂都诞生在延安。经过30多年的发展,延安石油年产量由当初的1.21万吨增至2001年的314万吨,原油加工量达到376万吨。但迄今为止,在延安13个区县中还有8个国家级贫困县,190多万农业人口中,处于国家核定标准年人均收入625元以下未解决温饱的有28.9万人,625元至865元之间低收入的有31.1万人(胡鞍钢,2001)。

西藏地区、秦巴山区、横断山区、滇西北"三江并流"区等贫困人口集中分布区则蕴藏着极其丰富的生物资源、水能资源和矿产资源,由于通达性、生态环境以及现有技术条件的限制,多数地区现有开发程度还较低,更多地区还处于未开发阶段。在世界传统能源供应日趋紧张、中国能矿资源对外依存度逐年增大的大背景下,此类地区丰富的资源赋存将是整个中国未来发展的重要战略资源储备库。因此,此类地区可定位于中国长远发展的重要战略资源储备库,尤其是其能矿资源应以储备为主,开发为辅。

在计划经济体制下形成的资源开发体系中,战略资源的大部分所有权归中央政府、一部分所有权归地方政府、小部分所有权归集体所有;重要资源的大部分所有权归地方政府、一部分所有权归中央政府,一部分所有权归集体所有;一般资源的大部分所有权归集体所有,一部分所有权归当地政府,中央则放弃对这类资源的所有权。战略资源不仅与国计民生的关系重大,而且开发技术要求高、投资规模巨大。因此,必须由中央直接控制所有权,并主要由国家大型企业开发,适当考虑到当地合理的利益要求,考虑到当地经济发展,可以给予地方一定比例的干股权,以确保地方的利益。

但是多年以来,我国实行的是国家所属的中央企业代行所有权并直接管理、垄断开发和经营的体制。西部地区的大型资源开采及原材料生产主要由中央大型企业进行,市场化改革以来,西部地区的地方探矿采矿经营权略有扩大,但一般都限于小、贫、散矿,大矿富矿开采经营权都由国家集中控制,不向地方下放,或不准地方参与,由地方发现的大矿富矿开采经营权被上收,地方缺乏探矿采矿经营权,从资源开发中获取的利益非常有限。

胡鞍钢教授在《地区与发展——西部开发新战略》一书中对我国的地区差距问题进行了详尽的分析后指出:"目前除了少数地区之外,丰富的自然资源并没有给西部地区带来经济繁荣。相反,许多地区随着资源的开采,不是越来越富,而是越来越穷,出现'富饶的贫困'。西部地区的许多采掘业和原材料企业处于停产、半停产甚至关闭的状态,大型水电站和火力发电也面临生产能力过剩的困境。如果'十五'计划仍然以开发资源为主导的发展战略,不仅不能带动整个西部地区的经济发展,相反还会成为西部发展的沉重包袱,即债务包袱、亏损包袱、下岗失业包袱。"因此,"从根本上调整发展思路,是西部地区应对这种挑战的最好办法","西部开发应放弃资源开发导向型战略"。资源地区的脱贫致富和经济发展与维护"自然资源属于国家所有"的法律规定站在了同一天平上,如何取舍成为了很难面对的考验,二者难以达到的平衡注定会成为缠绕西部资源开发的长久问题。这个问题并不仅仅是一个经济问题,更是一个关系全国大局稳定的政治问题。如果处理不好,其后果将是严重的和危险的。要改变西部地区资源开发中出现的"富饶的贫困"状况,并且规范资源开发秩序和提高资源利用率,高度重视中央与地方在资源利益分配方面的调整,必须考虑由单纯向西部地区提供财政转移支付,转为通过资源所有权和开发权的下放,使西部地区可以通过合法的渠道获得合理的资源收益,提高西部地区经济的自我发展能力,促进西部贫困地区经济发展。

7.1.4 中国国防安全的前沿阵地

西藏、内蒙古、云南、广西、甘肃、新疆等西部省区为中国的边疆地区,与蒙古、俄罗斯、塔吉克斯坦、哈萨克斯坦、吉尔吉斯斯坦、巴基斯坦、阿富汗、不丹、尼泊尔、印度、缅甸、老挝、越南等国家接壤,陆地边境线长达12 747千米,与东南亚许多国家隔海相望,有大陆海岸线1 595千米,约占全国海岸线的1/10,边境地区大都是少数民族聚住地,有20左右个跨界民族。该区域是世界上宗教派别、民族人种、文化语言最具多样性的区域,也是世界军事冲突最频繁的区域之一。中国西部深入亚欧大陆心脏地带,世界最高高原青藏高原、云贵高原矗立于中国西南,喜马拉雅山脉、横断山脉横亘于西南边境,阿尔泰山脉、内蒙古高原拱卫于北部边境,喀喇昆仑山脉、帕米尔高原屹立于西部边境,成为威慑中亚、俯视南亚、控制亚洲的战略高地,独特而优越的地形地势使得西部地区成为中国最重要的国防安全的前沿阵地和军事战略纵深,为中国中、东部地区提供了重要的战略屏障和战略依托。

从军事战略学角度考察,拥有较大的战略纵深是衡量一个国家战争潜力的重要因素,西部作为军事战略纵深可以为我国带来较大的战术回旋空间和给养生产基地,但在当今信息战、电子战、超限战和非对称打击条件下,战略空间和防御纵深已经被急剧压缩了,西部作为国防安全的前沿阵地的地位日益突出。目前,美军在包括阿富汗在内的中亚九个国家建立了13处小型军事基地,伊拉克战争后,美军准备进一步加强在该地区的军事存在,包括租用乌兹别克斯坦的卡甘和卡凯德军用机场,租用塔吉克斯坦的库尔干秋空军基地,并将该基地扩建成美军用飞机在中亚地区的中转场站,以及扩建吉尔吉斯斯坦的玛纳斯机场,使该机场能够起降大型作战飞机。尤其是马纳斯机场,曾是苏联在中亚地区最重要的空军基地,距中国新疆仅400余千米,美军战机十几分钟即可进入新疆,对我国西部地区构成了直接的军事威胁。

由于特殊的历史原因和地缘因素,俄罗斯与中亚有着千丝万缕的联系,俄也一直将中亚视为自己的"后院"和"故土",与中亚诸国的军事合作不断加深。印度长久以来一直将中国视为对手,一直把印度北面对巴基斯坦—中国西藏—孟加拉一线的实际控制能力作为国家军事战略的重点,在中印边境建立了大纵深立体化防御体系,把占全国近1/4的兵力部署在靠近中国的北部和东部边境,在印度陆军的五大军区中,防务领域涉及中国的就有两个,由内政部直接指挥、专门负责1962年组建的中印边境"印藏特种边境部队",拥有 3.2 万人的兵力,并保持了边境地区局部兵力优势,近年来对华军事战略由"守势防御"逐步向"攻势防御"转变,重启和新增边境空军基地,扩建和新建边境公路,在中印边境附近的山区开凿了两处隧道,部署了印度国产"烈火—Ⅰ型"中程弹道导弹、苏—30MKI 战斗机等先进武器和增派部队等,形成了"进攻性防御"的态势,宣称印度可在一天之内瘫痪中国西藏的军事运输线路,拥有的法俄潜艇及两艘航母和位于加尔瓦尔港的大型海军基地,将埋葬中国人试图潜入印度洋的任何努力,很快印度的核动力潜艇也将巡游中国周边的海洋。从近几年来印度的军事部署分析,印度对我国西部战略纵深的威胁已经不仅仅局限于陆军方面,而有可能会以西藏为依托对中国内地进行全面战略渗透。如果印度全面参与西方一些国家遏制中国的战略布局,那么南亚地区的国际地缘政治局势将变得更加复杂多变和尖锐激烈。由于历史和现实的原因,广大西部地区面临安全威胁的因素很多,既有领土争端,也有宗教问题;既有大国插手的阴影,又有民族分裂势力作祟;既有超级大国的军事战略威胁,同时也面临着新崛起的地区大国的军事压力。

  边境线长、地理位置的多边关系及国际政治局势的复杂多变决定了西部地区在国家总体国防战略中的重点地位,西部地域广阔,国防资源开发的潜力很大,是我们形成国防整体弹性战略的巨大潜力所在。沿边居住的各少数民族,自古就是环绕在中华版图周围维护祖国统一和领土完整的坚固长城。在历史上,不管是维吾尔族、哈萨克族,还是藏族、壮族、回族,都为维护祖国的尊严和领土完整作出过可歌可泣的,也是无法替代的特殊贡献。近年来,包括我国新疆自治区在内的中亚地区,恐怖暴力势力活动十分猖獗,因民族、宗教、领土、资源等因素引发的冲突和战乱趋势日益上升,各种分裂势力、恐怖势力和极端势力给国际社会带来的危害不断增加,地缘政治态势的演化及对区域发展造成的不利局面相当严峻,西部周边面临的复杂态势,加上多年来国内外敌对势力一直利用民族和宗教问题对我国进行颠覆和分裂活动,境内藏独、疆独分裂活动不断升级,不能不使我们在反贫困战略实践中更多地关注国防建设的现实需要和长远意义。

西部边境地区是中国典型的贫困地区,在全国135个边境县中,有41个(不包括西藏边境县)国家扶贫重点县,占边境县总数的30.37%,占全国扶贫重点县总数的6.9%,生活着2 000万各族人民。其中,西藏的全部边境县都是国家扶贫重点县,新疆32个边境县中的14个县、云南25个边境县中的16个县、广西8个边境县中的3个县等为国家扶贫重点县。因此,西北和西南边境地带都是贫困人口的集中分布地带,这些地区多数交通不便,社会经济发展落后,人民生活十分困难,民族问题、宗教问题、毒品问题乃至恐怖主义等因素错综复杂,尤其是在我国边境地区同一民族跨国界相居的"敏感地带",贫困造成的种种负面影响表现得更为突出,作为中国国防安全前沿阵地的边境地带人民长期处于贫困状态这对于国家的地缘安全、国家形象、民族团结、边疆稳定极为不利,严重危及到整个国家的国防安全和国际形象。世界各国处理民族问题的经验教训表明,政治平等、经济平等是民族团结和睦、国家领土完整最重要的保证,将西部贫困地区定位为中国国防安全的前沿阵地,就是要通过广泛的反贫困举措,加快西部贫困地区尤其是边境贫困地区的经济发展,大幅度改善边境贫困地区的基础设施状况,提高各族群众的生活水平,增强各族人民维护领土完整的决心和信心。因此,在边境贫困地区,除了重视传统的以维护国家主权、国家尊严为主体的军事边疆和政治边疆建设以外,还应强化以消除贫困、缩小差距为主体的经济边疆建设,以文化保护、文化传承为主体的文化边疆建设,以民族团结、共同进步为主体的社会边疆建设,以生物多样性保护、可持续发展为主体的生态边疆建设,经由综合边疆建设把边境贫困地区发展成为稳固的国防安全前沿阵地和繁荣的对外开放一线地区。

7.1.5 中国革命的贡献区及感恩区

中国革命老根据地简称革命老区或老区,是指第二次国内革命战争时期和抗日战争时期,在中国共产党和毛泽东等老一辈无产阶级革命家领导下创建的革命根据地。它分布全国大陆除新疆、青海、西藏以外的28个省、自治区、直辖市的1 300多个县（市、区）。第二次革命根据地划定标准是曾经有党的组织，有革命武装，发动了群众，进行了打土豪、分田地、分粮食、牲畜等运动，主要是建立了工农政权并进行了武装斗争，坚持半年以上时间的地区，包括建立过苏维埃政权，分管过土地的地区；只建立过苏维埃政权，尚未分配过土地的地区。在战争年代，老区人民养育了中国共产党及其领导的人民军队，提供了坚持长期斗争的所需要的人力、物力和财力，为壮大革命力量，取得人民民主革命的最后胜利，作出了极大的贡献，付出了很大的牺牲，但是目前老区人民大都生活在山高路远的偏僻村落，由于基础设施落后，交通不便，信息不灵，群众生活还非常困难，贫困程度非常深重，是中国农村贫困地区的主体。

西部贫困人口的集中连片分布区是诸如陕北地区、乌蒙山区、桂北山区、秦岭大巴山区、四川"三州"地区、定西地区等革命老区，在全国592个扶贫重点县中，有老区县310个，占52%，其中约有20%的老区县（主要是成片的老区）。四川甘孜、阿坝、凉山"三州"贫困地区有50%以上的县属于革命老区，是第二次国内革命战争时期面积最大的革命老区。在几十年的中国革命战争艰辛的历史过程中，老区人民以坚定的革命信仰、无私的奉献精神和战胜一切困难的英雄气概，为中国革命的胜利作出了不可磨灭的重大贡献。

1935年5月，中国工农业红军长征经过凉山，历时29天，行程800千米，足迹走过凉山八县一市。会理会议、礼州会议、彝海结盟等史诗般波澜壮阔的中国工农红军的历史画卷，在长征史上闪烁着璀璨的光辉。1935年5月22日红军司令员刘伯承与少数民族部落首领小叶丹歃血为盟，结拜为生死弟兄，5月23~24日，红军大部队在小叶丹及随从的引路和护送下，顺利通过彝族聚居区抵达安顺场，为抢渡大渡河、飞夺泸定桥赢得了宝贵时间。"彝海结盟"是凉山人民对中国革命取得胜利重大贡献的真实记载，是红军正确执行党的民族政策的光辉典范，是民族团结、军民团结、万古流传的动人篇章。1935~1936年，红一、二、四方面军经过长途跋涉,艰苦转战,先后进入甘孜藏区,足迹踏遍甘孜藏区16个县,历时近15个月。在甘孜藏区,红军飞夺泸定桥,翻越党岭大雪山,帮助藏族人民第一次建立了自己的政权——博巴政府和建立了第一支藏族红色武装,藏族人民积极为红军筹粮、筹款,救护伤病员,为红军、为中国革命作出的巨大贡献和牺牲,正如邓小平同志曾高度评价:"甘孜藏区人民为保存红军做出了最大的努力。"

红军长征在阿坝州境内爬雪山、过草地,创造了长征在阿坝州境内召开的重要会议最多、经过的时间最长、经过的人数最多、进行的战役、战斗最多、经历了自然条件最为恶劣的卓绝历程、党内斗争最激烈、各族人民对红军的支援最大的七个"长征之最"。为帮助红军走出困境,阿坝州各族人民有500多人加入共产党,有5 000多人参加主力红军,有10 000余人参加游击队或成为各级苏维埃干部,被毛泽东赞誉为中国革命史上特有的"牦牛革命"。在自身粮食不足的情况下还先后为红军筹粮2 000多万斤,捐出牛羊20多万头,还为红军修路架桥当向导等,为红军北上抗日创造了有利条件。红军北上后,根据地有成千上万的失散红军、苏维埃干部、革命群众遭到国民党反动派白色恐怖的残酷迫害,许多人大义凛然、英勇献身,阿坝州13个县就有9个县114个乡镇被命名为革命老根据地。

在中国革命最危难的时候,西部贫困地区藏、彝等少数民族同胞在极其困难的情况下为中国革命作出了无私的奉献和巨大的牺牲。可以说,没有西部贫困地区、少数民族地区各族人民的倾情帮助和鼎力支持,中国工农红军取得万里长征的辉煌胜利乃至中国革命的伟大成功都是不可想象的。然而,新中国成立已经半个多世纪,歃血为盟、荣辱与共、情同手足、生死相依的西部贫困地区藏、彝等少数民族同胞仍有40%以上在贫困中煎熬,在革命成功50多年后,他们的生存问题却没有得到很好的解决,不能不令每个共产党员汗颜,而且于情于理都说不过去。从功能定位上把老区确立为中国革命的贡献区及感恩区,就是从社会公正、从革命情感上把真情回报老区人民、关怀老区人民疾苦、支持老区开发建设放在反贫困战略的基础位置。

具有生态保障功能、原生态民族文化多样性功能、战略资源储备功能、国防安全功能和革命贡献功能的西部贫困地区的发展关系着中华民族发展的大局,在明确西部贫困地区功能定位的基础上调整反贫困战略、构建反贫困战略框架、确立反贫困战略重点无疑将有助于推动西部贫困地区的跨越式发展,这对推动新时期反贫困理论研究与实践运作、促进21世纪中国国民经济空间发展的协调化无疑都具有极为重要的理论意义与实践意义。从西部贫困地区在中国国家发展格局中的功能定位及其战略地位来看,西部贫困地区不但不应是中国国民经济和社发发展中的"负担区域",相反,西部贫困地区是中国现在及未来发展有着极为重要意义的战略区域,没有西部贫困地区的发展就没有中国西部的发展,没有中国西部的发展就没有整个中华民族未来的发展。

7.2 西部农村反贫困战略的指导思想

西部贫困地区是中国自然条件最恶劣、少数民族人口最集中、贫困发生最广泛的地区之一,在中国全面建设小康社会和社会主义和谐社会的总体背景下,西部贫困地区反贫困必须突破传统的、单纯的经济扶贫模式,使反贫困战略更多地体现以人为本、国家安全、社会公正、可持续发展等多方面的新理念、新思维和新视点,这是进一步明确西部贫困地区在国家经济社会中的功能定位、推动西部农村反贫困战略转型进而制定新的反贫困战略的基本前提。

7.2.1 落实以人为本

从2003年10月14日中国共产党第十六届三中全会通过的《中共中央关于完善社会主义市场经济体制若干问题的决定》指出:"坚持以人为本,树立全面、协调、可持续的发展观,促进经济社会和人的全面发展。"到2006年10月11日中共十六届六中全会提出:"切实把构建社会主义和谐社会作为贯穿中国特色社会主义事业全过程的长期历史任务和全面建设小康社会的重大现实课题抓紧抓好。"这是建成完善的社会主义市场经济体制的历史进程中，中国经济社会发展理念的进一步深化和提高，它改变了过去过分重视国家层次、轻视社会及个人层次发展问题的执政理念，体现出越来越明显的以人为本和全面发展的价值取向。

坚持以人为本，同中国共产党全心全意为人民服务的根本宗旨和代表中国最广大人民根本利益的要求是一脉相承的。以人为本就是要在保障人的基本生存权利的基础上尊重人、理解人、关心人，就是要把不断满足人的基本需求、促进人的全面发展作为发展的根本出发点。人类生活的世界是由自然、人、社会三个部分构成的，以人为本的科学发展观，从根本上说就是要寻求人与自然、人与社会、人与人之间关系的总体性和谐发展。人类认识和改造自然界是为人类创造良好的生存条件和发展环境，但是在过去相当长的时期内，以征服自然为目的、以科学技术为手段、以物质财富增长为动力的传统发展模式成为经济发展的主体模式，在很大程度上破坏了人类赖以生存的基础，使人类改造自然的力量转化为损害人类自身的力量，人们在试图征服自然的同时，往往不知不觉地变成了被自然征服的对象。

事实证明，只有遵循规律，只有人与自然的关系和谐了，生态系统保持在良性循环水平上，人的发展才能获得永续的发展空间。经济社会发展归根结底是为了人的全面发展，只有经济发展而没有社会发展不叫全面发展。同样，只有经济和社会的发展而没有人的发展也不叫全面发展，以人为本的可持续发展观要求逐步增加各项社会发展、生态资源、环境建设的投入，特别是要加大对社会管理和公共卫生、公共服务方面的投入，对那些能够帮助贫困群体、失业群体和弱势群体重新融入社会并在经济发展过程中重新获得机会发展的项目，更应给予优先考虑，逐步扭转城乡差别、区域差别、贫富差距逐步扩大的趋势，彻底改变重增长、轻发展、重效率、轻公平的发展模式，尽快形成经济与社会协调发展的新格局。

实现人与自然、人与社会的和谐统一，最根本的是要处理好人与人之间的关系,建立公正合理的社会制度,建立相互尊重、信任和关心的良好人际关系。树立人力资源是第一资源、人力资本是第一资本的观念,尊重劳动、尊重知识、尊重人才、尊重创造。同时,要保持共产党与同人民群众的血肉联系,促进党群之间、各阶层之间、不同地区人群之间关系的和谐发展,从根本上提高人的综合素质,提高人力资本的水平,把人的全面发展融入自然、经济和社会良性循环之中。目前我国仍是人均收入水平较低的发展中国家,地区和城乡发展不平衡的问题还相当突出,实现消除贫困、共同富裕的目标任重而道远。着力解决贫困人口的温饱问题、构建社会主义和谐社会就必须坚持以人为本、全面协调可持续的科学发展观,坚持把反贫困作为全面建设小康社会、扎实推进社会主义新农村建设的重要任务,坚持把消除贫困作为促进社会公平正义、构建社会主义和谐社会的重要举措。

全面建设惠及全体人民的小康社会,是党的十六大提出的本世纪前20年的奋斗目标,充分体现了社会主义逐步实现共同富裕的本质要求。2006年10月11日,中国共产党第十六届中央委员会第六次全体会议通过的《中共中央关于构建社会主义和谐社会若干重大问题的决定》指出:实现全面建设惠及十几亿人口的更高水平的小康社会的目标,努力形成全体人民各尽其能、各得其所而又和谐相处的局面,构建社会主义和谐社会,必须坚持以人为本,始终把最广大人民的根本利益作为党和国家一切工作的出发点和落脚点,实现好、维护好、发展好最广大人民的根本利益,不断满足人民日益增长的物质文化需要,做到发展为了人民、发展依靠人民、发展成果由人民共享,促进人的全面发展。这是构建社会主义和谐社会同全面落实科学发展观的内在联系,从根本上确立了西部贫困地区反贫困与可持续发展的指导思想。

2008年10月12日中国共产党第十七届中央委员会第三次全体会议通过的《中共中央关于推进农村改革发展若干重大问题的决定》明确指出:搞好新阶段扶贫开发,对确保全体人民共享改革发展成果具有重大意义,必须作为长期历史任务持之以恒抓紧抓好。要进一步完善国家扶贫战略和政策体系,坚持开发式扶贫方针,实现农村最低生活保障制度和扶贫开发政策有效衔接。实行新的扶贫标准,对农村低收入人口全面实施扶贫政策,把尽快稳定解决扶贫对象温饱并实现脱贫致富作为新阶段扶贫开发的首要任务。重点提高农村贫困人口自我发展能力,对没有劳动力或劳动能力丧失的贫困人口实行社会救助。加大对革命老区、民族地区、边疆地区、贫困地区发展扶持力度。进一步明确了新时期、新阶段扶贫开发的历史任务、指导思想和战略重点。但从目前西部贫困地区的情况看,由于复杂的自然、经济、历史和社会发展原因,不仅整体还尚未达到基本小康,更有占农村人口 40% 的贫困人口,距实现全面小康还相当遥远。切实加强西部贫困地区反贫困工作,全面推进西部贫困地区反贫困进程,是西部贫困地区人民平等享有的生存与发展权利的具体体现,也是西部贫困地区人民能够共享国家经济社会发展成果的具体体现,是真正落实以人为本科学发展观的基本需要,更是我国全面建设小康社会、和谐社会、最终实现共同富裕的必然要求。

7.2.2 维护国家安全

国家安全是国家国防安全、经济安全、社会安全、环境安全的总称,无论是传统意义上的国家安全还是非传统意义上的国家安全,都从不同领域或在不同角度反映出由人群组成的社会存在的状况,从根本上涉及人的安危和社稷民本,在国家安全体系中,国家层面或区域层面上的国家安全系统都与贫困状况密切相关。从国际经验看,贫困作为"无声的危机",不仅严重阻碍了贫穷国家的社会和经济安全,也是当今世界地区冲突不断、恐怖主义蔓延和生态环境恶化等问题的重要根源之一,从维护国家安全的宏观层面重视各区域的贫困状况是国家反贫困治理的崭新理念。

西部贫困地区是中国最大的贫困地区,其产业不具优势、生产力发展水平低下、产业结构单一、市场规模狭小、基础设施薄弱、生态环境恶化、社会发展机制发育不全,经济社会发展水平远远低于全国平均水平,面临着严峻的发展困境。实践证明,贫困往往是一个国家或一个地区经济失衡、政治动荡、社会不稳的重要根源和基本表现。从社会进化的角度上考察,如果一个国家只有某一部分的国民,而不是所有国民共同分享经济社会发展的成果和社会福利,这是一种畸形的、充满危机的发展态势。西部贫困地区发展面临的严峻态势以及与其他发达地区经济发展差距的不断扩大,除了有可能因为地区经济发展失衡而触发一系列区域性或整体性社会政治问题外,从经济发展的角度上讲,幅员辽阔而开发程度低下的西部贫困地区与数千万人口的长期落后,将极大地削弱西部贫困地区资源综合开发的能力,并不可避免地以其不断萎缩的资源供给以及日益狭小的市场容量反作用于宏观经济全局,势必对乃西部地区乃至整个国民经济长期稳定协调地向前发展产生强烈的拖拽作用。从国家政治的角度讲,广泛存在的贫困现象和极其深重的贫困程度不仅导致了西部贫困地区人民在世界文明进步的趋势中群体性人类不安全感的增加、大幅度降低了区域各族人民对社会主义改革发展、经济现代化与和谐社会建设的认同和支持,动摇区域各族人民对中国共产党和中国政府的信心,产生消极对待甚至极力抵触情绪,而且极易被国内外极端民族势力、极端宗教势力、暴力恐怖势力和极端黑恶势力所利用,引发一系列区域性或整体性的社会政治动荡,进而成为影响中国国家安全和中华民族发展战略全局的重大问题隐患。同时,西部少数民族地区除宁夏回族自治区外的 4 个自治区又是我国与外国交界的边疆地区,生活着 2 100 万各族人民,其中绝对贫困人口 68.2 万,贫困发生率 11.5％,低收入贫困人口 169.4 万,低收入贫困发生率 28.5％。其中西藏的全部、新疆的北部和西南部、内蒙古的西部和北部、云南的西北部和南部、广西的西南部边境都是贫困县集中分布的地区,这些地区资源匮乏、交通不便,经济原始落后,人民生活十分困难,民族问题、宗教问题、毒品问题乃至恐怖主义等因素错综复杂,尤其是属于我国边境地区同一民族跨国界相居的"敏感地带",贫困造成的种种负面影响表现突出,对边疆稳定非常不利,在很大程度上影响到整个国家的安危和国家的形象。

另一方面,民族关系历来是西部地区最为敏感、重要的社会关系类型,由于历史、社会、宗教、国际政治等方面的原因,民族矛盾和不稳定因素依然存在,如何通过科学合理的资源开发、经济发展和社会共同进步缩小各民族的发展差距、减少冲突摩擦、促进各民族平等、和谐和团结协作是区域经济社会协调发展的基本任务。同时,西部贫困地区少数民族与毗邻省、区少数民族经济文化联系十分紧密,如四川康巴藏区历来是沟通西藏与内地的桥梁和纽带,与西藏在宗教、文化、经济方面的联系,无论是历史和现在都很密切,对西藏的稳定有着决定性的作用,自古即有"控驭青滇藏区锁钥"、"治藏之依托"、"稳藏必先安康"之说,并得到历任党和国家领导人的认同。从某种意义上讲,康区稳才有西藏稳,康区安才有西藏安。回顾历史,20世纪50年代的西藏叛乱就是从四川康区发端的,而且叛军的主力也主要来自四川康区,至今四川康区仍然是国外反华分裂势力活动的热点,境内社会政治环境十分复杂,藏独等民族分裂活动、极端势力活动和恐怖势力活动时有发生,2008年3月14日在西藏拉萨爆发的藏独分裂暴力恐怖事件给西藏经济社会发展造成了极其严重的负面影响。有效实施西部贫困地区的反贫困战略、提高西部贫困地区特别是民族地区的经济发展水平对于加强西部少数民族地区的发展,尤其是加强川西北藏区与内地及与西藏的经济联系、有效改变由于行政区划不同而使同样生存条件下的藏族同胞受到悬殊待遇的不合理状况,有力促进藏族同胞内部的团结,维护藏区、彝区稳定、增进民族团结,保持全国社会稳定和边防巩固、维护国家统一有着十分重要的作用,这种作用还将转化为促进国家经济发展和社会繁荣的重大宏观效益,成为促进21世纪中华民族全面振兴的重要物质力量。

7.2.3 促进社会公正

社会公平正义是社会和谐发展的重要保障,发展必须以人为中心,以人为中心的发展最高价值标准就是公平与公正。保证每一个社会成员的基本生存权和发展权是一个社会的基本责任,如果一个社会存在极端的区域发展失衡、严重的收入分配差距和广泛分布的贫困人口及其他弱势群体，就很难说这个社会是基本和谐和健康的，如果一个社会的效率和发展是以一部分人挣扎在温饱线以下为代价的、一个地区的繁荣和昌盛是以另一个地区的长期贫穷和落后为前提的，就根本不可能说这个社会是公正的或正义的。邓小平同志关于"社会主义的本质，是解放生产力，发展生产力，消灭剥削，消除两极分化，最终达到共同富裕"的重要思想明确表明，巩固和发展社会主义，必须认识和把握好两大任务：一是解放和发展生产力，极大地增加全社会的物质财富；二是逐步实现社会公平正义，极大地激发全社会的创造活力和促进社会和谐。这两大任务是相互联系、相互促进的统一整体，而又贯穿于整个社会主义历史时期一系列不同发展阶段的长过程之中。没有生产力的持久大发展，就不可能最终实现社会主义本质所要求的社会公平正义；不随着生产力的发展而相应地逐步推进社会公平正义，就不可能愈益充分地调动全社会的积极性和创造活力，因而也就不可能持久地实现生产力的大发展。在改革开放和发展社会主义市场经济的条件下，公平正义是我们在推动科学发展、促进社会和谐过程中进行制度安排和制度创新的重要依据，是协调社会各阶层关系的基本准则，也是增强社会凝聚力、向心力和感召力的重要旗帜，公平正义要求我们必须坚持把最广大人民的根本利益作为制定和贯彻党的方针政策的基本着眼点，正确兼顾不同部门、不同地区、不同方面群众的利益，妥善处理新的历史条件下的人民内部矛盾，依法逐步建立以权利公平、机会公平、规则公平、分配公平为主要内容的社会公平保障体系，使公平正义具体体现在人们从事各项活动的起点、机会、过程和结果之中，切实保障人民在经济、政治、文化、社会等方面的权益，使全体人民共享改革发展成果，朝着共同富裕的方向迈进，这个重要思想，对于有序推进贫困地区反贫困治理具有长远的指导意义。

1933年3月4日美国第32任总统富兰克林·德拉诺·罗斯福（Franklin Delano Roosevelt）在就职演说中指出："检验我们进步的标准不是看我们是否为富裕者锦上添花，而是看我们是否使贫困者丰衣足食。"尽管罗斯福清楚自己没有现成的锦囊妙计对付混乱失序的美国经济，但他知道自己"要用社会公正的新材料在原有基础上建立更持久的结构"，带领美国人民挽救美国。在重点探讨公平在发展进程中的作用的《2006年世界发展报告》中，世界银行行长保罗·沃尔福威茨(Paul Wolfowitz)指出："我们生活在机会极端不公平的世界上，这种不公平既存在于各国内部，也存在于国与国之间。"公平的定义是两项基本原则，第一项是"机会公平"，即一个人一生中的成就应主要取决于其本人的才能和努力，而不是被种族、性别、社会及家庭背景或出生等因素所限制。第二项原则是"避免剥夺享受成果的权利"，尤其是享受健康、教育、消费水平的权利，广泛分享经济和政治机会对经济增长和发展也具有至关重要的作用(世界银行，2006)。2006年世界发展报告从国内和国际角度描绘机会不平等的现象，刻画了其影响削弱发展的机制，认为收入、健康和教育产出上的不平等长久以来始终是很多发展中国家一个严酷的现实，当上述不平等是由于不平等的机会而产生时，将会对相关的群体产生内在的和工具性的影响。因为机会不平等常常伴随着影响力、权力和社会状态等方面的深刻差异，存在于个体或群体中，并呈持续发展的态势。同时由于其导致了资源配置低效率和制度低效率，不平等对于长远发展具有负面的影响。

　　因为经济、政治和社会不平等往往存在长期的代际自我复制，因此机会和政治权力不平等对发展带来的负面影响，其伤害性更大。消除不平等遵循促进公平和追求平等的公共行为的法律框架，提供这样的行动被认为是个人自由和配置资源的市场规则的第一要素。从理论上讲，公平是指在追求自己所选择的生活方面，个人应享有均等机会，而且最终不应出现极端贫困的结果。这里的主要意思是说，在一些根本性的方面，公平和追求长期富足是相辅相成的。促进公平竞争环境的制度和政策(公平竞争环境是指在成为在社会上活跃、政治上有影响力和经济上有生产力的角色方面，社会所有成员都享有类似的机会)有益于促进可持续增长和发展。增加公平，在两方面有助于减少贫困：对总体的长期发展发挥潜在的有利作用，以及为任何社会的较贫困群体提供更多的机会。世界银行提倡获取决定发展次序的明确的公平描述：公共行动的目的在于为缺少政策干涉、拥有较少资源、声音和能力的人群扩展机会。在国内，主要是投资于人民，拓展获取司法、土地和基础设施的机会，促进市场公平。在国际上，应考虑全球市场机能和治理规则，也包括持续进行援助以帮助贫穷国家和贫困人口构建更强的能力。公平是发展中国家减缓贫困、提高经济增长、促进发展和最贫困的群体提供更多机会的重要影响因素。

西部贫困地区多数位于老、少、边、穷地区，长期处于国家政治经济循环的边缘，不能自由地表达自己的发展意志，经济发展和社会进步缓慢，与发达地区的发展差距不断扩大，其生产方式原始、社会发育程度低下，至今还有很多处于封闭原始状态的少数民族贫困地区基本上没有被现有的扶贫工作所触及，许多处于极度贫困状态的少数民族贫困人口从未得到过真正意义上的扶持而衣食无着、不得温饱，其生存与发展完全与现代经济文化隔绝。在大多数人生活进入小康并向更高层次演进的时候，只有良心泯灭和别有用心的人才会漠视或轻视西部贫困地区人民的生存发展权利，容忍或促使经济资源继续向发达地区流动。扶持贫困落后地区发展体现的最高社会意义，就是保证贫困地区的每一个社会成员都能够被公平合理地对待，都有机会发挥人的自身潜力和实现人的全面发展，可以以平等的身份参与社会政治活动，参与市场经济竞争，分享资源配置利益，享受资源开发、经济发展、社会进步和环境改善所带来的好处，而不是被排斥在国民经济和社会进步的循环之外。切实加强西部贫困地区反贫困工作，全面推进西部贫困地区扶贫进程，应该是社会主义建设中社会公正理念的基本要求，应该是党和人民对西部贫困地区广大农牧民的真诚回报，也是中国共产党人代表最广大人民群众根本利益的具体体现。

7.2.4 推进可持续发展

贫困是贫困地区最普遍的社会经济特征，贫困的大面积存在及其消极影响是贫困地区缺乏可持续发展功能的最基本的原因。在贫困地区，可持续发展面临的首要问题就是如何迅速、有效地缓解并逐步消除贫困。

邓小平同志所说的"贫穷不是社会主义",就是指物质、经济的贫困以及精神、文化的贫困,因贫困而对生态环境的破坏是不符合社会主义的本质的。我国作为发展中的社会主义国家,实施可持续发展战略,它本身就体现了社会主义的本质,这就是说可持续发展是反贫困的,消除贫困是可持续经济发展的重要目标,也是可持续社会发展的基本目标。世界发展中国家的发展历史表明,贫困的存在引起生态环境恶化,而生态环境恶化又导致贫困加剧。因此,可持续发展的前提是发展,只有通过广泛的经济发展才能最终消除贫困。可持续发展强调满足人类基本的需要,它既包括人们对多种物质生活和精神生活享受的需要,如饮食、居住、衣着、交通、安全、文化教育、体育、医疗保健、就业、娱乐、社会保障等方面的需要,并不断提高全体人民的物质文化生活水平,又包括人们对劳动环境质量、生活环境质量和生态环境质量等生态需求,逐步提高生存与生活质量,做到适度消费和拥有文明生活方式,使人、社会与自然保持协调关系和良性循环,从而使社会发展达到人与自然和谐统一、生态与经济共同繁荣、发展与资源和环境相协调。在贫困地区发展中,满足贫困人口的基本需要是贫困地区反贫困战略最基本的内容,是贫困地区地方政府一切工作的中心,能否满足贫困地区人口的基本需要,是贫困地区实施可持续发展的重要前提。

可持续发展是人类发展观的历史性进步,可持续发展强调社会发展并不是单纯的经济现象,不仅仅是经济指标的增长,而是经济、社会、人口、资源、环境各系统各要素协调并进的整体发展以及人的全面发展。在西部贫困地区贫困地区反贫困与可持续发展过程中,可持续发展所体现的最基本的社会意义是保证每一个社会成员的基本生存权和发展权,以维护区域社会政治秩序、增加广大农牧民的经济收入、实现各民族共同繁荣、共同进步,建立人口、资源、环境良性循环机制为目标,探索适应西部贫困地区自然、经济和社会发展特点的发展模式。同时,西部贫困地区贫困地区地处长江、黄河两条中华民族母亲河的上游,其生态地位十分重要,而生态环境十分脆弱。

新中国成立以来,为了支援国家建设,国家在西部贫困地区砍伐了大量森林,致使生态环境严重破坏,生存环境日趋恶化。1998年停止天然林砍伐,西部贫困地区人民作出了巨大牺牲,如1998年刚刚通过越温验收的四川甘孜藏族自治州九龙县,1999年农牧民人均纯收入骤然由749元减少为352元,降幅达53%,全面返贫。同时,西部贫困地区广大贫困农牧民既承担了生态环境破坏的种种恶果,又不得不为了生存加大对生态环境的索取,形成生态破坏的贫困和贫困的生态破坏,如果不从根本上改变西部贫困地区普遍的绝对贫困状况,西部贫困地区的生态环境将难以得到彻底保护,西部贫困地区的可持续发展无从说起,长江、黄河上游地区经济社会可持续发展也无从说起。拟议中的南水北调西线工程,堪称人类历史上规模最大的改造自然的工程,是关系改善中华民族生存环境的千秋大业。

据有关规划报告,其调水规模达170亿立方米,每年产生的经济效益将以千亿元计。西部贫困地区既是南水北调西线工程的调水区域,又是主要的施工区域,从工程建设看,不加快改变目前的贫困状况,势必对南水北调西线工程的建设造成重大制约。从长远发展看,区域内大量水资源被调走,也需要给予应有的扶持和补偿。同时西部贫困地区还有丰富的矿产资源、水能资源和旅游资源等,切实加强西部贫困地区反贫困工作,全面推进西部贫困地区反贫困进程,既是实施南水北调西线工程的重要保障,也是推进西部大开发的重大举措,对于保护长江、黄河上游生态环境,维护长江上游干、支流的生态平衡、环境治理,特别是植被保护、水源保持、水土保持,减少三峡库区泥沙淤积、防治长江中下游水患、维护长江中下游地区经济社会发展秩序的稳定都具有重要的现实意义和长远意义。

可持续发展的反贫困理念要求从建设长江黄河生态屏障的战略高度出发变退耕还林、退牧还草等生态建设项目为生态补偿、生态移民等长期政策和制度安排,把解决最贫困人口的基本生存问题同生态环境的保护与建设紧密结合起来,把生态工程建设同西部贫困地区产业结构调整结合起来,同反贫困结合起来,同科技推广服务体系的建设结合起来,同旅游资源的开发和旅游产业的发展结合起来,同农村剩余劳动力转移、乡镇企业的发展和农牧区小城镇建设结合起来,真正体现通过生态建设、环境保护、实现西部贫困地区自然、经济和社会协调发展的可持续发展理念。

7.3 新时期西部农村反贫困战略转型

尽管政府主导、社会援助的农村扶贫开发模式在1978～2008年的反贫困战略中取得了辉煌的成就,但是在进入21世纪以后,中国农村反贫困面临着一系列新的问题、困难和挑战。基于西部贫困地区的功能定位和新的反贫困理念,现行的农村反贫困战略必须在扶贫模式、推进机制、传递方式、扶贫对象、扶贫目标等方面实现根本转型。

7.3.1 扶贫模式上由开发扶贫向发展扶贫转型

开发式扶贫是中国农村扶贫的总体方针。所谓开发式扶贫,即在国家必要的扶持下,发挥贫困地区的区域资源优势,进行开发性建设,逐步形成贫困地区和贫困农户的自我积累和发展的能力,依靠自身力量脱贫致富。开发式扶贫的核心是促使扶贫工作从按贫困人口平均分配资金向按项目效益分配资金方面转变,从单纯依靠行政系统向主要依靠经济组织转变,从资金单向输入向资金、技术、物资、培训相结合输入和配套服务转变,使贫困地区自我积累和自我发展的能力增强,从根本上消除造成贫困的根源,实现稳定脱贫,走上致富大道。开发式扶贫是以区域经济开发为主体的扶贫模式,在20世纪90年代以后的贫困地区发展中,开发扶贫取得了很大的成就,但是由于中国农村贫困地区的复杂特性及对开发扶贫内涵的片面理解,在开发扶贫实践上出现了三大偏差:一是把扶贫开发片面地理解为资源开发,把资源开发又片面地理解为自然资源开发,而把自然资源开发片面地理解为矿产资源开发。因此,政府在贫困地区进行了大量的能矿资源开发项目的投资,以期通过工程项目的发展增加贫困地区人民的收入进而达到脱贫的目的。

实践证明,贫困地区诸多的工程项目由于与当地民众的脱节而并未达到提高当地人民收入、缓解贫困的目的;相反,某些项目给当地的生态环境还造成了极大的破坏。二是把开发与扶贫的手段与目的相倒置,开发作为手段本是为了实现扶贫的目的,但在实践中却往往把扶贫作为争取资金的手段,而把开发作为了目的,这种本末倒置无疑与其目标是相悖的,而且在很多贫困地区,由于生产要素的短缺、市场的狭小、交通的不便,进行经济开发往往事倍功半甚至完全失败。三是开发扶贫计划的实施重点大多集中在帮助农民和农村企业投资生产性项目以及基础设施建设上,而对教育和卫生方面直接关系到农村贫困人口人力资本素质的投资,则显得非常薄弱,这是中国农村扶贫效益较低和贫困人口"返贫率"较高的重要原因。因此,进一步推进中国农村的反贫困战略必须重新审视开发扶贫模式的偏差,以提升贫困人口的基本发展能力为核心推动开发扶贫模式转型。

发展经济学理论把一个国家或地区摆脱贫困落后状态、走向经济和社会生活现代化的过程定义为经济发展,经济发展不仅意味着国民经济规模的扩大,更意味着经济增长速度的加快、经济结构的变迁与优化、人口福利的改善、社会生活素质的提高和环境与经济可持续发展。扶贫模式上由开发扶贫向发展扶贫的转型就是依据经济发展的科学内涵,把贫困地区的经济开发、结构调整、环境保护、社会进步有机结合起来,把重视培育、提升贫困人口的基本发展能力作为发展扶贫模式的核心。基于贫困地区生态平衡与生态屏障、民族文化多样性传承与创新、战略资源储备、国防安全防卫以及革命贡献感恩等功能定位,农村反贫困战略重点不应仅仅局限于贫困地区的经济增长上,而需上升到促进贫困地区全面发展的战略高度,即从生态、经济、社会、文化全面协调发展的战略高度来设计反贫困路径。

在实践中,依据贫困地区的功能定位,把生态保护和生态建设作为发展扶贫的重要前提,把经济发展和结构调整作为发展扶贫的物质基础,把民众生活水平的不断提高作为发展扶贫的关键环节,把文化多样性的传承与创新作为其发展的核心内容,把社会建设和社会和谐进步作为发展扶贫的基本目标,经由扶贫模式从开发扶贫向发展扶贫的转型,实现贫困地区的全面和谐发展。发展扶贫是以提高贫困人口的自我积累、自我发展能力的扶贫模式,其核心是把提高贫困人口的综合素质特别是文化素质、培育贫困人口进行最基本农业生产的能力、提升贫困人口的基本发展能力的作为农村反贫困的根本途径。

7.3.2 推进机制上由政策扶贫向制度扶贫转型

依靠政策计划通过行政传递实施扶贫开发是中国农村反贫困战略的主要特色,从1984年9月30日,中共中央、国务院以中发[1984]19号文件联合发出了《关于帮助贫困地区尽快改变面貌的通知》,要求各级党委和政府必须高度重视并采取十分积极的态度和切实可行的措施,帮助贫困地区人民首先摆脱贫困,进而改变生产条件,提高生产能力,发展商品生产,赶上全国经济发展步伐,并着重强调要集中力量解决十几个连片贫困地区的问题,增强这些地区发展商品经济的内在活力,到1994年4月15日国务院出台《国家八七扶贫攻坚计划(1994～2000年)》、1996年10月23日,中央扶贫开发工作会议通过《中共中央国务院关于尽快解决农村贫困人口温饱问题的决定》规定,再到2001年制定了《中国农村扶贫开发纲要(2001～2010年)》,提出了今后十年中国农村反贫困的目标任务、指导思想和方针政策,这一系列扶持贫困地区的经济开发政策、财政税收政策、信贷优惠政策、以工代赈政策的出台和实施对于减缓农村贫困起到了巨大的促进作用,相应地,在中国农村反贫困的推进机制上便形成了鲜明的政策推进机制特色。政策扶贫虽然具有直接性强、灵活性高和针对性广的优点,但也具有明显的非刚性的弱点,在扶贫实践中,广泛存在政策制定随意性大、执行权责不统一、执行力度欠缺、执行扭曲甚至执行死角、长官意志强化、缺乏监督评估等问题,在社会主义市场经济体制逐步建立的历史背景下,政策扶贫已经难以适应贫困地区的发展需要,新型的农村反贫困战略必须在推进机制上实现由政策扶贫向制度扶贫转型。

制度扶贫就是由法律的形式界定贫困标准、扶持对象、扶持主体、扶持方式,并按照法律制度实施扶贫,这对于减少乃至完全避免现行政策扶贫中的人为干扰、资源渗漏、方式异化等问题有着刚性的约束力。制度扶贫的核心是要制定诸如《国家扶贫法》之类的反贫困专门法,通过《国家扶贫法》明确界定贫困地区的功能定位,在明确各贫困地区功能定位的基础上确定区域差别化的反贫困的宗旨、主体、对象、标准、目标、内容、途径、方式、措施,明确规定执法的主体、执法的程序、违法的处罚等,以法制的强制力推进反贫困活动,同时辅以相应的政策以弥补法律的不足。在法律制度的统一指导下,制度扶贫要求创新管理体制以建立统一而高效的管理机构,形成多层次的、规范的反贫困政策体系,建立国内外机构及广大民众参与扶贫的参与机制,建立透明的、高效的扶贫资源传递机制以及依靠全社会的力量组成的强大的扶贫评估、监督机制,从而真正建立制度规制下的反贫困治理结构。

7.3.3 传递方式上由纵向扶贫向横向扶贫转型

中国政府有组织的农村反贫困行动是在传统的计划经济体制下起步的,再加上反贫困的政府强力主导以及政策推进机制,这在反贫困的传递方式上便形成了典型的纵向传递特征,即主要依靠中央政府和省级政府的财政扶贫投入,而社会扶贫资金和国际扶贫资金投入份额极少。实践证明,单纯依靠政府投入,尤其是依靠中央政府和省级政府的财政扶贫投入极易导致扶贫资金总量不足、分配结构失衡、管理体制条块状、投放程序繁琐化、投放体制扭曲、投入方式分散等问题,再加上缺位的监管体制,其直接的后果就是导致扶贫资金极低的减贫效率。而且,政府主导的纵向传递方式,在很大程度上排斥了反贫困的市场化取向,使得贫困地区的扶贫开发始终游离于市场机制之外,扶贫资源配置无法得到市场机制校正而实现优化,严重制约了贫困人口接受、认同和运用市场机制的意识与能力,确立适应市场的发展机制。国际经验表明,确立横向的反贫困机制让贫困人口参与扶贫开发活动,用群体的力量取得适应市场经济的能力和自我发展的能力是反贫困战略取得成功的基本保证,因此,现行的扶贫传递方式急需由纵向扶贫向横向扶贫转型,其基本目标是通过制度安排和机制设计形成规范的反贫困传递系统,把社会各界、国际机构特别是非政府组织作为反贫困战略的重要实施主体,特别要通过社会服务和人力投资加强对贫困人口的素质改造和环境建设,把反贫困由传统的纵向传递行为转变为贫困人口自觉参与的社会行为,把贫困人口从接受援助的被动脱贫者转变为自觉参与脱贫、自觉寻找脱贫机会的主动脱贫者,从而把传统政府主导、纵向单一传递的行政性扶贫行为转变为政府、部门、社会和贫困地区人民共同参与的反贫困行为。

从贫困地区的生态平衡与生态屏障、民族文化多样性传承与创新、战略资源储备、国防安全防卫以及革命贡献感恩等综合功能定位来看,单一依靠中央政府和省级政府财政扶贫投入的纵向传递方式是无法解决贫困地区的生态保护、经济增长、社会进步、文化发展、资源储备、国防安全等综合发展的。实现扶贫传递方式由纵向扶贫向横向扶贫转型的关键在于保证中央政府和省级政府财政扶贫投入逐年增加的同时,积极引入民间资金和国际资金进入农村扶贫领域,特别要继续引导、动员全社会力量积极参与农村扶贫;加大党政机关定点扶贫和经济发达地区对贫困地区对口帮扶力度;大力鼓励和支持非公有制经济、中介组织、民间组织、慈善机构、国际非政府组织等,更为积极地参与贫困地区发展扶贫与新农村建设,尤其是参与扶贫项目的实施;特别要强化民间扶贫,既要重视培育本土民间力量,又要大力引进海外民间组织的资金支持,新的方法和理念。民间资金和国际资金的进入既可以弥补政府财政投入的不足,也可以引入市场机制进而打破原有反贫困的计划体制、提高扶贫资金的利用效率,同时,由于民间资金和国际资金的非官方性质,其还可以进入到政府部门不易进入的领域,从而提高农村扶贫的覆盖面。

7.3.4 扶贫范围上由局部扶贫向整体扶贫转型

中国农村的反贫困起初是通过确定反贫困重点县来瞄准贫困人口，1984~2008年，几乎所有的扶贫投资都是以贫困县为基本瞄准单位的。从1984年9月30日中共中央、国务院发布《关于帮助贫困地区尽快改变面貌的通知》强调要集中力量解决十几个连片贫困地区的问题，到1994年2月28日国家部署实施《国家八七扶贫攻坚计划(1994~2000年)》确立592个国家级贫困县，再到2001年5月制定《中国农村扶贫开发纲要(2001~2010年)》在全国确定148 131个贫困村，农村扶贫从县级瞄准变为村级瞄准，即基本的扶贫投资单位从贫困县变为贫困村，这些村既分布在扶贫重点县内也分布在非重点县内，从而使扶贫投资能够覆盖到非重点县中的贫困人口(刘坚，2005)。但是从实际情况来看，2004年，贫困县覆盖了61.98%的绝对贫困人口和58.95%的低收入人口，而贫困村仅覆盖了50.83%的绝对贫困人口和47.36%的低收入人口，在总体上，与贫困县瞄准相比，村级瞄准覆盖的贫困人口更少(汪三贵、Albert Poark，2007)。无论是以片为单位、以县为单位，还是以村为单位瞄准贫困人口，本质上都是局部扶贫或区域扶贫，这种狭窄的贫困人口认定准则不仅导致了中国农村扶贫战略的全面性程度较低，应该扶持而没有得到扶持的贫困人口比例甚大，加剧了扶贫开发战略层面的不公平，产生了若干新的矛盾和困境，极大地增加了反贫困的成本和扶贫工作难度。

整体扶贫包括扶贫范围的整体性和扶贫内容的整体性，扶贫范围的整体性就是在新的历史条件下，根据反贫困战略的整体性要求，在法律规范的约束下把全部贫困人口纳入到扶贫范围，即实现从局部扶贫到整体扶贫的转变，真正从制度上把反贫困作为长期的、整体的、全局的工作，在对贫困人口情况进行全面普查的基础上直接采用国际贫困线一天一美元的标准重新估算贫困人口，逐步确立以提高贫困人口生存、生产和发展能力为主体的新的反贫困战略。扶贫内容的整体性就是按照以人为本、综合治理的发展理念，根据贫困的不同现状和特征采取综合性一体化的手段来治理贫困,通过社会服务计划、特色产业发展计划和小额信贷计划向贫困人口直接提供经济机会,通过教育发展计划、科技培训计划和移民搬迁计划向贫困人口提供把握经济机会的能力。同时,通过全面的反贫困计划推动乡村建设的发展、信息交流渠道的通畅和社会发展环境的改善,在搞好规划,加强民族民间文化保护、突出民族和地方特色的前提下,积极支持农村环境、道路、文化、卫生等基础设施建设,逐步完善农村公共服务功能,改善农村居住环境,进而促进经济、社会、生态与人的全面协调发展。加强以村委会、村民会议、村民代表会议、村民小组为主体的村民自治组织体系建设,完善村规民约、村民自治章程和村务管理的各项制度,加强村委会干部培训,加强村委会活动阵地建设,不断提高村级自治组织带领人民群众发展村级特色产业、建设社会主义新农村的能力,在乡村发展中形成推进贫困地区乡村经济、社会和环境可持续发展机制。

7.3.5 扶贫目标上由扶持地区向扶持人口转型

1984年9月30日中共中央、国务院联合发出《关于帮助贫困地区尽快改变面貌的通知》,以乡为单位,以1981~1983年平均人均纯收入120元以下,人均口粮南方400斤,北方300斤,集中连片,以每片贫困人口100万以上的标准,把全国划分为14个贫困片。1986年,国务院贫困地区经济开发领导小组遵照国务院提出的尽快解决特困地区问题的工作要求,以统一的衡量标准,确定以县为单位,1985年人均纯收入凡农村居民在150元以下的一般县,150~200元之间的老区县和民族自治县、井冈山、武陵山、大巴山、大别山、太行山和沂蒙山等对中国革命作出过巨大贡献、影响较大的老革命根据地的部分,1985年全县人均纯收入200~300元之间的县,以及内蒙古、青海、西藏等省、自治区中有特殊困难的少数民族自治县为国家重点扶持的贫困县,并在原来的14个贫困片的基础上增划和调整,把全国的贫困地区划为18片。1994年2月《国家八七扶贫攻坚计划(1994~2000年)》确定592个国家级贫困县,再到2001年5月制定《中国农村扶贫开发纲要(2001~2010年)》在全国确定592个国家扶贫开发工作重点县的基础上再确定148 131个贫困村,中国农村扶贫开发的重点始终针对贫困地区,这种贫困瞄准机制对于依托行政区域界定有效推进政策性扶贫措施有着重要的意义,是符合中国国情特别是符合计划经济体制的。在20世纪80年代到90年代中期,这种区域扶持方式取得了很大成效,但是,从公平、公正的角度评判,这种贫困瞄准机制的问题和实践中产生的矛盾也是非常明显的。在贫困地区发展中由于片面强调经济开发不仅加剧了区域经济结构的扭曲和二元结构的强化,由于发展要素的缺乏导致了资源的严重浪费和环境的严重破坏,扶贫资源的非公平分配使大多数贫困人口无法享受经济开发成果等,而且贫困地区的经济开发往往掩盖了贫困地区人口真实的生存状态,片面追求物质资本投资的热情日益高涨,对贫困人口的人力资本投资被广泛的忽视。因此,按照以人为本的发展理念把所有贫困人口纳入反贫困进程就要求在中国农村反贫困目标上尽快实现由扶持贫困地区向扶持贫困人口转型。

发展经济学认为,贫困是指在物质资料处于匮乏或遭受剥夺的一种状况,即人们生产和生活资料缺乏,一个人或一个家庭的生活水平达不到一种社会可以接受的最低标准。提高贫困人口的生存与发展能力是反贫困战略的终极目标,只有提高贫困人口的发展能力才能最终提高贫困地区的发展能力。提升贫困人口的发展能力,就是要在解决贫困人口的基本生存需要的同时,帮助他们发展生产,高度重视人力资源开发,切实提升贫困人口的素质能力,提高贫困人口的农业生产技能、非农产业技能、劳务转移技能以及择业技能,提高贫困人口在市场经济条件下的自我生存能力、自我选择能力和自我发展能力,并辅之一系列区域性发展援助政策,如增加财政投入、加强信贷支持、推广以工代赈、发展特色产业等,提高贫困人口把握经济机会的能力,保证贫困人口在参与经济活动中实现收入增加,不断推动贫困人口进入贫困地区经济社会的发展循环,激发贫困人口产生新的需求和追求从而逐步形成一种能够使贫困人口发展自身潜能的发展模式。需要指出的是,新型的反贫困战略模式应该是一个综合性的发展模式,即综合考虑贫困人口生存、生产和发展能力的模式,在注重提高贫困人口发展能力的同时,需要考虑到极端贫困人口中相当一部分已经失去劳动能力人口的生活保障需要,因此,救济式扶贫模式在综合扶贫体系中仍然占有重要的地位。

　　具有生态保障功能、原生态民族文化多样性功能、战略资源储备功能、国防安全功能和革命贡献功能的贫困地区的发展关系着中华民族发展的大局,在明确贫困地区功能定位的基础上调整反贫困战略、构建反贫困战略框架、确立反贫困战略重点无疑将有助于推动贫困地区的可持续发展,这对推动新时期国家反贫困理论研究与实践运作、促进21世纪中国国民经济空间发展的协调化无疑都具有极为重要的理论意义与实践意义。

第8章 西部农村贫困地区反贫困总体战略模式

广泛存在的贫困现象是21世纪初西部大开发背景下中国西部区域经济社会发展面临的极具挑战性的和必须解决的重大人类课题,全面把握新时期西部贫困地区反贫困的指导思想、开发方针,确立全新的西部贫困地区反贫困战略的总体思路,进一步探索推进西部贫困地区反贫困战略实施途径,是西部农村贫困地区反贫困战略模式研究的核心内容。

8.1 确立反贫困战略模式的基本理念

在新的反贫困战略指导思想的指导下,西部贫困地区的反贫困治理必须根据西部贫困地区自然、经济、社会发展的独特性质和发展阶段,确立科学的西部贫困地区反贫困治理的开发方针。

8.1.1 坚持实事求是

西部贫困地区的贫困问题具有强烈的、独特的区域性个性,表现为高原山区的特点、少数民族的特点、边远地带的特点。西部贫困地区的贫困是多种因素相互交织、相互制约形成的一种综合现象,是历史长期的积累。西部贫困地区与内地发达地区不仅在收入水平、经济总量、发展速度、生产效率、管理水平等方面存在极大的差距,而且在包括人的素质、思想观念、教育文化、人类发展在内的整个社会进化过程中存在着历史阶段性的差距,要缩小或消除这些差距,必须经历一个渐进的过程,需要更特殊的政策、更多的综合投入和更艰苦的工作努力。因此,西部贫困地区反贫困战略的制定必须充分考虑反贫困对象所体现的民族性、区域性、边缘性、经济性和社会性特征。充分体现可持续发展的最基本的社会意义，即保证每一个社会成员的基本生存权和发展权，保证每一个社会成员中都能够以平等的身份参与社会政治活动，参与市场经济竞争、分享资源配置利益和完善个人价值。

实事求是的反贫困战略方针要求以调节收入差距、缓解阶层矛盾、实现社会公平、减少社会风险、促进道德进步、以维护地区社会政治秩序稳定、建立人口、资源、环境良性循环机制、保护生态安全为目标，探索研究适应西部贫困地区自然、经济和社会发展特点的反贫困战略模式、计划和实施步骤。充分考虑西部贫困地区贫困状况所隐含的特殊自然、社会和历史文化背景，充分考虑反贫困所包含的持续发展、社会公正、生态安全、道德进步等方面的人类价值和社会意义。充分认识在市场经济条件下和西部大开发背景下西部贫困地区反贫困战略的长期性、艰巨性和复杂性。充分认识到西部贫困地区经济发展的核心就是缓解和消除贫困、改变不发达状况、培育产业发展要素、健全基础设施和改善生态、社会环境，而不是完成全面建设小康社会的现实任务，更不是实现工业化、城市化和现代化的历史任务。

另一方面，西部贫困地区的开发必须从本地区的具体情况出发，在选择产业结构、确定主导产业、资源开发层次与速度等方面，都要根据不同区域的特点、情况与条件，具体安排地区的开发重点、规模与节奏。在反贫困过程中，始终坚持实事求是、因地制宜的工作方针，力戒官僚主义、形式主义的工作作风，制定切合实际的扶贫项目实施程序和检测评估标准，尽力避免在教育、卫生项目的实施中搞豪华装修或花数十万巨资修建村民活动室、各类路边形象工程等不经济的做法，而把扶贫资金最大限度地用在解决群众温饱问题的种植业、养殖业及其他特色产业上，用在解决贫困人口生存问题直接相关的基础设施建设上。同时，致力打破西部贫困地区相对封闭的发展模式，解放思想、更新观念，努力扩大对外开放的层次、范围和力度，采取积极措施引进资金、技术和适用技术人才，积极争取国际援助和国内非政府机构的支持，逐步建立贫困地区开放性的社会经济结构,尽快实现西部贫困地区传统农牧业生活、生产方式的革命性变革。

8.1.2 加强政府主导

2004年5月27日,在中国上海闭幕的全球扶贫大会发表的《上海减贫议程》指出:持续不断的政治承诺、远见卓识的领导和强有力的管理是成功实施加大减贫力度的关键,无论是在项目和计划层面还是在国家层面推进有效的增长和减贫战略都是如此。充分发挥了执政党的领导核心作用和政府强大的资源动员能力,顺畅地运用行政手段、经济手段、法律手段推动反贫困的进程,可以大幅度地增强反贫困的权威性和有效性,提高反贫困政策和具体措施贯彻落实的效率,特别是能够集中力量在短时间内取得明显的扶贫效果。在西部贫困地区的反贫困治理中之所以强调加强国家政府强大的行政干预、在实行宏观控制和有计划管理的条件下,动员全社会的力量和国际社会的力量参与,那是因为西部贫困地区生产要素质量太低,并且呈现不断弱化的趋势,单纯依靠西部贫困地区自身进行优化生产要素组合,提高资源配置质量,实践证明不仅费时甚久而且效果欠佳。因此,绝不能把西部贫困地区反贫困治理成功的希望寄托在西部贫困地区自发的组织行为上,必须依靠中央政府进一步明确西部贫困地区在中国西部地区的功能定位,强化西部贫困地区在国家政治、社会、军事和生态安全方面的重要意义,充分认识西部贫困地区的特殊性和重要性,以科学的发展观、正确的政绩观、平等的民族观以及建设社会主义和谐社会的高度来对待民族地区的反贫困工作,把缓解少数民族地区的绝对贫困放在民族地区经济社会发展的重要位置,充分发挥中央政府的宏观调控职能,采取特殊的政策措施和强大的资金投入,积极帮助西部贫困地区改善基础设施条件、优化生产要素组合,逐步培植和诱导西部贫困地区自我发展机能,增强西部贫困地区依靠人力资本投资和科技进步发展市场经济的经营能力,使贫困地区的农户能独立地进行商品生产,在此基础上,逐步依靠自我力量实现稳定脱贫。西部贫困地区各级党委、政府要适应发展社会主义市场经济的要求，把切实解决贫困人口的基本生存、生产问题作为党委、政府一切工作的中心环节，以高度的政治责任感和崇高的历史使命感不断加强对反贫困战略的领导力度和投入强度。同时，发挥社会主义所独有的政治优势，积极动员和组织社会各界，通过多渠道、多形式、不拘一格的帮助西部贫困地区发展经济和社会事业。

8.1.3 适度经济开发

始终坚持适度的贫困地区的经济开发是中国农村反贫困战略取得重大成果的成功经验。在20世纪80年代，中国共产党和中国政府根据中国社会发展的历史、现实与发展规律，确认中国是经济发展水平很低的发展中国家，尚处于社会主义初级阶段，这个历史阶段的根本任务就是坚韧不拔地同贫困作斗争，解放和发展生产力，实现社会主义现代化，促进整个社会的文明和进步，使全体人民彻底摆脱贫困，实现共同富裕。但是，摆脱贫困只能建筑在生产力发展的基础上，没有贫困地区自身经济实力的增强，单纯依靠生活救济是不可能从根本上摆脱贫困的。《中共中央关于构建社会主义和谐社会若干重大问题的决定》明确指出：社会要和谐，首先要发展，必须坚持用发展的办法解决前进中的问题，大力发展社会生产力，不断为社会和谐创造雄厚的物质基础，同时更加注重发展社会事业，推动经济社会协调发展。西部贫困地区贫困人口分布广泛，各贫困区域自然、经济和社会发展状况差异明显，所选择的反贫困模式也各不相同，但无论是何种区域类型的贫困地区都必须始终把以农牧业开发为基础、努力提高粮食、畜牧产品自给率、积极推广各种实用技术、推动农牧业科技进步、调整和优化农村产业结构、大力发展优势特色产业作为反贫困的基本内容。2001年颁布的《中国农村扶贫开发纲要（2001~2010年）》成为新世纪的中国扶贫的重要指导文件，该文件指出新世纪前十年我国扶贫工作的措施和途径主要为：重点支持发展种养业、推进农业产业化经营、增加财政扶贫资金、改善贫困地区的基本生产生活条件、加大科技扶贫力度、提高贫困地区群众的科技文化素质、扩大贫困地区劳务输出、推进自愿移民搬迁、鼓励多种所有制经济组织参与反贫困。这从根本上确立了西部贫困地区反贫困的工作方针。

从西部贫困地区的实际情况出发,在扶持贫困人口的产业选择上应继续重点支持发展种养业,集中力量帮助贫困人口发展有特色、有市场的种养业项目,以增加贫困人口的收入为中心,依靠科技进步,着力优化品种、提高质量、增加效益。在种养业及整个农业开发的基础上,要高度重视非农产业的开发,重视发展乡镇企业和农村服务业。推进产业开发必须与市场开发相结合,贫困地区的产业开发必须以市场为导向,适应市场供求变化,提高农业生产和资源开发利用的水平,增强市场竞争能力,真正把资源优势变成经济优势和竞争优势。在稳定农牧业生产的基础上,应逐步引入现代农业理念,把经济开发的战略重点逐步由零星分散反贫困转向集中成片的区域性经济开发,通过立足本地水电、畜牧、医药、矿产、旅游等特色优势资源,不同程度地围绕产业化基地建设,进行统一规划、科学布局,因地制宜地发展特色经济,培育好能够开发和利用当地资源、创新能力强、带动能力大、生产函数高、能增加贫困人口人均收入、增加地区财政收入的区域性的主导产业,开展适度规模经营,形成区域经济循环发展的结构雏形。通过主导产业的发展,带动西部贫困地区资源开发,建立能够为贫困人口提供稳定的收入来源,也为西部贫困地区提供发展条件以及由贫困向稳定解决温饱奠定坚实的物质基础。

8.1.4 实施综合治理

世界发展中国家反贫困战略实践表明,任何成功的减贫努力都必须是全面的、涵盖多方面的协调一致的行动。西部贫困地区贫困的产生是历史积累的结果,是自然、社会、经济、政治等方面的因素长期交织而形成的,要逐步消除贫困,必须消除致贫的根源,在造成贫困的诸因素及其表象中,只针对某一方面的因素或某一表象去脱贫,实践证明是实现不了脱贫致富目标的。全面实施西部贫困地区的反贫困战略必须认真落实综合治理的工作方针,即解决贫困人口的温饱问题与区域经济开发相结合,增加经济收入与改善生态环境相结合、特色资源开发与基础设施建设相结合、人力资本投资与劳动力转移、输出相结合、移民搬迁与小城镇开发建设相结合、反贫困与计划生育工作相结合，经济开发与解决社会问题相结合。在反贫困中既要加强水利、交通、电力、通信等基础设施建设，又要高度重视科技、教育、卫生、文化事业的发展。既要大力改善贫困人口的生存环境、提高生活质量，又要切实控制人口过度增长、不断提高人力资本素质。既要尽快促进贫困地区经济、社会协调发展和全面进步，又要努力实现人口、资源与环境的良性循环。当前，必须高度重视人力资本投资在反贫困中的关键作用，加快对贫困人口进行人力资源开发，增加其人力资本存量，以基础教育为重点，普遍提高贫困人口受教育的程度，采取切实措施解决贫困儿童入学率低、辍学率高的问题，特别要以劳动力的培训和转移为切入点，提高贫困人口的综合素质，通过人力资本投资提高他们的自我生存和发展能力。

高度重视卫生事业的发展在反贫困中的重要作用，必须大力改善西部贫困地区卫生保健服务，增加对贫困地区的公共卫生投入，加大对贫困地区基本卫生基础设施的经济补助，提供专项经费用于培训医务人员，建立和完善县乡村三级卫生服务网络。同时，高度重视科学技术在西部贫困地区农牧业结构调整和农村产业发展中的重要作用，广泛开展农牧业先进实用技术培训，提高贫困农牧户的科技文化素质，增强贫困农户掌握先进实用技术的能力，把反贫困工作同农业科技推广服务体系建设有机结合起来，立足于依靠科技进步提高效益实现经济发展。对于那些自然资源极度匮乏、基本的生产和生活条件极差的少数贫困地区，要把移民搬迁与生态治理有机结合起来，把符合一定条件的贫困人口，有组织地迁移到其他生存条件较好、土地、草场资源相对较多的地区落户，并采取工程措施或生物手段对原居住区进行封闭治理。同时有组织地把一部分劳动力输送到经济快速增长的发达地区，通过劳动交换分享经济发达地区的经济增长成果，增加贫困农户的收入，借以解决贫困农户的温饱问题。结合社会主义新农村建设，把加强农牧区基础设施建设，切实改善贫困人口的基本生产生活条件和生态环境,提高抵御自然灾害的能力,最大限度地防止返贫摆在突出位置。

8.1.5 强调群众参与

贫困人口是反贫困战略实施的主体,依靠西部贫困地区人民自力更生、艰苦奋斗改变贫困落后面貌是西部贫困地区反贫困战略的精神支柱。西部贫困地区的反贫困,离不开国家的扶持、社会的帮助以及国际机构的援助,但是最终解决问题,要靠自身的努力。在反贫困中要树立贫困地区群众在反贫困战略中的主体地位,切实落实群众参与的开发方针,强调贫困人口的参与和增强对贫困人口的了解和信心,而不是把他们看作是被动的扶贫干预的受益对象,改变过去过分依赖自上而下的行政干预、贫困人口的参与只是被动投工投劳和自筹资金的扶持模式,充分尊重贫困人口的生存权和选择权,充分尊重贫困地区,特别是少数民族地区的风土人情、传统习惯、乡土知识体系及其他非正式制度约束。无论是以工代赈资金还是财政扶贫资金安排的扶贫项目、无论是基础设施建设还是易地移民搬迁、无论是生态工程建设还是社会事业发展都要广泛听取贫困农户的意见,充分尊重贫困群众在反贫困中的知情权、决策权、实施权、受益权与监督权,绝不能够违背群众意愿,搞片面决策、行政命令或强制摊派。

在反贫困计划的实施中,强调贫困人口直接参与基本农田建设、草场草原建设、乡村道路建设、水利设施建设、生态设施建设、能源设施建设、教育卫生设施建设等,通过创造就业机会,提高劳动生产率,增加农牧民收入等手段提高他们参与社会活动的权利和自力更生的程度,并辅之一系列区域性发展援助政策措施提高贫困人口把握经济机会的能力,保证贫困人口在参与经济活动中实现收入增加。同时,要通过加强贫困农村地区的基层党组织和行政组织建设,以及发展以股份合作制为主要形式的集体经济来提高贫困人口的组织化程度,增强其自我发展的能力,使其充分利用外部资源,开发内部资源,实现扶贫资源优化配置,提高他们抗击各种风险的能力。通过全面的反贫困计划推动乡村建设的发展、信息交流渠道的通畅和社会发展环境的改善,不断激发贫困人口产生新的需求和追求从而逐步形成一种能够使贫困人口发展自身潜能的发展模式。因此,实施全面的、集中的、综合性的反贫困战略,必须以强化社会服务、提高人口素质、增加农牧民收入为中心,以农牧区经济结构调整、大力发展特色经济、推进农牧业产业化进程为主线,以科技进步、基础设施建设、社会环境改善为支撑,以建立新阶段西部贫困地区经济、生态与社会可持续发展为目标,构建与中央西部大开发战略基本政策取向有机衔接、适应西部贫困地区特殊自然、经济和社会发展特点的高效率的、参与式的和可推广的反贫困模式。

8.2 西部农村反贫困模式的主要内容

1983年,费孝通教授在《小城镇·再探索》一文中提出了"经济发展模式"的概念,认为"模式"是指在一定地区、一定历史条件下具有特色的经济发展过程,是对特定时空经济发展特点的概括。对区域经济发展模式的探讨就是从整体出发,探索每个地区的发展背景、条件和在此基础上形成的与其他地区相区别的发展特色(费孝通,1992)。西部贫困地区反贫困战略模式就是西部农村贫困地区在中国全面建设小康社会和社会主义和谐社会背景下,在西部农村贫困地区独特的自然、经济和社会发展条件下所实施的、与其他地区完全不同的反贫困的基本范式,其基本内容是在进一步加强物质救济、对口帮扶和区域发展援助的基础上,通过制度创新确立全新的扶贫管理体制,改变传统单一的、分散的、以经济扶贫为主体的资源配置格局,通过政府主导的一系列扶贫计划和政治、经济、科技、文化各方面的综合投入,以改善贫困地区基本条件、推进区域经济社会发展为基础,以建立贫困人口经济收入稳定增长机制为目标,通过人力资源开发、基础设施建设、强化科技扶贫、深化对口帮扶、加强乡村基层政权组织建设,全面改善贫困人口的人力资本素质,推动西部贫困地区生态资源、旅游资源、矿产资源开发和劳务输出的发展满足贫困人口的基本需要。

8.2.1 贫困与满足人类基本需要

贫困最基本的经济学内涵涉及人类的基本需要与其满足这些需要的能力之间的关系,简单地概括就是满足人类基本需要的手段相对于满足需要的程度来说是极其不足的或极其有限的。但是,任何有关贫困定义的难点都在于最低基本需要的含义和满足这些需要所需要的货币数量。如果从状态来描绘贫困,应该是凡处于拼命自给而不能自足的低水平经济状态的地区和人口就可称为贫困地区或贫困人口。如果一个地区的居民生活水平达不到一种社会可以接受的最低标准,人均纯收入低于维持基本生存所必需消费的物品和服务的最低费用,则居民的生活水平被认为是处于贫困状态。居民维持生存所必需消费的物品和服务的最低费用,主要包括两部分,一部分是最低食品支出的费用,另一部分是最低的衣着、住房、交通、燃料、用品等生活必需品支出以及医疗、教育、娱乐及服务等非食品支出的费用。但贫困同时又是一个内涵十分广泛的社会历史范畴,贫困不仅包括低收入、生活条件差、生产难以维持的经济概念,而且包括预期寿命、文化程度以及安全感、正义、公平等生活质量的社会文化和心理概念。

联合国(UN)《1981 年世界发展报告》指出:"当某些人、某些家庭和群体没有足够的资源去获取他们那个社会公认的、一般人都能享受到的饮食、生活条件、舒适和参加某些活动的机会,就是处于贫困状态。"在以贫困问题为主题《1990 年世界发展报告》中,世界银行(WB)给"贫困"下的定义是:缺乏达到最低生活水准的能力。该报告同时指出:衡量收入水准不仅要考虑家庭的收入和人均支出,还要考虑那些属于社会福利的内容,比如医疗卫生、预期寿命、识字能力以及公共货物或公共财产资源的获得情况。它用营养、预期寿命、5 岁以下儿童死亡率、入学率等指标,作为以消费为基础对贫困进行衡量的补充。联合国开发计划署(UNDP)编写的《人类发展报告 1997》提出的新的用来测定贫困程度的新指标:人类发展指数(HDI),主要测定人类生活中三个要素短缺情况,这三个要素是寿命、知识和生活体面程度,其中生活体面程度主要通过无法喝上安全饮用水的人、无法获得医疗保险的人以及稍微和严重低体重儿童(5岁以下)所占的百分比,其含义包括寿命、健康、居住、知识、参与、个人安全和环境等方面的基本条件得不到满足,因而限制了人的选择。在这个概念下,贫困意味着一些基本能力缺乏,使得陷入这种状况的群体不能很好地履行必要的生产、生活职能。2000年9月联合国峰会上提出了包括消除贫困、普及教育、促进教育和卫生健康、可持续发展等8项目标的千年发展目标(MDG)。这些指标和目标扩展了贫困的概念,为多维度的衡量贫困程度和评价减贫效果提供了依据。世界银行(WB)《世界发展报告(2000/2001)》以全新的视角对贫困进行了诠释:贫困是指福利的被剥夺状态,贫困不仅仅意味着低收入、低消费,缺衣少药,没有住房,生病时得不到治疗,不识字而又得不到教育,还包括风险和面临风险时的脆弱性、没有发言权和缺乏影响力。在这里,贫困不仅仅是一种悲惨的生存状态,而且是一个多层面、多领域的问题,由相互关联的经济、政治、人类社会文化诸方面的匮乏构成。

我国学术界认为,贫困地区一般是指贫困发生率比较高的省(自治区)中集中连片的、群众温饱问题未能稳定解决的最贫穷地区,这与西方经济学中关于贫困地区等指资本形成缺乏、资本形成率低、没有参加国家经济全面增长的"萧条区"的内涵不完全相同。贫困的本质内涵包括生产和消费两个方面,从生产方面看,要考察劳动者是否具有进行简单再生产和扩大再生产的能力和条件,以及其劳动强度的大小,即劳动强度是否超过了生理上或社会文化上可接受的水平,以及是否能够通过生产获得足够的收入;从消费方面看,要考察劳动者衣、食、住、行、用、医疗、文化教育等家庭生活消费上是否能达到社会公认的基本生活水平。根据研究范围和角度的不同,一般可将贫困划分为绝对贫困和相对贫困,绝对贫困最基本的界定是指在一定的社会生产方式和生活方式下,个人或家庭依靠劳动所得或其他收入不能维持最基本的生存需求,在生产方面缺乏扩大再生产的物质条件,甚至难以维持简单的再生产,在生活方面难以满足人们生存的最低需要,衣食不得温饱,劳动力本身再生产难以维持,"衣不遮体、食不果腹、房不避风雨"即是绝对贫困的形象写照。相对贫困是与绝对贫困比较而言的贫困,一般指与社会平均水平相比其收入水平少到一定程度时维持的那种社会生活状况,各个社会阶层之间和各阶层内部的收入差异。通常是把人口的一定比例确定生活在相对的贫困之中,比如,有些国家把低于平均收入40%的人口归于相对贫困组别,世界银行的看法是收入只要少于平均收入的1/3的社会成员便可以视为相对贫困。相对贫困一方面指随着时间变迁和不同社会生产方式、生活方式下贫困标准相对变化而言的贫困,相对贫困线随着平均收入的不同而不同。另一方面指同一时期不同社会成员和地区之间的差异而言的贫困,一般而言,相对贫困现象在社会经济发展中长期存在,而且处于极其不稳定的状态。

从上述简单的阐述可以看出,贫困现象与人类基本生存需求存在极为密切的关系。战胜饥饿,谋求生存是人类的第一需要,生产劳动是人类第一个历史活动,是推动人类社会进步和历史发展的最基本动力。马克思和恩格斯在其《德意志意识形态中》一书中明确指出:"我们首先应当确定一切人类生存的第一个前提也就是一切历史的第一个前提,这个前提就是:人们为了能够'创造历史',必须能够生活。但是为了生活,首先应需要衣、食、住以及其他东西。因此第一个历史活动就是生产满足这些需要的资料,即生产物质生活。同时这也是人们仅仅为了能够生活就必须每日每时都要进行的(现在也和几千年前一样)一种历史活动,即一切历史的基本条件。"恩格斯《在马克思墓前的讲话》中对马克思的唯物史观作了最概括、最精辟的总结,他说:"正像达尔文发现有机界的发展规律一样,马克思发现了人类历史的发展规律,即历来繁茂芜杂的意识形态所掩盖着的一个简单事实:人们首先必须吃、喝、住、穿,然后才能从事政治、科学、艺术、宗教等等;所以,直接的、物质的生活资料的生产,因而一个民族或一个时代的一定的经济发展阶段,便构成为基础,人们的国家制度、法的观点、艺术以至宗教观念,就是从这个基本上发展起来的,因而,也必须由这个基础来解释,而不是像过去那样做得相反。"

8.2.2 人类基本需要内涵的拓展

人类基本需要是社会学、经济学、心理学研究的重要范畴,人类最基本的活动就是为了满足自身的衣、食、住等基本需要,它们之所以被称为基本需要是因为它们使人类得以生存,社会科学尤其是经济学的许多分析框架就是建立在社会如何被组织起来以满足这些需求的方式的基础之上的。

美国著名行为科学家亚伯拉罕·马斯洛(Abraham Maslow)于1943年7月发表在《心理学评论》上的论文"人类动机理论"(A Theory of Human Motivation Psychological Review)中提出了需要层次理论。该理论指出,人类价值体系中存在两类不同的需要,一类是沿生物谱系上升方向逐渐变弱的本能或冲动,一类是随生物进化而逐渐显现的潜能或需要。前者称为低级需要(生理需要),后者称为高级需要(精神需要)。在低层次的需要基本得到满足后,其作用会降低,其优势地位也将弱化,高层次的需要会取代它成为推动行为的主要原因。这表明,人类高层次的需要属于发展和自我实现需要,是一种超越了生存满足之后,发自内心的渴求发展和实现自身潜能的需要,是一种精神需要,这是基于低层次物质需求之上的"超越物质的现象"。马斯洛认为,人们一般按照这个梯级从低级至高级地来追求各项需要的满足,在某一特定的时期总有某一级别的需要要发挥独特的作用,处于主导地位,其他需要处于从属地位。

马斯洛明确将人的需求按其重要程度排成五个层次:①生理的需要,包括基础热量的摄取和维持人的(包括个人、配偶和家庭)有效生产活动所必需的营养水平,以及抵御天气变化所必需的普通衣物和住所。②安全的需要,即个人在生理需要的基础上产生的一种生理和心理兼而有之的需要。它包括有安全卫生饮用水、疾病的预防和治疗有保障、老有所养(晚年安全)、就业安全、收入稳定可靠以及防止肉体受伤害、防止疾病、防止经济灾难和免遭恐惧与危险等内容。③社会的需要,即人与人之间进行社会交往的需要,如友谊、爱情、美化自己等内容。④尊重的需要,包括自我尊重的需要和获得别人尊重的需要。⑤自我实现的需要,即消费者要求的自身的体力、智力、个性得到充分发挥和发展的需要。马斯洛认为,五种基本需要是按照从低到高的等级排列的人们只有在满足了前一种需要之后,才会产生下一个层次的需要,人类生存的最高层次的需求是成长、发展、发挥潜能,即自我实现的需要。1954年后他又在尊重的需要和自我实现的需要之间加上了求知的需要和美的需要。

基本需要的内涵在人类20世纪60年代以后的世界反贫困战略中得到了广泛的讨论,美国经济学家马尔科姆·吉利斯(Malkom Gillies)在《发展经济学》中指出:"人的基本需要是多种多样的,但是大多数研究者认为它应包括下列方面的最起码水平:营养、健康、衣着、住所和获得个人自由与进步的机会。至少其中的某些方面是可以计量的。"(马尔科姆·吉利斯,1992)20世纪60年代后期,国际劳工组织(ILO)进行了一系列失业和就业问题的研究,发现如果新投资能够吸收更多的人参加劳动,而国民总收入和真实工资都会增加时,非熟练劳动力才能得益。进一步的研究表明,只从收入水平考虑,不足以解决贫困者的问题。因为还有一些公共服务项目如现行教育制度等,在其制定和执行过程中,对贫困者都怀有偏见。为此,国际劳工组织认为,满足贫困者的"基本需要"就应该包括维持其个人生存、家庭生存所需要的食品、住房和衣着条件。同时包括必要的公共福利,特别是洁净的生活用水、卫生设备、公共运输、保健医疗和教育等基本公共服务设施以及对社会生活的参与。

在科技经济高度发达的现在,人类基本需要进一步延伸为人应享有自由、尊严、安全及民主参与社会生活等等人权的一些非物质需要。1969年美国耶鲁大学心理学教授克雷顿·奥尔德弗(Clayton Alderfer)在"人类需要新理论的经验测试"一文中修正了马斯洛的论点,认为人的需要不是分为五种而是分为三种:①生存的需要(existence),包括心理与安全的需要;②相互关系和谐的需要(relatedness),包括有意义的社会人际关系;③成长的需要(growth),包括人类潜能的发展、自尊和自我实现,提出了著名的ERG理论,认为生存、关系、成长这三个层次需要中任何一个的缺少，不仅会促使人们去追求该层次的需求，也会促使人们转而追求高一层次的需要，还会使人进而更多的追求低一层次的需要。任何时候人们追求需要的层次顺序并不那么严格，优势需要也不一定那么突出，因而激励措施可以多样化。需求被满足的程度越低，个体对该需求的追求就越强。当较低层次的需求得到满足后，对较高层次的需求会加强（满足—上进模式）；然而当较高层次需求受到挫折时，个体对低层次需求满足的追求将越强烈（受挫—衰退模式）。1976年世界就业会议正式认可，以国际劳工组织提出的"基本需要战略"作为发展目标，把经济发展的重心从单纯增加产量转移到满足贫困者的基本要求、减少绝对贫困的方向上。美国经济学家迈克尔·托达罗（Michael P. Todaro）在1977年出版的《第三世界的经济发展》一书中把以反贫困为主体的经济发展概括为三个标准：第一，增加能够得到的诸如食物、住房、卫生和保护等基本生活必需品的数量，并扩大对生活必需品的分配；第二，提高生活水平，除了获得更高的收入外，还应提供更多的工作、更好的教育，并对文化和人道主义给予更大的重视；第三，通过把人们从奴役和依附中解放出来，来扩大个人和国家在经济和社会方面选择的范围。

从20世纪60年代以后大多数世界发展中国家的发展历史考察，收入不平等以及由此伴随而来的普遍贫困问题，并没有像人们预想的那样随着经济增长而获得解决，使很多发展经济学家逐渐认识到应该从人类基本需要的角度去思考贫困的缓解问题，经济增长仅仅是消除贫困的一个手段。正如美国经济学家保罗·斯特雷坦（Paul Steretein）指出："从把经济增长作为通过就业和再分配衡量发展的主要标准到基本需要的演进，是从抽象目标到具体目标，从只向手段到重新认识结果，以及从双重否定（即减少失业）到肯定（满足基本需要）的演进。"20世纪90年代以后，联合国、世界银行及其他国际机构普遍建议，第三世界国家的政府应当把满足基本需要作为发展的首要目标。联合国开发计划署《人类发展报告》在满足人类基本需要的基础上提出了人类发展这一概念，通过人均收入、人类资源发展和基本需求作为人类进步的度量，并且也评估诸如人类自由和尊严等因素，以及人类参与和人的能动性等因素，即人类本身在发展中所扮演的角色。联合国《2005年人类发展报告》认为，发展从根本上说是"一个不断扩大人们选择的过程，而不仅仅是提高国民收入"。

粗略的理论阐述和实践研判表明，摆脱贫困、满足基本需要是人类发展的基础，全面、深刻地理解贫困的本质和人类基本需要的内涵，无疑抓住了人类挑战贫困的关键，这是制定有针对性的、切实可行的西部贫困地区反贫困战略的基本前提。

8.2.3 满足人类基本需要模式的依据

发展经济学认为，经济发展的目标是消除贫困，而消除贫困有两条道路选择。一条是通过政府主导实施满足基本需要战略向贫困人口提供基本需要条件的满足；另一条路线则是通过经济增长的方式使全社会各个阶层在这一过程中自上而下地分享经济增长的成果，从而为消除贫困创造条件。尽管世界发展中国家大多采取依靠经济增长的办法来解决普遍贫困问题，但是实践证明，就消除贫困的效果而言，前者比后者要显著得多，之所以采取满足基本需要战略来解决21世纪初西部贫困地区的绝对贫困问题，基于如下理由。

首先，从20世纪60年代至21世纪初全球范围的反贫困战略实践来看，满足基本需要战略一般是以农村绝对贫困人口为扶持对象而实施的反贫困方式，这种反贫困方式主要是针对绝对贫困产生的社会经济根源和绝对贫困的本质特征实施的，较之在世界发展中国家广泛实施的发展极战略、区域经济增长战略和人力资本投资战略，满足绝对贫困人口的基本需要有着直接而有效的反贫困效果。这种战略的实施重点是强调依靠政府和其他非政府组织援助，公平地满足贫困人口的基本生活和生产需要，强调通过广泛的社会服务改善贫困地区的经济社会发展条件，最终为缓解和消除绝对贫困创造条件。满足基本需要战略的实施基本上缓解了在反贫困过程中扶贫资源分配不公的现象和贫富差距拉大的趋势，同时由于扶贫资源的广泛覆盖和针对性运作，加上贫困人口的直接参与，又初步做到了公平与效率有机统一。

其次,第二次世界大战以后发展中国家反贫困战略的实践表明,在贫困面积大范围存在的条件下,通过快速的,即使是短期快速的经济增长,国家的整体贫困发生率都会显著下降,经济增长是反贫困战略实施最基本的必要条件。但是,经济增长不是反贫困战略实施的充分条件,当一国的绝对贫困人口总数下降到总人口的10%以下,这部分人口就很难在短期内通过全面的经济增长摆脱贫困。绝对贫困人口身体、智力素质的普遍低下,长期处于经济发展和社会进步过程的边缘,很难依靠市场或自身力量有效摆脱贫困,其在参加地区的经济循环和经济增长中面临严重的屏障效应,往往陷入低层次、封闭的经济循环之中。正如日本经济学家日野岛指出:如果某一农户的收入情况取决于该农户生产性资产的质量和规模,以及劳动者素质,那么很难设想这个农户的经济状况在短期内有一个根本的改善。只要贫穷深深地植根于现行的经济制度,就需要一个长期的过程才能从根本上消灭它。①

再次,从20世纪90年代以来西部贫困地区的发展实践表明,仅仅采取促进经济增长的反贫困方式尽管可以较大幅度地缓解地方财政困难、增强区域经济实力、提高区域人均收入水平,却可能使那些预期从经济增长中获益的贫困人口得不到好处。也就是说,大多数绝对贫困人口往往游离于区域经济增长的循环之外,地方经济的增长与广大贫困人口的普遍存在并存,从而强化区域二元经济结构,最终成为贫困地区经济全面发展的制约条件。联合国开发计划署在《中国的扶贫政策》报告中指出:"目前缺乏一种有效的替代机制能够保证扶贫政策让贫困人口从中直接受

---

① 日本经济学家日野岛在《消灭贫困需要一整代人的努力:日本的通过排灌设施建设和农业技术教育消灭农村贫困的经验》中指出:日本的经验表明,帮助绝大多数穷人摆脱贫困的陷阱,需要一整代人的努力。如果某一个农户的收入情况,取决于该忘掉生产性资产的质量和规模、劳动力的素质,那么很难设想这个农户的经济状况在短期内能有一个根本性的改善。只要贫穷深深地植根于现行的经济制度(不包括纯社会主义国家),就需要一个长期的过程才能从根本上消灭它。日野岛是第一个明确提出贫困需要一个长期的过程才能从根本上消灭,扶贫需要一整代人的努力的经济学家。

益。由于很多绝对贫困人口集中于极端贫困的地区,所以,单纯依靠经济增长本身(无论它是如何有利于穷人)无法解决这些贫困问题。而且随着市场转型进程的不断推进,各种形式的风险、脆弱性和新的贫困形式以及社会经济差距的扩大将不断产生,传统的以地理区域为扶贫目标的扶贫方法已经不再适合于解决严重的贫困现象了。"(世界银行,2001)由于西部贫困地区自然地理条件恶劣、经济基础薄弱,工业化和城市化进程要素缺乏,试图依靠全面的工业化推动西部贫困地区的经济整体发展实现贫困治理难以取得直接而有效的缓贫效果,20世纪90年代以来西部贫困地区许多工业发展项目的失败充分证明了这一点。

第四,较为忽视广泛的社会服务和人力资本投资是20世纪90年代以后中国农村贫困地区反贫困战略的主要问题之一,它直接导致了贫困地区人口的反贫困过程缺乏持续发展的内在动力,也是贫困地区反贫困质量较差和脱贫人口"返贫率"较高的重要原因。只有向绝对贫困人口提供卫生保健、供水设施、教育设施和广泛的适用技术培训以提高其人力资本的积累水平,才能稳定提高贫困人口的劳动生产率和收入水平,从而成为减轻贫困程度和遏制返贫的手段,而人力资本投资本身就是使贫困人口切身受益的最重要的生产性投资之一。但是由于人力资本投资收益的长期性、干部任期制以及行政性政绩考核指标体系的种种缺陷,这种正确的反贫困理念非常难以为基层的决策者所接受,以教育培训为主体的人力资本投资在贫困地区经济社会发展中往经处于靠后位置。美国经济学家保罗·萨缪尔森(Paul A. Samuelson)认为,像所有的投资一样,人力投资是以牺牲眼前的资源却能够增加未来的生产力。在这种方式中,把扶贫看作是对国家经济资源消耗的观点是一种悲剧性的错误。

第五,满足绝对贫困人口基本需要所需要开发建设的基础设施如基本住房、道路交通、电力通信、水利灌溉、供水设施、教育和卫生设施,一般应由政府部门组织建设。实践证明,通过市场机制配置扶贫资源或由个人、企业按产业化原则进行贫困地区的基础设施建设都可能在利润最大化原则的驱使下偏离反贫困项目设想的初衷,甚至违背扶贫方针。由党和政府直接组织实施西部贫困地区的基础设施建设,不仅可以为西部贫困地区经济社会可持续发展创造基本条件,逐步实现贫困地区人口、资源、环境的良性循环,而且可以大幅度改善西部贫困地区社会发展的基础结构,加强党和政府与西部贫困地区人民,特别是与西部少数民族地区、革命老区、边疆地区人民的切身利益关系,产生通过扶贫维护民族团结、维护社会稳定、维护国家形象和国家安全的强大正面效应。

第六,通过基本需要战略改善西部贫困地区经济和社会发展基础设施对西部贫困地区经济和社会发展具有双重的意义:一方面可以直接改善居民的生活条件,如向贫困人口提供清洁水、医疗、服务、交通、通信、电力等等,这是西部贫困地区经济发展的先决条件;另一方面,有了较好的投资环境可吸收更多的建设投资以促进西部贫困地区经济的发展,增加贫困地区人口收入。教育和培训可以改变贫困地区人们的思想观念,提高劳动力的文化技术素质,为贫困地区发展提供人力资源基础,提高贫困地区的自我发展和自我积累的能力。医疗和卫生服务水平的提高可以大幅度改善贫困地区人口素质,为实现贫困地区经济社会协调发展创造基础条件。以实施满足基本需要战略为契机,通过西部贫困地区的资源开发、经济发展可以进一步促进西部贫困地区各民族团结、各地区共同繁荣和社会稳定进步。

8.3 西部农村反贫困模式的实施重点

中共十六届六中全会通过的《中共中央关于构建社会主义和谐社会若干重大问题的决定》明确指出要加大对革命老区、民族地区、边疆地区、贫困地区的转移支付,加大扶贫力度,完善扶贫机制,加快改善贫困农民生产生活条件。21世纪初西部贫困地区反贫困战略最主要的任务是打破单一的、分散的、经济性的传统扶贫模式而实施全面的、集中的、综合性的反贫困战略,在反贫困战略的具体实施中,强调以强化社会服务、提高农牧民人力素质、增加农牧民经济收入为中心,以加强农牧区经济结构调整、大力发展特色经济、推进农牧业产业化进程为主线,以科学技术进步、基础设施建设、社会环境改善为支撑,以建立区域人口、资源、环境良性循环机制和经济、生态与社会可持续发展为目标,以此建立与中央西部大开发战略基本政策取向有机衔接、适应区域特殊自然、经济和社会发展特点的高效率的、参与式的和可推广的反贫困模式。研究表明,西部贫困地区反贫困战略的基本内容是在进一步加强特殊政策扶持和区域发展援助的基础上,逐步改变扶贫投入集中于生产性投资的资源配置格局,从单纯的通过区域资源开发、整村推进、一体两翼解决贫困问题的思路转到通过基础设施的改善全面满足绝对贫困人口的基本需要,并以此作为西部贫困地区发展的基本指导思想和主要政策调整思路,贯彻在西部贫困地区经济社会发展的总体战略之中。

8.3.1 满足基本生存能力

满足基本生存能力的主要内容是在全面地、实事求是地判定贫困地区贫困形成的原因、贫困的运行机制和贫困人口分布特征的基础上,选择出最需要得到扶持的绝对贫困人口作为基本需要战略的实施对象,重点向以人类贫困和弱势群体贫困为主体的绝对贫困人口提供基本生存条件的满足,满足基本生存能力是满足基本需要战略的重要基础。

首先,通过政府、部门、社会力量和国际机构向他们提供粮食、衣物等基本的生活必需品、人畜饮水、卫生设施、疾病防治、健康服务、基本住房等援助措施以迅速缓解贫困状况。对老、弱、病、残、鳏、寡、孤、独、呆、傻等丧失基本劳动能力、很难通过扶持手段脱贫的特困人口要尽快建立贫困农牧区最低生活保障制度。对人均纯收入在1 067元以下的贫困户和无房、无畜、无耕地(草场)的"三无户"以及贫困妇女单亲家庭户,要采取长期救济方式扶贫。逐步完善对绝对贫困家庭进行的以医疗救助、教育救助、住房救助、司法救助等为主体的社会救助制度。

其次,对于缺乏基本生存条件或基本生存条件严重丧失、地方病高发区、地质灾害频发区的贫困人口要以救命甚于扶贫的指导方针克服一切困难采取坚决措施移民搬迁。因地制宜推行集中安置、梯度搬迁、插花安置和外迁安置四种模式,将移民搬迁与新农村建设和小城镇建设相结合,综合考虑交通、水源、土地等自然条件,对集中安置的居民点进行科学合理规划,配套完善水、电、路等基础设施,解决农户基本生产资料,做到搬迁一户,稳定一户,脱贫一户。对于由于种种原因不适宜搬迁或难以搬迁的贫困人口,要着力解决其吃、穿、住问题,并建立严格的预警预报体系,把贫困人口的生命安全放在重要位置。

再次,要通过宏观政策导向促使贫困地区地方政府把社会服务计划的制订和实施放在区域经济社会发展的中心地位,尽力降低对贫困地区政府经济增长指标的要求和政绩考核压力,而把贫困状况缓解、基础设施建设、社会事业发展、生态环境保护、社会秩序稳定作为贫困地区地方政府的重要考核指标。满足基本需要的重点是逐步建立和完善以社会保险制度为核心的社会救济、社会福利、公共医疗卫生和优抚安置制度,同时,加强贫困地区民主法制建设、思想文化建设和基层组织建设,推动农村社会进步,努力实现经济社会协调发展。

第四,高度重视基本生态需要的满足。按照控制人口、节约资源、保护环境、实现可持续发展的客观要求,采取法律、经济和行政手段促使贫困地区政府和人民正确认识人类与自然的关系,正确协调经济社会发展和环境保护的关系,正确认识环境的演变规律和环境的结构与功能,维护环境的生产能力、恢复能力和补偿能力,使贫困地区的经济和社会发展不超过环境的承受能力,在满足基本生存条件的基础上,始终把满足人类的生态需要、注重生态安全、维护生态平衡放在满足基本需要战略的重要位置。

8.3.2 培育基本生产能力

培育基本生产能力的基本内容是向以收入贫困和知识贫困为主体的相对贫困人口提供基本生产条件的满足,包括通过政府扶持、社会援助、以工代赈、个体参与的方式培育贫困人口进行最基本农业生产的能力,满足基本生产能力是满足基本需要战略的关键环节。

首先,要正确处理发展地方经济和解决群众温饱、富县与富民的关系,始终把改善发展条件、增强发展能力摆在首要位置,大幅度增加对基本农田、围栏草场建设的政策投入和资金投入,建立由国家、地方和贫困农户组成的多层次、多渠道筹集资金的新型机制,选择各种投入的优化组合,注重国家投入,鼓励社会投入,引导农民投入,特别要依靠各种优惠扶持政策调动千家万户建设基本农田、围栏草场建设的积极性,发动群众治山、改水、兴林、修路、建园、办电,搞好坡改梯、旱改水、平整土地、改良土壤、完善灌排系统。组织贫困人口通过以工代赈方式进行大规模的贫困地区农村基础设施的开发建设,重点进行基本农田、水利设施、乡村道路及基础能源、通信设施建设,以全面改善农业基本生产条件,为贫困农民增收致富奠定基础,使他们通过种养业及与此相关的家庭手工业或农村日常服务业取得收入。

其次,要以提高区域经济增长实力和促进农民收入增长为核心,把传统优势与现代科技、生产工艺结合起来,重点支持对贫困户增收有带动力的农业产业化龙头企业和劳动密集型企业,有效提高种植业、养殖业、林果业的集约化经营水平,对具有资源优势和市场潜力的农畜产品生产要按照产品特殊化、生产规范化、经营产业化的要求,集中扶贫资金加以扶持,把扶贫资金主要投向一家一户具体的生产环节,大力调整农牧业内部结构,切实处理好粮食作物和经济作物的比例关系,大力发展林业和畜牧业,大力推广市场潜力巨大的优良畜种生产基地建设,努力形成规模优势。自然条件相对较好、交通相对便利的贫困地区,要把观光农业、生态农业及特色旅游业发展放在重要位置。

再次,始终坚持发挥科学技术在基本生产条件建设中的重要作用,把工程措施同生物措施结合起来,发展粮食生产和发展多种经营结合起来,采取水土保持与调整农村经济结构结合起来,种树与林果基地建设结合起来,种草与发展畜牧业生产结合起来,逐步建立以基本农田为基础的农林牧综合发展的人工生态环境。搞好荒山、荒坡、荒水、荒滩的开发性生产,大力推广立体农业,探索各种高复种指数的种植模式,在提高经济效益的基础上增加农业内部劳动力容量。坚持种草种树,提高林地覆盖率,扭转水土流失、生态恶化的趋势。

第四,坚持把经济开发、全面治理作为满足基本需要的战略的重中之重,综合采取开发式扶贫、易地扶贫搬迁、长期救助等措施,搞好整村推进、产业化扶贫和劳动力转移培训。农村产业结构的调整必须把非农产业的发展和剩余劳动力的转移结合起来,通过农村产业结构的调整,进一步发展林业、牧业、渔业、副业、使劳动力向农业内部转移,依靠科技进步促使农业向深度和广度拓展。逐步建立政府推动、市场主导、农民自主流动,多层次、多渠道、多形式的农村劳动力转移就业新机制,拓宽基本增收门路、提高基本素质,增强贫困地区自我发展能力,有效减少绝对贫困人口和抑制低收入人口返贫。

8.3.3 提升基本发展能力

发展经济学反贫困问题的研究成果表明,贫困的根源在于缺乏必要的知识、技能、态度以及缺乏获取知识、技能的有效途径。提升基本发展能力的主要内容是向以能力贫困和权利贫困为主体的全体贫困人口提供基本发展能力的满足,满足基本发展能力是满足基本需要战略的基本目标。

首先,通过实施社会服务计划和发展援助政策,普及扫盲教育、义务教育、接受职业教育和技能培训可以促使受教育者获得就业机会,改善收入状况,是全社会共享经济增长和社会发展成果、摆脱贫困的关键。必须大力加强对贫困人口的教育培训力度,提高贫困人口的劳动技能、科学文化和思想道德素质,增强贫困人口的法制意识、健康意识、经营意识和现代意识,采取积极措施促使贫困人口直接参与农牧区的社会服务计划如基本农田建设、草场草原建设、乡村道路建设、水利设施建设、生态设施建设、农牧区能源设施建设、教育设施、卫生设施建设等,通过创造就业机会,提高劳动生产率,增加农牧民收入等手段提高他们参与社会活动的权利和自力更生的程度。

其次,制定一系列区域性发展援助政策措施提高贫困人口把握经济机会的能力,保证贫困人口在参与经济活动中实现收入增加,积极培育发展农村专业经济协会等农民专业合作组织和农民经纪人队伍,完善龙头企业与农户间的利益联结机制,提高农民进入市场的组织化程度。大力发展以旅游业、农副产品加工业和商业服务为主体的农村第二、第三产业,特别是那些与农业增殖、扩大流通密切相关的农副产品加工业,如保鲜、储存、包装、食品加工、运输、饲料工业等。支持贫困人口参加修缮公路、铁路、架设输电线路,修建给排水工程和集贸市场等,为加工业和服务业的发展创造良好的投资环境,并相应推动贫困乡村城镇建设的发展,使之成为剩余劳动力转移的有效载体。

再次,大力发展教育培训,高度重视中央政府在贫困地区教育发展中的重要作用。在大幅度增加教育投入的情况下,通过宏观调控势能,在完善中央各部委的"教育扶贫工程"、"民族地区教育发展十年行动计划"、"智力支边"、"希望工程"等教育发展计划的基础上,集中资助、扶持、协调农村贫困地区的教育发展。针对贫困地区人口文盲半文盲比重大和整体文化教育水平低状况,以"升学有基础,就业有技术,致富有能力"为办学目标,逐步建立以基础教育为基础、职业技术教育为主体、成人文化教育为辅助的新型教育结构。坚持以市场需求为导向,开展基础教育、职业技术教育和各种层次、各种内容的技术培训,整合"阳光工程"、"雨露计划"、"温暖工程"、"技能培训计划"等农村劳动力转移培训项目和优势教育培训资源,有针对性地对外出务工人员进行培训,努力提高外出务工人员的综合素质和专业技术水平。提高贫困人口的农业生产技能、非农产业技能、劳务转移技能以及择业技能,提高贫困人口在市场经济条件下的自我生存能力、自我选择能力、自我发展能力。

第四,通过全面的反贫困计划推动乡村建设的发展、信息交流渠道的通畅和社会发展环境的改善,在搞好规划,加强民族民间文化保护、突出民族和地方特色的前提下,积极支持农村环境、道路、文化、卫生等基础设施建设,逐步完善农村公共服务功能,改善农村居住环境。加强以村委会、村民会议、村民代表会议、村民小组为主体的村民自治组织体系建设,完善村规民约、村民自治章程和村务管理的各项制度,加强村委会干部培训,加强村委会活动阵地建设,不断提高村级自治组织带领人民群众脱贫致富奔小康、建设社会主义新农村的能力,在乡村发展中不断激发贫困农民产生新的需求和追求,从而逐步形成一种能够使贫困农民发展自身潜能的发展模式。

确立明晰而呈阶梯性递进状态的满足基本需要的战略目标,不仅要为反贫困重点的确立指明方向,而且要使反贫困得到有条不紊地实施及取得阶段性的成果,更要使不同层次不同类别的贫困人口可以在同一时期共同沐浴国家反贫困政策的实施所带来的温暖,从而增强贫困人口战胜贫困的信心,从根本上增强贫困人口自我生存、自我积累、自我发展的能力,逐步实现贫困地区经济、社会、生态等方面可持续发展的目标。

第9章 西部农村贫困地区反贫困战略实践模式

通过有针对性的反贫困举措促进农村经济结构的调整,进一步改善农村基本生产条件和贫困人口的基本发展能力,有效地促进贫困人口人均收入的稳定增长是21世纪初西部贫困地区反贫困最基本的战略任务。根据西部贫困地区自然、经济、社会发展的基本状况和贫困人口的主要特征,反贫困战略的实践模式主要包括社会服务模式、产业发展模式、教育培训模式、小额信贷模式和移民搬迁模式。

9.1 社会服务模式

政府主导的社会服务模式是贫困落后地区基本生活、生产条件改善的最重要的反贫困模式。20世纪60年代以后,联合国开发计划署、世界银行、国际货币基金等国际机构在世界发展中国家实施的反贫困计划的主体就是针对最贫困人口实施的、以满足最贫困人口基本需要的社会服务。

9.1.1 社会服务与贫困治理

社会服务与贫困治理有着极为密切的关系,贫困人口面临的主要问题是占有的资源数量少质量低,贫困人口极低的生产率以及由此带来的低收入主要是由于低水平的教育、培训、不幸、相对较少的继承以及歧视造的,而这些因素与贫困地区社会服务的严重缺乏存在着不可忽视的关联。

世界银行在《1990年世界发展报告》中指出：在1965年至1990年的25年间，发展中国家在缓解和消除贫困这个艰难而久的战争中取得了杰出成就，人均消费水平实际上增长了70%，作为发展及健康综合指标的人均寿命由51岁延长到62岁，小学净入学率已达到85%。25年来，一些发展中国家政府奉行以经济增长来消除贫困的发展战略，在这些政府看来，经济增长了，穷人的费水平和其他条件也会相应提高。因此，政府集中了国家的全部资源，促使经济的高速增长，但是由于增长过程中未能注意开发穷人的人力资本，没有为穷人提供必要的社会服务和安全保障，增长并未带来贫困现象的显著改善。在20世纪60年代，一些发展中国家的决策者意识到，增长并非减轻贫困的同义语，提供基本需要和社会服务是人力资本投资的一种形式，多种教育、健康和其他社会开支，都会改善人力资源的质量，它和工业投资一样可以是生产性的，便如举办初等教育和贫困乡村的健康项目，就会提高穷人的生产率从而变成减轻贫困程度的手段，因而把减轻贫困的重点转移到直接为穷人提供基本商品、基本食物、水与卫生设施、健康服务。初级教育和非正规教育以及住房等为主的社会服务如亚洲的斯里兰卡，政府在牺牲经济增长速度的条件下大大改善了对穷人的社会服务，其结果使斯里兰卡穷人家儿童的入学率达到94.7%，而5岁以下儿童的死亡率非常低，这两项指标几乎和发达国家相似。但是不言而喻，这种没有经济增长支持的社会服务系统最终是无法持久下去的。还有一些国家的政府适当地摆平了经济增长和向穷人提供社会服务之间的关系，如拉丁美洲的巴西和墨西哥。在这些国家，一方面政府通过适度的、基础广泛的经济增长提高了穷人的收入；另一方面，这些国家又通过足够的社会性开支，为穷人提供相对完善的医疗卫生和教育服务，形成了增长、社会服务、减轻贫困三者之间的良性循环。

发展中国家的历史经验表明，由健康投资和智力投资构成的人力资本投资，是发展中国家改造传统经济，加强现代化进程的关键措施。为此，这种经济增长和对穷人进行人力资本投资两方面兼顾的方针成为世界银行关于推荐的、减轻贫困的基本战略。如果说，向穷人提供更多的就业机会是为了摆脱贫困寻找出路的话,向穷人提供更多的社会服务则是为了消除贫困的根源。因此,社会服务是任何长期性反贫困战略的重要方面。这里,社会服务主要包括使穷人及其子女获得教育、卫生保健及其他社会服务。过去的 30 年,虽然发展中国家在向社会特别是在向穷人提供基本的医疗卫生和发展基础教育方面取得了显著的进步,但同这些国家巨大的社会需求相比仍显得远远不足。因此,发展中国家反贫困战略的主要问题,是对社会服务尤其是教育投资的作用重视不够,或者社会服务与教育投资没有真正发挥效能或效能低下。20 世纪 90 年代以后,世界银行、联合国开发计划署等国际机构普遍认为:发展中国家利用充裕劳动力而引起的增长比基于产品和要素市场的增长可以更快地减少贫困。它表明,由经济增长创造的贫困减缓的影响可以运用政策达到最大化,这一政策就是使穷人进入劳动、产品和要素市场的限制最小化。世界银行在其出版的多部世界发展报告中勾画了重在扶贫的经济增长战略政策,在这些战略政策中,鼓励社会投资向劳动密集经济领域倾斜,以实现有效率的劳动密集型经济增长。同时,公共支出和机构将提供配套物资和服务,特别是能够提高穷人的人力资本的物资和服务,从而为穷人进入经济循环提供一个安全网。

在推动经济增长的同时,通过多种形式向贫困人口提供社会服务是发展中国家反贫困的基本经验。20 世纪 70 年代以后,印度建立公共分配系统,专门向低收入居民提供基本生活保障,为加强对公共分配系统的监督,还专门成立消费监督委员会。把普及初等义务教育写入宪法,非常重视教育在提高劳动力质量和就业能力中的作用,在经济快速增长的同时,政府依靠财政投入逐渐在印度城乡建立起面向全民公共卫生系统,向众多人口提供基本医疗保健服务。斯里兰卡长期向居民提供低价大米等物品来保证穷人的基本生活需要,实行从幼儿园到研究生阶段的免费教育。20 世纪 80 年代孟加拉国政府大幅度增加了教育投入,坚持提供教育多元化政策,社区学校、贫穷地区卫星学校及私人学校等不断兴起,适龄儿童可在不同类型学校入学;90 年代政府还对穷人家庭孩子上学给以粮食补贴,对女孩上初级学校提供奖学金。这些国家在保证贫困人口的基本需要,保证其基本生存权利、重视贫困地区人力资源开发、重视教育和教育设施投资,尤其是初等教育和技术培训、重视贫困人口公共卫生体系建设等等关于社会服务的若干政策是非常值得我们学习,非常值得我们借鉴,也是非常值得我们尊敬的。之所以强调通过实施广泛的社会服务计划来解决西部农村的贫困问题,是因为社会服务模式是西部农村反贫困最基本的前提和基础。

9.1.2 社会服务的主要内容

加强西部贫困地区的社会服务是基于西部贫困地区非常严酷的自然环境条件、多民族聚居所表现出来的独特文化传统背景以及西部贫困地区在中国革命战争年代作出的无私贡献和巨大牺牲。针对其基本住房困难、人口素质特别低下、地方病流行、医疗卫生服务弱化的严峻状况,以政府行为为主体的反贫困计划,其基本内容是根据西部贫困地区人口区域分布特征,以全体贫困人口为扶持对象,通过社会服务计划实施区域性物质援助,向绝对贫困人口提供粮食、衣物等最基本的生活必需品,人畜饮水、卫生设施、健康服务、基本住房、教育设施以及广泛的适用技术培训以迅速缓解贫困,相应促进贫困农牧区社会发展结构的优化。

首先,要针对人均纯收入低于维持基本生存需要的食物贫困线的贫困人口,实施坚决的社会救助措施解决"吃饭"的问题,以满足其基本生存需要。对于无劳动能力、无生活来源、无法制定抚养义务人的老年人、残疾人等特殊类型贫困人口应根据当地农村基本生活水平确定供养标准,明确政府的供养责任,以集中供养为主,保障其基本生活。

其次,探索建立农村最低生活保障制度。低保制度是最具普惠性质的社会救助制度,在社会保障制度中具有兜底的作用,可以将除"五保户"以外的生活水平在贫困线之下的贫困人口纳入救助范围。最低生活保障制度已将农村贫困人口中的老年人纳入保障范围,在农村社会养老保险制度普遍建立之前,还可以起到一定的替代作用。由于最低生活保障制度涉及的人群十分庞大，需要投入巨额资金，应坚持低标准起步，可以从建立规范的特困救助制度入手，选择贫困人口中的特困户给予特困救助，按月发放救助资金，用2~3年的时间进行探索，然后全面建立低保制度，以国家划定的贫困线标准，凡家庭人均年收入达不到该标准的贫困人口，按实际差额计算，据实进行补差，收入超过贫困线以后，停止发放。

第三，实行分类救助。对农村"五保户"的救助标准应高于农村低保标准，在实施农村特困救助和农村最低生活保障制度中，对老年人、残疾人、人口较少民族等特殊群体的救助标准可以高于其他贫困群体。

第四，加大农村特困医疗救助的投入力度，将所有贫困人口纳入救助范围，对无力缴纳个人和家庭筹资部分的贫困人群给予减免，从医疗救助金中代为缴纳，并对参加保险后因病住院或门诊治疗费用的自负部分给予补助。从各方面确实解决农民看病难的问题。实行对贫困农牧民常见病和地方病的无偿医疗制度和地方病防治工作，基本改善贫困农牧区缺医少药现状。加强对大骨节、地氟、结核等地方病、传染病的监测控制和防治工作。千方百计争取中央地方病防治的资金投入，重点实施异地搬迁，改善生产生活条件、调整结构、药物及手术治疗等综合防治，有效控制地方病发生。

第五，在基本解决贫困人口生存问题的基础上，要根据中央西部大开发战略的基本导向，以农牧区人口饮水、基本农田草场建设、通村公路、农村通电、农村通电视、通电话为投入重点，重点加强农牧区交通、能源、通信、广播电视基础设施建设，使贫困村逐步达到通水、通路、通电、通广播、通电视、通邮、通电话。乡村公路建设要坚持"分级管理、民办公助、国家适当扶持"的原则，努力打通无公路乡，继续实施好县际公路、通乡油路、村道工程，提高公路的覆盖面和通畅水平。提高现有乡村公路通过能力，特别要采取切合实际的政策措施和资金投入，保证公路建设质量，提高建设标准，增加使用年限。能源基础设施建设要坚持以水电为主，多能互补，建管并重，加快有水无电县电站建设，推广普及小型太阳能用户系统，解决农牧民的生产生活用电。

9.1.3 社会服务计划

实施针对绝对贫困人口、以基本生存条件和发展条件改善为主体的、全面的社会服务计划是西部贫困地区反贫困战略的基本战略任务。在"十一五"规划期间,要通过宏观政策导向促使西部贫困地区地方政府把社会服务计划的制订和实施放在区域经济社会发展的中心地位,尽力降低对西部贫困地区政府经济增长指标的要求和政绩考核压力,而把贫困状况缓解、基础设施建设、社会事业发展、生态环境保护、社会秩序稳定作为西部贫困地区地方政府的重要考核指标。必须指出的是,通过社会服务计划缓解贫困与通过区域经济开发方式来缓解贫困在本质上目标一致,但在实施对象、过程和重点上完全不同。对于西部贫困地区来说,政府的主要职责就是减轻贫困、解决温饱、促进稳定、改善环境,而非实现区域工业化和城市化,这与发达地区经济发展的衡量标准是完全不同的。

在实施西部贫困地区社会服务计划中,中央政府的政策调整占有重要地位,这是因为,由于西部贫困地区财政收入来源极其有限、财政自给率很低且财政增收的可能性极小,提供社会服务经费的能力不足,如中央政府在20世纪90年代后推行的由地方政府筹资的农村合作医疗保险计划实质上是把社会服务的经费负担更多地从中央政府转移到地方政府,在地方政府财政困难的约束下,农牧区贫困人口卫生保健服务的范围和质量均大幅度下降,成为贫困农牧区贫困人口因病致贫和因病返贫的主要原因。

因此,西部贫困地区医疗卫生保健状况的改善必须得到中央、西部省、区政府的直接干预和有力援助,其实施主要内容是:大幅度提高西部贫困地区人均医疗卫生经费投入,把农牧区人均医疗卫生经费标准提高到100元以上,由中央政府财政和地方财政共同负担。制定明确的社会计划并通过宏观政策诱导促进社会资源向贫困农牧区社会服务项目流动,加大省、市、县医疗卫生机构对西部贫困地区地区的对口扶持。将社会援助的重点放在改善贫困农牧区人口基本住房、食物、人畜饮水、卫生条件、疾病防治上来。增加对贫困农牧区基本卫生基础设施的经费补助，提供专项经费用于培训贫困乡村医务人员、建立和完善县、乡、村三级卫生服务网络、采取多种形式培养卫生技术人员，为发展极为缓慢的县、乡、村医疗卫生单位配置急需的医疗设备，援助贫困农牧区建立新型的合作医疗制度，发放村级卫生员的工资补贴，为贫困农牧户的病人免费提供基本药品和医疗服务，为贫困农牧户的产妇提供新法接生费用，为贫困农牧户的婴儿免费提供免疫服务，在贫困农牧区免费提供计划生育用具等，做到大多数贫困乡有卫生院、贫困村有卫生室。同时制定阶段性的以基本卫生服务为主体的公共卫生计划，如在地方病流行区和多发区实施地方病防治计划，积极开展肺结核、大骨节病、氟中毒、包虫病的防治和监测工作，在干旱半干旱地区解决人畜饮水问题。致力改善包括安全饮用水在内的农村基本生活环境，加强公共卫生防疫工作，普及卫生防疫知识，降低疾病和残疾发生率。巩固在彝区实施形象扶贫工程、在藏区实施"人、草、畜"三配套工程的建设成果，有步骤地实施生活环境改造工程、民族卫生扶贫工程以及广泛的妇女保健计划和儿童营养计划。

新型农村合作医疗机构要简化报销手续，改善合作医疗的资金管理，改善资金到位状况。有关部门要加强对医疗机构的监督，落实公示制度，继续改革医疗管理体制，实行医药分开，整顿医药市场，规范医药价格，提高透明度，实行社会监督。进一步开放医疗市场，打破垄断，允许符合资质的民办医疗机构和乡村医生平等进入医疗服务体系，通过公平竞争抑制医药费价格，不断扩大农村新型合作医疗体系的受益面。并逐步建立和完善以社会保险制度为核心的社会救济、社会福利、公共医疗卫生和优抚安置制度。同时，在社会服务计划的实施过程中，加强农牧区民主法制建设、思想文化建设和基层组织建设，推动农牧区社会进步，努力实现经济社会协调发展。

9.1.4 强化社会援助

广泛动员国内外社会力量支持、援助西部贫困地区的经济社会发展是全面实施西部贫困地区反贫困战略的重要助推力量。中央政府应尽快建立与社会保障体系配套的社会援助制度,从制度和政策层面上支持、鼓励社会力量对西部贫困地区的援助行为,鼓励更多的个人、企业和社会组织捐款组建针对贫困地区的扶贫基金,使捐助扶贫事业的组织和个人可以获得免税的待遇,逐步打破公益资源的行政垄断,建立公平的市场竞争机制,使社会力量与政府部门有同等的机会竞争实施公共项目。改善法律环境,明确民间组织在扶贫中的地位、作用、组织原则和监督方式。给民间机构参与更多的扶贫工作的权利和灵活性。加强政府与民间组织之间的密切合作。为了提高政府扶贫资金的使用效率,应着手探索采用竞争性的扶贫资源使用方式,使更多的民间组织成为由政府资助的扶贫项目的操作者。扶贫部门则根据其业绩和信誉,把资源交给最有效率的竞争者,并依据公开和透明的原则加以监管。发挥民间金融机构在小额信贷扶贫方面的特殊作用,使民间的小额贷款机构能够深入到商业金融机构不愿意运营的地方和领域。民间金融机构除贷款外,还可以为贷款客户提供培训、技术支持和销售、社区发展等方面的专业服务,提高小额信贷的扶贫效果。

同时,在保障国家安全的前提下,全方位扩大西部贫困地区的对外开放,鼓励海外社会力量及其资源参与特色产业开发和扶贫济困事业。在"十一五"规划期间,国家应针对西部贫困地区的特殊困难,制定相应的社会援助计划,动员社会力量全面援助西部贫困地区的经济社会发展事业,援助重点是西部贫困地区的危房改造、移民搬迁、基础教育、成人科技文化教育、师资培训、以妇女健康和严重地方病防治为主体的卫生服务、计划生育服务、卫生院(所、站)设施改造、医技人员培训、特色资源开发中区域产业化扶贫龙头企业的培育。调整并增加中央对口帮扶机关,确定5~6个生态受益地区的发达省、市定点帮扶西部贫困地区。另一方面,国家应进一步完善对口帮扶机制,重点完善对口帮扶的管理绩效机制,规范相关部门参与扶贫的职责,在资金扶持、项目建设、物资支援、市场建设、干部交流、信息服务、智力支持和人才培训等方面能有具体的帮扶措施,逐步建立起支持并鼓励非政府组织参与国家在西部贫困地区实施扶贫项目的机制。西部省区党政机关、民主党派、群众团体、大专院校、科研院所和企事业单位，要以联系县的反贫困规划为指导，结合本部门实际制定帮扶计划和具体帮扶措施，把帮扶重点落实到特困乡、特困村，支持西部贫困地区经济和社会事业的发展。

参与扶贫济困的社会组织要发挥应有的社会功能，不断改善自己的组织结构和提高工作能力，使自己在赢利不愿意进入而政府部门又顾不上的领域中做好工作。除了政府的财政、政策支持外，还必须加强自身的能力建设，提高管理水平和行动能力，自觉地承担社会责任，自觉接受政府与社会的监督与领导，树立起社会责任的良好形象，真正发扬利他主义和奉献精神，为实现区域经济社会的协调发展，构建社会主义和谐社会作出积极的贡献。

9.1.5 控制人口增长

过快的人口增长是西部贫困地区反贫困面临的突出难点，必须采取切实可行的政策措施严格控制贫困地区的人口增长速度，这是有效提高人口质量、提高反贫困效率、减轻贫困地区环境压力的基本前提。一般说来，凡是不发达地区都是人口增长较快的地区，凡是贫困地区都是人口增长失控和半失控地区，人口增长明显高于一般地区。尽管西部贫困地区地广人稀，人口密度小，民族众多，且生存环境酷劣，经济发展缓慢，文化落后，但人口增长却很快。解放以后，随着人民生活状况的相应改善，医疗卫生事业的发展，人口死亡率大为下降，人口增长明显加快，有的省、自治区每年以3%的速度递增，在过去的两次生育高峰期间，西部大部分省、区的生育峰值都很高，且持续时间较长，有的省、自治区在解放后的60年中，生育高峰持续长达30年之久，在全国重点贫困县的人口中，四川、贵州、云南占35%，而这三省又都是少数民族分布相对集中的区域，人口的出生率明显较高，这样就增加了反贫困的难度。

据联合国教科文组织1997年对人烟稀少的西藏自治区估算，西藏人口超载100万,占西藏总人口的49.30%。又据中科院1997年在《中国土地资源生产潜力及其人口承载力》的研究,云南、贵州、西藏、甘肃、青海均为土地承载力超载区,四川、新疆、陕西、宁夏为土地承载力临界区。宁夏回族自治区1985年人口密度为每平方千米61.3人,而到1996年则增至每平方千米100.6人,即使在干旱半干旱的宁南山区,人口密度也达每平方千米76人,其中特困地区固原地区人口密度为110人,是联合国沙漠化会议确定的干旱半干旱地区临界值7～20人的几倍。人口增长过快,土地承载力过大时,往往出现对资源进行不合理的过度开发、乱砍滥伐森林、破坏草原、到处开垦,造成越广种越薄收,越薄收越广种,水土流失、地力下降,直接导致粮食供给短缺,而粮食供给的短缺又加剧了对自然资源的过度利用,从而增加了改善生态环境的难度。由于教育、科学、文化、卫生事业的落后,西部贫困地区人口素质的提高面临沉重压力,这与西部贫困地区人口数量的迅速增长以及二者的逆向发展构成西部贫困地区经济社会可持续发展的突出障碍。

人口增长过快和人口素质的普遍低下对西部贫困地区的教育、卫生事业、人口就业、土地资源、生态环境和基础建设事业等带来了巨大的压力,成为少数民族贫困地区发展缓慢和加剧贫困的重要原因,是西部贫困地区资源开发、经济社会可持续发展的基本障碍。人口、资源、环境的良性循环是人类社会经济发展的基本要求和理想目标,是西部贫困地区实施可持续发展战略的最基本的前提。它要求在贫困地区的开发中人们既要遵循社会经济的发展规律,又要遵循自然规律,使人口发展既能与自然资源相适应,又能保护和改善自然环境质量。而自然资源的再生与合理利用、自然环境的改善,又反过来促进社会的发展,更好地满足人口发展的各种需要。这是西部地区人口、资源与环境良性循环的基本要求。其中,严格控制人口增长,使人口数量保持在环境容量以内,是西部贫困地区自然环境保护的重要途径。

人口数量过大或人口超载所形成的贫困地区耕地承载能力脆弱,水土流失严重、生态环境恶化是贫困地区贫困发生和贫困加剧的主要原因之一。即使人口增长和贫困普遍化尚未形成恶性循环,人口增长对生活资料,生产资料和生态环境所形成的巨大人口压力,也会产生不利于发展和摆脱贫困的负面影响。因此,要继续坚持稳定现行生育政策不动摇,坚持党政一把手"亲自抓、负总责"不动摇,坚持稳定计划生育工作机构和队伍不动摇,坚持创新人口和计划生育工作思路、机制和方法不动摇,下最大的决心,采取强有力的措施来努力降低生育水平,控制人口过快增长,切实把人口和计划生育工作抓紧、抓实、抓好。现行的生育政策整体上不仅在"十一五"期间不能改变,而且在"十二五"甚至更长的时间内都不能改变。

西部贫困地区进一步发展的基本逻辑推断表明,西部少数民族贫困地区的发展中,必须严格执行民族地区计划生育办法,促进人口控制与反贫困协调发展。在省区和国家两级建立人口增长预警体系,确立人口安全状态的临界值和等级程度,制定应对措施,监测生育变动,防止和消除生育水平反弹。坚决在贫困地区实行"奖一、罚二、禁三"的生育政策,在少数民族地区实行"一、二、三"(即干部职工和城镇人口生一个孩子、农村人口生两个孩子、山区和边疆少数民族人口生三个孩子)的生育政策政策,把计划生育同反贫困项目密切结合起来,落实计划生育贫困户在库区移民或开发式移民、异地安置、劳务输出、到乡村集体企业务工和就业,在农村改水改厕、妇幼保健、防病治病、社会保险,在实用新技术的培训、应用和推广,子女在"希望工程"、"春蕾计划"、"光彩工程"和"1＋1助学"等活动中优先获得安排和扶助等优惠措施。逐步建立以计划生育、人口控制目标的实现作为资金、技术、物资等方面扶贫的重要条件,采取坚决措施控制有生理缺陷、弱智低能和身体障碍严重人口的再生产。大力完善以社会保险制度为核心的社会经济、社会福利、公共医疗卫生和优抚安置制度,积极探索脱贫保险制度,并在反贫困中把完善社会保险体系作为降低生育水平的新机制。

9.2 教育培训模式

普及扫盲教育、义务教育、接受职业教育和技能培训可以促使受教育者获得就业机会,改善收入状况,是全社会共享经济增长和社会发展成果、摆脱贫困的关键。西部贫困地区贫困人口分布广泛,贫困地区自然、经济、社会情况复杂多样,贫困现象差异明显,但其共同的社会经济特征是教育事业的发展极其落后。这种特征不仅决定了西部贫困地区文盲半文盲占劳动力主体地位的格局和区域产业结构原始落后的状况,而且决定了西部贫困地区社会发育程度不高和人口素质低下的严重程度,由此构成在市场经济条件下区域资源开发、经济发展和社会进步面临的最严峻挑战。从更高层次上讲,没有民族素质的全面提高,西部贫困地区产业结构的调整、劳务输出的发展、特色经济模式的建立乃至整个区域的反贫困治理都难以取得直接而有效的成果。

9.2.1 普及基础教育

正规的基础教育是提高人力资本水平的基础和前提。基础教育一般是指正规的学校教育,即系统地学习文化科学基础知识的过程,基础教育的发展对于职业技术教育和成人文化科技教育有着重要的促进作用。从长远来看,由于西部贫困地区人口文盲率较高,教育的发展仍应重视正规的基础教育,其主要目标就是降低西部贫困地区人口的文盲率,提高地区人口整体的文化水平。同时,通过基础教育的发展带动和促进职业技术教育的发展和深化。基础教育是启蒙智力从而消除文盲的关键,基础教育具有知识体系比较完整、学习时间不间断和选择受教育对象等特点,其实施过程是一个学习起点低、学习循序渐进、学习效果好、不间断地传授知识的过程。强调西部贫困地区发展基础教育是因为西部贫困地区经济社会发展水平低、社会保障制度不全、人口增长压力大从而发展基础教育仍然面临很大的压力,提高劳动者的素质和传播科学技术技能越来越需要较高的文化知识教育作为工具。另一方面,西部贫困地区劳动力的结构性转移和人口迁移也要求劳动力的智力和适应能力的逐步提高,这些都离不开基础教育。因此,无论是近期对策还是长远发展战略,都必须把基础教育作为西部贫困地区教育发展的基础。

基础教育发展的基础是坚决地实施九年义务教育。这是西部贫困地区教育发展的重要目标,根据国家法律规定,基础教育是适龄儿童和青少年都必须接受的、国家、社会、家庭必须予以保证的国民教育,是现代生产发展和现代社会所必需的,是现代文明的标志。西方工业化国家大都从19世纪70年代开始实行义务教育,据联合国教科文组织(UNESCO)《1960~1982年教育统计概述》介绍,在199个国家和地区中宣布实行义务教育的有168个,占84.4%。不少西方发达国家把义务教育的年限延伸到中学教育阶段,日本、美国、德国、加拿大等国的义务教育时间普遍在12年以上。我国在1986年颁布了《义务教育法》,但由于生产力发展水平的制约和贫困人口分布的极度分散,在西部贫困地区全面地、有计划地实行九年制义务教育还有相当长的距离,为此,西部贫困地区各级地方政府必须真正树立从法制角度办教育的思想,充分认识贯彻执行《义务教育法》与地区经济发展的关系及重要意义,把基础教育看成是政府和人民双方共同的权利和义务,采取种种措施制止因眼前利益导致儿童退学、辍学和废学的现象发生。为了保证义务教育法的贯彻执行,还应加强与义务教育法相配套的其他法律、法制建设,如乡镇企业用工制度、农业经营资格证书制度等等,从而保证基础教育不断得以强化,真正承担起西部贫困地区人力资本积累主渠道的功能。

基础教育的实施必须结合西部贫困地区的特点,因地制宜,切实可行,采取多层次、多形式、多渠道的办学方式,如学习班次是正规制、寄宿制、半读制并存,教育方式可采取集中与分散、固定和流动相结合,大力发展寄宿制学校,农区学校有菜地,牧区学校有草场。同时,针对藏族、彝族生活习俗独特的状况,基础教育要区别不同情况,采取适合藏族、彝族特点的办学形式,在语言文字面要注重藏语、彝语和汉语教学相结合,基本教材与乡土教材相结合,根据民族的历史、文化、风俗习惯实施基础教育。在牧区要推动"普六"及创造"普九"条件为工作重点,进一步加快"两基"步伐,继续克服困难扩大初中招生规模,全面落实"两免一补"政策,特别是少数民族学生享受寄宿制生活补助的扶持政策,采取积极有效措施控制义务教育阶段学生辍学率。严格开展中小学规范化建设工作,抓好第二期国家贫困地区义务教育工程项目学校、中小学危房改造工程和教育国债项目的建设管理和监督,切实改善西部贫困地区贫困乡村学校的房屋质量和校容校貌。逐步建立远程教育体系,使所有贫困县能收转中央和省、区教育电视节目,大多数乡中心完小及以上学校能用计算机进行辅助教学,县城中小学与省级教育实现网络联网。

9.2.2 重视职业教育

职业技术教育是在不同程度的基础教育的基础上给予学生从事生产劳动所需实用知识和技能的教育,职业技术教育对于提高人力资源劳动技能具有关键性的作用。多层次、多形式地发展西部贫困地区职业技术教育,培养大批适用技术人才,是西部贫困地区教育发展的主体。当前,西部贫困地区必须努力克服重普通教育轻职业技术教育的传统偏见,在正确处理基础教育和职业技术教育关系、调整教育结构的情况下,大力发展西部贫困地区的职业中学、农业中学和中等农业专科学校,逐步建立西部贫困地区基础教育—职业教育—劳动就业体系,形成一个从初级到高级、各行业配套、结构合理、质量好、效益高,与普通教育相互沟通职业技术教育网络。

在西部贫困地区教育结构的调整中,应逐步打破农牧区教育沿用城市教育、以升学为目标的教育模式,除了将部分普通中学改为职业中学或农业中学外,还应积极探索适应西部贫困地区发展的新型教育模式,在牧区推广"6+1"、农区推广"8+1"教育模式,即在校学生通过6年小学和2年初中教育后,再用1年时间学习畜牧养殖、经济林果、病虫防治、建筑修理、缝纫烹饪、商品经营等农村适用技术,使贫困农户的子女经过9年的初级综合教育就能够进入当地的农牧业生产活动,使西部贫困地区教育更具有针对性、实用性和吸引力。

西部贫困地区各级政府要加强对职业教育的领导,充分调动各方面的力量,加大对发展职业技术教育的统筹协调力度,大力发展西部贫困地区中等职业教育。继续加强对重点中等职业学校建设的投入,完善基础设施,改善办学条件,扩大办学规模,提高培养能力和培养质量。根据西部贫困地区经济发展水平和教育普及的程度,做好小学、初中、高中毕业生的分流工作,使一部分普通中小学生在小学毕业或初中毕业后能升入相应的职业技术学校进行系统的专业培训,从而使其在走上劳动岗位以前都有一技之长,在相应的岗位能够适应西部贫困地区经济发展的需求,发展出应有的作用,成为一名文化技术素质较高的劳动者或初级技术人才。为满足西部贫困地区经济发展中对不同层次初级技术人才的迫切要求,职业技术学校主要应该由州办、县办,把职业技术教育放在与基础教育同等重要的地位。对于已经办起来的各种职业技术学校要积极改善办学条件,不断地提高学校的管理水平和教学质量,完善就业网络。

缺乏职业技术学校的农牧区要进一步调整普通教育与职业教育的关系,在基础教育发展的基础上,根据自身资源特点和产业结构布局,积极创造条件,建立不同层次的职业技术学校。新办的职业技术学校要同农牧区资源的开发利用相结合,并适当地考虑人口、交通、民俗、文化、生产消费水平、市场容量等因素,实行宜农则农、宜工则工的灵活办学方针。特别要围绕农牧区一、二、三产业和农林牧副渔生产,种养业到加工、商、运、建、服务全面发展的大农业格局开发,开办一些短线新专业,扩张一批养殖、加工、乡镇企业,经营者系列和服务系列的新专业,采取有利于资金周转的短学制、小投资的短、平、快措施。职业技术教育培养人才的重点是培养旅游业、农业、林业、畜牧业、矿业的初级专业人才。针对西部贫困地区地域分布辽阔、流通渠道不畅、市场容量狭小的弊端,培养流通和服务行业等第三产业发展所需要的人才。为推动西部贫困地区职业技术教育的发展,西部省、区政府和市、地、州、县政府财政、信贷、税收、劳动、人事等职能部门及企业、服务机构应按照各自的职责分工,对本地职业技术学校分别给予提高教师待遇、提供资金和实习基地、减免经营税收、疏通毕业生就业渠道等方面的支持,逐步使西部贫困地区形成门类齐全、专业配套的职业技术教育结构。

在职业技术教育的形式上,应根据西部贫困地区开发的要求,实行长短结合的原则,职业技术学校既要办二年、三年的正规学历班,培养农村地区的初级技术人才,使他们成为农村地区的技术骨干,也要举办半年、三个月、一个月甚至更短的技术培训班,广泛吸引各行业和社会上的高、初中毕业生参加职业技术教育培训,学习单项适用技术,如养猪、养羊、养牛、药材等专业技术,使每一个受教育者能够掌握发展某一生产的技术,成为某一生产领域的技术能手和致富能手。职业技术教育的主要内容要因地制宜,以适用技术为主,即适应农村资源状况、经济发展状况,人口教育状况,能够取得最大经济效益和社会效益的技术为主,坚持实用或急用的原则,并结合"温饱工程"、"星火计划"、"丰收计划"和"燎原计划"等科技开发计划,培养一大批农学、林学、园艺、畜牧、采矿、建筑、建材、商业、农副产品加工等各方面专业人才,使职业技术教育面向农牧区经济发展服务。此外,随着西部贫困地区产业结构的调整,非农产业的迅速发展,劳动力就业渠道更加广泛,因而就业领域本身对劳动力素质的要求会更高,要使传统意义上的农牧民满足非农产业的智力要求,必须具备多方面的技术素质。因此,在通过基础教育和职业技术教育提高农牧民科学文化水平同时职业技术教育还要有助于提高农牧民的择业能力,使农牧民对农村第二、第三产业的基本知识和基本技能有所了解和掌握,从而为西部贫困地区劳动力向非农产业转移创造条件。

9.2.3 发展技术教育

成人文化技术教育是针对西部贫困地区现有成人进行的教育,其教育对象广泛、形式灵活多样,不仅包括对西部贫困地区不合格教师的培养提高,还包括对现有西部贫困地区干部、职工和农民进行的文化技术教育,以促使其更新知识,提高文化水平和管理水平。目前,西部贫困地区成人文化技术教育的主要目标是继续扫除西部贫困地区40岁以下农民中的文盲和半文盲,在坚持扫盲的基础上通过业余学习和岗位培训,提高成人文化技术素质是西部贫困地区成人教育重点。文化科技知识教育是传播和普及科技知识的重要渠道,是提高成人劳动者的知识和技能的有效方式,文化科技教育主要包括知识讲座、科技交流和科技推广等方面,教育方式可以采取举办科技知识学习班、科技人员培训班、专业和技术培训班、科技成果讲习班、技术推广应用辅导班等。办学的形式可以采取集中或分散、长短结合、请进来、送出去等多种办法,为西部贫困地区农牧业生产和农牧区产业升级提供充足的技术开发管理人才。

动员西部贫困地区内外科学技术部门、科研机构、大专院校帮助贫困县建立农技站,农技校、职业中学以及与有关技术经济部门联合举办各类有针对性的职业培训,如委托培训、订单式培训、半工半读等,向贫困农户推广实用技术成果,以提高贫困乡村劳动力的农业生产技术水平。重点选择一些成熟可靠、容易掌握,有利于解决群众温饱、脱贫致富的科学技术,通过扎扎实实的工作,落实到项目上,落实到产业上,落实到贫困户手中,真正转化为现实的生产力。同时,广泛实施如"贫困地区百万人科技培训工程",加强对农民的劳动技能培训,如手工技能、建筑技能、经商技能、驾驶技能、综合服务技能等,提高劳动力的综合素质,使剩余劳动力把握向非农产业转移的就业机会和能力。通过有组织、有目的培训和建立劳动力转移服务网络,完善劳动力转移工作的服务和管理,强化跟踪服务,确保输出有组织、流动有保障,切实做到培训、转移、就业、脱贫相结合,达到培训一个、转移一人、脱贫一户的目标。认真做好实用农牧业新技术的宣传、普及、培训和示范,通过农业广播电视学校、农校、职业高中、农业初中等多种途径,广泛开展科技普及活动,培训农民和乡村干部,不断增强农民运用科技的能力,提高广大农民的科技文化素质。

西部贫困地区成人劳动者的文化教育应以职业技术学校为中心向乡村辐射,配合科技推广服务网络,逐步形成西部贫困地区农村科技教育网络,广泛采用电影、电视、报刊、展览、广播等大众传播媒介进行劳动技能的传播、传统生产方式的变革、传统生产工具的改造、粮食和经济作物新品种的推广以及农产品加工技术的指导等简单易行的科技教育,大张旗鼓地宣传科技文化知识,大力增强西部贫困地区人民的科技参与和科技开发意识,普遍形成爱科学、学科学、用科学的良好社会风气。本着"实用、实际、实效"的原则,组织农民现场参观重点户、专业户、示范户,采取各种形式把技术传授到千家万户,从而普及科学技术知识,提高农民的科学文化素质和生产开发能力。

9.2.4 加强师资建设

合格的师资队伍是西部贫困地区教育事业发展的重要保证,西部贫困地区师资队伍建设必须从扩大师资来源、加强师资培训和稳定师资队伍三个方面进行,其重点是大力加强对现有师资力量的素质培训。

9.2.4.1 扩大师资来源

通过教育体制改革和教育结构调整、优先发展西部贫困地区师范教育和进行多渠道、多方式的师资培训,尽快提高教师的业务水平尤其是大力加强民族师范教育,尽快解决师资短缺问题,对于西部贫困地区教育事业的发展与稳定具有重要意义。根据西部贫困地区的具体情况,要尽快培养和配备新型教育结构所需的师资力量,首先要培养大量的师范教师。师范教育是培养中小学师资的工作母机,西部贫困地区各级政府应努力增加投入,办好师范教育,鼓励优秀中学毕业生报考师范院校。加大师范教育改革力度,保证师范专业招生,生源的相对优势。进一步扩大师范院校定向招生的比例,建立师范毕业生服务其制度,保证毕业生到中小学任教,试行师范院校高年级学生到农牧区实习任教制度,采取积极措施鼓励大学毕业生以自愿者身份到西部贫困地区任教,对服务期结束后的大学生,国家在研究生招生、公务员考试中对其进行倾斜。同时,大力改革现行师范院校的教学内容,尽可能增加培养实用技术人才的师资力量。要重视发展高等农业技术师范教育,依据部分专业举办畜牧、作物、农机、园艺、兽医、采矿、商业、服务业等专业师资班,为西部贫困地区职业中学和农业中学培养师资。另外,要加强西部贫困地区校长队伍建设,重庆、成都、西安、兰州、昆明等大中型城市的知名高校要采取不同方式举办贫困地区各类学校校长培训班,尽快提高校长的职业管理水平,贫困地区的各类学校要全面推行校长负责制和任期目标制,鼓励校长职业化,教师专业化,优秀教师终身从教。

9.2.4.2 加强师资培训

加强对现有师资进行素质培训是师资队伍建设的重点,西部各省、自治区政府要采取多种形式,有计划、有组织轮流派遣城市各类师资到西部贫困农牧区短期工作,在短期工作期间,教师的工资待遇应大幅度的提高,并采取种种优惠政策措施从发达地区引进师资,特别要鼓励城市知识分子组织人力到西部贫困地区办学,并在职称评定、住房分配、工资待遇等方面进行倾斜。还要从各州农、林、牧等科研部门、党政机关和其他职业部门抽调一些具有专业技术素质又能从事教学的科技人员、理论工作者、业务人员作为农牧区职业技术教育和成人文化技术教育的专职或兼职教师,针对农村地区师资水平低的问题,要采取灵活的方式开展对现有师资的培训工作,着重对西部贫困地区现有师资进行培训,如每年选派一批青年教师攻读本科、硕士、博士学位,聘请城市教师授课,采取送出去的办法把农村教师送到城市师范院校进行专业培训等方式,提高师资素质。

目前,西部贫困地区民办教师很多,不合格的教师占有很大比例,要分期分批进行轮训,或通过网络对其进行定期定点培训,逐步通过考核实行岗位证书制度,不合格者不能上岗授课。另外,要大力抓好民族师范的师资教育、培训和进修等工作,从事民族教育的师资要分期分批到民族大学进修提高,民族大学的毕业生应尽可能分配到西部贫困地区从事教育工作,对民族教师或者到少数民族地区的教师,应力求其能够用汉语民族语进行"双语"教学。通过各种形式的培养、培训和师资引进,努力在不太长的时期内使西部贫困地区农村绝大多数的小学教师达到中师水平,初中教师大多数达到高师水平,扩大职业中学、农业中学、中心学校的教师中本科学历的教师比例,从而全面地提高西部贫困地区教师的水平,这是西部贫困地区教育事业发展不容忽视的战略内容。

9.2.4.3 稳定师资队伍

教师队伍的稳定是西部贫困地区基础教育、职业技术教育和成人文化知识教育发展的基本前提。针对西部贫困地区教育事业发展的特殊困难尤其是师资短缺的不利情况,中央政府和西部各省、区政府必须采取切实有效的措施,通过教育援助计划,全面实施有利于西部贫困地区教育发展的社会经济政策,坚持不懈地在全社会范围内大力宣传,树立和发扬尊重知识、尊重人才、尊师重教的良好风气,大幅度提高西部贫困地区教师的社会地位和生活待遇,使教师的工资增长高于其他国民经济部门职工的工资增长,为教师创造良好的学习、工作和生活环境,真正为教师办实事,使教师工作成为社会最受人尊重的职业。同时,改革西部各类民族师范院校的招生分配办法,定向到县、乡、牧区、山区、有特殊困难的边远民族地区单独举办师范班,培训各种层次民族教育师资,民族师范院校的毕业生要树立正确的民族观、宗教观,热爱教育专业,一专多能,既有较扎实的科学文化知识,又要掌握一两项实用技术,努力成为西部贫困地区职业技术教育的主体力量。在西部贫困地区教育事业的发展中,逐步建立优惠政策、科学考核、合理报酬、优惠照顾等稳定教师队伍的新机制,从而通过教师队伍的稳定促进西部贫困地区教育事业的发展,为西部贫困地区经济社会发展积累雄厚的人力资本。

9.3 产业发展模式

加强特色资源和产业的开发与发展是西部贫困地区反贫困战略的基础,将经济增长同促进地区发展进步和减少贫困结合在一起,特色产业的发展是最有效的方式之一。实施产业发展模式的关键是培育以专业合作社为主体的贫困地区农民新型合作组织,发展各种农业社会化服务组织,鼓励龙头企业与农民建立紧密型利益联结机制,着力提高产业化、组织化程度,规范实施生产经营、科技推广、金融信贷和社会服务职能。建立商业性金融与合作性金融为主体的金融支持体系,进一步加大信贷资金的投入力度与规模,重点支持能够带动贫困人口增加收入的种养业、旅游业、农产品加工业、特色矿产开发、水电以及基础设施建设项目。适当放宽贫困乡村扶贫贷款的条件,根据产业特点和项目具体情况,安排合适期限的贷款。对贫困乡村兴办有助于带动贫困户增加收入的农业产业化龙头企业,应视项目效益、扶贫效益和增加就业情况给予积极支持。引导各类国内外金融机构在贫困地区开展业务,推广农用地使用权抵押贷款、推广扶贫资金由贫困户、联户或扶贫经济组织进行承贷承还,将各种渠道的扶贫资金集中起来发展农村产业,同时,对适合当地发展且符合国家产业政策的项目,根据其产业类别、对当地贫困群众的带动性等情况,实行比一般地区更加优惠的减免税政策。对从事扶贫资金贷款的各类组织,以及支持特色产业项目发展的金融机构,享受减免税政策。对带动贫困群众增的扶贫龙头企业,应视其经营内容和带动作用,给予更多税收优惠。在产业开发模式上,把有助于直接解决群众温饱问题的种植业、养殖业和以此为原料的加工业作为反贫困计划的投资重点,兼顾其他资源型和劳动密集型产业,使之成为西部贫困地区产业发展的基础。各贫困地区要对水电业、旅游业、畜牧业及农畜产品深加工业、矿产业与中医药业等提出新的发展思路,在科学规划、合理布局、因地制宜、突出重点、倾斜投入的基础上,大力发展特色产业,依托产业规模经营和技术升级,形成发展链条,带动群众致富。

9.3.1 旅游产业

1999年4月,英国国际发展局(DFID)在可持续发展委员会的报告中提出了有利于贫困人口发展的旅游(propoortourism),即PPT概念,将旅游发展与消除贫困直接相连。PPT旨在援助发展中国家的旅游与扶贫项目,PPT旅游战略即为贫困人口创造最大经济效益的旅游发展战略。PPT强调贫困人口能够从旅游中获取净利益,包括经济的、社会的、文化的,它不是一种特殊的旅游产品,也不是旅游业的一个组成部分,而是发展旅游的一种方式和途径,核心是使贫困人口获得更多的发展机会和净利益,而不是全面扩展整个产业。据世界旅游组织(WTO)测算,旅游业每直接收入1元,相关行业就可增收4.3元,旅游业每直接就业1人,社会就可新增五个就业机会。旅游扶贫不仅催生贫困地区农村的商品流、信息流、资金流,带动基础设施大改善,促进贫困地区农村经济的快速增长,带动农民脱贫致富,而且对其政治、文化、社会、环境也有着十分明显的影响。旅游扶贫使贫困乡村迅速融入市场经济大潮中,为贫困地区农民与他人交流、社会接触、外界交往创造了条件,从而打破了贫困地区农村的封闭状态,逐步培育起农民的开放意识、商品意识与市场意识。旅游扶贫能够推进贫困乡村生态环境建设,增强贫困地区农民爱清洁、讲卫生、爱护自然环境的环境保护意识。特别是农民要从事旅游经营活动,或者在旅游行业就业,就需要学习旅游产业知识、旅游服务接待技能、旅游企业的经营管理理论与方法,从而为贫困地区农民综合素质全面提升创造了契机。旅游扶贫能够促进贫困地区农村优秀传统文化、民间艺术的开发利用,使优秀的传统文化成为贫困地区乡村的主流文化,既丰富广大农民的业余生活,又可以消除贫困地区农村的陈规陋习,倡导新风。同时,旅游扶贫群众参与度高,具有磁场综合效应,有利于推进村民自治、决策公开、管理规范和政治民主。

发展旅游对于激发贫困人口参与、增加贫困人口收入、改变贫困人口观念有着直接而有效的后果。2007年7月笔者在贵州安顺市就旅游扶贫进行专项调查表明,安顺2000年底撤地设市后,市委、市政府千方百计筹措各类资金10余亿元,将旅游扶贫工作列为全市经济社会发展重中之重,每年均把解决贫困人口脱贫、农民人均纯收入等指标列为"十件实事"之首,着力开展精品工程、理顺管理体制和加大市场营销三大战略。实施精品战略,逐步调整旅游扶贫产品结构。安顺市仅天龙屯堡文化旅游区就完成了投资2 100多万元,全国重点文物保护单位"普定穿洞古人类遗址博物馆"已投入100多万元建设,具有古代城堡建筑文化和军事特色的普定讲义村,通过引资开发文化旅游已产生效益,西秀区轿子山镇"白坟林场知青点"、知青文化展览馆、"知青林"游览道和青少年体能乐园已建成并对外开放,蜡染艺术代表的石头寨景区、陡坡塘"凤凰百花园"、普定夜郎民俗游等成了安顺旅游扶贫新亮点。

旅游业为该市农民脱贫致富开辟了新天地,2006年该市以天龙屯堡、石头寨等为主的乡村扶贫游共接待游客90多万人次,综合收入逾2亿元。乡村游的发展还带动了村级集体经济和农民收入的增加,平坝县天龙村目前年集体经济收入已由前几年的几万元增加到100多万元,农民人均纯收入已从2000年的1 760元增加到2006年的2 630元,比全县农民年人均纯收入多800多元。几年来,全市7.6万人受益于旅游业,其中从事直接旅游经营和服务的农民达1.8万余人,从事间接旅游经营和服务的农民达5.7万余人,开展旅游经营活动的农户达9 748户,经济收入达7.6亿多元,旅游扶贫收入占旅游总收入的27.66%,上缴税金6 139万元,通过旅游脱贫的人数近5.5万人。

西部贫困地区幅员辽阔、山川壮美、江河纵横、风光旖旎,历史古迹和文化遗产众多,民族风情绚丽多姿,具有世界水平的且无可替代的自然资源和人文旅游资源。从某种意义上讲,旅游资源的富集和高品位是西部贫困地区最大的资源优势,旅游产业的发展是西部贫困地区最有特色和最具发展潜力的产业,其资源开发和产业发展在21世纪初西部贫困地区经济发展战略中占有极其重要的地位。旅游业的发展必须通过制度创新形成全新的旅游管理运作模式,从更高层次上加强旅游资源开发的领导力度,全面统筹、规划、协调、管理旅游资源开发的规模、重点和节奏。树立精品意识,围绕独特的人文景观和自然景观,深度开发旅游资源。以市场为导向,着力开发建设一批品牌形象突出、设施配套完善、服务档次高、创汇能力强的旅游产品,形成观光、探险、休闲、度假齐全的大旅游产业体系,从根本上改变旅游资源粗放式开发利用的状况,围绕自然生态和历史文化两条主线,深度开发旅游资源,加强以道路为主体的旅游基础设施建设和景区配套设施建设,重点开发生态旅游产品、高档次和高品位的文化旅游产品、休闲度假旅游产品、富有体验性的探险旅游产品。

在旅游产业的发展中,要采取多种方式和不同模式吸引资金改善西部贫困地区的基础设施,重点进行道路交通、电力通信和景区规划建设,提高现有旅游景区的接待能力和管理水平,采取坚决措施停止盲目开发、低层次开发和破坏性开发。结合教育结构的调整和成人文化技术教育的发展积极培养旅游接待人员,引进旅游资源开发人才、旅游产业的运作人才和旅游品牌的开拓人才,进行高水平的旅游整体形象策划和在中外、媒体进行一系列的系统宣传,旅游资源丰富的四川、西藏、云南、广西、甘肃、贵州、青海等省、区要共同进行旅游资源开发和建设网络化的旅游管理运作体系,把旅游产业做成推动区域经济发展的、真正意义上的支柱产业。

9.3.2　水电产业

西部贫困地区水能资源极为丰富,开发潜力巨大。仅四川凉山地区水能资源理论蕴藏量就达 11 282 万千瓦,占四川省理论蕴藏量(14 286.39 万千瓦)的 82.79%,是全国最大的水电开发基地和西电东送基地。凉山州境内可开发水能资源 6 166 万千瓦,具有"世界的水电在中国,中国的水电在西部,西部的水电在凉山"之称,国家在"三江"(金沙江、雅砻江、大渡河)流域上规划的 14 座特大型电站中,凉山州境内就有 10 座。四川甘孜州水能资源理论蕴藏量 3 729 万千瓦,占全省总数的 26.1%。阿坝州水能理论蕴藏量 1 933 万千瓦,可开发量 1 100 万千瓦,全州水电装机为 189 万千瓦。水能资源特点是:河流落差大,水量充沛,距离负荷中心近,年发电小时长,造价低。特别是雅砻江、岷江干、支流,水能开发点多、量大,投资省,效益极佳。水电产业是西部贫困地区最具有发展潜力的支柱产业之一,水电产业的开发对于进一步改善民族地区的经济社会发展的基础条件、提高地区对外开放的范围、层次和力度、增加区域财政收入能力和资源开发能力以及对国际国内扶贫资金的配套能力都具有极为重要的意义。

西部贫困地区水电产业发展的战略任务是在国家水电资源开发总体规划的指导下,加快对金沙江、雅砻江、大渡河三江流域的开发,优先开发调节性能好、水能指标优越的水电站和流域综合开发项目,逐步从支流开发扩大到干流开发,从以中、小型水电站的开发为主向大、中型电站开发为主转变,从单个电站的开发转向流域和梯级滚动开发。必须指出的是,水电产业发展整体投入大,特别是先期投入大,综合效益大,对自然和社会环境改变大。因此,水利资源的开发应与市场的需要相符合,必须从长计议、全面规划、突出重点、分期实施,做到开发与生态保持及建设相结合,综合防洪、航运、发电、灌溉、供水等效益,实施水利资源的综合开发,为西部贫困地区经济带来新的增长点。在水电资源的开发中,要认真研究地质地理状况的制约因素,采取切实措施避免在地震带或地质灾害频发区开发水电资源,在生态保护区建设水电工程要采取更加审慎的办法。认真研究解决库区移民搬迁安置问题,确保移民人口能够稳定地解决基本生活和生产后顾之忧,经过统筹安排、科学规划、综合实施逐步形成以水电资源的开发带动和促进相关产业和城镇建设的发展、水电产业、绿色生态产业、文化旅游产业相互促进的发展格局。

9.3.3 特色产业

西部贫困地区各级地方政府必须按照市场经济的要求,在逐步转换政府职能的基础上正确制定阶段性的农牧业结构调整规划和农牧业科技规划,根据本地区生物资源调查评估制订合理的农业区域开发方案、生产方案和技术经济措施,以科技技术为先导,充分利用土地资源和生物资源,对农牧业进行科学布局,讲求种植结构的合理性和时间空间利用的科学性,达到精耕细作和密集种植,以获得高产优质的农产品。按照因地制宜、分类指导、发挥优势、提高效益的原则,优化农牧业生产力布局,在保持并稳定提高粮食综合生产能力的前提下,坚持以市场为导向,发挥区域优势,大力发展高原特色农牧业,积极调整农牧业和农牧区经济结构,培育壮大中藏药、蚕桑、豆薯、干果、青稞、特种畜禽、花卉、旅游民居接待等特色产业。

贵州省安顺市紫云苗族布依族自治县大力扶持和培育芭蕉芋产业化扶贫的订单农业,取得了很大实效,2006年县扶贫办从兴仁等地调进

27.68万千克芭蕉芋种子到县内的水塘、火花等乡镇的19个村,农户与县芭蕉芋厂签订收购订单,按每千克不低于0.08元的价格收购农户种植出的芭蕉芋块茎,通过新调进种子扩大种植和以前的留种扩繁,加上原有种植面积的进一步扩大,芭蕉芋种植面积大约1万亩左右,2007年该县芭蕉芋鲜芋年产量达2 000万千克,除留种扩繁外,可加工芭蕉芋粗淀粉300万千克,农民仅此一项增收达到500万元以上。初步形成了积极探索产业化扶贫新路,努力促进农民增收的产业化扶贫模式。新疆伊犁尼勒克县把发展特色优势农业产业作为反贫困的基础性工程来抓,引导扶持贫困农民调整产业结构,加大力度扶持基地建设,形成了一村一品、一乡一业的扶贫格局,形成了"基地+公司+贫困户"、"产业+就业+贫困户"、"产业带大户带贫困户"的产业化扶贫模式,相继在县东部建立了乌拉斯台乡天汇扶贫托畜所、脱毒大蒜和马铃薯基地,县中部建立了尼勒克镇鸵鸟繁育中心和无公害蔬菜基地,县西部建立了加哈乌拉斯台乡羊驼示范基地、种鹅繁育中心及喀拉苏乡少数民族刺绣等十大科技示范基地。2007年全县农牧民实现人均增收450元,其中贫困农牧民人均增收320元,走出了一条"农业产业化、培育龙头企业,建设产业基地,带动农牧民致富,推进新农村建设"的扶贫路子。

  调查研究表明,西部贫困地区产业化扶贫必须按照"因地制宜,突出重点,农牧结合,协调发展"的方针,调整优化种植业和畜牧业结构。积极扩大经济作物和饲草饲料作物种植面积,提高单位面积产量和粮食品质,加快推进种植业"粮、经、饲"三元结构的形成。把畜牧业结构调整与落实草场责任制结合起来,稳定发展草原畜牧业,大力发展农区畜牧业,重点发展城郊畜牧业,优化畜群、畜种结构,形成合理的畜牧业区域布局和内部结构。按照市场需求多样化、优质化发展的要求,着力提高农产品品种质量,坚持以特取胜,以质取胜,积极发展无公害和绿色食品生产,走效益型、生态型、特色型农业发展的路子。结合土地利用结构和农业生产结构调整,大力种草种树,改良草场、积极合理地发展畜牧业,制定切实有效的扶持政策,加快发展肉牛、肉羊生产,突出发展奶牛和优质毛羊生产,重点抓好牦牛制品、青稞种植的增长工程,切实提高群众的生产积极性和种养殖经济效益,努力形成规模优势,大力发展牦牛、青稞等农畜产品深加工、延伸产业链、提高附加值,是推行农牧业产业化、增加农牧民收入和增强区域反贫困能力的重要措施。

要继续抓好农牧综合示范工作,大力发展饲(草)料加工业,广泛推行粮食转化养畜、牲畜短期育肥和家庭养殖业等,要坚持以市场为导向,立足遭受加工能力的重组、改造、积极引进开发农畜产品加工、保鲜、储运技术和设备,重视发展便于运输的干性食品,如深加工的各种肉干、干果食品等。大力培育带动能力强、科技开展能力和市场开拓能力强的农牧业产业化龙头企业,引导和鼓励其到西部贫困地区建立原料生产工基地,为贫困农牧户提供产前、产中、产后系列化服务,形成产业化经营链条。积极组建农牧民专业合作组织,逐步形成"市场＋龙头企业＋专业合作组织＋专业农牧户"的农牧业产业经营组织形式和运行机制,带动农牧民参加商品基地建设和生产经营,扩大基地规模,提高农牧民在市场经济条件下家庭经营能力和防范市场风险能力。

在特色产业的发展中,要以提高区域经济增长实力和促进农民收入增长为核心,把传统优势与现代科技、生产工艺结合起来,重点支持对贫困户增收有带动力的农业产业化龙头企业和劳动密集型企业,有效提高种植业、养殖业、林果业的集约化经营水平,对具有资源优势和市场潜力的农畜产品生产要按照产品特殊化、生产规范化、经营产业化的要求,集中扶贫资金加以扶持,把扶贫资金主要投向一家一户具体的生产环节,大力推广市场潜力巨大的优良畜种生产基地建设,努力形成规模优势。大力发展饲(草)料加工业,广泛推行粮食转化养畜、牲畜短期育肥和家庭养殖业等,要坚持以市场为导向,立足现有加工能力的重组、改造、积极引进开发农畜产品加工、保鲜、储运技术和设备。培育带动能力强、科技开发能力和市场开拓能力强的农业产业化龙头企业,帮助企业解决技术改造、新产品研发、品牌培养、企业级等突出问题,增强竞争力,提高带动力。引导和鼓励其到贫困乡村建立原料生产基地,为贫困户提供产前、产中、产后系列化服务，形成产业化经营链条，通过合同收购、利润返还、制定保护价和提供相关服务等方式，把基地建设和发挥龙头企业的带动作用结合起来，建立利益共同体，实现龙头企业发展和贫困农户受益的双赢目标。民族手工业的发展要同旅游资源的开发和旅游产业的发展紧密结合起来，重点发展特色文化旅游商品、挑花刺绣工艺品、金银制工艺品、铜铁工艺品、奇石工艺品、土陶工艺品和其他传统工艺品生产，加强对现有民族手工业生产企业的技术改造和结构调整，从整体上提高技术装备水平、生产工艺水平和产品设计水平，增加花色品种，提高质量效益，扩大市场份额，使民族手工业成为增加贫困人口收入的重要基础。

9.3.4 中医药业

西部贫困地区中医中药有着悠久历史和传统，对医治疑难杂症的独特功效在国内外享有盛誉。当前，要充分利用丰富多样的生物资源优势，依托龙头企业，把人工培植和天然生长中药材相结合，以提高区域经济增长实力和促进农牧民增长为核心，广泛采取"公司＋农户"的开发模式，重点抓好中药材种植产业化示范工程，把传统优势与现代科技、生产工艺结合起来，吸收先进的管理、营销经验，逐步培育和形成集生产、加工及销售于一体的医药产业链，做大做强中医药业。坚持改善条件和内涵建设并重、突出中医药特色与完善服务功能并举，加快传统中医药剂型改良、研究开发新型中药，继续加强中医药人才培养，努力提高中医药临床诊治水平和服务能力。进一步重视和加强中医药科研工作，加强中医药理论的基础研究，建立能够体现中医药优势和特点的疗效评价体系。继承和发扬中医药学的特色和优势，充分利用科学理论和先进技术手段，借鉴现代医药和国际植物药的开发经验，努力挖掘中医药学宝库，不断创新，积极开发具有自主知识产权、符合国际国内标准、安全有效、稳定可靠的中药新产品，全面提高中药的研究开发能力和生产水平。推进中医药企业向规模化、集团化方向发展，提高中医药研制、开发、生产的综合实力和整体水平，以优势企业为主体，逐步建立中药研究开发体系，引导和鼓励企业开发以优势中药材资源为原料的中药产品,并尽快推向市场。

注重中药材资源的合理保护和科学利用,广泛采用生物工程等高新技术,加强中药材基地建设,按 GAP 标准发展当归、川贝母、羌活、红景天、半夏等优势品种的人工栽培,尤其是继续加大对人工培育天麻和人工培育虫草工程的扶持力度,逐步做大做强并实现产业化。在充分利用资源的同时,配合西部大开发战略的实施,通过中药现代化的发展,促进改善西部的生态环境,保护生物多样性和生态平衡,特别要注意对濒危和紧缺中药材资源的修复和再生,防止流失、退化和灭绝,保障中药资源的可持续利用和中药产业的可持续发展。要认真组织实施《药品生产质量管理规范》(GMP)和《中药材生产质量管理规范》(GAP),结合 GMP 标准,特别要引进先进加工、处理工艺、提纯、浓缩有效成分,增加药效、方便使用,并加快传统中药的剂型改良,促进中医药生产与国际国内接轨。

9.4 小额信贷模式

9.4.1 小额信贷的产生和发展

小额信贷是 20 世纪 70 年代以后在亚洲和拉美发展中国家广泛运用的一种扶贫方式,其主旨是通过小额、低息、连续的贷款服务促进贫困农户的经营活动,以帮助贫困人口摆脱贫困,这种得到国际组织重点推荐的扶贫方式的最重要的特点是扶贫资金直接无抵押地到达贫困户。小额信贷的初创可以追溯到 100 年以前,在 20 世纪 70 代中期以后得到了迅猛的发展。当时亚洲和拉美的一些发展中国家的有识之士认识到穷人在正规金融系统中处于边缘地位,他们正常的信贷要求因为种种原因而被忽略。在借鉴民间传统信贷特点和现代金融管理方式的基础上,创建了多种适合穷人的信贷制度和方式,这些信贷方式都是瞄准具有正常生产能力的、以自我就业为主的穷人,并将他们的家庭和他们所从事的生产经营活动视作微型企业。进入 20 世纪 90 年代,小额信贷掀起的革命浪潮已波及全球,数以千计的小额信贷项目致力于把微型金融服务推进到以往那些得不到此类服务的贫困者家庭,以达到改善他们的社会经济地位及福利状况的目的。从80年代开始,许多发展中国家特别是亚洲国家,纷纷仿效这种方法,并根据各国的情况创造了不同的模式。在联合国开发计划署(UNDP)、国际农业发展基金(IFAD)、世界银行(World Bank)等国际机构的推动下,小额信贷在世界发展中国家得到了广泛的运用。到1996年末,世界50多个发展中国家小额信贷项目覆盖的贫困人口已达600万。1997年2月在华盛顿召开了100多个国家参加的小额信贷高峰会,分别代表1 000多个组织,包括联合国组织、非政府组织、多边发展机构和其他国际融资机构的2 500人出席了会议。会议通过的"小额信贷会宣言和行动纲领",明确地提出了自己的目标:发起一场全球性运动,在2005年以前,把自我就业信贷和其他形式的金融、经营服务提供给全世界1亿个最贫困的家庭,特别是贫困妇女和她们的家庭。

　　从20世纪80年代末到90年代初,联合国的一些分支机构、多国组织、国际非政府组织,以及一些与中国存在贸易关系国家的非政府组织,相继通过援助与信贷、直接或间接的方式在中国贫困地区推广小额信贷扶贫方法。1993年中国开始引进、研究并首次建立了试验性的小额信贷机构,以后许多国内和国际机构在中国河北易县、河南虞城、陕西商洛、云南师宗、四川仪陇、平昌、宣汉等贫困县建立了小型的小额信贷项目。在这些小额信贷项目取得了初步成功经验的基础上,1997年中西部省、区开始将中央和省(自治区)政府提供的贴息贷款用于政府指导的小额信贷项目,并根据各地区的实际情况以小额信贷的操作方式进行了不同程度的修正和调整,到1998年12月,已有河北、四川、陕西、云南、广西、贵州、甘肃、西藏等12个省(自治区)农村的23万贫困户参与了这一计划,取得了良好的扶贫效益。

　　1999年下半年,中国人民银行根据当时中国农民的信贷需求状况和信贷供给的特点,发布了一系列农户小额信用贷款制度和政策指导文件,在农村信用社推行农户小额信用贷款。所谓农户小额信用贷款是信用社以农户的信誉作担保、在核定的额度和期限内发放的小额信用贷款,采取一次核定、随用随贷、余额控制、周转使用的管理方式,并且农户贷款时使用贷款证,贷款证实行一户一证,不得出租、出借或转让。这种对"三农"尤其对农户的金融制度安排和资金供给方式,适应了农村中以家庭经济为特点的分散性和小规模的生产方式,有效配合了农村经济政策和产业发展政策的实施,扩大了农村生产和消费需求,拓展了农村信用社服务群体和空间。截至 2008 年 1 月,仅全国农村合作金融机构的农户贷款余额已经达到 12 260 亿元。其中,农户小额信用贷款 2 038 亿元,农户联保贷款余额达到 1 351 亿元。获得贷款的农户达到 7 742 万户,占全国农户总数的 32.6%,占有合理需求并符合贷款条件农户数的近 60%,受惠农民超过 3 亿。小额信贷的引进、探索和实施,对于弥补中国信贷扶贫体制的缺陷、真正落实扶贫资金到户,对于贫困地区政府形象的树立和干群关系的改善、贫困人口经济意识的启蒙与觉醒、贫困户互助协作精神的重建乃至贫困地区农村经济社会发展机制的协调稳定产生了极为重要的正面效应。但是,我国小额信贷发展的历史还很短,在各方面也都不可能很成熟,还有种种的问题如长期发展的合法性问题、政府运作项目的持续性发展问题、商业金融机构运作项目的运营质量问题值得研究和探讨。

9.4.2 小额信贷的基本原理

小额信贷是按商业化原则向穷人提供不需要抵押担保的,具有制度化、组织化的金融服务,小额信贷并不是简单地向穷人提供信贷服务,而是通过周密的组织来确保穷人从小额信贷模式中受益。小额信贷根据穷人对贷款需求的特点制定了一系列具有内在联系的贷款原则和制度,其基本的运作原理主要包括以下几个方面。

9.4.2.1 只向穷人提供小额度短期贷款

小额信贷力图弥补农村金融和农村经济发展中的缺陷,服务于农村中的穷人,这是其他金融机构都不愿意涉足的领域。"只向穷人提供小额度短期贷款"限定了小额信贷的目标客户和服务内容。长期以来,贫穷人口特别是贫穷妇女作为一种边缘群体,一直被排斥在正规信贷服务之外,由于他们的经济水平低和生产能力弱,缺乏必要的抵押担保条件和接受较大规模贷款的能力,再加上长期的历史文化沉淀和生产生活方式的封闭,他们的自卑心理强烈,与传统的信贷机构之间存在着较大的空间距离和心理距离。小额信贷从贫困者家庭的实际出发,即绝大多数的贫困家庭底子薄、文化低,没有经营管理经验,适宜从事风险小、易操作、见效快的小型项目,所以专门设计了"小额短期贷款",并且通过贷款内容的强制性约束(小额度、短期)达到自动识别目标客户(穷人)的功能。小额信贷对高、中收入阶层的人们或大型企业的生产经营来说是微不足道的,但它却可以启动贫穷人口发展生产的初始能力。

9.4.2.2 整贷零还

整贷零还是针对传统金融服务中的整贷整还设计的。基本方式是:一次贷款,分散次等额或不等额偿还。贫困者家庭一次性从小额信贷机构申请并获得无抵押担保贷款,然后在一个年度内分52周或36旬还完。如孟加拉乡村银行的"整贷零还"要求贷款户每周还款一次,即在贷款周期一年的前提下,贷款户每一笔借款应该在以后的52周内等额或不等额还清。这种贷、还款方式对于贷款农户来讲,减轻了一次还款的现实压力。整贷零还的直接目的在于分散贷款风险,最终降低和规避风险,也就是将集中的一次性的、可能的风险经过多次细分后转嫁到平常的若干时段及若干事务中,从而保证信贷资金的高回收率。整贷零还是小额信贷的核心,它不仅有利于减轻贫困家庭的还款压力,而且有利于培养贫困者的积累意识和储蓄意识。

9.4.2.3 互助联保

互助联保的具体内容是贫困者家庭首先要自愿选择相邻而没有亲戚关系的五户人组成小组,5~8个小组组成一个中心。民主选举小组长和中心主任,个人申请贷款必须经过小组、中心的讨论和推荐,每次还款在中心会上进行。每个小组即构成互助组,同时也具有连带责任。"互助联保"还体现在贷款程序上,也就是小组内五个人先要按照贷款需求的紧急程度协商排出顺序,当先后两个人获得贷款后,必须观察一段时间这两个人对贷款纪律的遵守情况,然后再继续向这个小组贷款;如果小组内成员发生还款困难,其他成员甚至中心成员有责任和义务帮助还款。互助联保的直接目的也在于分散风险和降低风险,小额信贷无需经济上或财产上的抵押担保,如果说它还有担保的话,那就是真正意义上的社会责任担保。小额贷款只对小组成员,而这些小组则是贫困农户根据完全自愿的原则自由组成的,小组长和中心主任也是在他们中间民主推举的,在小组其他成员的帮助和监督之下,贫困农户自愿选择适合自己条件和能力的生产发展项目,并提出合适的投资需求计划。放贷在小组内分批进行,还款则由小组长按期收齐后,再交由中心主任统一与工作人员办理。事实上工作机构所面对的已经是集体而不是贫困者个人,这样由于"集体"的存在,就构成了一种连带责任压力,以保证贷款项目的实施能得到小组成员的相互帮助,并相互监督资金的正常使用。

9.4.2.4 提供连续的贷款服务

持续的贷款服务是小额信贷的重要特点,提供连续的贷款特别是为有良好信贷记录者提供贷款具有两方面的作用。一是一年期的小额贷款不能彻底地缓解贫困,应该持续不断地满足他们的信贷需求和完善他们的脱贫条件;二是以贫困人口对连续贷款的期望来约束他们的行为和强化还款意识,保证小额信贷在"无抵押担保"条件下的高回收率。另一方面,在保证小额信贷高回收率的前提下,连续进行的贷款服务也是小额信贷机构能够维系自身循环并发展壮大的基本条件。

9.4.2.5 重点向妇女提供贷款

通过小额信贷改善妇女的生活状况和社会地位进而帮助最贫困家庭摆脱贫困是小额信贷的基本宗旨之一。同时,由于妇女人性中善良、勤俭的美德十分适应小额信贷所要求的组织管理纪律,妇女的还款意识强、还贷率高,在一定程度上提高了小额信贷获得成功的机会和可能性,并相应提高了妇女参与社会活动的权利和地位,这又扩大了小额信贷的社会影响力。在孟加拉国、马来西亚的实验中,妇女借款户家庭月收入提高的占

84%,而男性借款户月收入提高的只有65%;在马来西亚的实验项目中,妇女和男性的还贷率分别为95%和72%。所以,几乎所有的小额信贷项目都特别强调优先考虑妇女。

小额信贷既贷款给穷人,又保持了高的还款率,部分项目还能稳定赢利,小额信贷提供的贷款范围包括各种各样的创收活动如种植业、养殖业、小型加工业、小商业等。经验说明,缺乏初始的金融服务或服务力度太小以及缺乏持续性,往往限制了穷人进行资源开发和产业发展的机会,由此阻碍他们的收入增加和生活水平的提高。在扶贫资金总是难以到达贫困户的困惑中,小额信贷的展开使20世纪90年代后期扶贫开发的针对性大大加强了,它找到了一条经营组织通过经营穷人的服务业实现收支平衡、持续发展的路子,而且符合扶贫发展从一般性开发转变到对穷人的人力和能力进行开发的历史逻辑和理论逻辑,使扶贫开发中经济机会的扶持与把握经济机会能力的扶持实现了有机的统一。从小额信贷在中国农村贫困地区的实践来看,以小额信贷为工具帮助贫困农户尤其是帮助贫困妇女,是各种有效扶贫方式中的一种,它可为具有生产能力、具有劳动力剩余而缺乏生产资金的贫困农户提供一种机会,通过他们自主的、相互协作的创收活动获得收益。当给予贫困户小额贷款与适当的技术指引和培训后,小额信贷事实上就将贫困户联合形成为一个团结、协作的小组,而小组的团结、协作和严格的纪律就会释放出每个成员的潜在能量和创造力,在与小额信贷密切相关的培训、技术推广、卫生、文化、农业和其他活动中,贫困户获得单个个体从事生产活动所无法得到的东西,同时也增强了他们适应市场经济的能力,最终能以市场利率还款。并且,一个小组就是一个乡镇微型企业的胚胎,如果运作得当,就将在小额信贷的实施中逐步演变成一个小型企业,达到集约化生产的效果。更有意义的是,小额信贷不仅直接为贫困农民提供各种教育、培训和交流的机会或载体,而且它依托小组或中心组这一组织,通过各种集体活动,营造一种积极的群体文化氛围,形成一种无形的、积极的社会环境,使深入其中的每一个成员在小额信贷扶贫活动中,不断地改善自己的状态,不断提高自己参与社会活动的权利和能力,从而提高自己的社会化程度。

9.4.3 小额信贷模式的实施

小额信贷扶贫模式是一种新型的扶贫到户模式,是政策性金融在贫困地区的集中体现,小额信贷模式实施的主要目的是向最贫困农村的绝对贫困人口提供小额、低息的信贷援助,向他们提供经济机会以启动他们自主发展生产的能力。从中国近年来开展的各种小额信贷试验可以看出,只要有合理的组织体系和低成本的信息交流渠道,同时有良好的激励机制,贫困农户完全有能力单独用好信贷资金,甚至能承受比一般商业贷款利率还要高的利息率,能够促进农村金融组织的发展,带动农户微观组织力量的成长,从而产生综合性的扶贫效益。

2008年10月12日,中国共产党第十七届中央委员会第三次全体会议通过的《中共中央关于推进农村改革发展若干重大问题的决定》明确指出:大力推进改革创新,加强农村制度建设必须创新农村金融体制,放宽农村金融准入政策,加快建立商业性金融、合作性金融、政策性金融相结合,资本充足、功能健全、服务完善、运行安全的农村金融体系。加大对农村金融政策支持力度,拓宽融资渠道,综合运用财税杠杆和货币政策工具,定向实行税收减免和费用补贴,引导更多信贷资金和社会资金投向农村。规范发展多种形式的新型农村金融机构和以服务农村为主的地区性中小银行。加强监管,大力发展小额信贷,鼓励发展适合农村特点和需要的各种微型金融服务,允许农村小型金融组织从金融机构融入资金,允许有条件的农民专业合作社开展信用合作。根据中国西部贫困地区自然、经济和社会发展特点,小额信贷的运作必须结合贫困地区商业性金融、合作性金融和政策性金融发展,建立以政策性小额信贷为主导、合作性小额信贷为基础、商业性小额信贷为辅助的小额信贷运作模式。

当前应更多地实施政策性小额信贷模式,西部贫困县应成立以扶贫开发办公室为主体的贫困乡村发展促进会及其办事机构,尽可能利用现有扶贫系统的办公、交通、通信和工作网络,工作人员以在职干部为主,乡级工作机构中的大部分人员可以在现有脱产干部中实行兼职,执行放贷、回收任务的社区工作队员实行严格选拔、合同聘用,经培训后上岗,其工资实行基本工资和效益工资。小额信贷的宗旨是向贫困户特别是向贫困妇女发放贷款,贷款原则是贷穷不贷富、贷小不贷大,取消担保抵押,一次放贷、按旬还款、相互连保,相互促进,形成利益共同体,实行信用联合保证制度。小额信贷的运作主要是在县促进会的领导下,在广泛宣传动员的基础上,乡级工作机构和社区工作队员调查选定参与小额信贷的贫困户,优先考虑贫困妇女参加小额信贷项目,根据贫困户自愿组建5～7户农户的小组,5～8个小组组成一个中心,民主选举小组长和中心主任,负责最基层的小额信贷工作,县促进会和各乡、镇促进会审查后,及时放贷,放贷额度第一次一般不超过1 000元。通过每旬的中心会,讨论联合起来开展互助生产服务,组织讨论联合购销、联合加工、统防统治等的方法,推动村民的生产合作。当众审批发放贷款,并在成员集体活动上还款,实行财务公开、透明管理和开放运行。在每旬一次的成员活动上一起学习、共同交流市场信息以及组织开展文化活动,培训项目农户的生产技术,特别是针对各个农时季节、各个畜禽生产阶段的关键技术进行配套的技术培训和智力培训,以大幅度提高贫困农户的种养业生产技术水平和生产组织管理能力。小额信贷项目培训可以同教育与培训计划相互协调,种养业的发展、家庭加工的发展及基础设施建设的发展同社会服务计划相互协调,从而构成反贫困战略各个层面的相互交叉、融合与协调。

在广泛推行政策性小额信贷的基础上,有条件的贫困地区可以试点发展多种形式的新型农村金融机构和以服务农村为主的地区村镇银行,鼓励其大力发展小额信贷业务及各种适合农村特点和需要的各种微型金融服务,特别要借鉴日本农民协会发展农村金融的成功经验探索农村专业经营组织发展小额信贷业务的有效方式和途径。各种商业性、合作性小额信贷组织的资金集合、操作运行及日常管理都必须遵循公开、公平、公正的自我管理原则,并接受当地政府组织的监督,要保证所有的参与农户在对小额信贷项目的自愿参与,小额信贷管理人员应当具备一定的文化知识、组织和经营管理的能力，能够高效规范实施小额信贷项目。小额信贷资金的申请、审批、发放及回收都必须在集中活动上进行，在公开、民主的基础上实施小额信贷操作规程和开放运行能够使贫困人口在相同的自然、社会关系、文化背景密切相关的经济利益中增强凝聚力、向心力和积极的生产协作精神，从而大大提高贫困人口对反贫困战略的参与及自我选择、自我管理、自我约束和自我发展能力，并在项目参与、培训和发展过程中，自由表达自身的需求和愿望，将贫困农户的家庭生产经营融入区域经济的循环之中，促进人们互相信任和社区的和谐发展，有利于社会资源的综合开发、优化配置和要素流动，使外在的扶贫推动与农户脱贫的内在冲动同社会经济发展有机地结合在一起。

  推广各种形式的小额信贷模式是西部贫困地区反贫困的基本组成部分，与反贫困体制调整、扶贫资金投放和扶贫项目管理体制的调整与创新存在密切的逻辑关联。在西部贫困地区小额信贷模式的实际运作中，要充分发挥各级政府在政策、人员、资金、组织、宣传、动员、协调等方面的职能作用，同时，充分发挥民营社团组织在贷款投放、回收、项目实施、培训、评估和项目服务作用。由各级贫困乡村经济发展促进会、中心、小组按照小额信贷管理的运作程序和管理方式，在小额信贷发展条件相对较好的贫困地区，要把 85％以上的贫困人口纳入小额信贷模式的扶持范围之内，85％以上的扶贫资金要通过小额信贷的方式投向种养业以及与此相关的家庭加工业。经济条件较差的边远山区、高寒山区和少数民族地区，小额信贷模式的实施要根据当地特殊的地域、气候、交通、通信、资源、文化、民俗、教育、科技、经济发展水平、基层组织结构、金融服务、人口分布密度等方面的特点，不机械照搬现行模式，而是根据当地贫困户的贫困程度、消费水平和生产习惯、生产能力、生产经营水平、文化程度采取多种灵活的方式运作，在额度大小、贷款期限、放贷顺序、还款周期限 1 年、贷款规模 1 000 元以及按旬还款的一般做法，短期项目也可以按月、按季确定贷款期限等。

  除各级贫困乡村经济发展促进会以外，要广泛支持鼓励其他金融组织特别是农村信用社承办小额信贷业务,受小额贴息贷款优惠政策,由贫困农户根据自身条件选定发展项目,确定所需资金,提出贷款申请,经村民代表互评、村委会评审,信用社根据评审情况投放贷款,确保底子清、对象明、发放准。扶贫到户贴息贷款只能用于扶持农业生产发展,包括种植业、养殖业和农产品加工业,不能用于非生产性项目。切实抓好贷前摸底调查、贷中严格审查、贷后反复核查三个重要环节,严格执行贷款基准利率,杜绝人情贷款、套取贷款等违规操作行为,防止转移资金用途,确保程序规范,客观公正,专款专用。由于贫困地区自然环境状况特殊、生产要素质量较差,社会文化及历史、宗教背景复杂,在小额信贷模式的实施过程中,各地方政府要大力加强对小额信贷模式实施的宏观调控,指导小额信贷模式同区域经济社会发展计划相互协调以及处理好与各农村金融机构的工作关系,切实加强对小额信贷模式的财务监管、减少资金风险,在开办初期就要建立严格的资金管理制度和风险防范机构,对资金的贷出、收回、解缴、存放、周转等都要有明确的责任规定和处理办法,加强贷款监控,发现问题及时纠正,严禁截留、挪用小额信贷资金,通过强化政府职能确保小额信贷模式的良性循环。

9.4.4 小额信贷的支持体系

小额信贷模式是一种综合性的扶贫模式,小额信贷模式的主旨是向贫困人口提供低息、无抵押的、连续的信贷服务,属于经济援助的范畴。由于小额信贷模式独特的针对性,它的实施本身并不能全面改善贫困地区的经济社会环境条件,也无力对贫困人口进行素质改善和提高贫困人口的人力资本积累水平,更不能化解在小额信贷模式实施过程中面临的自然灾害、人为灾害的影响以及各种市场经营风险,相反还面临着若干风险的制约。如果把小额信贷模式作为中国贫困地区反贫战略的基本内容,除了必须审慎地研究小额信贷模式本身在中国贫困地区的适应条件、实施内容和操作方式外,还应全面地探索与配套的技术支持体系,以构成适应中国贫困地区自然、经济社会发展特点,具有中国贫困地区反贫特色的小额信贷扶贫模式,以保证小额信贷的再生能力和持续发展能力。笔者认为,实施小额信贷扶贫模式的支持体系主要包括制度安排、社会服务、科技培训、监督评估和信贷保险五个方面。

9.4.4.1 确立制度安排

我国现行政策对非金融机构从事金融业务有着极其严厉的制度限制,这种严厉的制度限制是中国农村特别是贫困地区金融机制普遍存在的重要原因。目前小额信贷试点项目的绝大部分是由国际多边或双边组织或地方政府、群众团体出资进行的,试验中提供小额贷款服务的机构种类繁多,其存在与运行与国家金融政策法规存在制度冲突。且主要依赖国际援助贴息进行运作,一旦离开国际援助项目的支持就难以维持。政府和农业银行共管的正规金融小额信贷存在政策属性和商业经营的体制性矛盾,责权利关系模糊、经营成本高、贷款回收率低等问题广泛存在,制度限制和体制矛盾在很大程度上限制了小额信贷扶贫模式的发展。因此,实施小额信贷扶贫模式必须确立鼓励、支持实施小额信贷的制度安排。

首先,要加快推进金融体制改革,继续推进国有商业银行股份制改造,促进其转换经营机制,完善治理结构。深化政策性银行改革,使其转变为符合市场经济需要的、财务上可持续、有竞争力的开发性金融机构。全面推进农村金融综合改革,深化农村信用社改革,改善农村信用社法人治理结构,保持县(市)社法人地位稳定,发挥为农民服务主力军作用。积极探索新型农村金融组织形式,开发新的农村金融产品。加大对农村金融政策支持力度,拓宽融资渠道,综合运用财税杠杆和货币政策工具,定向实行税收减免和费用补贴,引导更多信贷资金和社会资金投向农村。各类金融机构都要积极支持农村改革发展。坚持农业银行为农服务的方向,强化职能、落实责任,稳定和发展农村服务网络。拓展农业发展银行支农领域,加大政策性金融对农业开发和农村基础设施建设中长期信贷支持。

其次,进一步明确农业银行、农业发展银行和农村信用合作社的职能定位,尤其是强化农村信用合作社的金融服务职能,并适度调整和放宽农村地区金融机构准入政策,降低准入门槛,制定针对小额信贷的政策和法规,尽快建立《小额贷款法》及其配套的相关法律法规,使各类向农村提供小额信贷的组织所经营业务在法律框架内正常开展。鼓励和支持发展适合农村需求特点的小额信贷金融组织,鼓励社会资金参与农村中小金融机构重组改造,规范和引导民间借贷,发挥其活跃民间经济活动的积极作用,研究建立农村金融风险防范和化解的长效机制,为小额信贷机构的建立和运行提供制度保障和技术支持。

再次,加强农村金融市场基础设施建设,大力培育和发展机构投资者,调动市场主体的积极性和创造性,鼓励金融产品与金融工具创新,满足市场多样化需求,为农村金融市场发展提供良好的法律、技术环境。允许小额信贷机构在法律监管下自由决定利率,取消政府的小额信贷贴息政策,发展小型信用担保组织,确保农村小额信贷的风险控制与保障能力,建立小额信贷担保基金,为其从金融市场获得资金创造条件,发挥扶贫政策的诱导性功能,引导各种小额信贷机构实行商业经营,实现政府扶贫与小额信贷经营的分工与协调。

第四,将小额信贷组织纳入金融监管框架内,明确人民银行和银监会各自的监管职能。对于不同的监管对象应根据小额信贷组织的类型、业务范围以及风险大小等因素设定不同的监管方式。加强贷后的跟踪检查,确保小额贷款正常运行,防范贷款风险,提高小额信贷的使用效果。

9.4.4.2 强化社会服务

社会服务是最基本的反贫行为,强化贫困落后地区的社会化服务项目是世界银行等国际机构致力推广的扶贫方式。这种充分体现公平原则的、由政府主持的社会服务项目,包括集中扶贫贴息贷款、财政发展资金、以工代赈资金以及各种援助资金用于改善贫困户所处的外部条件,包括基础设施、基本的文化教育、基本医疗卫生保障、基本的饮用水条件等等,并相应改善贫困地区的社会发展结构。同时,政府通过自身的传播渠道向贫困农户提供良好的政策咨询、信息服务、市场服务和组织服务,以全方位改善实施小额信贷模式的经济社会环境条件。在中国西部贫困地区小额信贷模式的实施过程中,社会服务项目的重点是:以道路、交通、通信为主体的贫困地区基础设施建设,以乡村集镇、社区建设为主体的市场环境建设,以村合作医疗制度建设为主体的基本卫生医疗保健体系建设,以广播、电视、报刊为主体的社会传媒体系建设等等。小额信贷社会服务的产业发展服务的重点是为农户提供农业生产经营技术、管理、信息等各个方面的服务,以提升农户当家理财的能力为目的。必须指出的是,社会服务项目的建设是在贫困地区社会服务计划的总体指导下进行的,在实施中应与教育培训计划及其他社会扶贫计划有机结合起来。社会服务项目主要为小额信贷模式服务,但同时也为实施满足基本需要战略服务。

9.4.4.3 完善科技培训

小额信贷不仅具有支持贫困农户的金融功能,更重要的是具有对贫困农户经营能力培养提高的机制,通过小额信贷的运行向贫困农户提供完善科技培训,提高他们的生产经营能力,是小额信贷模式成功的重要技术保证,小额信贷扶贫模式全面实施必须通过良好的技术服务和科技培训以提高贫困人口的文化素质和技术能力。在实施小额信贷扶贫计划中,西部贫困地区要大力坚持完善贫困地区各县科技副县长、科技副乡(镇)长、村科技副主任为主体和的技推广网络,进一步健全以贫困县农技培训中心为龙头、乡(镇)、农技推广站为纽带、科技示范村和科技示范户为基础、各涉农部门为辅助,结合各类农民专业技术协会形成的科技成果试验、示范、推广相结合的科技服务体系和培训体系,采取科技咨询、技术推广、技能培训、科技大集和广播电视、科技直通车、农民科技书屋、技术明白纸等多种形式,全年面向农民开展广普性实用技术培训。向承担小额信贷的贫困户传授致富信息和培训农村实用技术,把小额信贷活动同科技成果的示范、试验有机结合起来。通过教育从科技培训体系的建立健全,提高贫困人口的科学文化素质和接受、应用先进技术的能力,使他们能够处理小额信贷经营活动中的一般技术问题,以支持小额信贷模式的再生循环发展。此外,要采取多种形式举办"科技服务型小额信贷项目管理培训班",聘请大专院校、科研机构的相关专家,重点培训科技服务型小额信贷项目参与方式和管理方法。

9.4.4.4 加强监督评估

加强小额信贷模式配套的监督评估信贷机制是全面顺利地实施小额信贷模式的重要技术保证,以保证小额信贷模式获得预期的成功和可持续发展的能力。首先,要加强对小额信贷金融机构的监督,通过定期从财务分析报告和图表中获取关键的金融指标进行财务分析包括贷款资产质量、财务状况、收益、杠杆率和资本充足度等基本指标来监控小额信贷机构经营状况,发现问题及时预警并通告纠正;其次,强化信贷监测,监测小额信贷投放规模及贷款结构,跟踪贷款运行状况以及小额信贷机构与其他各个类型金融机构的业务相关信息,包括借贷模式类型、计算利息和费用的方法、贷款支付的频率和组合、贷款拖欠状况、客户结构、储蓄交易等信息,定期(如每周)为高级管理人员、投资者、小额贷款的户外职员、审计人员、顾客等做出跟踪信息分析报告和灵活的分析报表;再次,评估小额信贷机构的需求信息、供给状况和机构运行状况,根据小额信贷机构对当地社会经济的影响程度,系统提出分析报告,包括创造的就业数以及脱贫客户的数量等等,对小额信贷的社会效益进行估价和反馈。

9.4.4.5 建立保险机制

由于制度约束与机制冲突,小额信贷的实施存在很大的贷款风险,虽然很多小额信贷经过了农户信用评级,但由于事前和事后信息的双重不对称容易引发农户的逆向选择和道德风险,在当前农村信用制度极不健全、一些农户信用意识淡薄的情况下,小额信贷风险约束力不强,加上农户贷款分散,农村执法成本较高,这就增加了造成信贷资金损失的可能性。小额信贷模式的信贷保险机制运行的重点是保证因不可抗拒的自然灾害和人为灾害后小额信贷的资本金不受影响,并力所能及地保证参加小额信贷的贫困人口的基本生活需要不受太大的影响。

笔者认为,小额信贷保险机制对于接受小额信贷的贫困人口是一种有效的社会保障机制,实施小额信贷模式的资金主体是信贷扶贫资金,而小额信贷保险机制运行的基础是国家财政资金的配套投入,社会各界的援助资金和贫困农户的自愿参加,按商业化原则操作。农业的风险性决定在小额信用贷款的推广过程中,为保证小额信用贷款的良性循环,应规定农户投资的农业项目向保险公司投保,这是一种将自然灾害经济损失转嫁给了社会的有效途径,并且符合分摊风险的互助原理。小额信贷保险机制的建立是对小额信贷双方都有利的保险形式,虽然小额信贷的管理和实施方式各异,对它们的贷款所采取的保险措施也有多种形式,但不管采取哪种保险方式,都必须有利于保证小额信贷资金的循环和再生产能力,同时必须有利于增强接受小额信贷的贫困人口的风险意识和对小额信贷的责任感,并逐步强化贫困人口从事扶贫开发活动中的契约观念和法制观念。

从最近几年的实践来看,研究、探索中国西部贫困地区的发展方式必须致力于改善农村贫困地区经济社会发展的环境,强调社会服务和科技培训,寻找以贫困地区贫困人口为直接扶持对象的反贫困策略。小额信贷扶贫是直接而有效的办法之一,通过小额信贷模式的全面实施,辅之以配套的社会服务体系、教育科技教训体系和信贷保险体系,在贫困人口直接参与小额信贷模式的过程中,逐步形成激发贫困人口自身潜能的发展模式,并相应促进贫困乡村社会关系的重新整合,形成一种建立在经济利益基础之上的互相协作关系,弥补家庭分散承包经营所导致的农村人际关系的离散性缺陷,维护经济社会发展机制的稳定和协调,最终促进农村贫困地区的发展走上健康、稳定和可持续发展的道路。

9.5 移民搬迁模式

采取组织移民与自然移民相结合、集中安置与分散安置相结合、整体搬迁和梯度搬迁相结合的办法将贫困人口搬迁出来是西部贫困地区反贫困战略的重要内容。在坚持依托本地资源推行就地扶贫的同时,对那些生存环境极其恶劣、自然资源极度贫乏、缺乏基本生产生活条件、交通极为不便、自然灾害频发、地方病流行、一方水土养不活一方人的自然村落和分散农户，要动员其向集镇迁移，向公路沿线迁移、实行异地扶贫搬迁工程。

9.5.1 移民搬迁与贫困治理

移民搬迁是世界上发展中国家反贫困战略实施的基本模式之一，移民搬迁一般意义上是指由于环境恶化、自然灾害、人口增长过快等因素影响，特定区域环境容量不足以支持现有人口，部分人口为了生存与改善环境并寻求更好的生活质量，不得不（自愿或强制）离开其原居住地，迁往新的资源相对丰富地区定居与发展。其起因包括土地退化、荒漠化、环境污染、海平面上升等环境问题与干旱、洪水、滑坡、泥石流等自然灾害。环境移民的主要因素有：人口总数超出人口环境容量的超负荷区域，这是导致环境移民的根本原因，主要体现为因粮食和水资源不足、卫生条件差而生活贫困等；人口环境容量大而人口不饱和区域，这使环境移民成为可能；移民的意愿（包括通过强制性手段而被迫实现的意愿），这使环境移民得以实现。

国外学者对环境移民的关注较多，美国斯坦福大学土木与环境工程系教授马克·雅各布森（Mark Jacobson, 1988）对生态难民原居住地的"可居住性"进行了定量分析，提出了一旦对生态环境超过了一定的临界容忍程度，则会背井离乡，成为难民。埃尔-亨利（EI-Hennery, 1985）则通过在非洲的具体研究，深入分析了干旱地区的生态环境恶化与人口迁移的关系。里士满（Richmond, 1993）对第三世界生态脆弱区的生态移民问题进行了理论与相关政策及措施的研究。德国联合国大学（U. N. University）环境与人类安全学院院长加诺斯·博加迪（Janos Bogardi）认为："当这个世界遭受气候变化和其他现象的冲击时，逃离恶劣环境的人数会呈几何倍数上升，和其他'需要关注的人'（persons of concern）一样，这种新类型的难民需要在国际协议中占有一席之地，我们必须更充分地做好准备,为他们提供支持"。近20年来,全球环境移民与环境难民总数已超过2 000万,由于移民规模失控与开发方式不当等原因,移民在迁入区破坏环境而再度陷入贫困的恶性循环现象正越来越引起关注。印度尼西亚从20世纪70年代起,从人口稠密的爪哇等三个内岛向人口稀少的外岛山区移民1 100多万,移民将梯田开到40度山坡上,除保护区外,已不存在大片林地,土壤侵蚀模数高达3 000吨/平方千米,大部分移民再度陷入环境恶化与贫穷状态,甚至不得不再度迁移,从而在该国形成了近几十年中全世界最大的和平时期人口大规模迁移现象。

与印尼类似,巴西20世纪70年代从东部寒阿腊环境恶化区向人口稀少的亚马逊平原移民320万,造成了热带雨林的严重破坏;埃塞俄比亚从北部干旱高原向南部洼地移民230万,由于移民失控与超载放牧,安置区域草场退化、地下水位下降。2007年,全世界约有1 000万因环境恶化产生的移民与难民,大部分未能妥善解决资源开发与保护环境的关系。伴随着人口分布与资源环境分配的重新配置过程,迁入区土地利用格局随之发生变化。一些移民由于开垦陡坡丘陵顺坡种植,又形成新的生态退化,再度陷入环境恶化—贫穷的状态。2008年10月9日,德国联合国大学在其发布的一则声明中说:"专家们预计,至2050年,全球将会有大约2亿民众由于环境问题而被迫离开家园,另觅栖息之所,这一数字相当于目前美国人口的大约2/3。"联合国大学(U. N. University)环境与人类安全学院院长加诺斯·博加迪(Janos Bogardi)博士表示:"所有指标均显示,我们正面对一个崭露头角、无比棘手的重大全球性问题,气候变化引发的环境破坏问题,诸如土壤沙化、洪水泛滥等,可能在未来数十年之中迫使成百上千万居民离家出走。"世界银行在考察中国贫困现象时,也提到贫困地区人口与自然关系的失调问题,并指出:"大多数中国的贫困者居住在农村环境严重退化的地区,他们除了在某些最无生产性而生态环境最脆弱的土地上汲取他们微薄的生活源泉外,别无其他办法。这些贫困的人们既是旱地环境退化的作恶者,又是这种进一步销蚀农业潜力的破坏的受害者。特别是在贫困地区,持续的人口增长削弱了支撑农业生产的人均自然资源基础,农民被迫到更陡峭更脆弱的坡地去扩大生产。"这种粗放式生产给农业生态系统造成了巨大破坏,导致森林覆盖率下降,水土流失面积扩大,乃至沙漠化,农业的自然生产能力低下。

研究表明,西部贫困地区人口居住分散,若采取就地分散的扶持办法扶贫,不但投入成本太高、难度很大、效果欠佳,而且也不能从根本上保证稳定脱贫,同时也不利于生态恢复与建设,因此必须实行异地搬迁。实践证明,扶贫点建设是整体搬迁、集中开发、综合配套、提高扶贫效益的重要途径。在20世纪90年代四川甘孜藏区广泛实施的"人、草、畜"三配套扶贫模式,即人有住房、草有围栏、畜有棚舍的反贫困模式,通过牧民定居彻底改变了千百年来游牧迁徙、逐水草而居的传统生产生活方式,同时,妥善解决了牧区发展中集中发展教育,集中医疗卫生,集中科技推广,集中疫病防治,集中供水、供电等等分散扶贫难以解决的问题,是一种很好的且能够推广的扶贫模式。目前,要认真总结西部贫困地区进行扶贫点建设的成功经验和教训,提高扶贫点建设的投资标准,并对新建扶贫点内的路、水、电、广播、电视和耕地、草场以及教育、卫生、科技、村级基层政权组织设施等与群众生产、生活密切相关的配套设施建设资金给予统筹安排,为搬迁的农牧民创造一个有利经济发展和提高生活水平的良好环境。对直接关系到农牧民生存的耕地、草场、林地等生产资源和文化、教育、医疗等公益性资源进行合理的配置,适当调整现有生产资源,大力开发后备资源,以达到"搬得出、留得住、富得起"的目的。

移民搬迁是自愿的、群体性的,兼有开发资源、摆脱贫困、改变生存环境三位于一体的移民。它主要是由于土地资源匮乏、生存环境恶劣、地方病流行、生活绝对贫困、不具备实现生产力诸多要素合理结合的条件,无力吸收大量剩余劳动力而引发的迁移。西部贫困地区移民搬迁的重点是科学有序地推进生态环境恶劣区、地方病流行区和绝对贫困人口的扶贫搬迁,要研究部分发展中国家贫困区域环境移民活动对环境、社会、经济的影响及经验教训,以特定贫困农牧区为例,开展移民迁出地、安置地资源环境、社会经济条件的比较研究,建立移民社会经济信息库,研究环境移民形成的原因、迁移机制、环境容量及其限制因素,安置方式及其对生态环境、社会、经济的影响,提出相应的战略及可供选择的技术决策、适度的移民环境容量与合理的安置模式。移民搬迁要以绝对贫困户为主要对象,以异地开发解决贫困户的温饱问题为中心,由各级政府有组织、有重点、分期分批地实施扶贫搬迁,帮助贫困群众摆脱困境,发展生产。并相应解决扶贫搬迁中的移民自愿、资金来源、土地供给、利益保障、社区整合、民族宗教等难点问题,总结出具有特色的、可推广的移民搬迁运作模式。

9.5.2 移民搬迁的成功模式

从20世纪80年代初甘肃河西、定西地区和宁夏西海固地区进行的"吊庄移民"[①]到20世纪90年代四川藏区"人、草、畜"三配套移民搬迁,再到21世纪初西部农村贫困地区广泛探索的生态移民搬迁,西部农村贫困地区、少数民族地区的移民搬迁取得了很多成功的经验,笔者在重点调查的基础上,主要对宁夏生态移民、四川藏区"人、草、畜"三配套移民与贵州产业化移民进行阐释。

9.5.2.1 宁夏吊庄移民模式

"吊庄移民"是指原居住在生存要素严重短缺、生态环境严重破坏、生态极端脆弱以及自然环境条件极端恶劣、基本不具备人类生存条件地区的人口,搬离原来的居住地,在另外的地方定居并重建家园的整体性人口迁移。早在20世纪80年代,中国中央政府为了帮助甘肃省定西、河西地区和宁夏回族自治区的西海固地区("三西"地区)早日摆脱贫困,在甘肃、宁夏两省实施搬迁方案。1983年宁夏回族自治区党委、政府制定了"以

---

① "吊庄"一词的原始含义是:一家人走出去一两个劳动力,到外地开荒种植,就地挖窑洞或搭窝棚,再建一个简陋而仅供临时栖身的家,这样一户人家扯在两处,一个庄子吊两个地方,故称之为"吊庄"。吊庄移民反贫困模式借用了宁夏地区传统的"吊庄"异地垦荒的流动性农业生产手段,即采取搬迁初期贫困农户两头有住房和土地,待移民点得到开发,生产生活基本稳定后再完全搬迁并交属地管理,故称为"吊庄移民",其建立的移民基地即是吊庄。

川济山、山川共济"的反贫困政策,按照群众自愿原则,采取"移民吊庄"的形式,希望老百姓从山里面搬到平地,从缺水干旱区迁移都黄河沿岸,从自然资源匮乏地区搬迁到资源较为丰盈地区进行开发性生产,创建新的家园。主要采取县外移民为主,结合县内旱改水进行调整的移民模式,"吊庄移民"是改革开放以来具有宁夏地方特色乃至对西北地区产生巨大影响的扶贫移民开发模式,比较成功的典型是银川市芦草洼吊庄、隆湖开发区和华西村异地建设。

位于银川城郊的芦草洼吊庄始建于1983年7月,移民大多数来自于六盘山麓的泾源县贫困区,经过20年的开发,小城镇建设已初具规模。芦草洼(后更名为兴泾镇和兴源乡)模式之所以成功,关键在于它的区位优势,该吊庄位于银川市郊并与工厂区为邻,城市在经济与文化方面对于这个吊庄的积极作用是无可估量的,而最直接的是工厂为移民区劳动力提供了就业机会和经济收入,如2001年,兴泾镇和兴源乡的劳务输出平均收入占其总收入的25%左右。隆湖扶贫经济开发区位于宁夏平罗县西北部,与石嘴山市相连,由于有交通、能源优势和靠近城市的有利条件,到2001年,开发区移民基本上摆脱了贫困,人均纯收入在1 800元以上,超过宁夏同期农民人均纯收入(1 724.30元),而且还出现了为数不少的年户均收入过万元、产粮超万斤的"双万户"。

宁夏华西村是自治区政府借助江苏华西村的扶持,于1996年在地处贺兰山东麓生态保护中心的镇北堡林草试验场兴建的移民综合开发试验区,短短五年时间,人均纯收入突破2 000元大关。宁夏华西村注重利用有利的资源条件,学习江苏华西村的致富经验,推广江苏华西村集团的花园式城市建设布局,从而带动了本地区及周围移民区的经济建设,是区域合作的成功典范。不仅如此,利用华西村位于沙湖、影视城、苏峪口森林公园、西夏王陵旅游长廊的中心地带优势,重点抓好旅游业的系列配套服务,大力发展第三产业,建成了初具规模的奇珍艺术城、度假村等一批景点,已成为吸引商户投资、旅客游览的胜地,初步呈现出现代化城镇的兴旺景象。

应该指出的是"吊庄移民"是计划经济时代的开发模式,发展起点不高,资源配置效率较低。由于政府最初制定的吊庄移民开发项目的目标决策,因当时的历史条件缺乏充分科学的论证,因而存在欠周密和长远性以及标准不高的缺陷。尽管政府关于移民开发的政策也随着历史条件的改变、认识的深入作过一些调整,但仍没有走出"就近就便、开荒种地"生存移民的误区。这些问题的存在,至今影响着生态移民的安置方式、发展模式和发展方向问题。研究表明,从宁夏"吊庄移民"的实践看,凡是城镇化水平较高的移民区,不但移民们的温饱问题在较短的时间内能尽快解决,而且可持续发展的能力也在不断提高,移民返贫率、返迁率几乎为零。然而,以发展二、三产业为主的城镇型吊庄仅仅是少数。目前面临的问题是,大多数城镇化水平低,并且以农业开发为主的吊庄移民区人均收入不高,而且可持续发展的能力极为薄弱,移民返贫率、返迁率平均达20%以上。要使移民真正搬得出、稳得住、拔穷根、早致富,除了加强规划指导和充分运用市场机制外,必须将生态移民工程与解决移民就业和城镇化发展结合起来,积极调整移民思路,从过去数量扩张型的开荒种地生存移民走向效益提高型的城镇化的生态移民路子,使宁夏生态移民"移"出致富路。

9.5.2.2　四川"三州"牧区"人、草、畜"三配套移民模式

四川"三州"牧区地处长江、黄河上游,是全国五大牧区之一,既是四川贫困连片少数民族地区,又是长江、黄河上游生态屏障的核心区域,牧区涵盖甘孜藏族自治州石渠、德格、巴达、理塘和阿坝藏族羌族自治州壤塘、若尔盖、红原、阿坝八个纯牧县及白玉、康定、甘孜、松潘、马尔康等半农半牧县及凉山彝族自治州海拔3 000米以上的若干纯牧乡和半农半牧乡。20世纪末,在全国五大牧区中,四川牧区的牲畜头数位居第三,主要畜牧品产量和产值位居第二,单位草原面积畜牧品产量和产值已位居第一,在全国畜牧业生产中的地位举足轻重。千百年来,由于自然、经济和历史文化的影响,四川"三州"牧区牧民长期沿袭着逐水草而居的传统游牧生产方式和生活方式,整个牧区基本处于牧民无住房、牲畜无棚圈、冬

春季无草料的"三无"状态,加上牧区地处高寒地带,气候恶劣,灾害频繁,牲畜始终难以摆脱"夏饱、秋肥、冬瘦、春死"的恶性循环,抗御灾害的能力极低,一旦遇到大的自然灾害,尤其是雪灾,就会出现大量牲畜冻饿交加、成批死亡的严重局面,导致牧业生产和牧民生活极不稳定,贫困现象广泛存在且贫困程度深重,扶贫开发难度极大。

从1995年起,四川"三州"牧区开始了"人有定居住房,畜有越冬棚圈、围栏草地和冬春贮草"为主要内容的"人草畜"三配套建设工程,以"人草畜"为中心,以水、电、路、学校、医院、商店等基础设施和社会事业综合配套思路建设牧民定居点,于1995年和1996年分别在理塘、红原两个纯牧区县进行试点,两县试点建设的内容增加了防灾基地、畜牧服务中心和广播电视三项内容,形成以9个项目为主体的扶贫移民项目。项目试点取得基本成功,居民点建设实现了集中安置,改变其单一的原始落后的生产生活方式并部分享受现代物质文明和精神文明的成果,防灾基地生产的畜草基本上可以满足牲畜越冬度春和抗御一般冰冻的需要,防寒棚圈可以让仔畜、弱畜越冬御寒,草原建设可以逐渐消除草畜矛盾以及由此而引起的民间纠纷和社区纠纷,并有效遏制草地生态环境恶化趋势。

1997年7月,四川省在甘孜州石渠县召开"三州"牧区"三配套"建设现场会,全面部署牧区"三配套"建设工程,"三州"牧区"三配套"建设扶贫工程全面展开。1998年6月,四川省人民政府发出通知,提出用两年时间,按"四川省草原承包办法"的要求,全面完成草原有偿承包工作,为人草畜"三配套"建设提供前提条件;用三年时间,按牧民户均建定居房80~100平方米,牲畜棚圈100~120平方米,围栏草地50~100亩,人工割草地5~10亩的标准实施,使全省牧区"三配套"建设步入规范化、正规化。截至2000年,牧区累计建成"三配套"户66 701户,占应建牧户的81%;定居住房512.3万平方米,户均76.8平方米;牲畜棚圈1 103.1万平方米,户均165.4平方米;围栏改良草地375.7万亩,户均56.3亩。"三配套"建设初步改变了牧民逐水草而居和靠天养畜的传统生产生活方式,提高了牧民的生产水平和生活质量。"三配套"扶贫工程带动了牧区科技、文化、教育、卫生、商贸等各项社会事业的发展,为消除牧区贫困和经济社会发展奠定了坚实基础。

实践证明,"人草畜"三配套工程是四川"三州"牧区历史上具有划时代意义的转折点,是一次深刻的社会变革和历史性跨越。在"三配套"建设工程中,前提是牧民定居,目标是消除牧区的贫困以及与此相关的各种配套工程,而其核心和实质则是围栏草场建设,正是对草原的有偿承包和在此基础上建立的围栏草场,结束了牲畜私有和草场公有之间的矛盾状态,这是牧区改革的深化和完善,也是牧区扶贫的根本性措施,此举为从根本上改变牧区的贫困状况和遏制草原生态恶化的趋势创造了条件,并对于长江、黄河的生态安全和国家的长治久安以及民族的团结进步具有巨大的现实意义和深远的历史意义,被广大牧民称颂为共产党和人民政府的一项"德政工程"。进入21世纪,"三州"牧区在基本完成"三配套"工程的基础上,继续实施了"三配套"提升工程和牧民新村建设试点工程,全面提升了"三配套"工程的建设标准,为牧区建设小康社会创造了条件。

9.5.2.3 贵州罗甸县产业化移民模式

贵州省黔南布依族苗族自治州罗甸县上隆茶果场创建于1953年3月,至今已有50余年的建场史,属国有农垦企业。随着退休职工的增多,到2002年,实际在岗职工不足100人,这些职工集中在机关、学校和茶叶加工厂,茶果园的管护完全依靠临时性农务工。由于这些农务工与农场没有固定的关系,流动性非常大,在生产高峰期经常因为劳动力不足,导致茶青下树困难,甚至失管,果园无人除草、采果。2002年初启动易地扶贫搬迁安置试点项目后,上隆茶果场按照上级关于易地移民试点项目的精神,在省、州、县发展和改革部门的大力支持下,结合自身实际,实施了以茶(果)产业为载体,利用易地移民安置项目补助资金,吸纳和安置贫困移民,同时解决企业劳动力不足等问题的"产业化"移民模式。该模式实施的第一期试点项目安置龙滩电站库区等贫困移民115户505人,移民通过承包管护茶果园,当年户均收入达到6 000元以上,取得了比较理想的扶贫效果,企业也得到了部分稳定的劳动力,上隆茶果场"产业化"移民模式取得了初步成功。在此基础上,第二期试点项目增加了茶园开发内容,共开发 2 500 亩,拓展移民安置容量 250 户 1 000 人,企业规模相应扩大,基本实现了移民安置和企业规模扩大滚动发展的目标,上隆茶果场"产业化"移民模式内涵得到了补充。第三期试点项目在一二期基础上启动小城镇建设,并迅速形成有一定规模的功能相对齐备的场部集镇,该模式内涵得到进一步发展,以后增加了移民培训的内容,使该模式内涵逐渐丰富和完善。上隆茶果场"产业化"移民模式的成功实践,是贵州省在易地移民试点项目中取得的成功模式之一。

上隆茶果场"产业化"移民模式在科学发展观的指导下,坚持以人为本、以反贫困为主线、以产业开发和改善基础设施为手段、以全面发展农业和农村经济社会为目标,其成效主要表现在以下五个方面。

第一,规模化地安置移民,有效地解决了贫困移民的脱贫问题。据统计,自 2002~2006 年,上隆茶果场"产业化"移民共安置了 496 户 2 416 人的易地贫困移民,涉及罗甸县 17 个乡(镇)32 个村,移民进场后,通过管护茶(果)园获取了稳定的务工收入,2002 年,移民户的务工收入户均 6 000 元以上,当年就实现了脱贫。

第二,上隆茶果场获得了部分稳定的劳动力资源,有效地缓解了劳动力缺乏和流动性大的问题。"产业化"移民工作开展以后,上隆茶果场和移民户签订长期的茶果园管护合同,上隆茶果场得到了稳定的劳动力,四期移民实施下来,茶果场接收 496 户近 900 余名劳动力的移民,按每个劳动力管护 4 亩茶果园计算,解决了上隆茶果场 3 600 亩茶果园稳定的管护劳动力,茶果场得以维持正常的生产,特别是近两年的民工荒问题的凸现,上隆茶果场可以说得以幸免。

第三,规模化地开发了茶果产业,切实扩大上隆茶果场产业规模和拓展移民安置的容量。"产业化"移民工作开展以来,上隆茶果场在易地移民项目启动资金的基础上捆绑了坡改梯等上级扶持资金,按照统一规划,水、电、路等基础设施配套的路子,高标准地开发了 2 500 亩茶园,上隆茶果场的茶园产业规模从 2 500 亩增加到 5 000 亩,打破了落后地区因投入渠道分属不同部门、资金分散而限制农业产业化经营建设的障碍,创造性地用捆绑(即统一规划、地域捆绑、项目捆绑、资金捆绑)的办法,整合资源,规模化地开发了茶叶产业。5年的时间实现了过去20年才能够达到的产业扩张,按每户管护8亩茶园的标准计算,增加安置移民容量250户1 000人。

第四,全面改善基础设施,一定程度上降低了生产经营的运行成本和增强抗御自然灾害的能力。"产业化"移民工作开展以来,在安置移民的住房、水、电、路等基础设施资金的基础上,积极争取上级的投入,修建移民住房496套(配套圈、厕及沼气池),新建水渠8千米、灌溉水池360个,架设10千伏输电线路9千米,修建和改造了茶(果)园的机耕道42千米,建成了120吨气调库一座和日产5吨的水果分级包装线一条。这些基础设施的建设极大地改善了农场生产经营条件,缓解了职工和移民的劳动强度,降低生产经营的运行成本,增强了抵御自然灾害的能力,提高了茶(果)产业的运行质量和效益。

第五,科学规划,快速、有序地推进了场部小城镇建设。移民的观念得到不同程度的转变,素质和技能得到一定的提高。

从西部贫困地区的发展实践看,移民搬迁模式能否成功的关键在于能否建立比较完善的移民点生活生产基础设施,比较完善的产业链条,比较完善的管理体制以及安居乐业的社会环境。成功的移民搬迁模式必须注重改变农民的生存环境,推进特色产业建设和农村小城镇建设,与农民就业培训以及推动农村经济社会发展等方面紧密结合起来。

9.5.3 移民搬迁的战略任务

2007年9月10日,国家发改委印发的《易地扶贫搬迁"十一五"规划》指出:西部十个省、自治区、直辖市(除西藏和新疆)将纳入实施易地扶贫搬迁工程,2006~2010年,共规划搬迁150万人,中央补助投资约75亿元。搬迁对象为生活在缺乏基本生存条件地区的农村贫困人口,主要包括:一是生活在自然条件差、生存环境恶劣地区,缺乏基本生产生活条件的农村贫困人口;二是生活在生态位置重要、生态环境脆弱地区的农村贫困人口;三是遭受滑坡、泥石流等地质灾害和地方病严重威胁地区的农村贫困人口。中央补助投资全部用于建设群众基本的生产设施和必要的生活设施,包括住房、基本农田水利建设、乡村道路及必要的教育、文化、卫生等设施,不得用于生产经营性项目,包括设备购置、运输工具、加工项目及土地和房屋的征用补偿费用。

西部农村贫困地区特别是少数民族地区大多地处青藏高原、黄土高原、云贵高原,贫困人口生存环境恶劣,生态极度脆弱,自然灾害频繁,因灾返贫现象尤其突出。西部贫困地区移民搬迁的重点战略任务是解决生活在海拔 3 000 米以上地区、山地灾害严重威胁地区、大骨节病及其他地方病地区、严重影响草原治理及湿地保护地区、干热河谷无水无路生活恶劣地区、喀斯特地貌石漠化地区、深山峡谷、深切割地区贫困人口的易地搬迁问题。通过移民搬迁,实现对宜农荒地进行土地开发,建设经济林木基地,发展优质水果和干果。新建一批水利灌溉设施,解决粮食、经济林木有效灌溉问题,解决人畜饮水问题。通过建设围栏草地、人工草地以及与之配套的一系列的农田基本建设,大大减少移民开发区的水、土、肥的流失,从而提高农村贫困地区农业生产抵御自然灾害的能力。另一方面,要通过生态移民安置,统筹城乡发展,进一步建立和完善社会基础设施,切实解决贫困农牧民缺电、缺水、缺医少药、子女入学困难等问题。把大批农牧民从传统农牧业和农村中转移出来,采取积极措施,发展非农产业,引导农牧民进城造镇,务工经商,促进小城镇建设,推动城乡统筹协调发展。

青藏高原东南缘、黄土高原、云贵高原、横断山地区、乌蒙山区是全国著名的地方病流行区,具有疫病分布广、患病人数多、危害程度高、防治能力低的特征,长期困扰着病区农牧民群众的生产生活,制约着农村经济社会发展和农牧民脱贫致富。"十一五"规划期间,地方病流行区贫困人口移民搬迁的战略任务是加大对病区贫困人口的搬迁力度,以住房改造、人畜分居为主体的基本生活条件改善、以移入区土地改造、新修水利为主体的基本生产条件建设以及教育、卫生、文化、科技基础设施建设。努力做到移民搬迁户实现四有(土地、房、圈、厕)、四通(路、水、电、广播电视)、三配套(村小学、卫生站、活动室)、三促(促生态恢复、促产业结构调整、促搬迁户增收)、一实现(实现可持续发展),从根本上改变贫困人口的生存条件和环境,达到恢复、保护生态环境,基本解决温饱,脱贫致富的目标。

9.5.4 移民搬迁的建设目标

西部贫困地区的易地移民搬迁是解决处于生命安全遭受严重威胁的绝对贫困人口脱贫致富的根本性措施,也是遏制生态环境进一步恶化,建设长江、黄河、上游生态屏障进而保护黄河、长江中下游地区国民经济和社会稳定进步的重要举措。西部贫困地区易地扶贫搬迁,要牢固树立和落实科学发展观,以恢复长江上游生态环境,保护黄河上游天然草场,缓解牧区草畜矛盾,实现可持续发展为出发点;以增加农牧民收入、提高农牧民生活水平为目标;以易地搬迁扶贫为手段,改善农牧民的生产生活基础条件,充分注意项目的整体生态效益、扶贫效益、社会效益和经济效益。

移民搬迁要因地制宜,解决好稳定难的问题,实现"逐步富"的目标。要根据国家投入力度大小及地方资金配套能力强弱,按照需要与可能,制订中短期结合、重点突出、协调配套的移民搬迁规划,力争做到五个结合。一是移民扶贫要与加快小城镇建设相结合,引导移民进集镇、城镇,依靠经商、办厂、务工找门路,把集镇、城镇规模做强做大。二是移民扶贫要与调整产业结构相结合,根据市场需要,大力种植经济作物,提高经济效益。三是移民扶贫要与建设社会主义新农村相结合,对集中安置点进行统一高标准规划,力争通过几年的努力,使每个集中安置点都成为社会主义新农村的样板村。四是移民扶贫要与退耕还林等生态建设和环境保护相结合,使生态得以恢复,移民户真正受益。五是移民扶贫与特色产业园区建设和发展民营经济相结合,采取优惠措施吸收移民进入园区就业。鼓励移民发展民营经济,达到移民搬迁"进城务工经商、进厂打工就业"的目的。移民搬迁户搬迁后,要配套村小学、卫生站、活动室,基本做到"一年搬迁,二年定居,三年基本解决温饱,四五年稳定解决温饱"。

在易地移民搬迁中,要根据实事求是、因地制宜的工作方针,按照节约、实用、配套、体现民族风格和特色的原则。比如在藏区每户新建80～120平方米住房,修建圈舍、厕所、一户一坝,实现人畜分居。在彝区按通风、保暖、实用、牢固、合理的原则,搬迁户按人均30平方米宅基地、20平方米基本住房修建移民点,并参照形象扶贫标准,配套建成一路一坝,人畜分居,厕所独立,房前屋后植树造林。所有移民搬迁点的建设都要按山、水、田、林、路、电配套建设的原则,努力达到人均占有耕地1.5亩(高产稳产地0.5亩),户均经济林果面积达1亩以上,户户饮用卫生水,通路、通电和广播电视,根据实际情况,修建村小学和医疗卫生站等,部分条件较好的移民点初步形成小集镇雏形。在建房补助标准及投资方面要严格按照国家发展与改革委员会立项批准的易地扶贫搬迁补助标准,人均投入5 000元,其中40%用于住房补助,60%用于基础设施建设,不得任意突破、负债运行。

9.5.5 移民搬迁的具体措施

西部贫困地区的移民搬迁是一个庞大的系统工程,涉及面广、工作量大、任务很重,必须高度重视,加强组织管理,确保顺利推进。西部国家扶贫开发工作重点县均应成立由州(地)、县、乡党委政府领导负责,计委、农业、国土、水电、畜牧、林业、财政、扶贫、教育、卫生、统计、审计、建委、农机、交通、广电、公安、民政、邮政、电信等部门领导为成员的三级易地移民搬迁工程领导小组,下设办公室,完善常设办事机构,负责对上级有关部门的请示和汇报以及项目申报等工作;负责对规划建设进行审查、施工等管理工作;负责对规划执行情况及资金使用情况进行监督检查;负责有关部门拨付建设资金落实及地方配套资金等资金协调和管理;负责对竣工项目进行检查和验收等。将易地移民搬迁工程专项规划纳入党委和政府的议事日程,层层签订移民扶贫目标责任书,将任务分解落实到县、乡、村,并把任务完成情况纳入责任人年终业绩进行考核。

按照项目管理和报批程序,及时申报的移民搬迁项目,项目审批立项后,及时制订年度计划、详细操作方案,经领导小组审批后,统一下达分级实施管理,定期督促检查项目实施情况。工程管理必须按照国家基本建设程序进行管理,建立规划上报—审批—设计—施工—验收—建档—信息反馈为主要内容的工程管理体系。严格实行目标责任制、规划法人负责制、招投标制、规划监理制、合同管理制、效益考核奖惩制,确保工程质量和工程进度。易地移民搬迁工程建设资金实行专户管理,专款专用,专人管理,严格执行基本建设财务管理办法和年度计划,加强财务审计,杜绝专款挪用及专款流失。

要制定和完善有关优惠政策和措施,广泛动员全社会各方面的力量投入到易地移民搬迁工程项目建设中去,对土地开发、生态治理、水利建设等建设内容本着"谁开发、谁使用、谁建设、谁受益"的原则,鼓励广大农牧民积极参与易地移民搬迁工程建设。移民工程涉及土地、林业、财税、公安等多个部门,移民户在房屋迁建过程中,涉及宅基地审批、房屋建设规划、建筑用材、房产证办理等手续和费用,相关部门要给予优惠和减免,同时将库区移民、扶贫搬迁、公路拆迁补偿、农村危房改造等有关项目资金统筹使用,适当提高搬迁户建房补助标准。易地移民搬迁工程项目涉及面广、所需投入资金大,要在主动争取国家投入的同时,发扬自力更生、艰苦奋斗精神,动员广大群众积极捐资和投工、投劳、投料。同时,积极筹措社会和市场资金用于规划建设,确保规划的顺利实施。积极发挥业主、各级政府及移民的积极性,特别要鼓励和动员广大农牧民群众积极参与易地移民搬迁工程建设。

在移民搬迁中要严格执行政府组织、部门配合、群众自愿的原则,坚持统一规划、因地制宜、量力而行、分步实施。通过群众自筹、国家补助、银行借贷、社会帮扶等办法,多方筹措搬迁资金,捆绑整合,集中投入移民扶贫工程中。无偿资金部分应主要用于住房及基础设施建设,扶贫贷款及有偿资金应主要用于移民户发展生产。要高度重视政府在移民搬迁工程中的调控作用,在制定统一规划的前提下,对集中安置区进行科学选择,精心布局,协调扶贫办、国土、城建、公安、交通、水利、畜牧、教育、卫生等部门按计划下达建设规划和内容,结合各部门的职能职责组织实施,县、乡政府对集中安置移民所需耕地、林地、荒山荒坡等生产用地进行统一调整分配;对集中安置点的水、电、路、卫生、学校等基础公益工程,按新村建设标准配套建设,搬迁户较为集中的移民新村要实现通水、通广播电视、通电话、通公路,并相应配套建设村小学和卫生室。要密切关注移民户的生产生活状况,及时提供帮助,对部分村民"扶上马,送一程",通过采用"科技扶贫"、"文化扶贫"等方式,搞好观念引导、科技教育、技能培训,为迁移农户脱贫致富提供最基本的保障。在政府组织移民的同时,要积极鼓励贫困人口外出打工、投亲靠友产生的自然移民,积极引导贫困人口沿高山区→次高山→河谷地带→相对发达地区梯度转移或进行季节性外出打工,政府相应在户口迁移、土地划拨、住房建设、税务减免、子女上学等方面给予政策扶持,组织、引导、鼓励贫困人口以各种方式迁出生存恶劣区,减少贫困人口对环境的压力,并寻找新的生存发展空间。

综上所述,中国西部农村贫困地区自然、经济和社会发展状况复杂特殊,贫困地区反贫困面临着一系列客观存在且较难克服的问题、困难和障碍,由此成为西部农村地区乃至整个国民经济发展的严重制约因素。在我国全面建设小康社会和社会主义和谐社会的大背景下,应确立西部农村反贫困的三大基本目标,采取以制定法律制度、建设传递机制、完善政策体系、实施反贫困计划、强化资金管理、建立参与机制及加强监督约束为核心的反贫困战略措施,使贫困人口不仅能够获得摆脱贫困的经济机会或物质条件,而且能够获得自由摆脱贫困的权利、能力并最终能够有尊严地走出贫困。

参考文献

1. Bhalla A S, Qiu Shufang. 2008. Poverty and Inequality among Chinese Minorities, Mitra Siddharta, Poverty and Terrorism. *Economics of Peace and Security Journal*, Vol. 3, No. 2, July.
2. Borooah Vani K, Gustafsson Bjorn, Li Shi. 2006. China and India: Income Inequality and Poverty between North and South of the Himalayas. *Journal of Asian Economics*, Vol. 17, No. 5, November.
3. Bryceson Deborah Fahy, Bradbury Annabel, Bradbury Trevor. 2008. Roads to Poverty Reduction? Exploring Rural Roads' Impact on Mobility in Africa and Asia. *Development Policy Review*, Vol. 26, No. 4, July.
4. Chambers Dustin, Wu Ying, Yao Hong. 2008. The Impact of Past Growth on Poverty in Chinese Provinces. *Journal of Asian Economics*, Vol. 19, No. 4, August.
5. Hofman Bert, Zhao Min, Ishihara Yoichiro. 2007. Asian Development Strategies: China and Indonesia Compared. *Bulletin of Indonesian Economic Studies*, Vol. 43, No. 2, August.
6. *Routledge Studies on the Chinese Economy*, Vol. 22, 2006. London and New York: Taylor and Francis, Routledge.
7. Schiff Maurice. 2008. On the Underestimation of Migration's Income and Poverty Impact. *Review of Economics of the Household*, Vol. 6, No. 3, September.
8. The United States Commission on National Security. 21 *Century: Seeking A National Security*.
9. United Nations Development Program, *Overcoming Human Poverty*. New York. 2000.
10. Word Bank. 2003. *China Country Economic Memorandum: Promoting Growth with Equity*. The Word Bank.
11. Wu Fangwei, Zhang Deyuan, Zhang Jinghua. 2008. Unequal Education, Poverty and Low Growth—A Theoretical Framework for Rural Education of China. *Economics of Education Review*, Vol. 27, No. 3, June.
12. Xu Yuebin, Liu Fengqin and Zhang Xiulan. 2007. Rural Poverty and the Reconstruction of the Rural Social Security System in China. *Social Sciences in*

China, No. 4.
13. [美]阿瑟·刘易斯:《发展计划》,北京经济学院出版社,1989年。
14. [美]阿瑟·刘易斯:《二元经济论》,北京经济学院出版社,1989年。
15. [印度]阿马蒂亚·森:《贫困与饥荒》,商务印书馆,2001年。
16. [印度]阿马蒂亚·森:《以自由看待发展》,中国人民大学出版社,2002年。
17. [美]艾伯特·赫希曼:《经济发展战略》,经济科学出版社,1992年。
18. [英]A. P. 瑟尔瓦尔:《增长与发展》,中国人民大学出版社,1992年。
19. [美]保罗·A. 萨缪尔森:《经济学》,中国发展出版社,1992年。
20. 程漱兰:《世界发展报告20年回顾(1978~1997)》,中国经济出版社,1999年。
21. 杜晓山:《中国小额信贷十年》,社会科学文献出版社,2005年。
22. [美]道格拉斯·格林沃尔德:《经济百科全书》,中国社会科学出版社,1992年。
23. 费孝通:《行行重行行——乡镇发展论述》,宁夏人民出版社,1992年。
24. 胡鞍钢、胡琳琳、常志霄:"中国经济增长与减少贫困(1978~2004)",《清华大学学报》,2006年第5期。
25. 胡鞍钢:"西部开发的新模式与新原则",《管理世界》,2000年第6期。
26. [瑞典]冈纳·缪尔达尔:《世界贫困的挑战——世界反贫困大纲》,北京经济学院出版社,1991年。
27. [德]G. 加比希·H. W. 洛伦兹:《经济增长周期理论》,上海三联书店,1993年。
28. 国家统计局农村社会经济调查司:《2003年中国农村贫困监测报告》,中国统计出版社,2003年。
29. 国家统计局农村社会经济调查司:《中国农村贫困监测报告2006》,中国统计出版社,2006年。
30. 黄建新:"反贫困与农村金融制度安排探讨",《经济管理》,2007年第12期。
31. [美]杰弗里·萨克斯:《贫困的终结》,上海人民出版社,2007年。
32. 蒋定之:"大力发展农村小额信贷有效支持社会主义新农村建设",《中国农村信用合作》,2008年第2期。
33. 康晓光:《中国贫困与反贫困理论》,广西人民出版社,1995年。
34. 联合国开发计划署:《2003年人类发展报告——千年发展目标:消除人类贫困的全球公约》,中国财政经济出版社,2003年。
35. 林毅夫:"中国反贫困面临新的挑战",《经济学消息报》,2004年第6期。
36. 刘大洪、廖建求:"经济法的反贫困机理和制度设计",《现代法学》,2004年第6期。
37. 刘坚:《新阶段反贫困的探索与实践》,中国财政经济出版社,2005年。
38. 刘坚:《新阶段扶贫开发的成就与挑战——中国农村扶贫开发纲要(2001~2010)中期评估报告》,中国财政经济出版社,2006年。
39. [印度]鲁达尔·达特:《印度经济》,四川大学出版社,1994年。

40. [美]马尔科姆·吉利斯:《发展经济学》,经济科学出版社,1992年。
41. [美]迈克尔·P. 托达罗:《经济发展》,中国经济出版社,1992年。
42. [英]马尔萨斯:《人口论》,商务印书馆,1959年。
43. [德国]马克思、恩格斯:《马克思恩格斯选集》(第1卷),人民出版社,1972年。
44. [德国]马克思、恩格斯:《马克思恩格斯选集》(第2卷),人民出版社,1972年。
45. [英]马林诺斯基:《文化论》,华夏出版社,2002年。
46. [美]马丁·瑞沃林:《贫困的比较》,北京大学出版社,2005年。
47. [美]诺斯:《经济史中的结构与变迁》,上海三联书店、上海人民出版社,1994年。
48. [埃及]萨米尔·阿明:《不平等的发展》,商务印书馆,1990年。
49. 石俊志:"小额信贷发展模式的国际比较及其对我国的启示",《国际金融研究》,2007年第10期。
50. 世界银行:《1990年世界发展报告:贫困问题·社会发展指标》,中国财政经济出版社,1990年。
51. 世界银行:《2000/2001年世界发展报告:向贫困开战》,中国财政经济出版社,2001年。
52. 世界银行:《2006年世界发展报告:公平与发展》,清华大学出版社,2006年。
53. 世界银行:《2020的中国:新世纪的发展挑战》,中国财政经济出版社,1997年。
54. 世界银行:《中国战胜农村贫困》,中国财政经济出版社,2001年。
55. [日]速水佑次郎:《发展经济学——从贫困到富裕》,社会科学文献出版社,2003年。
56. 谭崇台:《西方经济发展思想史》,武汉大学出版社,1991年。
57. 汤平山:《发展中的印度尼西亚经济》,鹭江出版社,1995年。
58. 童星、林闽钢:"我国农村贫困标准研究",《中国社会科学》,1993年第3期。
59. UNDP:《1999年人类发展报告》,中国财政经济出版社,2002年。
60. [美]W·W. 罗斯托:《从起飞进入持续增长的经济学》,四川人民出版社,2000年。
61. 汪三贵、Albert Park:"中国新时期农村扶贫与村级贫困瞄准",《管理世界》,2007年第1期。
62. 王碧玉:《中国农村反贫困问题研究》,中国农业出版社,2006年。
63. 王国良:《中国扶贫政策——趋势与挑战》,社会科学文献出版社,2005年。
64. 吴宝国:"对中国扶贫战略的简评",《中国农村经济》,1996年第8期。
65. [美]西奥多·W. 舒尔茨:《经济增长与农业》,北京经济学院出版社1991年。
66. [美]西奥多·W. 舒尔茨:《论人力资本投资》,北京经济学院出版社,1990年。
67. [美]夏普·雷吉斯特、格里莱斯:《社会问题经济学》,中国人民大学出版社,2000年。
68. [英]约翰·希克斯:《经济史理论》,商务印书馆,1987年。

69. [美]约瑟夫·熊彼特:《经济发展理论》,商务印书馆,1990年。
70. 张伟新:"扶贫政策低效性与市场化反贫困思路探寻",《中国农村经济》,1999年第2期。
71. 郑功成:《社会保障学——理念、制度、实践与思辨》,商务印书馆,2004年。
72. 朱玲:"制度安排在扶贫计划实施中的作用",《经济研究》,1996年第4期。

后 记

贫困是一个非常古老、沉重的话题,从2 000多年前中国古代先哲描述贫困的语言,到现在几乎所有国家政府及国际机构不间断地推出种类繁多的反贫困治理举措,但是贫困作为游荡于世间的魔鬼幽灵和潜伏缠绕于人类机体的凶恶毒瘤,依然未被消除,并日夜吞噬着人类的肉体与灵魂。

在社会财富不断集中、贫困差距日益扩大的滚滚红尘中,尽管很多人看待贫困犹如在阿拉斯加回眺好望角那样显得如此的遥远与虚幻,但它是确实存在的,无声无息而又无处不在,犹如无论社会怎么变迁,每天清晨太阳都会从东方缓缓升起,又在晚霞中悄然地消失于西边的地平线之下一样。

贫困与反贫困是经济学特别是发展经济学研究的主题。早在19世纪,英国最著名的经济学家、新古典学派的创始人阿尔弗雷德·马歇尔在《经济学原理》中就明确指出:"贫困问题是经济学最主要和最关心的问题,但贫困问题需要人类本性的道德和政治能力来解决。"在经济学的研究中,"经济学家需要训练自己的知觉、想象、推理、同情和谨慎的能力","经济学家应当是性情温和、富有同情心和人情味的"。美国经济学家阿瑟·刘易斯从20世纪50年代中期就开始了对发展中国家贫困及经济发展速度缓慢的内在原因的研究,他所提出的著名的"二元经济"模型理论为他赢得了极大的声誉并引起了广泛的科学辩论。1955年刘易斯出版的《经济增长理论》至今仍被认为是"第一部简明扼要地论述了经济发展问题的巨著"。依托对印度、泰国、斯里兰卡等国家进行长期深入的田野调查和广泛接触社会各阶层尤其是贫困阶层的民众,瑞典经济学家冈纳·缪尔达尔在1968年出版的《亚洲的戏剧：对一些国家的贫困的研究》和《世界贫困的挑战——世界反贫困大纲》中明确指出：发展中国家的贫困，绝不仅仅是纯粹的经济原因，而是政治、经济与文化等因素综合作用的结果，对贫困的挑战必须涉及国家的政治建构、宗教文化传统、人口及种族、教育等问题，"经济学的任务，就是探讨促成社会经济发展过程的各种因素及其运行方式。经济发展不应是单纯的产出增长，而应包括整个社会、政治、经济、文化、制度的发展。"美国经济学家迈克尔·托达罗在1977年出版的《第三世界的经济发展》一书中也认为发展不是一个纯粹的经济现象，而是包括加速经济增长、减少不平等和根除绝对贫困、整个经济和社会体制的重组和重整在内的多维过程，他精妙地将发展定义为"一个社会或社会体系向着更加美好和更为人道的生活的持续前进"。1979年美国经济学家西奥多·舒尔茨在其获得诺贝尔经济学奖的获奖演说当中说："世界上大多数人是贫穷的，所以如果我们懂得了穷人的经济学，也就懂得许多真正重要的经济学原理"，在《论人力资本投资》中他警告说，"一个社会的消费者中穷人太多、富人太富，迟早要出问题"，并"衷恳地希望经济学家们在构筑自己的理论大厦时不要忘记给贫困问题留点地位"。印度经济学家阿马蒂亚·森在1999年出版的划时代作品《以自由看待发展》中，运用社会选择理论对贫困指数的定义、发展中国家饥荒的成因与克服饥荒的措施进行了周密的分析和阐释，集中体现了他对社会收入分配问题及发展中国家贫困的高度关注。森把发展定义为涉及经济、政治、社会、价值观念等众多方面的一个综合过程，意味着消除贫困、人身束缚、各种歧视压迫、缺乏法治权利和社会保障的状况，从而提高人们按照自己的意愿来生活的能力。森以实质自由扩展为首要目的的发展观引起了发展理念的一次意义深远的革命，森对全世界各地遭受苦难人们的深切关怀使之享有"经济学的良心"的美誉。在众多学者的不懈努力之下，这门诞生时间不长却得到迅速发展和广为人知的经济学科因为始终对发展中国家下层民众的生活景象、社会灵魂的觉醒和人类的共同进步保持深切的关注而成为经济学中最新的、最吸引人的和最具划时代意义的分支学科之一。

　　我对中国西部贫困地区经济社会发展状况与实践路径的研究起始于20世纪80年代中期,当时主要的研究领域是农村经济体制改革背景下西南贫困山区的发展态势、现实困境与路径选择。从1986年主持西南地区四省五方协作项目"西南山区经济发展研究"、1991年参与联合国开发计划署"援助中国贫困地区干部培训项目"、1995年参与世界银行"四川仪陇扶贫与农业可持续发展项目"、1998年主持国家哲学社会科学规划基金项目"西部贫困地区扶贫攻坚难点问题与战略选择研究"、2000年主持国家"十五""211工程"重点学科建设项目"西部贫困地区及少数民族地区发展"、2002年主持国家重点项目"西藏农牧区反贫困战略研究"、2004年主持国家哲学社会科学规划基金项目"西部若干国家级贫困县的状况及发展路径研究"、2006年主持国家哲学社会科学规划基金项目"西部农村扶贫开发模式研究",到2008年主持国家"十一五""211工程"重点学科建设项目"西部贫困地区及少数民族地区反贫困战略",贫困问题一直是我学术历程中贯穿始终、魂牵梦绕的研究主题。斗转星移,光阴飞逝,转眼间20多年过去了,岁月犹如滑落指间的沙粒无声无息地融入了茫茫的荒漠,转换成了遥远的记忆。从风尘漫漫的黄土高原到瘠薄干裂的秦巴山区,从涧深壑巨的滇西河谷到寂寥广袤的冰雪青藏,从人畜同居的彝族火塘到喀斯特山地的破败茅棚,从沉寂荒凉的河西走廊到怪石峥嵘的武陵山地,从苦涩污浊的定西窖水到衣不蔽体的穷苦农民,从滑过溜索的上学儿童到目光呆滞的贫困母亲,这一幕幕远离现代文明的苍凉画面不断闯入我的视界。贫困地区人民在极端恶劣的自然生态环境下、极其脆弱的经济基础上和极为微小的社会权力中褴褛饥寒的繁衍生息状况时时震颤着我的学术良心,通过广泛的实践调查和分析,研究中国西部贫困地区的发展路径与发展模式成为我学术生存的基本方式,暮雨晨露、霜寒月白,风雨中,时光以非凡的手笔在额头上刻下了些许的沧桑,在青丝里描绘了白雪的痕迹。

　　中国西部地区是中国自然条件最恶劣、少数民族人口最集中、贫困发生最广泛的地区,我在1999年出版的《中国西部地区经济发展研究》中曾经这样描述过我生活与工作的故乡:"翻开中国的版图,我们不能不以沉重、苦涩的目光去注视西部这一片富饶、神奇而浸透着贫困、落后的区域。在这里,雄浑、壮丽的冰川雪原,广袤、浩瀚的戈壁沙漠与孕育着生命、希望的森林、绿洲和草原交织在一起,在几千年的历史长河中不知包容、沉淀了多少空寂、悲壮和苍凉。"然而千百年来历史风云的奔涌激荡、沉重黯淡的贫困覆盖和社会文化的剧烈变迁,却始终无法湮没西部地区人民坚韧不屈的生存意志和从心灵深处萌动的摆脱贫困的理想追求,犹如孕育着华夏文明的黄河、长江从茫茫羌塘涓涓而下,不知经历了多少艰难险阻、蜿蜒跌宕,依然逶迤东流、奔流入海。

作为中国最著名的贫困地区,西部地区的贫困问题具有非常强烈的、非常独特的区域个性,集中表现为高原山区的特点、少数民族的特点、荒漠地区的特点和边远地带的特点,这是世界上现存的几乎是唯一的、保存相对完整的原生态社会经济形态。由于自然条件的恶劣、经济发展的落后、基础设施的薄弱、社会循环的封闭,西部贫困地区与中国其他地区不仅在资源开发水平、经济发展总量、经济增长效率、区域管理能力等方面存在极大的差距,而且在包括人力资本素质、教育文化水平、人类进步程度在内的整个社会进化过程中也存在着历史阶段性的差距。要缩小或消除这些差距,必须经历一个渐进的过程,必须清醒地认识西部贫困地区的反贫困战略是一个长期、艰巨和极为复杂的历史任务。从根本上讲,中国西部贫困地区的反贫困必须按照以人为本、科学发展的指导思想实施,以满足不同贫困人口的不同需求,以满足贫困人口基本生存能力、基本生产能力和基本发展能力为核心的全面的、集中的、综合性的西部农村反贫困战略,依托制度创新形成新的治理结构,将扶贫从政府、部门和社会这种纵向的、行政性的扶贫方式转变为由政府、部门、社会和贫困地区政府及广大贫困人口参与的、可持续发展的反贫困行为模式。通过有针对性的反贫困计划,优化扶贫资源配置,完善政策体系,强化社会服务,提高扶贫效率,加强监督评估,按照可持续发展理念不断推动贫困人口进入贫困地区经济社会的发展循环，激发贫困人口产生新的需求和追求从而逐步形成一种能够使贫困人口发展自身潜能的发展模式。在反贫困战略的实施过程中，使贫困人口不仅能够获得摆脱贫困的经济机会或物质条件，而且能够获得自由摆脱贫困的权力、能力并最终有尊严地走出贫困。

但是，只有深处贫困和长期关注贫困的人才会知道缓解和消除贫困是多么的艰难。我在1994年出版的《贫困地区发展研究》后记中曾经这样写道："正视贫困是需要勇气的，形成从根本上解决贫困问题的严谨的现代经济理性需要长期艰苦的、坚持不懈的探索与实践。"然而，如西奥多·舒尔茨在《贫困经济学——一位经济学家关于对穷人投资的看法》中指出的那样："虽然经济学家们已经对经济稳定和经济增长作过大量的分析研究，但是在经济学中却仍然缺乏带有理论性的贫困问题的专门研究。尽管我们可以随手找到很多谈到穷人特征的文献著作，但是这些著述却没有运用经济学知识把这些资料联成一个整体，也没有提出任何为了解释有关贫困的一些重要经济问题的经济学假说。"理论的苍白和实践的严酷触目惊心，贫困的嘲笑与学者的无奈尴尬并存，在当前发展中世界的版图上，寒冷凝重的贫困浓雾铺天盖地，难以找到划破阴霾的灿烂曙光，在贫困人口的生存景象中，贫困依然是深入骨髓的疼痛、陷入困境的绝望和挥之不去的心灵哀伤，犹如遭受人类无情围捕却依然漂泊天涯在荒原中不停奔跑号叫的孤独野狼。

面对贫困，我们的路还很长很长，人类向贫困挑战的征程可能是危机四伏、胜负难分、永无止境的残酷疆场。

研究贫困，需要更多的正义、同情、怜悯、慈善等人文关怀，需要更多的责任、严谨、执著、科学等理性的光芒。

赵 曦

2009年6月30日于成都